Z-207
(TC-III)
(TB)
(RE)
(RF)
(Am-SB-V)

TÜBINGER GEOGRAPHISCHE STUDIEN

Herausgegeben von

D. Eberle * H. Förster * G. Kohlhepp * K.-H. Pfeffer

Schriftleitung: H. Eck

Heft 132

zugleich

TÜBINGER BEITRÄGE ZUR
GEOGRAPHISCHEN LATEINAMERIKA-FORSCHUNG

Herausgegeben von Gerd Kohlhepp

Heft 20

Dieter Rugard Siedenberg

Sozioökonomische Disparitäten und regionale Entwicklungspolitik in Rio Grande do Sul

Eine Analyse über Handlungsspielraum, Auswirkungen und Perspektiven endogener Regionalentwicklungsstrategien in Südbrasilien

Mit 2 Karten, 35 Abbildungen und 32 Tabellen

2000

Im Selbstverlag des Geographischen Instituts der Universität Tübingen

ISBN 3-88121-049-0
ISSN 0932-1438

Die Deutsche Bibliothek – CIP-Einheitsaufnahme

Siedenberg, Dieter Rugard:
Sozioökonomische Disparitäten und regionale Entwicklungspolitik in Rio Grande do Sul: eine Analyse über Handlungsspielraum, Auswirkungen und Perspektiven endogener Regionalentwicklungsstrategien in Südbrasilien; mit 32 Tabellen / Dieter Rugard Siedenberg. –
Tübingen: Geographisches Institut, 2000
   (Tübinger Geographische Studien; H. 132)
   (Tübinger Beiträge zur geographischen Lateinamerika-Forschung; H. 20)
   ISBN 3-88121-049-0

Copyright 2000 Geographisches Institut der Universität Tübingen, Hölderlinstr. 12, 72074 Tübingen

Zeeb-Druck, 72070 Tübingen

Vorwort

Als ich zwischen 1987 und 1990 das Aufbaustudium 'Regionalwissenschaft' an der Universität Karlsruhe absolvierte, nahm ich zum ersten Mal zur Kenntnis, dass am Geographischen Institut der Universität Tübingen eine Gruppe von 'Brasilianisten', geleitet von Prof. Dr. Gerd Kohlhepp, unterschiedliche Forschungsarbeiten und Untersuchungen über brasilianische Themen durchführte. Nachdem ich das Aufbaustudium in Karlsruhe absolviert hatte, nahm ich meine wissenschaftliche Arbeit an der Universidade de Ijuí in Brasilien auf. Bald darauf überraschte mich die Tatsache, dass die Stadt Ijuí (RS) im Rahmen eines Forschungsprojektes des Geographischen Institutes der Universität Tübingen (*Die Mittelstädte Brasiliens und ihre Bedeutung für die Regionalentwicklung*) als ein wichtiger Bestandteil eines Forschungsprojektes ausgewählt wurde.

Aber auch ein bedeutender Teil meiner Aktivitäten an der Universidade de Ijuí ließen mein Interesse an der regionalen Entwicklungsproblematik stetig wachsen. Im Jahr 1994 bot sich in Santa Cruz do Sul (RS) die Gelegenheit, Prof. Dr. Kohlhepp persönlich über die Möglichkeit einer Promotion anzusprechen und mit ihm zusammen erste thematische Überlegungen anzustellen. So wurden die entscheidenden Maßnahmen für meine Promotion in Tübingen in die Wege geleitet. Für das uneingeschränkte Vertrauen, das von der Regelung der ersten Stipendienformalitäten bis hin zum endgültigen Abschluss des Promotionsverfahrens reichte, für die geduldige Betreuung meiner Dissertation und für die wertvollen kritischen Hinweise und Vorschläge möchte ich meinem Doktorvater, Prof. Dr. Kohlhepp, ganz besonderen Dank aussprechen.

Für die in unterschiedlichen Formen entgegengebrachte Unterstützung, Freundschaft und stetige Hilfsbereitschaft während meines Aufenthaltes in Tübingen möchte ich den Institutskollegen PD Dr. Martin Coy, Dr. Martin Friedrich und Doktoranden Martina Neuburger, Monika Röper und Dan Pasca ganz herzlich danken.

Auch den ehemaligen Kollegen Dr. Wolf-Dietrich Sahr, Frau Dr. Cicilian Luiza Löwen, Dr. Ivo Marcos Theis und Klaus Köhnlein, die mir zu Beginn des Aufenthaltes in Tübingen mit großer Hilfsbereitschaft entgegentraten, gilt mein besonderer Dank.

Für die Übernahme des Zweitgutachtens danke ich Herrn Prof. Dr. Heinrich Pachner.

Der vierjährige Aufenthalt in Tübingen (1996-99) und die empirische Forschungstätigkeit sind dank eines Stipendiums der brasilianischen Stiftung CAPES und der direkten Unterstützung der Universidade de Ijuí möglich gemacht worden.

In tiefer Schuld stehe ich bei meinem Schwager Bruno Rentschler, der mit großer Hingabe und Aufmerksamkeit in vielen Stunden die oft mühselige Korrektur der vorliegenden Arbeit übernommen hat. Ihm ist es zu verdanken, dass die Arbeit ihre jetzige sprachliche Form erhalten hat. Falls noch immer einzelne sprachliche Mängel oder Unklarheiten anzutreffen sind, so trifft die Schuld ausschließlich den Verfasser.

Schließlich möchte ich meiner Frau Solange, meiner Tochter Carolina und meinem Sohn Daniel von ganzem Herzen danken. Für alles. Immer.

Tübingen, im Dezember 1999
Dieter Rugard Siedenberg

INHALTSVERZEICHNIS

VORWORT..	I
INHALTSVERZEICHNIS...	III
Verzeichnis der Abbildungen..	VI
Verzeichnis der Karten...	VII
Verzeichnis der Tabellen..	VII
Verzeichnis der Abkürzungen...	IX

TEIL I - ARBEITSRAHMEN UND –DETERMINANTEN........................ 01

1.	EINLEITENDER PROBLEMAUFRISS..	01
1.1.	Problemstellung und Zielsetzung der Arbeit..	01
1.2.	Das 'brasilianische Mosaik'...	05
1.2.1.	Die naturräumliche Vielfalt..	07
1.2.2.	Die unterschiedlichen Erfahrungen des Staatswesens............................	07
1.2.3.	Die Phasen der Wirtschaftsentwicklung...	09
1.2.4.	Demokratische Verhältnisse und ökonomische Stabilisierungspläne.....	13
1.2.5.	Die politische Instabilität der Parteien...	16
1.2.6.	Einige statistische Daten über regionale Disparitäten............................	19
1.3.	Wege und Umwege der brasilianischen Entwicklungspolitik.................	21
1.4.	Grundzüge der gegenwärtigen nationalen Entwicklungspolitik: Dezentralisierung und Staatsreform..	25
2.	THEORETISCHE GRUNDLAGEN DER ARBEIT...............................	31
2.1.	Die Entwicklungsdiskussion im Überblick...	31
2.2.	Regionalentwicklung und sozialgeographische Ansätze........................	37
2.3.	Ergänzende Dimensionen des Entwicklungsbegriffs.............................	41
2.4.	Zur Erläuterung der Grundbegriffe der Arbeit......................................	46
2.4.1.	Räumliche Disparitäten...	46
2.4.2.	Partizipation...	47
2.4.3.	Endogene Regionalentwicklung...	49
3.	METHODISCHE VORGEHENSWEISE..	52
3.1.	Kurze Einführung in die Forschungstypologie.....................................	52
3.2.	Einordnung der vorliegenden Arbeit in die gegebene Forschungstypologie......	54
3.3.	Die Feldforschung – Angewandte Instrumente, Restriktionen, Ergebnisse........	55

TEIL II - NATURRAUM UND SOZIOÖKONOMISCHE ENTWICKLUNG DES UNTERSUCHUNGSGEBIETES: DIE REGION NOROESTE COLONIAL 62

4. NATURRÄUMLICHE GRUNDLAGEN ALS ENTWICKLUNGS-FAKTOREN 62

4.1. Geographische Lage und Größe 62
4.2. Boden und Relief 64
4.3. Klima 65
4.4. Gewässernetze 67
4.5. Vegetationsformationen 68

5. ANTHROPOGEOGRAPHISCHE ASPEKTE DER UNTERSUCHUNGS-REGION 70

5.1. Besiedelungsprozesse und Grundzüge der Bevölkerungsdynamik 70
5.2. Elemente der regionalen Wirtschaftsstruktur und -entwicklung von RS 79
5.3. Grundzüge der Wirtschaftsentwicklung der Region Noroeste Colonial 82
5.4. Öffentliche Infrastruktur im Untersuchungsgebiet 88

TEIL III – ENTWICKLUNGSPOLITIK, RÄUMLICHE DIFFERENZIERUNGEN UND AUSWIRKUNGEN DER GLOBALISIERUNG IN RIO GRANDE DO SUL 91

6. GRUNDZÜGE DER POLITIK ZUR REGIONALENTWICKLUNG IN RIO GRANDE DO SUL 91

6.1. Aufbau und Veränderung der politisch-administrativen Regionalisierungen 91
6.2. Handlungsspielraum der Landesentwicklungspolitik in den 90er Jahren 97
6.3. Ein Fallbeispiel: von der Entstehung des Conselho Regional de Desenvolvimento do Noroeste Colonial bis zu den Auseinandersetzungen über den Orçamento Participativo 102
6.4. Die Bedeutung der öffentlichen Investitionskapazität für die Regionalentwicklung 108
6.5. Städtische und regionale Entwicklungskonkurrenz 120

7. SOZIOÖKONOMISCHE DISPARITÄTEN IN RIO GRANDE DO SUL 125

7.1. Ausgewählte sozioökonomische Indikatoren 127
7.1.1. Bevölkerungsdichte 127
7.1.2. Regionales Bruttoinlandsprodukt 129
7.1.3. Pro-Kopf-Einkommen 133
7.1.4. Krankenhausbetten 135
7.1.5. Durchschnittliche Kindersterblichkeitsrate 137

7.1.6.	Alphabetisierungsquote...	139
7.1.7.	Einschulungsquote..	141
7.1.8.	Armut..	143
7.2.	Auswertung der Entwicklungsindikatoren im Überblick.................	145
7.3.	Sozioökonomische Disparitäten der Region Noroeste Colonial.......	149
7.4.	Die Entwicklungsprojekte des CRD-NORC....................................	152
8.	DER MERCOSUL UND SEINE AUSWIRKUNGEN AUF DIE REGIONALENTWICKLUNG...	162
8.1.	Vorläufer, Entwicklung und Perspektiven des MERCOSUL............	162
8.2.	Ausgewählte Aspekte der räumlichen (Des-)Integration im südlichen argentinisch-brasilianischen Grenzgebiet...................	170
8.3.	Bedeutung und Perspektiven der grenzüberschreitenden Verflechtungen..........	177
8.3.1.	Untersuchung der offiziellen Außenhandelstransaktionen der Unternehmen der Region Noroeste Colonial.....................................	178
8.3.2.	Informelle grenzüberschreitende Verflechtungen............................	188

SCHLUSSBETRACHTUNG UND PERSPEKTIVEN..................................	194
LITERATURVERZEICHNIS..	200
ZUSAMMENFASSUNG...	226
SUMMARY..	231
RESUMO...	234
ANHANG...	242

Verzeichnis der ABBILDUNGEN

1	Position der größeren politischen Parteien in einem politisch-ideologischen Grobraster am Ende der 90er Jahre in Brasilien..	17
2	Institutionen, die sich nach der brasilianischen Staatsreform ergeben...........	30
3	Hintergrund und Reichweite des Entwicklungsbegriffs..................................	44
4	Die Forschungstypologie im Überblick..	53
5	Wichtige bibliographische Fundstellen...	58
6	Geomorphologische Konfigurationen in Rio Grande do Sul........................	65
7	Klimatypen in Rio Grande do Sul..	66
8	Hydrographie von Rio Grande so Sul..	68
9	Natürliche Vegetationsformationen in Rio Grande do Sul...........................	69
10	Iberische Grenzverträge in den südamerikanischen Kolonisationsgebieten zwischen 1494 und 1801..	71
11	Schematische Darstellung der europäischen Besiedlung in Rio Grande do Sul in zeiträumlicher Hinsicht..	73
12	Entwicklung des BIP in ausgewählten Wirtschaftsräumen von Rio Grande do Sul, von 1939 bis 1995..	81
13	Graphische Darstellung der Zunahme der Munizipien in Rio Grande do Sul zwischen 1804 und 1996...	92
14	Gegenwärtige Struktur des CRD-NORC (1999)...	107
15	Steuern und Steuerkompetenz in der brasilianische Föderation....................	121
16	Bevölkerungsdichte in den CRD-Regionen 1996..	128
17	BIP-Wachstum in den CRD-Regionen 1996...	131
18	Pro-Kopf-Einkommen in den CRD-Regionen 1996......................................	134
19	Krankenhausbetten pro 1.000 Einwohner in den CRD-Regionen 1996........	136
20	Durchschnittliche Kindersterblichkeit in den CRD-Regionen zwischen 1990-1995..	138
21	Alphabetisierungsquote in den CRD-Regionen im Jahr 1996.......................	140
22	Einschulungsquote der Grundschulpflichtigen in den CRD-Regionen 1996	142
23	Armut in den CRD-Regionen im Jahr 1996..	144
24	Darstellung der Auswertung von Entwicklungsindikatoren der CRD-Regionen...	148

25	Gesundheitsindikatoren des Bundeslandes Rio Grande do Sul (RS) und der Region Noroeste Colonial (CRD-NORC) im Vergleich.................	150
26	Bildungsindikatoren von Rio Grande do Sul (RS) und Region Noroeste Colonial (CRD-NORC) im Vergleich..	151
27	Ökonomische Disparitäten der Region Noroeste Colonial..........................	152
28	Theoretisches Modell der wirtschaftlichen Integration................................	162
29	Das argentinisch-brasilianische Grenzgebiet: Infrastruktur und Grenzübergänge Anfang der 80er Jahre..	172
30	Das argentinisch-brasilianische Grenzgebiet: Infrastruktur und Grenzübergänge 1998..	176
31	Entwicklung der Außenhandelstransaktionen, die durch Unternehmen der Region Noroeste Colonial zwischen 1986 und 1997 abgewickelt wurden, gemessen am Wert der Transaktionen, in 1.000,00 US-$...........................	182
32	Importe der Region Noroeste Colonial zwischen 1986 und 1997, nach Ländergruppen, in %..	183
33	Exporte der Region Noroeste Colonial zwischen 1986 und 1997, nach Ländergruppen, in %..	184
34	Importe der Region Noroeste Colonial, nach Warengruppen, 1986-1997.....	185
35	Exporte der Region Noroeste Colonial, nach Warengruppen, 1986-1997.....	186

Verzeichnis der KARTEN

1	Die Lage der Region Noroeste Colonial im Untersuchungsgebiet................	4
2	Lage der Untersuchungsregion Noroeste Colonial und Überblick über die Siedlungs- und Verkehrsstruktur...	63

Verzeichnis der TABELLEN

1	Prozentualer Anteil ausgewählter Bundesländer an der industriellen Produktion Brasiliens: 1907 bis 1980..	11
2	Entwicklung ausgewählter Wirtschaftsindikatoren Brasiliens: 1972-1984...	13
3	Entwicklung ausgewählter Wirtschaftsindikatoren Brasiliens: 1985-1996...	14
4	Ausgewählte Entwicklungsindikatoren Brasiliens...................................	20

5	Offizielle Einrichtung und Ursprungsgemeinden der Munizipien der Untersuchungsregion Noroeste Colonial...	75
6	Bevölkerungsentwicklung der Munizipien des Untersuchungsgebietes zwischen 1960 und 1990..	77
7	Fläche, Gründungsjahr, städtische und ländliche Bevölkerung der Munizipien des Untersuchungsgebietes im Jahr 1996...................	78
8	Anteil der Getreideimporte am brasilianischen Gesamtimport zwischen 1957-1980..	83
9	Landwirtschaftliche Betriebsstruktur im Untersuchungsgebiet, 1985...........	87
10	Gegenüberstellung ausgewählter Regionalisierungen im Nordwesten des Bundeslandes Rio Grande do Sul...	95
11	Steuereinnahmen der drei Regierungsinstanzen Brasiliens, verglichen mit den jeweiligen Ausgaben, in %, 1990-1996......................................	110
12	Prozentualer Anteil des internen Nettoeinnahmetransfers 1990-96...............	111
13	Übersicht der Einnahmen der Munizipien der Untersuchungsregion Noroeste Colonial, 1997..	113
14	Übersicht der Ausgaben der Munizipien des Untersuchungsgebietes, 1997.	115
15	Ausgaben der Munizipien in den einzelnen Verwaltungsbereichen 1997.....	118
16	Beschäftigte in ausgewählten Sektoren der Stadtverwaltung in den Munizipien des Untersuchungsgebietes, 1997....................................	119
17	ICMS-Steuersatz (in %) bei ausgewählten Produkten und Dienstleistungen in einzelnen brasilianischen Bundesländern, 1999	122
18	Sozioökonomische Indikatoren der Regionalentwicklung 1996..................	129
19	Hypothetisches Beispiel und graphische Darstellung über wirtschaftliches Wachstum von Regionen..	133
20	Auswertung der Entwicklungsindikatoren der CRD-Regionen im Überblick...	147
21	Die Entwicklungsprojekte des CRD-NORC für die Jahre 1997-99...............	154
22	Übersicht der Entwicklungsprojekte der Region Noroeste Colonial, die in der Volksabstimmung vom 20. Juli 1998 zur Wahl standen....................	160
23	Ausgewählte Eckdaten der Mitgliedsstaaten des MERCOSUL...................	165
24	Interamerikanische Exporttransaktionen der MERCOSUL-Länder zwischen 1992 und 1996 (Durchschnitt in %)...............................	169
25	Interamerikanische Importtransaktionen der MERCOSUL-Länder zwischen 1992 und 1996 (Durchschnitt in %)...............................	169
26	Anteil ausgewählter Branchen an der industriellen Produktion im Munizip Ijuí in 1970 und 1980, in %..	179

27	Unternehmen der Region Noroeste Colonial, die zwischen 1986 und 1997 Außenhandelstransaktionen durchgeführt haben...	181
28	Übersicht über charakteristische Merkmale der camelôs im Untersuchungsgebiet..	189
29	Dauer der Beschäftigung als camelô und vorherige Beschäftigungsbranche	191
30	Einkommensverhältnisse der camelôs..	192
31	Bewertung der Beschäftigung als camelô nach vorgegebener Zufriedenheitsskala..	192
32	Angaben über Mobilität und Wert der Einkäufe der camelôs........................	193

Verzeichnis der ABKÜRZUNGEN

ALADI	Associação Latinoamericana de Integração
ALALC	Associação Latinoamericana de Livre Comércio
ALCA	Associação de Livre Comércio das Américas
ARENA	Aliança Renovadora Nacional
BANRISUL	Banco do Estado do Rio Grande do Sul
BID	Banco Interamericano de Desenvolvimento
BIP	Bruttoinlandsprodukt
BNDES	Banco Nacional de Desenvolvimento Econômico e Social
BRDE	Banco Regional de Desenvolvimento do Extremo Sul
BSP	Bruttosozialprodukt
CAPES	Fundação Coordenação Aperfeiçoamento Pessoal de Ensino Superior
CCM	Comissão de Comércio do MERCOSUL
CEASA	Central Estadual de Comercialização e Abastecimento de Hortigrangeiros
CEEE	Companhia Estadual de Energia Elétrica
CEPAL	Comissão Econômica para a América Latina e Caribe
CEPP	Centro de Estudos de Políticas Públicas
CIA	Central Intelligence Agency
CMC	Conselho do Mercado Comum
CODESUL	Conselho de Desenvolvimento do Sul
CONFAZ	Conselho Nacional de Política Fazendária
CORAG	Companhia Riograndense de Artes Gráficas
CORSAN	Companhia Riograndense de Saneamento
COTRIJUI	Cooperativa Regional Tritícola Serrana Ltda.
CPC	Comissão Parlamentar Conjunta
CRD / CRDs	Conselho(s) Regional(ais) de Desenvolvimento
CRD-NORC	Conselho Regional de Desenvolvimento do Noroeste Colonial

CRECENEA	Comisión Regional de Comércio Exterior del Nordeste Argentino
CRT	Companhia Riograndense de Telecomunicações
DAER	Departamento Autônomo de Estradas de Rodagem
DIEESE	Departamento Intersindical de Estatística e Estudos Sócio-Econômicos
EMATER	Empresa de Assistência Técnica e Extensão Rural
EMBRATUR	Empresa Brasileira de Turismo
EU	Europäische Union
FAMURS	Federação das Associações de Municípios do Rio Grande do Sul
FCES	Foro Consultivo Econômico e Social
FEBEM	Fundação Estadual de Bem Estar do Menor
FEE	Fundação de Economia e Estatística
FEF	Fundo de Estabilização Fiscal
FEPAM	Fundação Estadual de Proteção Ambiental
FIDENE	Fundação de Integração, Desenvolvimento e Educação do Noroeste do Estado
FPE	Fundo de Participação dos Estados
FPM	Fundo de Participação dos Municípios
GMC	Grupo Mercado Comum
HDI	Human Development Index
IBAM	Instituto Brasileiro de Administração Municipal
IBGE	Instituto Brasileiro de Geografia e Estatística
IBOPE	Instituto Brasileiro de Opinião Pública e Estatística
ICMS	Imposto sobre a Circulação de Mercadorias e Serviços
IE	Imposto sobre Exportação
IGF	Imposto sobre Grandes Fortunas
II	Imposto sobre Importação
IOF	Imposto sobre Operações Financeiras
IPEA	Instituto de Pesquisa Econômica Aplicada
IPI	Imposto sobre Produtos Industrializados
IPTU	Imposto Predial e Territorial Urbano
IPVA	Imposto sobre a Propriedade de Veículos Automotores
IR	Imposto de Renda
ISI	Importsubstitutionsindustrialisierung
ISSQN	Imposto sobre Serviços de Qualquer Natureza
ITBI	Imposto de Transmissão de Bens Imóveis
ITCM	Imposto sobre a Transmissão Causa Mortis
ITR	Imposto Territorial Rural
IVVC	Imposto sobre Vendas a Varejo de Combustíveis
IWF	Internationaler Währungsfond
KSR	Kindersterblichkeitsrate
MARE	Ministério da Administração e Reforma do Estado

MDB	Movimento Democrático Brasileiro
MEC	Ministério da Educação e Cultura
MERCOSUL	Mercado Comum do Cone Sul
METROPLAN	Fundação Metropolitana de Planejamento
MPO	Ministério do Planejamento e Orçamento
MRH	Micro Região Homogênea
NAFTA	North American Free Trade Area
NATO	North Atlantic Treaty Organization
NGO / NRO	Non Governmental Organization
PDT	Partido Democrático Trabalhista
PFL	Partido da Frente Liberal
PKE	Pro-Kopf-Einkommen
PL	Partido Liberal
PMDB	Partido do Movimento Democrático Brasileiro
PNUD	Programa da Nações Unidas para o Desenvolvimento
PPB	Partido Progressista Brasileiro
PPS	Partido Popular Socialista
PRN	Partido da Renovação Nacional
PSB	Partido Socialista Brasileiro
PSDB	Partido da Social Democracia Brasileira
PT	Partido dos Trabalhadores
PTB	Partido Trabalhista Brasileiro
REFAP	Refinaria Alberto Pasqualini
RJ	Rio de Janeiro
RS	Rio Grande do Sul
SAM	Secretaria de Adminsitração do MERCOSUL
SC	Santa Catarina
SGT	Sub-Grupos de Trabalho
SIB	Serviço de Informações Básicas
SP	São Paulo
SUDAM	Superintendência de Desenvolvimento da Amazônia
SUDECO	Superintendência de Desenvolvimento do Centro-Oeste
SUDENE	Superintendência de Desenvolvimento do Nordeste
SUDESUL	Superintendência de Desenvolvimento do Sul
TCE	Tribunal de Contas do Estado
TIAR	Tratado Interamericano de Assistência Recíproca
UN / UNO	United Nations
UNIJUI	Universidade Regional do Noroeste do Estado do Rio Grande do Sul
URV	Unidade Real de Valor
USA	United States of America

TEIL I: ARBEITSRAHMEN UND -DETERMINANTEN

1. EINLEITENDER PROBLEMAUFRISS

1.1. Problemstellung und Zielsetzung der Arbeit

Die Frage der Regionalentwicklung wird in einem Land wie Brasilien in absehbarer Zeit wohl kaum *ad acta* gelegt werden können. Die momentane Relevanz der Frage, die Intensität der Diskussion darüber und einzelne Facetten des Problems mögen zwar gewissen Änderungen unterworfen sein, das Thema selbst aber stellt sich aufgrund der enormen Vielfältigkeit des Landes immer wieder. Dazu tragen nicht nur die unübersehbaren regionalen Differenzierungen auf nationaler Ebene bei, sondern vor allem sozioökonomische Raumdisparitäten, die auf untergeordneten Ebenen, in Bundesstaaten, Regionen und Kommunen, festgestellt werden können.

Auch das südbrasilianische Bundesland Rio Grande do Sul (RS), das, gemessen an den üblichen sozioökonomischen Entwicklungsindikatoren, zu den entwickeltsten Bundesländern Brasiliens gehört[1], kann sich der Regionalentwicklungsproblematik nicht entziehen. Obwohl Rio Grande do Sul einen für brasilianische Verhältnisse sehr hohen HDI-Mittelwert aufweisen kann (1996: 0,871), bedeutet dies auf keinen Fall, dass dort in sozialer und ökonomischer Hinsicht eine räumlich ausgewogene Struktur vorhanden ist oder dass in den unterschiedlichen Regionen des 282.062 km² großen und von knapp 10 Millionen Einwohnern besiedelten Bundesstaates die Wirtschaftsverhältnisse und die Infrastruktur einigermaßen gleich sind. Rio Grande do Sul weist paradoxerweise ein hohes Entwicklungsniveau und gleichzeitig gravierende räumliche Disparitäten auf, die in manchen Fällen äußerst diskrepante Situationen widerspiegeln.

Einerseits ist das relativ hohe Entwicklungsniveau des Bundeslandes Rio Grande do Sul beispielsweise durch eine durchschnittliche Lebenserwartung von 74,6 Jahren (1991), durch eine Alphabetisierungsquote von 90,7% der Bevölkerung (1991) und durch ein durchschnittliches Pro-Kopf-Einkommen von US-$ 5.666,00 im Jahr (1996) gekennzeichnet, andererseits weist Rio Grande do Sul aber auch frappante räumliche Disparitäten auf, was folgende Beispiele verdeutlichen:

---

[1] Das Entwicklungsniveau und die führende Position unter den brasilianischen Bundesländern wird zum Beispiel im *Relatório do Desenvolvimento Humano no Brasil* (IPEA 1996), einem Bericht, der eine Rangordnung der Bundesländer nach den HDI-Kriterien der UNO aufstellt, mehrmals bestätigt (vgl. Tabelle 4) und in den Ländervergleichsstudien von SIMONSEN ASSOCIADOS (1996, 1997) und in PLURAL COMUNICAÇÃO (1992, 1994 und 1998) beispielhaft dokumentiert.

1) Im Jahr 1996 wurde 1/3 des gesamten Landes-BIP in den fünf wirtschaftlich stärksten von insgesamt 467 Munizipien erwirtschaftet[2], was eine markante Konzentration der Wirtschaft darstellt.

2) Während einige Munizipien zwischen 1993 und 1996 ein BIP-Wachstum von mehr als 3.000% erreicht haben, mussten andere Gemeinden im gleichem Zeitraum ein negatives BIP-Wachstum (!) von über 40% verkraften.

3) Im Jahre 1996 war das durchschnittliche Pro-Kopf-Einkommen (gemessen am BIP) im Munizip Triunfo ca. 140 mal größer als das, welches im Munizip Novo Tiradentes (US-$ 506,00/Jahr) zu verzeichnen war[3].

Andere auffallende Beispiele lassen sich auch aus anderen Bereichen mühelos heranziehen, wie etwa das folgende aus dem Gesundheitswesen: Im Einzugsgebiet der *Delegacia Regional da Saúde*, die ihren administrativen Hauptsitz im Munizip Bagé (in der *Campanha*-Region) hat, lag 1995 die Kindersterblichkeitsrate bei 36,4 Kindern pro 1.000 Lebendgeborene, während sie im gleichen Jahr im Einzugsgebiet der *Delegacia Regional da Saúde* der Region um Erechim (im *Alto Uruguai*-Gebiet) deutlich niedriger lag, nämlich bei 10,0 Kindern pro 1.000 Lebendgeborene (SECRETARIA DA SAÚDE E DO MEIO AMBIENTE RS 1996).

Die Liste der räumlichen Disparitäten in Rio Grande do Sul ließe sich beliebig erweitern, was aber lediglich die bereits bekannte Tatsache hervorheben würde, dass in Rio Grande do Sul sozioökonomische Unterschiede vorhanden sind[4], ohne dass damit der geringste Aufschluss darüber gegeben würde, wie diese Disparitäten zu beseitigen sind. Genau diese Aufgabe, nämlich die Ursachen der regionalen Disparitäten festzustellen und durch entsprechende Handlungen und Maßnahmen einen Versuch zu ihrer Beseitigung oder zu ihrem Abbau zu unternehmen, wurde mit Beginn der 90er Jahre speziell dafür ins Leben gerufenen Regionalentwicklungsräten (*Conselhos Regionais de Desenvolvimento* oder *CRDs*) übertragen.

Nun stehen die einzelnen Regionen mit ihren CRDs und mit den zahlreich vorhandenen und unterschiedlichen Raumdisparitäten vor einem umfangreichen Problem: die eigene regionale Entwicklungsproblematik zu diskutieren und zu verstehen, daraus konkrete Entwicklungsprojekte abzuleiten, sie der Regierung vorzuschlagen und, sobald sie genehmigt bzw. in Gang gesetzt sind, die Mitverantwortung sowohl bei der Durchführung als auch bei den Auswirkungen der Projekte zu tragen.

---

[2] Die fünf Munizipien sind: Porto Alegre mit einem Anteil am Landes-BIP von 15,8%, Caxias do Sul mit 5,9%, Canoas mit 5,4%, Novo Hamburgo mit 2,9% und Triunfo mit 2,6%.

[3] Ökonomische Disparitäten können besonders bei den jährlich veröffentlichten Studien von KLERING (*Análise do Desempenho dos Municípios do Rio Grande do Sul em 199...*) eruiert werden und sind neuerdings auch im Internet unter der Adresse http://www.ufrgs.br/pdgs zu finden.

[4] Über weitere räumliche Differenzierungen und Differenzierungsprozesse in Rio Grande do Sul siehe u.a. auch: BERNARDES 1962-63; CARRION JR. 1981; CONCEIÇÃO 1986; COSTA / MOREIRA 1982; DACANAL / GONZAGA 1979; FEE 1997a-i; FONSECA 1983; TRENNEPOHL 1997.

Im Grunde genommen handelt es sich bei diesem Entwicklungsansatz um einen eigenständigen politischen Dezentralisierungsprozess mit partizipativem Charakter, der zumindest in Brasilien einmalig ist und zu dem es bisher kaum wissenschaftliche Untersuchungen gibt[5]. Ist die Thematik etwa für wissenschaftliche Untersuchungen unbedeutend oder uninteressant? Mitnichten. Wenn man die einzelnen Elemente und Akteure des Regionalentwicklungsprozesses in Rio Grande do Sul genauer betrachtet, wird man bald und zweifelsfrei feststellen, dass all die Komponenten, die in einer wirtschafts- und sozialwissenschaftlichen Untersuchung von Bedeutung sind, in dem Regionalentwicklungsprozess in Rio Grande do Sul ausnahmslos repräsentiert sind.

Das Entwicklungsmodell aus Rio Grande do Sul erfordert die Zusammenarbeit zwischen unterschiedlichen Akteuren - zwischen Regierung, Bevölkerung und lokalen bzw. regionalen Institutionen. Eine Verbesserung der Lebensbedingungen der Bevölkerung und die Verringerung der interregionalen Disparitäten soll durch die staatliche Berücksichtigung der regionalen Interessen und Bedürfnisse erreicht werden. In dieser Hinsicht kann man dieses Modell als einen bi-direktionalen Entwicklungsansatz verstehen, in dem Staat und Gesellschaft mit dem spezifischen Ziel, die Regionalentwicklung zu fördern, aufeinander zugehen. Dabei werden nicht nur wirtschaftliche Ziele verfolgt, sondern auch soziale Aspekte und naturräumliche Gegebenheiten konkret mit einbezogen.

Das Entwicklungsmodell wurde Anfang der 90er Jahre ins Leben gerufen, und zwar nicht als vollständig durchdachtes Konzept, sondern im Sinne eines dynamischen, interaktiven Erarbeitens von Instrumenten und Mechanismen, die der Regionalentwicklung dienlich sein können. In diesem Prozess geht es vorwiegend um die Neustrukturierung der Landesentwicklungspolitik und um die Neugestaltung der Beziehungen zwischen der Landesregierung, den einzelnen Regionen und der Bevölkerung. Mittlerweile haben die unterschiedlichen Akteure schon zahlreiche Erfahrungen gesammelt, einige Krisen und zwei Regierungswechsel wurden überstanden, unterschiedliche Mechanismen und Instrumente wurden getestet und verbessert. Das Entwicklungsmodell konsolidiert sich langsam, ist aber der politischen und sozioökonomischen Dynamik unterworfen und kann deshalb nie als abgeschlossenes Projekt bezeichnet werden.

Mit der vorliegenden Arbeit wird in erster Linie der Versuch unternommen, am Beispiel der Tätigkeiten des *Conselho Regional de Desenvolvimento do Noroeste Colonial* (CRD-NORC) den gegenwärtigen entwicklungspolitischen Ansatz des Rio-Grande-do-Sul-Modells umfassend verständlich zu machen, ihn darzustellen und ihn in seiner Effektivität zu beurteilen. Der CRD-NORC ist einer der ersten (von insgesamt 22) und aktivsten Regionalentwicklungsräte, die in Rio Grande do Sul im Rahmen der gegenwärtigen Landesentwicklungspolitik organisiert wurden.

---

[5] Unter den ernst zu nehmenden Untersuchungen, abgesehen von einzelnen und nicht veröffentlichten Referaten oder Seminararbeiten, wurde dem Autor bis zum Ende der Datenerhebung im Februar '98 nur die Arbeit von BERGMANN 1997 bekannt.

Karte 1: Die Lage der Region Noroeste Colonial im Untersuchungsgebiet

Die vorliegende Untersuchung umfasst eine Periode, die im Vorfeld der offiziellen Einsetzung der CRDs beginnt und bis zu den jüngsten Auseinandersetzungen und Diskussionen, die zwischen den CRDs und der amtierenden Regierung, die mit der Einführung des sogenannten *Orçamento Participativo*[6] auf Landesebene neue demokratische Akzente setzen zu können glaubt, reicht.

Darüber hinaus wird mit der vorliegenden Arbeit auch die Absicht verfolgt, fundierte Erkenntnisse zu gewinnen und konkrete Aussagen zu machen über Perspektiven, Bedingungen und Probleme der Übertragbarkeit des Entwicklungsmodells aus Rio Grande do Sul auf andere Regionen oder Länder.

Um diese Ziele zu erreichen, sind folgende untergeordnete Zielsetzungen von Bedeutung: 1) die Natur und die Auslöser der regionalen Entwicklungsproblematik im Untersuchungsgebiet zu verstehen und zu erklären; 2) die räumlichen sozioökonomischen Disparitäten der Untersuchungsregion im Vergleich zu anderen Regionen, zum Landes- bzw. Bundesdurchschnitt oder auch zu weltweiten Standards zu erfassen und darzustellen; 3) die regionalen Außenhandelsverflechtungen und die voraussichtlichen Auswirkungen des Mercosul in der Region zu analysieren; 4) die Mechanismen und Ergebnisse der gegenwärtigen Politik bzw. Strategie zur regionalen Entwicklung zu untersuchen; und 5) die Schwachstellen und Verbesserungsmöglichkeiten des regionalen Entwicklungsprozesses festzustellen.

Damit die Problemstellung und Zielsetzung der Arbeit einen angemessenen Rahmen erhält, werden zunächst die wichtigsten thematischen Rahmenbedingungen abgesteckt: die räumliche Vielfalt Brasiliens, seine gravierenden regionalen Unterschiede, die verschiedenen Herrschaftsformen (Kolonie, Monarchie, Republik) und ihre Auswirkungen auf die unterschiedlichen Entwicklungsphasen des Landes, die wichtigsten Aspekte der ökonomischen Stabilisierungspläne der Regierung, die politische Unbeständigkeit der Parteien, die von der brasilianischen Regierung angewandten Entwicklungsstrategien und die Grundzüge der gegenwärtigen nationalen Entwicklungspolitik.

1.2. Das 'brasilianische Mosaik'

Alle Analysen und Veröffentlichungen, in denen unterschiedliche Aspekte einzelner Länder aufgelistet werden und die somit etwa einen Vergleich des Pro-Kopf-Einkommens, der Ge-

---

[6] Der *Orçamento Participativo* (partizipativer Haushaltsplan) ist ein Experiment, das von dem Partido dos Trabalhadores (Arbeiterpartei) von 1989 bis 1998 insbesondere in der Stadtverwaltung von Porto Alegre durchgeführt wurde (vgl. GENRO / SOUZA 1997). Es handelt sich um einen Planungs- und Entscheidungsprozess über den zukünftigen Haushaltsplan einer administrativen Einheit (z. B. um ein Munizip), in dem die Bevölkerung aktiv, direkt und konkret über die Allokation der öffentlichen Ressourcen mitentscheiden kann. Dadurch, dass der PT seit Januar 1999 die Landesregierung in Rio Grande do Sul bildet, wird dort zum ersten Mal der Versuch unternommen, auch den Landeshaushaltsplan nach der genannten Methode zu gestalten, und es kommt zu einer gewissen Überschneidung von Interessen und Funktionen der neuen Regierungspolitik mit den CRDs.

burten- oder Sterberate, der Bevölkerungsdichte, des Urbanisierungsgrades, der Alphabetisierungsquote oder auch noch anderer Indikatoren ermöglichen, weisen den Nachteil auf, dass sich hinter den durchschnittlichen statistischen Werten große lokale bzw. regionale Unterschiede verbergen können, die meistenteils in solchen Publikationen unberücksichtigt bleiben müssen. Wenn sich eine Analyse aber einer bestimmten Nation widmet und vor allem dann, wenn nicht nur die Evolution bestimmter Indikatoren in Betracht gezogen wird, dann lassen sich, je nach Regionen und zu betrachtenden Eigenschaften und Indikatoren, räumliche, soziale und wirtschaftliche Unterschiede und Disparitäten mühelos aufdecken.

Im Fall Brasiliens sind krasse Differenzen zwischen den unterschiedlichen Naturräumen und auch zwischen den einzelnen Bundesländern nicht zu übersehen. Es bedarf keiner ausführlichen empirischen Forschung um festzustellen, dass in dem Raum, der zwischen *acreanos* und *cariocas* oder zwischen *gaúchos* und *potiguares* liegt, soziale und naturräumliche Gegebenheiten vorhanden sind, die mit schlichten Herkunftsbezeichnungen wie den obengenannten[7] oder auch mit rein geographischen Landschaftsbezeichnungen bei weitem nicht erfasst werden können. Nichts scheint für die brasilianische Realität so flächendeckend typisch und repräsentativ zu sein wie die eigene Vielfalt.

Die im Vorwort von "Brasilien heute" (BRIESEMEISTER et alii, 1994:7) einleitende Fragestellung weist einerseits mit großer Deutlichkeit darauf hin, dass die Wahrnehmung der Vielfalt zum Teil auf einer Vermischung von Realität und Klischeevorstellungen beruht, andererseits macht sie deutlich, wie heterogen und komplex Brasilien bzw. die Vorstellung dessen, was man mit 'Brasilien' meint, ist.

Etwas merkwürdig allerdings ist, dass selbst bei Brasilianern eine genaue Kenntnis ihres Landes, geschweige denn eine realitätsnahe Wahrnehmung desselben immer noch in weiter Ferne zu sein scheint[8], wie BECKER / EGLER (1994:17 – Übersetzung des Autors) feststellen: *"Brasilien ist wenig bekannt, selbst unter denen, die dort leben und arbeiten."*

Obwohl an dieser Stelle auf eine umfassende und kritische Bestandsaufnahme dieser komplexen und heterogenen 'Brasilien-Welt' verzichtet wird, so ist trotzdem eine zusammenfassende Vorstellung wichtiger Charakteristika, die sich aus der ökonomischen, sozialen und

---

[7] Als Beispiel für die enorme Vielfalt wurden hier nur zwei unterschiedliche Achsen innerhalb Brasiliens (unter zahllosen anderen Vergleichsmöglichkeiten) gewählt. Die *kursivgedruckten* Begriffe bezeichnen Bewohner der brasilianischen Bundesländer Acre, Rio de Janeiro, Rio Grande do Sul und Rio Grande do Norte nach der im Text gegebenen Reihenfolge. Darüber hinaus schwingt in diesen und anderen in Brasilien gängigen Herkunftsbezeichnungen auch die Wahrnehmung unterschiedlicher Lebenseinstellungs- und Raumanpassungsformen mit.

[8] Werbespots zu dieser Thematik - wie zum Beispiel: '*Visite o Brasil, conheça o Brasil*' (Besuche Brasilien, lerne Brasilien kennen) -, die im brasilianischen Fernsehen regelmäßig zu den besten Sendezeiten ausgestrahlt und von der Bundesregierung bzw. EMBRATUR in Auftrag gegeben werden, haben in erster Linie die Absicht, die Brasilianer dazu zu bringen, dass sie Tourismusdevisen im eigenen Land ausgeben. Dabei ist die Ausgangsprämisse implizit offenkundig: Brasilianer kennen Brasilien nicht; es gibt auch für sie immer wieder etwas Neues, Schönes, Unbekanntes und Interessantes im eigenen Land zu sehen und zu entdecken.

politischen Geschichte und Entwicklung Brasiliens herleiten lassen, für die Einführung in die Problematik der vorliegenden Arbeit unerlässlich[9].

Betrachten wir also zuerst das gesamte Brasilien, ohne auf Einzel- und Besonderheiten einzugehen, und zwar mit der Absicht, einen historisch-politischen Hintergrund zu schaffen und eine geographisch-wirtschaftliche Grundlage für die Arbeit zu erstellen.

1.2.1. Die naturräumliche Vielfalt

Die kontinentalen Dimensionen Brasiliens bringen unter anderem unterschiedliche Klima- und Zeitzonen und große räumliche Unterschiede in Bezug auf Relief, Gewässernetze, Vegetation und Tierwelt mit sich. Eine ausführliche Beschreibung der naturräumlichen Gegebenheiten Brasiliens würde den Rahmen der Arbeit sprengen. Aus diesem Grunde möge hier der Hinweis auf Forschungsarbeiten genügen, in denen die naturräumliche Vielfalt Brasiliens souverän beschrieben wird[10].

Außerdem weist das Untersuchungsgebiet Rio Grande do Sul, das flächenmäßig in der Größenordnung der ehemaligen Bundesrepublik, Italiens oder auch Großbritanniens einzustufen ist, zahlreiche untergeordnete sozioökonomische Systeme und spezifische naturräumliche Merkmale auf, d. h., es sind dort unterschiedliche Böden, Reliefeigenschaften, Klimaverhältnisse, Gewässernetze und Vegetationsformationen zu beobachten, die sowohl aufgrund ihres Ausmaßes als auch ihrer Bedeutung besondere Bestandsaufnahmen rechtfertigen und im weiterem Verlauf der Arbeit ausführlich analysiert oder beschrieben werden (siehe Kapitel 4 und 5).

1.2.2. Die unterschiedlichen Erfahrungen des Staatswesens

Aus historischer und politischer Sicht ist Brasilien ein relativ junges Land. Die Eckdaten seiner Geschichte[11] lassen sich kurz zusammenfassen: Bis zum Beginn des 16. Jahrhunderts war der südamerikanische Kontinent den Naturereignissen und den Ureinwohnern überlas-

---

[9] Es mag etwas paradox erscheinen, wenn diese Arbeit mit einer Einleitung über die große Mannigfaltigkeit Brasiliens beginnt und unmittelbar danach die Vielfalt in wenigen Absätzen zusammengefasst wird. Dem Verfasser sind aber in erster Linie nicht diese Gegebenheiten der Vielfalt wichtig, sondern das, was sich vor dem gegebenen und unausweichbaren nationalen Hintergrund auf Landesebene (Rio Grande do Sul) abspielt. Eine vorzügliche und ausführliche Bestandsaufnahme des 'brasilianischen Gesamtmosaiks' ist in dem Sammelwerk "Brasilien heute" (BRIESEMEISTER et alii, 1994) zu finden.

[10] Stellvertretend für die vielen wissenschaftlichen Beiträge sei hier der ausführliche Beitrag von KOHLHEPP: "Raum und Bevölkerung", in: BRIESEMEISTER et alii 1994:9-107 genannt.

[11] Vgl. hierzu beispielsweise BURNS 1980; FURTADO 1959 u. 1975; GÖRGEN 1971 und JACOB 1974.

sen[12]. Von der Entdeckung Brasiliens am 22. April 1500 durch den Portugiesen Pedro Álvares Cabral bis zur Unabhängigkeitserklärung durch den portugiesischen Prinzregenten Dom Pedro am 7. September 1822 war das Gebiet eine Kolonie der portugiesischen Krone. Zu Beginn der Kolonisation war die portugiesische Kolonie in westlicher Richtung durch eine im Vertrag von Tordesilhas zwischen Portugal und Spanien festgelegte imaginäre Demarkationslinie von den spanischen Besitztümern abgegrenzt. Doch im 17. und 18. Jahrhundert wurde mit dem Eindringen von portugiesischen Expeditionen (den sogenannten *Entradas e Bandeiras*) in das Landesinnere Kolonialbesitz von den Spaniern errungen, im Sinne der damaligen Auffassung 'erschlossen' und dadurch der Besitz der portugiesischen Krone mehr als verdoppelt.

Das brasilianische Kaiserreich konnte sich bis zum 15. Oktober 1889 (also knapp 67 Jahre lang) halten, was letztendlich auch dazu beitrug, dass das Land sich nicht in zahlreiche Republiken aufsplitterte, wie dies mit den meisten anderen Ländern des Kontinents geschehen ist. Schließlich aber wurde die Monarchie durch einen Militärputsch beendet und an ihrer Stelle wurde die Föderative Republik der Vereinigten Staaten von Brasilien ausgerufen. Anfangs wurde die junge Republik von Militärs regiert, es folgte dann eine Periode, während welcher sich die Gouverneure der damals politisch und wirtschaftlich wichtigsten Bundesstaaten (besonders São Paulo und Minas Gerais) die Macht teilten und die Präsidentschaft reihum wechselte.

Ab 1920, etwa ein Jahrhundert, nachdem Brasilien politisch unabhängig geworden war, lösten externe und interne Faktoren eine wachsende Unzufriedenheit einzelner Bevölkerungsschichten mit dem olygarchischen System aus und führten zur sogenannten Revolution von 1930[13]. Es begann ein pendelartiger Wechsel zwischen autoritären und demokratischen Regierungen: Zwischen 1930 und 1945 erlebte das Land eine autoritär-nationalistische, zwischen 1945 und 1964 eine demokratisch-populistische Phase; zwischen 1964 und 1985 ein Militärregime und von 1985 bis zur Gegenwart die Rückkehr zur Demokratie.

---

[12] Wenn man den wenigen historischen Berichten Glauben schenken würde, müsste man diese Zeit als Idylle bezeichnen. Amédée Frezier, vom französischen Königreich gesandter Beobachter und Ingenieur, berichtet um 1712 über seine Eindrücke nach einem Aufenthalt auf der Insel von Santa Catarina: *"Im ersten Anblick kommen einem diese Leute sehr armselig vor, sind aber in der Tat weit glücklicher als die Europäer. Weil sie von denen in Europa mit so vieler Mühe suchenden Curiositäten und Commoditäten nichts wissen, so entbehren sie derselben ohne einmal daran zu gedencken. Sie leben in einer Ruhe, die von keiner Ungleichheit des Standes gestöhret wird. Das Erdreich zinset ihnen von selbsten die zum Leben nötigen Dinge an Holz und Blättern, an Baumwolle und Tier-Fellen zur Bedeckung der Blöße und zu ihren Betten. Sie begehren keine solche prächtige Zimmer, Hausrath und so viele Auffwärter, wodurch nur der Ehrgeiz bey einem Menschen wächst und die eitle Einbildung zwar gekitzelt, niemand aber glücklicher wird. Noch merckwürdiger ists, daß sie dann erst ihrer Glückseligkeit inne werden, wenn sie uns dem Gelde so eifrig nachtrachten sehen."* (FREZIER 1718:31-32).

[13] Obwohl hier von Revolution die Rede ist, war es in der Tat keine 'Revolution' im traditionellen Sinne. Die Unzufriedenheit brach vor allem unter Teilen der damaligen Elite aus. So hat sich beispielsweise in einer Solidaritätsadresse an den damaligen Präsidenten Getúlio Vargas der zu jener Zeit amtierende Gouverneur von Minas Gerais, Antonio Carlos de Andrada, folgendermaßen geäußert: *"Lass uns die Revolution machen, bevor es die Bevölkerung selbst tut"* (BRUM 1997:183 - Übersetzung des Autors).

1.2.3. Die Phasen der Wirtschaftsentwicklung

An der ökonomischen und wirtschaftlichen Entwicklung Brasiliens[14] kann man deutlich ablesen, dass in den einzelnen Regionen nicht nur der historische Rahmen und die naturbedingten Faktoren, sondern auch die Art und die Intensität der Entwicklungsprozesse, ihre Auswirkungen und die allgemeinen Umstände in der Vergangenheit sehr unterschiedlich waren und immer noch sehr unterschiedlich sein können.

Die brasilianische Wirtschaftsentwicklung kann man in die unterschiedlichsten Phasen einteilen. Eine Möglichkeit ist die von BRUM 1997 vorgeschlagene Einteilung, bei der verschiedene Entwicklungsmodelle beschrieben und benannt werden, die den Zeitraum von der Entdeckung bis zur Gegenwart umfassen und hier folgendermaßen zusammengefasst werden:

1. Phase: von der Entdeckung im Jahr 1500 bis zur sogenannten Revolution von 1930: Ökonomisches Primär-Exportmodell.

2. Phase: von der 30er Revolution bis zum Militärputsch von 1964: Versuch eines nationalen und autonomen Entwicklungsmodells.

3. Phase: die Periode der Militärdiktatur (1964 - 1985): Modell einer assoziierten und abhängigen Entwicklung: vom Wunder zur Krise.

4. Phase: Ende der Militärdiktatur bis zur Gegenwart (1985 - ...): Neue Republik - von der Hoffnung zur Frustration.

Wichtige Merkmale der **ersten Entwicklungsphase** Brasiliens (1500-1930) sind: zunächst das portugiesische Projekt für die lateinamerikanische Kolonie[15]; dann die raumbezogenen ökonomischen Zyklen (Brasil-Holz, Vieh, Zucker, Tabak, Gold und Edelsteine, Baumwolle, Kaffee, Kautschuk und Kakao), von denen viele nur dank der Sklaverei funktionierten; und schließlich, nach ungefähr einem Jahrhundert politischer Unabhängigkeit, das zunehmende Zerbröckeln (besonders zwischen 1920 und 1930) der zu jener Zeit üblichen Kolonialmentalität der herrschenden Regierungseliten, die vornehmlich die Interessen der exportorientierten Großgrundbesitzer vertraten. Es muss hinzugefügt werden, dass bis zu diesem Zeitpunkt kein nennenswerter Industrialisierungsansatz in Brasilien stattgefunden hatte.

---

[14] Ein umfassender Überblick über den wirtschaftlichen Entwicklungprozess Brasiliens ist bei BRUM 1997 zu finden. Weitere, insbesondere aktuelle Themen der brasilianischen Wirtschaft werden bei BRIESEMEISTER et alii 1994, 3. Abschnitt, abgehandelt. Auch SANGMEISTER 1995a bietet eine kurze und vorwiegend gegenwartsorientierte Darstellung der Wirtschaftsentwicklung in Brasilien in deutscher Sprache. Eine systematische Bibliographie über Brasilien ganz allgemein bietet das Werk von SODRÉ 1988.

[15] Portugal, eine der zu jener Zeit führenden Schifffahrts- und Handelsnationen Europas, stark vom Katholizismus geprägt, beabsichtigte *"die Ausbreitung des Glaubens und des Imperiums; in der Praxis aber mehr des Imperiums als des Glaubens"* (BRUM 1997:123 - Übersetzung des Autors) und unter diesen Umständen entstand die Kolonialherrschaft und der dazugehörende Merkantilismus.

Die **zweite Entwicklungsphase** Brasiliens erstreckt sich von 1930 bis 1964. Zu den Faktoren, welche die brasilianische Wirtschaft stark beeinflussten, gehört die Tatsache, dass während dieses Zeitraums in politischer und wirtschaftlicher Hinsicht auf der gesamten Welt starke Turbulenzen zu registrieren waren. Diese Turbulenzen haben aber den Industrialisierungsprozess in Brasilien positiv beeinflusst: Der durch den Zweiten Weltkrieg verursachte Zusammenbruch des internationalen Handels führte dazu, dass Brasilien für die Versorgung und die Aufrechterhaltung des internen Marktes selbst sorgen musste. Dadurch war die Notwendigkeit für die Gründung zahlreicher kleinerer und mittlerer Unternehmen der verschiedensten Branchen gegeben.

Ihre Auswirkung auf Brasilien hatte auch die weitverbreitete nationalistische Ideologie jener Epoche: Sie führte zu einer Wandlung der politischen und ideologischen Haltung der Regierung[16]. Man war plötzlich davon überzeugt, dass der Schlüssel zur Entwicklung der Nation die Industrialisierung war[17], wie man es am Beispiel einzelner europäischer Staaten und anderer entwickelter Länder ablesen konnte.

Zu Beginn der zweiten Entwicklungsphase wird überwiegend die sogenannte Vargas-Politik verfolgt: Auslandskapital war besonders in Form von Darlehen, Krediten und Finanzierungen willkommen. Die Importsubstitution und Industrialisierung Brasiliens ist allmählich von der Herstellung kurzlebiger Konsum- oder Verbrauchsgüter über die Produktion von langlebigen Konsumgütern (bzw. Konsumgütern des gehobenen Bedarfs) bis hin zum Aufbau einer eigenen Investitions- und Kapitalgüterindustrie vor sich gegangen. Während der zweiten Entwicklungsphase wurde auch der Erziehungspolitik ein größerer Stellenwert zuerkannt. Auf diese Weise rückten besonders das Hochschulwesen und die technische Ausbildung ins politische Rampenlicht (s. FAUSTO 1995).

---

[16] In einer 'Erklärung an die Nation' definierte Präsident Getúlio Vargas, zu Beginn seiner ersten Regierungsperiode (1930-45), die neue Wirtschaftslinie Brasiliens folgendermaßen: "*Anderseits zwingt es uns zur Reduzierung der Importe, als natürliche und einzige in unserer Reichweite befindliche Maßnahme zur ökonomischen Verteidigung. In diesem Gebiet sind multiple Vorkehrungen ratsam und die Regierung wird in der Forderung ihrer Anwendung nichts vernachlässigen: Der Verbrauch von Alkohol als Brennstoff wird intensiviert; eine Erhöhung der Weizenproduktion soll erreicht werden, um selbst die Fabrikation des Mischbrotes anzupreisen und* [die Regierung] *wird sich für eine bessere Verwertung der nationalen Kohle und Baumwolle einsetzen. Gleichzeitig müssen wir als ziviles Postulat die Verpflichtung zur Erweiterung unserer Felder und Verbesserung unserer Industrien annehmen, so dass, wenn wir uns mit ausländischen Gütern ernähren oder kleiden, dies als ein patriotischer Fehltritt angesehen wird. [...] Aber das größte, man kann sagen, das grundlegende Problem unserer Wirtschaft, ist die Eisen- und Stahlindustrie. Die 'Eisenzeit' wird für Brasilien die Periode seiner ökonomischen Üppigkeit kennzeichnen. In der umfangreichen Anwendung dieses Metalls, wertvoller als alles andere, wird die Formel unseres Fortschritts zum Ausdruck gebracht. [Unser Fortschritt] wird durch den Transportmangel und die fehlende unerlässliche Ausrüstung für die Ausbeutung des materiellen Reichtums, den wir ganz sicher besitzen, verhindert*" (SODRÉ 1976:277 - Hervorhebungen und Übersetzung des Autors).

[17] Industrialisierung war unter anderem auch der wichtigste Vorschlag, der von der CEPAL *(Comissão Econômica para a América Latina e Caribe* = UN-Wirtschaftskommission für Lateinamerika und die Karibik) zur Überwindung der lateinamerikanischen Unterentwicklung gemacht wurde. Diese auf einem Industrialisierungskonzept basierende entwicklungspolitische Strategie wurde schließlich mit mehr oder weniger Erfolg (und zum Teil mit katastrophalen Folgen) in den meisten lateinamerikanischen Staaten und auch in anderen Entwicklungsländern verfolgt.

Im späterem Verlauf der zweiten Entwicklungsphase ist die Regierungsperiode von Juscelino Kubitschek de Oliveira (1956-61) für das Wirtschaftsgeschehen und die brasilianische Entwicklung von besonderer Bedeutung[18]. Ein sogenannter *Plano de Metas*[19], unter dem Slogan 'Fünfzig [Fortschritts-] Jahre in Fünf [Regierungsjahren]', wurde ins Leben gerufen und löste ein rasantes wirtschaftliches Wachstum aus, und zwar dadurch, dass unter anderem der Schiffsbau, der Automobilbau, die Eisen- und Stahlindustrie und die Energieerzeugung mit öffentlichen Mitteln stark gefördert wurden. Die Gründung der SUDENE (Regionale Entwicklungsbehörde für den Nordosten Brasiliens) und eine Kapitalpolitik, die Auslandsinvestitionen subventionierte und erleichterte, sind weitere Kennzeichen seiner Amtsperiode.

Ein Blick auf das Wachstum der industriellen Produktion in den Bundesländern Brasiliens zwischen 1907 und 1980 belegt den regionalen Strukturwandel mit großer Deutlichkeit: Das Bundesland São Paulo und der Südosten im Allgemeinen führen die brasilianische Wirtschaft an (s. Tabelle 1). Um 1980 wurden ca. 85% der gesamten industriellen Erzeugnisse des Landes in der Südost-Region hergestellt[20].

Tab. 1: Prozentualer Anteil ausgewählter Bundesländer an der industriellen Produktion Brasiliens: 1907 bis 1980

Jahr	São Paulo	Rio de Janeiro	Minas Gerais	Rio Grande do Sul	andere Bundesländer
1907	16,5	33,1	4,8	14,9	30,7
1920	31,5	20,8	5,5	11,0	30,2
1970	54,3	17,0	6,0	6,7	16,0
1980	60,0	15,0	10,0	5,5	9,5

Quelle: CARRION JR. 1981:15.

Obwohl Brasilien bis zum Beginn der 60er Jahre relativ hohe ökonomische Wachstumsraten aufwies, wurden die größer werdenden regionalen, sozialen und wirtschaftlichen Ungleichheiten immer offensichtlicher; im Land brodelten immer mehr soziale Konflikte, und Spannungen zwischen unterschiedlichen Akteuren traten zutage. Die Gründe für die Krise, die

---

[18] Kubitschek begann seine politische Karriere als Arzt bei der Militärpolizei, wurde dann Bundestagsabgeordneter und später zum Bürgermeister der Landeshauptstadt Belo Horizonte nominiert. Aufgrund einer dynamischen und erfolgreichen Amtsperiode als gewählter Gouverneur des Bundeslandes Minas Gerais erlangte er bei der Wahl vom 3. Oktober 1955 die brasilianische Präsidentschaft (vgl. zu diesem Abschnitt der brasilianischen Wirtschaftsgeschichte auch BENEVIDES 1976; BRUM 1997; DUQUE 1972; FAUSTO 1995; FURTADO 1959 u. 1974; PEREIRA 1970; SKIDMORE 1969; und TREVISAN 1986).

[19] Der offizielle Plan sah den Bau eines neuen Regierungssitzes (Brasília) vor. Darüber hinaus wurden 30 prioritäre Entwicklungsziele festgelegt, die in fünf Gruppen unterteilt waren: Energie (43,4% der Investitionen), Transportmittel (29,6%), Ernährung (3,2%), Basisindustrien (20,4%) und Erziehung (3,4%).

[20] Die Tatsache, dass die brasilianische Industrieproduktion sich auf die Südostregion konzentriert, ist auch durch die Bevölkerungsdichte der Region, die offiziell aus den Bundesländern São Paulo, Rio de Janeiro, Minas Gerais und Espírito Santo gebildet wird, bedingt: Bei einem Anteil von nur 10,8% an der Gesamtfläche Brasiliens weist die Region im Jahr 1980 einen Anteil von 43,4% (51,65 Mio.) an der Gesamtbevölkerung Brasiliens (119 Mio.) auf.

1964 schließlich zum Militärputsch in Brasilien führte, sind ein komplexes Knäuel von Interessen, spezifischen Bedingungen und Gegebenheiten.

Die **dritte Entwicklungsphase** Brasiliens (1964-1984) wird von einem Militärregime und dessen Strategie bestimmt. Man muss von vornherein die Tatsache zur Kenntnis nehmen, dass *"das brasilianische Militärregime [...] seinem Selbstverständnis nach aus sich selbst heraus legitimiert* [war]*, auch als verfassunggebende Gewalt"* (SANGMEISTER 1995a:233). Außerdem war der führende Kern des Militärregimes von einer ihm zugeschriebenen historischen Aufgabe überzeugt (vgl. BRUM 1997): Das Land sei von der Korruption und dem Kommunismus zu befreien, Ordnung und Demokratie seien wiederherzustellen und ein qualitativer und quantitativer Entwicklungssprung müsse bewerkstelligt werden, damit Brasilien in eine aufstrebende Weltmacht verwandelt würde.

Auch ohne ausführlich ins Detail gehen zu müssen, kann man die zwei bedeutendsten Erkennungszeichen des brasilianischen Militärentwicklungsmodells herausstellen: in Bezug auf das Ausland war es ein 'peripher-assoziiertes-abhängiges Entwicklungsmodell' und auf der Inlandsebene ein 'elitär-konzentrierendes und exkludentes Entwicklungsmodell'. Mit diesen Begriffen wird die Situation in der dritten Entwicklungsphase zutreffend beschrieben: *peripher* steht für die Rolle Brasiliens in der Weltwirtschaftsordnung; *assoziiert* bezeichnet die Tatsache, dass das Land die Niederlassung und die Aktivitäten von ausländischen Unternehmen in Brasilien gleichgültig hingenommen und sogar gefördert hat; *abhängig* (adjektivische Übersetzung von *Dependência*) weist auf die Abhängigkeit von Kapital, Technologie und Märkten des Auslandes hin, ganz zu schweigen von der politischen, kulturellen und wissenschaftlichen *Dependência*[21]. Der Begriff *elitär* beschreibt den Sachverhalt, dass die staatliche Wirtschaftspolitik prioritär die Bedarfsdeckung der besser gestellten Bevölkerungsschichten im Sinne hatte, während der überwiegende Teil der Bevölkerung den Schäden der Inflation ausgesetzt war[22]; *konzentrierend* weist darauf hin, dass in Brasilien, das ohnehin schon längst zu jenen Ländern zu rechnen war, die eine der unausgewogensten Einkommensverteilung der Welt aufwiesen[23], sich der Reichtum auf wenige konzentrierte. Der Begriff *exkludent* schließlich deutet auf die Tatsache, dass breite Bevölkerungsschichten, ärmere Regionen, nationale Kleinunternehmen und die

---

[21] An anderer Stelle der Arbeit wird auf die *Dependência*-Theorien näher eingegangen, darum soll hier nur kurz der historische Rahmen angesprochen werden: *"Mitte der 60er Jahre begannen in Lateinamerika eine Reihe von wirtschafts- und sozialwissenschaftlichen Studien zu erscheinen, die den Begriff [...] in den Mittelpunkt ihrer Analyse stellten [...]"*, aber *"mit wenigen Ausnahmen (vor allem F. H. Cardoso) wurde die Problematik von Staat und politischer Herrschaft im peripheren Kapitalismus in der Dependenz-Literatur nur sehr oberflächlich behandelt"* (NOHLEN 1998:171 u. 173).

[22] Vergleiche hierzu den interessanten Aufsatz von BETING 1996: Obwohl diese Studie sich mit der Konzentration der Rente und der Inflation in Brasilien zwischen 1965 und 1994 (Plano Real) befasst, ist es immerhin beeindruckend zu erfahren, dass während des Militärregimes (1964-1985) die Inflation insgesamt 1.623.720,94% betrug.

[23] Noch Anfang der 90er Jahre (vgl. IPEA 1996) wies Brasilien folgende Einkommensverteilung auf: das Einkommen der 10% Reichsten war fast dreißigmal höher als das gesamte Einkommen der 40% Ärmsten. Oder: die 20% Reichsten unter der Bevölkerung hatten einen Anteil von 65% des Gesamteinkommens aller Brasilianer, während die 50% Ärmsten mit nur 12% auskommen mussten.

kleinbäuerlichen Betriebe im wirtschaftlichen Prozess eindeutig benachteiligt und vom Wohlstand ausgeschlossen waren, während Großgrundbesitzer, ausländische Unternehmen, reiche Regionen und ausschließlich die ohnehin schon obersten Einkommensschichten der Bevölkerung von der eingeschlagenen Politik profitierten.

Tab. 2: Entwicklung ausgewählter Wirtschaftsindikatoren Brasiliens: 1972 - 1984

Jahr	Auslands-verschuldung (in Mrd. US-$)	Reserven (in Mrd. US-$)	Jährliche Inflationsrate (in %)	Jährliche BIP-Wachstumsrate (in %)
1972	9,5	4,2	15,7	11,9
1973	12,6	6,4	15,6	14,0
1974	17,2	5,3	34,5	8,2
1975	21,2	4,0	29,3	5,6
1976	26,0	6,5	46,3	9,0
1977	32,0	7,2	38,8	4,7
1978	43,5	11,9	40,7	5,0
1979	49,9	9,7	77,3	6,8
1980	53,8	6,9	110,2	9,2
1981	61,4	7,5	95,2	-4,3
1982	69,6	4,0	99,7	0,8
1983	81,3	4,6	211,0	-2,9
1984	91,1	12,0	223,8	5,4

Quelle: BRUM 1997:372

Und so kam es dazu, wie SANGMEISTER (1995a:237) zusammenfassend feststellt, dass *"das brasilianische Militärregime, das 1964 inmitten einer schweren wirtschaftlichen Krise begonnen hatte, [...] 1985 mit einer ebensolchen Krise von noch größeren Ausmaßen [endete]"*.

Die **vierte** und gegenwärtige **Entwicklungsphase** der brasilianischen Wirtschaft begann schließlich im Jahre 1985 mit dem Übergang von einem autoritären zu einem demokratischen Regime. Es handelte sich dabei aber nicht um einen deutlichen Bruch mit der Vergangenheit, sondern eher um einen Übergang, der aufgrund von Verhandlungen langsam heranwuchs, wie es nach diktatorischen Regimes nicht selten vorkommt (man erinnere sich hier beispielsweise an Chile, Argentinien oder Südafrika), so dass in wirtschaftlicher Hinsicht sich in der Tat eher eine scheinbare Veränderung vollzog als dass sich Wesentliches geändert hätte.

1.2.4. Demokratische Verhältnisse und ökonomische Stabilisierungspläne

Ein unerwarteter Schicksalsschlag, dass nämlich der erste zivile Präsident dieser neuen Phase, Trancredo Neves[24], noch vor seinem Amtsantritt schwer erkrankte und bald darauf starb, erschütterte die sogenannte Neue Republik gleich zu Anfang gewaltig. In dieser

---

[24] Trancredo Neves wurde indirekt zum Präsidenten gewählt, d.h. von den Bundestagsabgeordneten und nicht von der Bevölkerung.

schwierigen Situation übernahm am 15. März 1985 der Vizepräsident José Sarney das Amt des brasilianischen Präsidenten. Als Koordinator des neuen Regierungsplanes[25] und des Ministerialteams war Sarney jedoch ein 'Fremder': Sowohl der Plan als auch das Kabinett waren von Trancredo Neves aufgestellt worden. Doch um die Arbeit der Regierung überhaupt in Gang setzen zu können, wurde das Ministerialteam von Sarney so, wie es aufgestellt worden war, übernommen.

Während Sarneys Amtszeit (1985-89) wurde, im Februar 1986, das Programm zur Stabilisierung der brasilianischen Wirtschaft, der *Plano Cruzado*, ins Leben gerufen. Es handelte sich dabei um den ersten von mehreren Stabilisierungsplänen, deren Umsetzung fortan in Brasilien versucht wurde, wobei hier nicht unbedingt eine orthodoxe Sanierungspolitik im Sinne des Internationalen Währungsfonds (IWF) verfolgt, sondern eher der Versuch gemacht wurde, die inertialen Ursachen der Inflation, d. h. die automatische monetäre Aktualisierung, abzuschaffen[26]. Das bedeutete, dass dieser Plan nicht in erster Linie die Grundursachen der Inflation (Auslandsverschuldung, Staatsausgaben, Subsidien, hohe Nachfrage usw.) bekämpfte, wohl aber, dass die Regierung damit etwas Zeit gewann, um grundlegende Wirtschaftsmaßnahmen zu ergreifen. Sie wurden aber nicht ergriffen und die Auswirkungen der darauffolgenden ökonomischen Krise waren weitaus stärker und bitterer als dies bei früheren Krisen (vgl. in Tabelle 3 die wachsenden Inflationsraten und schrumpfenden BIP-Wachstumsraten Ende der 80er Jahre) der Fall gewesen war.

Tab. 3: Entwicklung ausgewählter Wirtschaftsindikatoren Brasiliens: 1985 - 1996

Jahr	Auslands-verschuldung (in Mrd. US-$)	Reserven (in Mrd. US-$)	Jährliche Inflationsrate (in %)	Jährliche BIP-Wachstumsrate (in %)
1985	95,8	11,6	235,1	7,8
1986	101,7	6,7	65,0	7,5
1987	107,5	7,5	415,8	3,5
1988	102,5	9,1	1.037,6	- 0,1
1989	99,3	9,7	1.782,9	3,2
1990	96,5	9,9	1.476,5	- 4,3
1991	92,9	9,4	480,2	0,3
1992	110,8	23,7	1.157,9	- 0,8
1993	114,3	32,2	2.708,5	4,2
1994	119,7	38,8	909,6	5,8
1995	129,3	51,8	14,8	4,2
1996	136,7	60,1	9,3	2,9

Quelle: BRUM 1997 (Zusammengestellt aus S. 422, 429 u. 500)

---

[25] BRUM (1997:438) beurteilt diese Situation mit äußerster Skepsis: "*Wenn überhaupt ein nationaler Regierungsplan, ein Projektkonzept oder wenigstens eine Strategie vorhanden war, dann müssten sie noch Gestalt annehmen. Sie sind aber, mit großer Wahrscheinlichkeit, zusammen mit Trancredo Neves gestorben*" (Übersetzung des Autors).

[26] Im brasilianischen Wirtschaftsjargon nannte man diese ökonomische Prozedur *indexação* oder auch *correção monetária*. Es handelt sich hierbei nicht um Zinsen, sondern um einen zusätzlichen Mechanismus zur Wertinstandhaltung des Geldes gegenüber der Inflation.

Im Anschluss an die Regierung von Sarney konnte die brasilianische Bevölkerung aufgrund einer neuen Verfassungsordnung nach 29 Jahren erstmals wieder selbst ihren Präsidenten (in zwei Wahlgängen aus insgesamt 22 Kandidaten) wählen[27]. Die Gründe, die zur Wahl des von den Medien zum 'Retter der Armen' (*descamisados*) aufgebauten Fernando Collor de Mello geführt haben, sind vor allem in der tiefen Enttäuschung, welche die Bevölkerung mit der Regierung Sarney und mit der Politik insgesamt erleben musste, zu suchen[28].

Zu den wichtigsten Maßnahmen der Collor-Regierung, die teilweise umfangreiche Veränderungen in der brasilianischen Wirtschaft und Gesellschaft hervorgerufen haben, gehören u. a. folgende: der *Plano Collor*, nach welchem schon am ersten Tag nach dem Amtsantritt (15. März 1990) eine staatliche Beschlagnahmung von ca. 70% aller auf Banken stehenden Guthaben (Sparkonten, Konten und Anlagen), durchgeführt wurde; die ökonomische Deregulierung der Wirtschaftsbürokratie; die allmähliche Öffnung des brasilianischen Marktes bzw. eine Weltmarktintegration Brasiliens; die Reduzierung der direkten Eingriffe des Staates in die Wirtschaft und die Reduzierung des sogenannten *Custo-Brasil*[29] durch allgemeine Infrastrukturreformen.

Doch keine der getroffenen Maßnahmen konnte die Inflation bändigen. Außerdem verringerte sich das brasilianische Brutto-Inlands-Produkt erheblich (s. Tabelle 3) und Präsident Collor wurde Korruption nachgewiesen, so dass er nach Einleitung eines Amtsenthebungsverfahrens mitten in seiner Amtsperiode zurücktreten musste.

---

[27] Direkte Wahlen wurden zuletzt 1960 in Brasilien durchgeführt: Janio Quadros hatte dabei die Präsidentschaft errungen und 8 Monate später das Amt niedergelegt. Der Vizepräsident, João Goulart, übernahm die Regierung und wurde 1964 durch einen Militärputsch abgesetzt. Direktwahlen wurden abgeschafft und erst in den 80er Jahren, durch große Volkskundgebungen und Mobilisierung der Bevölkerung, wieder erkämpft. Die sogenannte *Campanha Diretas-Já* darf für sich wohl in Anspruch nehmen, mit der Wiedereinführung der Direktwahlen dem Militärregime eine der wichtigsten Verhandlungslösungen jenes Jahrzehntes für die brasilianische Gesellschaft abgetrotzt zu haben.

[28] Collor der Mello wurde als Kandidat einer selbstgegründeten Partei (PRN - *Partido de Renovação Nacional*) aufgestellt. Sein Bild wurde von den Medien aufgebaut und seine Wählerschaft bildete sich besonders unter breiten Schichten der Bevölkerung, die in dem Vordringen der linksorientierten Parteien eine Gefahr sahen und durch einen moralistischen, antikommunistischen Diskurs angelockt wurden. Auch die Tatsache, dass Collor rasante Änderungen und eine Anhebung des Lebensstandards für ärmere Bevölkerungsschichten versprach, hat zu seinem Wahlerfolg beigetragen. In einem Interview mit der brasilianischen Tageszeitung GAZETA MERCANTIL, im November 1989, behauptet Collor: "*Ich kenne keine Kompromisse. Es sei hier definitiv und in Großbuchstaben gesagt, dass meine Kandidatur keiner Partei, keiner politischen Gruppe gehört, sondern nur der Bevölkerung selbst und Ergebnis von deren Willen ist*" (Übersetzung des Autors).

[29] Dieser Begriff wird in brasilianischen Wirtschaftskreisen, vertreten z. B. durch die *Confederação Nacional das Indústrias,* die *Federação das Indústrias do Estado de São Paulo* und durch die entsprechenden Organisationen von Rio Grande do Sul, Santa Catarina und anderen Bundesländern, ferner durch die *Associação dos Exportadores Brasileiros* und andere Organisationen, verwendet um auszudrücken, dass im Allgemeinen die in Brasilien hergestellten Produkte relativ teuer sind und dass sie dadurch ihre internationale Konkurrenzfähigkeit verlieren. Zum Teil macht man die angeblich hohen Steuern für Exportgüter, besonders aber auch die schlechten Verkehrsverhältnisse, die nicht vorhandene Modalintegration der Verkehrsmittel, veraltete Einrichtungen und Umschlagsinstallationen in den Häfen für die hohen Kosten verantwortlich. Nicht zuletzt sind die unerschwinglichen Hafen- und Zollabfertigungsgebühren zu nennen, die den sogenannten *Custo Brasil* auch stark beeinflussen.

Der amtierende Vizepräsident Itamar Franco übernahm die Regierung Ende 1992, als der *Impeachment-Prozess* gegen Collor abgeschlossen wurde. Eine gewisse Stabilität gewann die Regierung aber erst, als im Mai 1993 Fernando Henrique Cardoso als Finanzminister eingesetzt und im Dezember desselben Jahres der *Plano Real*[30] verkündet wurde. Dieser Plan zielte erstens auf einen Ausgleich des Defizits im öffentlichen Sektor, zweitens auf die Einführung und Anwendung eines allgemeinen (und vorübergehenden) monetären Indexators, der in seiner Kurzform URV (*Unidade Real de Valor* – reelle Werteinheit) bekannt wurde, und drittens auf die Einführung einer neuen brasilianischen Währung, die mit dem Real (R$) am 1. Juli 1994 verwirklicht wurde.

Nach einer Rezession, die sich über Jahrzehnte erstreckt hatte, nachdem sechs nationale Wirtschaftspläne sukzessiv gescheitert waren, nachdem Krisen und unkontrollierte Inflationsraten die Kaufkraft der Löhne zunichte gemacht hatten, nach vorübergehenden Hoffnungen und anhaltender Frustration sehnte sich die brasilianische Gesellschaft nach positiven und greifbaren Ergebnissen des politischen und wirtschaftlichen Wirkens der Staatsregierung. Die technische Beständigkeit des Planes, seine strategische und erst allmähliche Einführung, die Anfangserfolge und, nicht zuletzt, die Unterstützung der Medien brachten Vertrauen und neue Hoffnung.

Der erfolgreiche Finanzminister Cardoso konnte sich dadurch berechtigte Hoffnungen auf das Amt des Präsidenten machen. Aus der Wahl vom Oktober 1994 ging Fernando Henrique Cardoso als Sieger hervor und am 1. Januar 1995 trat er das Amt des Präsidenten an. Er nutzte seine politische Verhandlungsfähigkeit und stellte eine aus vielen Parteien bestehende Allianz zusammen, die ihre parlamentarische Mehrheit dazu nutzen sollte, weitere, tiefgreifende Reformen zu verabschieden[31]. Schließlich ist der relative Erfolg des *Plano Real* unter anderem dafür verantwortlich, dass im Oktober 1998, bei einer direkten Stichwahl, zum ersten Mal in der brasilianischen Geschichte ein Präsident ein zweites Mandat errang.

1.2.5. Die politische Instabilität der Parteien

Will man die gegenwärtige politische Lage in Brasilien auch nur annähernd verstehen, dann ist die Einordnung der größeren Parteien und ihrer Programme in ein politisch-ideologisches

---

[30] Der *Plano Real* ging von der Grundannahme aus, dass die andauernde brasilianische Krise ursächlich und erstrangig im Zusammenhang mit der chronischen Inflation und deren Hauptursachen zu sehen ist, und zwar: mit dem administrativen und finanziellen Chaos im öffentlichen Sektor (Staatsverschuldung des Bundes, der Länder, der Munizipien, der öffentlichen Unternehmen und des Sozialversicherungssystems) und mit der schon gewohnheitsmäßig eingeprägten spekulativen Mentalität auf dem Kapitalmarkt, der sämtliche produktiven Investitionsansätze zwangsläufig zum Opfer fallen.

[31] Besonders die bis zu diesem Zeitpunkt noch nicht durchgeführte Verfassungsreform, die schon bei der Verkündung der neuen Verfassung von 1988 für das Jahr 1993 vorgesehen war, wurde hiermit ins Visier genommen. Die Reformen lassen sich in drei Themenkomplexe zusammenfassen, die hier aber nicht weiter erläutert werden: eine Steuer- und Zollreform, eine Reform des Sozialversicherungssystems und eine Verwaltungsreform.

Raster kaum zu umgehen. Weil aber die ideologische Ausrichtung sowohl der Parteien als auch der einzelnen Parteimitglieder nicht nur von den Parteiprogrammen, sondern sehr stark von kurzfristigen Interessen und lokalen Gegebenheiten bestimmt wird, erhebt das Raster weder den Anspruch auf absolut präzise Einordnung und Abgrenzung der Parteien, noch auf vollständige Darstellung der ideologischen Bandbreite der jeweiligen Parteien.

Es muss auch unbedingt berücksichtigt werden, dass viele der in Brasilien existierenden Parteien zum Teil noch überhaupt keine konsolidierte politisch-ideologische Linie erkennen lassen und je nach Bedarf und Umständen zwischen den unterschiedlichsten Weltanschauungsformen hin- oder herschwanken, in einem Maße, wie das in Europa kaum vorstellbar ist[32]. Es kann auch vorkommen, dass einzelne Vertreter oder Teile einer politischen Partei ideologisch zu einer bestimmten Richtung tendieren, während sich gleichzeitig weitere Fraktionen derselben Partei zu einer anderen Linie bekennen[33], und dass ein Flügel einer Partei durchaus eine ideologische Linie vertritt, die typisch für eine gegnerische Partei ist.

Abb. 1: Position der größeren politischen Parteien in einem politisch-ideologischen Grobraster am Ende der 1990er Jahre in Brasilien

Demokratische und Soziale Linie	Moderate sozialdemokratische Linie	Neoliberale Linie
- verteidigt vorrangig das Interesse der unteren Bevölkerungsschichten - bemüht sich um eine Vertiefung der Demokratie und Partizipation - hat starke Vorbehalte gegenüber ausländischem Kapital - verteidigt eine unabhängige Rolle des Staates gegenüber dem Kapital - unterstützt Interventionen des Staates - verteidigt die Notwendigkeit von moralisierenden Reformen	- akzeptiert den kapitalistischen Produktionsmodus - kämpft um dessen Vollendung und Humanisierung - sieht in einer stabilisierten Wirtschaft die Grundlage für Entwicklung - verteidigt: Öffnung, Deregulierung, Weltintegration und Modernisierung der Nationalökonomie - befürwortet eine starke Staatshandlung	- vertritt das Interesse der Unternehmen und des privaten Kapitals - verteidigt die individuelle Freiheit und Privateigentum - setzt sich für eine Reduzierung des Staates ein - setzt sich für die allgemeine Privatisierung ein - unterstellt eine Autoregulation des Marktes - bevorzugt wirtschaftliches Wachstum - widersteht sozialen Maßnahmen
Zuzuordnende Parteien: P. dos Trabalhadores – PT P. Socialista Brasileiro – PSB P. Popular Socialista – PPS und Teile des P. Democ. Trab. – PDT	Zuzuordnende Parteien: P. da Soc. Democ. Bras – PSDB und Teile folgender Parteien: P. do Mov. Dem. Bras. – PMDB P. Democ. Trabalhista – PDT P. Trabalhista Brasileiro – PTB	Zuzuordnende Parteien: P. Progressista Brasileiro – PPB P. da Frente Liberal – PFL P. Liberal – PL und Teile folgender Parteien: P. Mov. Dem. Brasil. – PMDB P. Trabalhista Brasileiro – PTB

Quelle: eigener Entwurf

---

[32] In einem Interview mit der Zeitschrift ISTOÉ (Ausgabe vom 21.10.98, N° 1516, S. 8) schätzt Vizepräsident Marco Maciel, dass alleine in der letzten Legislaturperiode (1995-98) mehr als 200 Bundestagsabgeordnete (*Deputados Federais*) die Partei gewechselt haben.

[33] Vor einiger Zeit wurde im Auftrag der nationalen Parteiführung des PSDB (Partido da Social Democracia Brasileira) unter ca. 8.000 gewählten PSDB-Stadträten (*vereadores*) aus ganz Brasilien eine Meinungsumfrage (zu einem hier nicht weiter relevanten Thema) durchgeführt. Über das Gesamtergebnis der Umfrage berichtete die Zeitschrift VEJA (Ausgabe vom 6. Mai 1998, Ed. n° 1545, Jahr 31 / n° 18, S. 37), dass "*sich nur ein äußerst breitgefächertes Spektrum von Meinungen und Positionen erkennen ließ und die Partei jetzt ernsthaft überlegt, welche Maßnahmen zu einer Vereinheitlichung des Bildes beitragen können*" (Übersetzung des Autors).

Das Militärregime hatte 1965 in Brasilien das Zweiparteiensystem eingeführt, dem ARENA (*Aliança Renovadora Nacional*) und die Oppositionsgruppe MDB (*Movimento Democrático Brasileiro*) ihre Entstehung verdankten. Als im Jahr 1979 das Mehrparteiensystem wiederhergestellt wurde, strukturierte sich die Parteienlandschaft völlig neu. Der PT (*Partido dos Trabalhadores*) wurde umgehend nach Gesetzesänderung noch im Jahre 1979 neu gegründet, alle anderen Parteien hingegen wurden erst nach 1980 entweder unter ihrer heutigen Bezeichnung neu gegründet oder sind durch Fusionen, Bündnisse, Abspaltungen, z. T. unter Wiederverwendung alter Siglen, entstanden[34].

Die Tatsache, dass viele der oben genannten und zahlreiche andere kleineren Parteien in Brasilien eine relativ junge Geschichte aufzuweisen haben, erweist sich bei genauerem Hinsehen als ein Indiz dafür, dass das Land eines der auffälligsten Beispiele einer unterentwickelten Parteienlandschaft in den Entwicklungsländern darstellt[35]. Die Bevölkerung Brasiliens hat aufgrund der politischen Geschichte ihres Landes kein tiefgreifendes und gefestigtes Zugehörigkeitsgefühl für politische Parteien und deren Kultur entwickeln können, so dass ein Großteil der Wählerstimmen immer noch bevorzugt für Kandidaten und nicht unbedingt für Parteien und deren Programme oder Ideologien abgegeben wird. Andererseits kann man anhand früherer Wahlen eine allmählich eintretende Konsolidierung einzelner Parteien sowohl intern (innerhalb des Parteiapparats) als auch extern (bei der Wählerschaft) beobachten.

Nach dem brasilianischen Wahl- und Regierungssystem kann jede offiziell anerkannte Partei zur Bundes-, Landes- oder Gemeinderegierung (*poder executivo*) gewählt werden, ohne dass diese Partei notwendigerweise die Mehrheit der Sitze bzw. der Stimmen im jeweiligen Abgeordnetenhaus (*poder legislativo*) haben muss (Präsidialsystem). Verfügt eine Regierung über die Mehrheit der Stimmen unter den Abgeordneten, dann eröffnen sich dem Regierungschef große politische und administrative Gestaltungsmöglichkeiten; ist das nicht der Fall, so hat die amtierende Regierung unter Umständen große Schwierigkeiten, die eigenen Pläne und Projekte durchzuführen. In solchen Fällen werden dann oft die unterschiedlichsten (und merkwürdigsten) Parteienbündnisse geschlossen, um eine minimale politische Handlungsfähigkeit der Regierung zu gewährleisten.

Dieser Sachverhalt erklärt zum größten Teil, warum die brasilianische Regionalentwicklungspolitik immer sehr stark von den amtierenden Regierungen und momentanen Interessen und weniger von irgendwelchen in der Verfassung verankerten Richtlinien oder längerfristigen Entwicklungszielen beeinflusst wurde und wird.

Die politisch-ideologischen Positionen der gegenwärtigen und der zwei vorangegangenen Regierungen im Rahmen der Entwicklungspolitik des Bundeslandes Rio Grande do Sul in den 90er Jahren lassen sich mühelos in das vorgegebene Schema (Abbildung 1) einordnen. Die Regierungsperiode von Alceu Collares (PDT), der zwischen 1991-94 regierte, ist ein-

---

[34] Vgl. zu diesem Thema auch FLEISCHER 1996.

[35] Vgl. hierzu u.a. BRUM 1988a; CHACÓN 1981; LAMOUNIER / MENEGUELLO 1986 und MAINWARING 1995.

deutig einer moderaten sozialdemokratischen Linie zuzuordnen. Während dieser Regierungsperiode wurden in begrenztem Umfang sowohl links- als auch rechtsorientierte Maßnahmen ergriffen: es wurde zum Beispiel eine Verstärkung der Staatshandlung und gleichzeitig eine Deregulierung der Wirtschaft eingeleitet.

In der darauffolgenden Regierungsperiode (1995-98) wurden von Gouverneur Antonio Brito (PMDB) eher neoliberale Ziele verfolgt: dafür spricht nicht nur die eingeleitete Reduzierung des staatlichen Einflusses durch die Privatisierung der CRT (*Companhia Riograndense de Telecomunicações*) und CEEE (*Companhia Estadual da Energia Elétrica*), sondern auch das Anlocken von Automobilindustrien (General Motors, Ford und Navistar) durch Steuersubsidien und Sonderfinanzierungen. Insgesamt ist eine deutliche räumliche Re-Konzentration der Wirtschaftsinvestitionen im Großraum Porto Alegre zustande gekommen. Das mit dieser Politik bezweckte Wirtschaftswachstum sollte eine weitere Regierungsperiode garantieren. Diese Hoffnung schlug fehl. In der Wahl vom Oktober 1998 wurde die rechtsorientierte Regierung durch eine linksorientierte Partei (PT) abgelöst und Olívio Dutra wurde für die Jahre 1999-2002 zum Gouverneur gewählt.

Es ist nicht übertrieben zu sagen, dass ganz Brasilien mit Spannung beobachtet, ob es Gouverneur Olívio Dutra tatsächlich gelingen wird, die sozialdemokratischen Ziele des PT in Rio Grande do Sul im Zeitalter der Globalisierung durchzusetzen und die Wähler davon zu überzeugen, dass die jetzt eingeschlagene Entwicklungspolitik vorteilhafter ist als jede andere, die zuvor erprobt wurde. Die Tatsache, dass in den letzten drei Regierungsperioden drei unterschiedlich eingestellte Parteien in Rio Grande do Sul an der Macht waren, mag unterschiedlich interpretiert werden. Sie ist aber auf jeden Fall ein Indiz für die hohen Ansprüche, welche die *gaúchos* an ihre Landesregierung stellen.

1.2.6. Einige statistische Daten über regionale Disparitäten

Obwohl sich in sozioökonomischer Hinsicht brasilianische Disparitäten anhand von zahlreichen und unterschiedlichen Datenreihen darstellen ließen, wird an dieser Stelle, der Übersichtlichkeit wegen, nur eine zusammenfassende Analyse stellvertretend herangezogen.

Die zuletzt in Brasilien durchgeführte Volkszählung von 1991 diente der Berechnung und Erstellung eines *Human Development Index*[36] für die einzelnen Bundesländer Brasiliens[37].

---

[36] Der *Human Development Index* (abgekürzt HDI) wird von der UNO seit 1990 für die meisten Länder der Erde ermittelt. Die Methodik wurde anstelle des umstrittenen Pro-Kopf-Einkommens als eine Alternative zur Entwicklungsstandmessung der Länder von der UNO vorgeschlagen und basiert auf drei in diesem Index eingebauten Variablen: Lebenserwartung, Ausbildungsniveau und Einkommen. Anders als bei Indikatoren, in denen 'Entwicklung' ausschließlich anhand einer einzigen Variablen bestimmt wird (z.B. Pro-Kopf-Einkommen), werden beim HDI auch soziale Komponenten miteinbezogen. Dadurch wird der relative Entwicklungsstand der untersuchten Länder untereinander ermittelt und es entsteht eine Entwicklungsrangordnung der Länder. Näheres dazu findet sich in den jährlichen *Human Development Reports* der UNO.

[37] IPEA 1996: *Relatório sobre o Desenvolvimento Humano no Brasil 1996*.

Obwohl Kriterien, Methoden und Ergebnisse solcher Datenerhebungsverfahren mit gewissen Vorbehalten gesehen werden müssen, wurden einige krasse Unterschiede zwischen den brasilianischen Bundesländern aufgedeckt (s. Tabelle 4). Im Jahre 1991 hatten beispielsweise die im Bundesland São Paulo lebenden Bürger ein durchschnittliches Einkommen, das mehr als das Sechsfache eines in Piauí lebenden Menschen ausmachte. Ein weiterer Unterschied: Die Differenz der Lebenserwartung bei der Geburt betrug zwischen den Einwohnern der Bundesländer Rio Grande do Sul und Paraíba mehr als 20 Jahre!

Tab. 4: Ausgewählte Entwicklungsindikatoren Brasiliens

BUNDESLÄNDER	HDI	RANG	BIP/K	LE-G	AQ-E	UG
Rio Grande do Sul	0,871	1	3.173	74,6	89,9	76,6
Distrito Federal*	0,858	2	5.689	70,1	90,8	94,7
São Paulo	0,850	3	4.958	68,9	89,8	92,8
Santa Catarina	0,842	4	2.850	70,8	90,7	70,6
Rio de Janeiro	0,838	5	3.759	68,8	90,3	95,3
Paraná	0,827	6	2.900	69,1	85,1	73,4
Mato Grosso do Sul	0,826	7	2.817	70,0	83,2	79,4
Espírito Santo	0,816	8	2.694	71,4	82,0	74,0
Amazonas	0,797	9	2.846	69,5	76,2	71,4
Amapá	0,781	10	2.336	73,0	80,8	80,9
Minas Gerais	0,779	11	2.566	68,3	81,8	74,9
Mato Grosso	0,769	12	2.431	69,6	80,5	73,3
Goiás	0,760	13	2.371	67,8	81,6	80,8
Roraima	0,749	14	2.061	65,8	79,4	64,7
Rondônia	0,715	15	2.210	65,9	79,7	58,2
Pará	0,688	16	1.960	68,0	75,6	50,4
Acre	0,665	17	2.036	67,0	65,2	61,9
Sergipe	0,663	18	2.159	63,0	64,0	67,2
Bahia	0,609	19	1.702	64,8	64,7	59,1
Pernambuco	0,577	20	1.649	56,6	65,7	70,9
Rio Grande do Norte	0,574	21	1.755	54,6	63,7	69,1
Maranhão	0,512	22	945	62,7	58,6	40,0
Ceará	0,506	23	1.228	56,8	62,6	65,4
Piauí	0,502	24	746	65,1	58,3	52,9
Alagoas	0,500	25	1.345	55,7	54,7	58,9
Paraíba	0,466	26	1.067	53,7	58,3	64,1
BRASILIEN	0,797	-	2.920	66,3	79,9	75,5

Quelle: IPEA 1996
Erläuterungen:* = besondere administrative Einheit: Bundeshauptstadt
        HDI = Human Development Index, 1991
        BIP/K = Brutto-Inlands-Produkt pro Kopf in US-$, 1991
        LE-G = Lebenserwartung bei der Geburt, 1991
        AQ-E = Alphabetisierungsquote der Erwachsenen (älter als 15 J.), 1991
        UG = Urbanisierungsgrad in %, 1991

Dass in den einzelnen Regionen eines riesigen Entwicklungslandes wie Brasilien unterschiedliche Lebenserwartungen zu verzeichnen sind, ist an sich nichts Besonderes, denn oft sind von Region zu Region gravierende Unterschiede bei den Lebensverhältnissen, beim Einkommen der unterschiedlichen Bevölkerungsschichten und beim Zugang zur Gesundheitsvorsorge festzustellen. Dennoch kann man sich eines äußerst unguten Gefühls nicht erwehren, wenn man bedenkt, dass die ärmere Bevölkerungsschicht, die oft keinen dauerhaften Arbeitsplatz bekommt, erst ab dem 65. Lebensjahr Anspruch auf ihre (wegen niedriger Monatsbeiträge) ohnehin geringe Rente hat, während in vielen Regionen des Landes die durchschnittliche Lebenserwartung weniger als 55 Jahre beträgt.

Obwohl man beispielsweise auch in der entwickelten EU (Europäische Union) stark ausgeprägte sozioökonomische Unterschiede vorfindet, besonders in Bezug auf Arbeitslosigkeit und Einkommen (vgl. z.B. EUROPÄISCHE KOMMISSION 1994), ist die Situation in weniger entwickelten Ländern und Regionen weitaus dramatischer: Häufig sind hier keine ausgebauten und funktionierenden sozialen Netze vorhanden. Die unterschiedlichen Entwicklungsindikatoren der einzelnen Bundesländer in Brasilien verdeutlichen letztendlich auch unterschiedliche Zugangsmöglichkeiten der Bevölkerung zu Gesundheitseinrichtungen, Schulen und anderen sozialen Einrichtungen.

1.3. Wege und Umwege der brasilianischen Entwicklungspolitik[38]

Das Vorhaben, eine Übersicht über die brasilianische Entwicklungspolitik zu gewinnen bzw. diese darzustellen, setzt zweierlei Erkenntnisse voraus: Zum einen, dass der diesbezügliche gegenwärtige Stand der Dinge unmittelbar als Folge und Ergebnis von Experimenten, Fortschritten und Rückschlägen, die Brasilien in politischer und sozioökonomischer Hinsicht gemacht und erfahren hat, zu sehen und zu verstehen ist. Zum anderen, dass in den meisten Fällen die nationalen Entwicklungsstrategien, die im Laufe der Zeit durch teilweise von sehr unterschiedlichen Auffassungen geprägten Regierungen in demokratischen oder weniger demokratischen Formen vorgeschlagen und in Gang gebracht worden sind, sowohl zu einem wirtschaftlichen Wachstum als auch zur Verschärfung der Disparitäten beigetragen haben.

Bei der Planung von Entwicklungsstrategien und bei der Durchführung von Maßnahmen blieb den amtierenden Regierungen, die zum Teil stark von den brasilianischen Eliten dominiert wurden, ein gewisser Handlungsspielraum erhalten, der oft dazu geführt hat, dass die jeweiligen Machthaber nach ihren Vorstellungen dem Staat eine neue Verfassung gaben. So kommt es, dass Brasilien bisher sieben Verfassungen zu verzeichnen hat: die erste wurde noch während des brasilianischen Kaiserreichs (im Jahr 1824) und die weiteren sechs während der republikanischen Periode verkündet (1891, 1934, 1937, 1946, 1967 und 1988). In der Regel wurden die gerade maßgebenden Richtlinien der nationalen Entwicklungspolitik in den jeweiligen Verfassungen festgesetzt und die Machtbefugnisse zwischen den Mitgliedern

---

[38] Eine anschauliche Einordnung der brasilianischen Entwicklungspolitik in eine ihr übergeordnete Dimension wird von SANDNER (1985) vorgenommen, indem er die Hauptphasen der wirtschaftlichen Entwicklung Lateinamerikas analysiert und beschreibt. Dabei wird deutlich, dass, obwohl die Entwicklungsprozesse in den einzelnen Ländern nicht gleichmäßig abgelaufen sind, sich in Lateinamerika eindeutige Entwicklungstrends erkennen lassen und dass auch Brasilien alle diese für Lateinamerika typischen Entwicklungsphasen durchlaufen hat. Aus diesem Grunde konzentriert sich der vorliegende Abschnitt vorwiegend auf die nationale Dimension.

der Föderation (Bund, Länder und Munizipien) sind dabei unterschiedlich ausgefallen (vgl. FAORO 1957 und PEREIRA 1988 u. 1993a).

In der Anfangsphase der Republik, etwa am Ende des 19. bzw. zu Beginn des 20. Jahrhunderts, war Brasilien ohne Zweifel ein klassisches Beispiel eines Liberalstaates, der in der Regel dadurch gekennzeichnet ist, dass er sowohl im Wirtschaftsgeschehen als auch im sozialen Ordnungsgefüge des Landes eine zweitrangige Rolle spielt.

Die Macht, die während der Monarchie in den Händen des Kaisers konzentriert gewesen war, lag jetzt in den Händen weniger regionaler Oligarchien (vgl. PIMENTA 1998). Die Unternehmungen der Regierung vor 1930 beschränkten sich auf die klassischen Aktivitäten des Staates, wie z.B. die Gesetzgebung, die Verteidigung des Landes oder die Aufrechterhaltung der internen Ordnung (vgl. IBAM 1976) und auf eine passive Unterstützung des damaligen Wirtschaftsgeschehens, das seit Ende des 19. Jahrhunderts, durch den Anbau von und den Handel mit Kaffee dominiert war. Doch ein langanhaltender Produktionsüberschuss, allgemeine Handelsbeschränkungen während des Ersten Weltkrieges und nicht zuletzt die Weltwirtschaftskrise von 1929 haben eindeutig gezeigt, dass sich die brasilianische Wirtschaft auf Dauer nicht auf eine ausschließlich agrarexportorientierte Politik stützen konnte.

Wie auch in anderen Entwicklungsländern hat der brasilianische Staat, besonders seit den 30er Jahren, eine zentrale Funktion im Wirtschaftsentwicklungsprozess des Landes übernommen: Das Eingreifen des Staatswesens in das brasilianische Wirtschaftsgeschehen[39] wurde von dem dynamischen Teil der lokalen Eliten befürwortet. Der Staat betätigte sich mehr und mehr als Großunternehmer in Bereichen, aus denen er sich traditionellerweise herausgehalten hatte[40], und baute die Infrastruktur (Straßenbau und Verkehrsmittel, Energie und Kommunikation) und die Förderung und Produktion von Roh- und Grundstoffen (Eisenerz, Stahl, Petroleum, petrochemische Produkte und Düngemittel) in direkter Form oder durch Subventionen aus.

Die Strategien und Maßnahmen, die seit Beginn der 50er Jahre von brasilianischen Regierungen mit dem Ziel einer allgemeinen Verringerung der räumlichen Ungleichheiten in den Bereichen Gesellschaft, Politik und Wirtschaft unternommen worden sind, können sehr gut am Beispiel der sukzessiven Phasen staatlicher Regionalpolitik (KOHLHEPP 1995) betrachtet werden: Die nationale Entwicklungspolitik pendelte von einer wachstumsorientierten Strategie (Weltmarktintegration) zu einer armutsorientierten Strategie (Abkopplung)[41].

---

[39] Schon 1931 verkündete Präsident Getúlio Vargas die Absicht seiner Regierung, eine nationale Basisindustrie aufzubauen. Konkrete Maßnahmen in diesem Sinne wurden aber erst während des sogenannten *Estado Novo* im Jahre 1937 unternommen.

[40] Einige Beispiele hierfür sind die Gründungen der *Fábrica Nacional de Motores* (Motorenfabrik) 1943, der *Companhia Siderúrgica Nacional* (Stahlwerk) 1946 und der *Petrobras* (Petroleumkonzern) 1953.

[41] In Kapitel 2 werden die hier erwähnten und andere damit zusammenhängende Begriffe näher erörtert.

Anfang der 50er Jahre wurde die brasilianische Entwicklungspolitik stark von den durch die CEPAL[42] vorgeschlagenen Strategien und Richtlinien beeinflusst; entsprechend zielten die von Brasilien unternommenen Maßnahmen eindeutig auf die (relativ späte) Industrialisierung des Landes, eine ausgeprägte Importsubstitutionspolitik wurde eingeleitet. Diese Abkopplungsstrategie hielt bis Mitte der 60er Jahre an.

Die Militärregierungen, die zwischen 1964 und 1985 die Macht in Brasilien innehatten, prägten die nationalen Entwicklungsstrategien nach ihren Wachstumsvorstellungen. Das wirtschaftliche Wachstum wurde mit offiziellen Fördermitteln für bestimmte Entwicklungspole eingeleitet und zumindest in der Anfangsphase nahm der Abbau von sozioökonomischen regionalen Disparitäten eine zweitrangige Rolle ein (vgl. KOHLHEPP 1978, 1995; WÖHLCKE 1974).

Es ist nicht zu übersehen, dass von 1930 bis Anfang der 80er Jahre die Staatstätigkeit brasilianischer Regierungen eine gewisse Kohärenz (vgl. IBAM 1976) aufweist: Der Staat übernimmt in jener Phase eine führende Rolle im nationalen Entwicklungsprozess, die allmählich immer mehr an Bedeutung zunimmt. In dieser Periode ist die Staatstätigkeit überwiegend durch einen sogenannten *nacional-desenvolvimentismo* geprägt, dessen Charakteristika besonders während des Vargas-Regimes (1937-45), im *Plano de Metas* der Kubitschek-Periode (1956-61) und während der Militärdiktatur (1964-85) zum Ausdruck kommen.

SACHS (1986a u. 1986b) kommt in seiner Analyse zu einem eher negativen Fazit, wenn er den lateinamerikanischen *Desenvolvimentismo* danach beurteilt, dass besonders in den 80er Jahren Entwicklungsprozesse in Gang gesetzt wurden, die weder wirtschaftlich noch sozial oder ökologisch nachhaltig sind[43] (s. hierzu auch LEAL F°, 1995).

Tatsache ist, dass die lateinamerikanischen Staaten zwischen 1930 und 1980 ein explosionsartiges Wachstum erlebt haben. Die Steuerlast, die zu Beginn dieses Jahrhunderts im Durchschnitt 5 bis 10% der jeweiligen Bruttosozialprodukte der Länder ausmachte, kletterte 1980 je nach Land bis auf 50 oder 60% des jeweiligen BSP (PEREIRA 1997). Die wachsende Steuerlast kann dadurch erklärt werden, dass die Dimensionen des lateinamerikanischen Staatsapparates in vergleichbarer Weise gewachsen sind (vgl. BREWER-CARÍAS 1995).

Und wenn man einerseits feststellt, dass der Staat über 50 Jahre lang eine bedeutende Rolle im nationalen Entwicklungsprozess Brasiliens gespielt und zweifellos zu einer sozialen und wirtschaftlichen Entwicklung geführt hat, muss man andererseits auch feststellen, dass die staatlichen Aktivitäten in nicht wenigen Fällen und in nicht zu übersehender Weise auch zu einer Verschärfung der Disparitäten beigetragen haben (vgl. JATOBA et alii 1980; KOHLHEPP 1995). Diese Tatsache veranlasste die Aufstellung von kompensatorischen Strategien zur

---

[42] UN-Wirtschaftskommission für Lateinamerika und die Karibik, gegründet im Februar 1948. Besonders während der 50er Jahre war die CEPAL-Position, wonach der Staat eine strategische Rolle im Entwicklungsprozess zu übernehmen hatte, in ganz Lateinamerika weit verbreitet (vgl. NOHLEN 1998; PEREIRA 1997).

[43] Zum Begriff der *nachhaltigen Entwicklung* und der Erörterung desselben siehe Kapitel 2.

Regionalentwicklung[44] durch verschiedene brasilianische Regierungen, welche aber die räumlichen Ungleichheiten auch nicht erfolgreich beseitigten oder entschärften und schließlich in den 80er Jahren aufgegeben wurden (vgl. HADDAD 1989 u. 1993; LAVINAS et alii 1995).

Im Verlauf der 80er Jahre haben regionale und globale Umbrüche, wie zum Beispiel der Redemokratisierungsprozess in Lateinamerika, der Zusammenbruch des Ostblocks, der Aufschwung des Neoliberalismus, das In-den-Vordergrund-Rücken der Umweltproblematik, die an Bedeutung gewinnende Rolle der Nicht-Regierungs-Organisationen (NGOs) oder auch die Entstehung regionaler Handelsblöcke die Rolle des brasilianischen Staates im nationalen Entwicklungsprozess tiefgreifend verändert (vgl. PEIXOTO 1997; PEREIRA 1997).

Mit der Rückkehr zur Demokratie Mitte der 80er Jahre und aufgrund einer neuen Verfassung (1988) haben sich in Brasilien wichtige entwicklungspolitische Änderungen sowohl auf Bundes- als auch auf Länderebene ergeben. Aber von einem radikalen Wandel kann dennoch nicht die Rede[45] sein: Es fand kein entwicklungspolitischer Umbruch statt, es hat sich eher ein allmählicher Übergang zur Weltmarktintegration bzw. zur Globalisierung vollzogen. In diesem Prozess versucht die derzeit amtierende Regierung die anderen an der Entwicklungsdiskussion beteiligten Parteien und einen großen Teil der brasilianischen Bevölkerung davon zu überzeugen, dass die wichtigen Staatstätigkeiten im Zeitalter der Globalisierung andere sind als jene, die mit der Produktion von Gütern, mit der Verwaltung staatlicher Großunternehmen oder mit der direkten Übernahme öffentlicher Dienstleistungen zu tun haben.

Würden jetzt nicht völlig neue Elemente ins Spiel kommen, wie zum Beispiel die rasante Beschleunigung der Technologieentwicklung seit den 50er Jahren, die enorme Verringerung der Transport- und Kommunikationskosten, das Auftreten von globalen Umweltproblemen oder die weltweite Verbreitung des spekulativen Kapitals, so könnte man annehmen, dass der Staat eine Rückkehr zur früheren bzw. 'schlankeren' Dimension, wie sie in Brasilien bis 1930 vorzufinden war, beabsichtigt.

Die Diskussion über die Rolle und Bedeutung des Staates im Entwicklungsprozess ist kein exklusives Phänomen, das nur auf Brasilien beschränkt ist. Es ist vielmehr so, dass die Diskussion weltweit und besonders in den peripheren Entwicklungsländern geführt wird, wo man sich z. T. schon damit abgefunden hat, dass ein Paradigmenwechsel bei der Rolle des Staates im Gang ist bzw. bevorsteht (vgl. GOMES 1995).

---

[44] wie zum Beispiel die Gründung von regionalen Entwicklungsbehörden (SUDENE, SUDAM, SUDECO und SUDESUL) für die peripheren Regionen Brasiliens: besonders den Norden, den Nordosten und den Mittelwesten.

[45] Es soll hier aber nicht der Eindruck erweckt werden, als würde versucht, die Bedeutung der Redemokratisierung in Brasilien herunterzuspielen. Natürlich ist die Rückkehr zur Demokratie nach zwei Jahrzehnten Militärregime als eine äußerst bedeutende Errungenschaft der zivilen Gesellschaft zu sehen.

1.4. Grundzüge der gegenwärtigen nationalen Entwicklungspolitik: Dezentralisierung und Staatsreform

Der brasilianische Staat, der zwischen den 30er und 80er Jahren unseres Jahrhunderts zu einem überdimensionierten Gebilde herangewachsen war und eine ineffiziente Verwaltung aufwies, konnte mittlerweile nur noch kostspielige öffentliche Dienstleistungen anbieten und dies in einer Zeit, in der die Nachfrage nach öffentlichen Dienstleistungen einen Höhepunkt erreicht hatte. Die über Jahrzehnte hinweg angewandten Entwicklungsstrategien haben Brasilien einerseits zu einem Schwellenland gemacht, aber gleichzeitig manifestierten sich die negativen Auswirkungen dieser Strategien deutlicher denn je, was am Beispiel von mangelhafter Ressourcenverteilung, Verschärfung der sozioökonomischen Disparitäten und allgemeiner Verschlechterung der Lebensbedingungen eines Großteils der Bevölkerung beobachtet werden kann.

Diese negativen Auswirkungen haben im ersten Moment dazu geführt, dass sich der Staat durch Auslandskredite zu finanzieren versuchte[46], was schließlich zu hohen Inflationsraten führte (s. Tabellen 2 und 3). Als auch diese Finanzierungsmöglichkeiten ausgeschöpft waren, konsolidierte sich die Lähmung der Staatstätigkeit: Vorbei waren die Zeiten, in denen Regierungen Milliardenbeträge für Investitionen im Sinne einer Entwicklungspolitik im Haushaltsplan einsetzen konnten. In den 80er Jahren war die Investitionsfähigkeit des Staates oft gleich null oder sogar negativ gewesen (HADDAD 1989; CARVALHO 1992). Der Staat, der vorher als unentbehrlich im Entwicklungsprozess der Länder angesehen wurde, wandelte sich plötzlich zu einem Entwicklungshindernis. Nicht ohne Grund sind die 80er Jahre als die *década perdida* (verlorenes Jahrzehnt) in die Geschichte Lateinamerikas eingegangen.

Gleichzeitig bildeten die Auswirkungen der Globalisierung, wie zum Beispiel der wachsende Welthandel, die fallenden Transport- und Kommunikationskosten, die Technologieentwicklung und die Hochkonjunktur der Privatinvestitionen eine zusätzliche Belastung: Der Staat war als Unternehmer sowohl auf nationaler als auch auf internationaler Ebene nicht mehr konkurrenzfähig.

Merkwürdigerweise haben sich Mitte der 80er Jahre in Brasilien zwei divergente Konzeptionen gleichzeitig manifestiert: einerseits der Demokratisierungsprozess, der den Bürgern in der neuen Verfassung wichtige soziale Fortschritte und zivile Errungenschaften garantierte, einige bescheidene Prinzipien des *welfare state* darin einbaute und eher eine Staatswirtschaft privilegierte als sich marktwirtschaftlich zu orientieren. Andererseits wurden auf politischer und wirtschaftlicher Ebene neoliberale Tendenzen berücksichtigt und neoliberale Strategien verfolgt (vgl. DÓRIA 1992; PEIXOTO 1997 und SOUZA 1989).

In Bezug auf die nationale Entwicklungspolitik riefen die Bestimmungen der neuen demokratischen Verfassung von 1988 zum Teil einschlägige, markante Veränderungen hervor. Die lokalen Regierungen (Munizipien) erhielten beispielsweise Mitgliederstatus in der bra-

---

[46] Vgl. BRUM 1984, MACAGNAN 1993, PEREIRA 1988 und SANGMEISTER 1991, 1992 u. 1995b.

silianischen Föderation[47] und wurden damit Teil einer Struktur, die selbst unter den wenigen anderen föderalistischen Staaten der Welt einmalig ist (vgl. AFONSO 1994). In der Praxis bedeutet dies, dass die Munizipien durch die neue Verfassungsordnung politische, administrative und finanzielle Autonomie erworben haben (vgl. BRASIL 1988; BORDIN / LAGEMANN 1993; SILVA 1989) und gewissermaßen dem Bund, den Ländern und dem *Distrito Federal* (Brasília) gleichgesetzt wurden.

Deshalb war es nötig, auch die entsprechenden Kompetenzen verfassungsmäßig festzusetzen. Abgesehen von den Steuerkompetenzen und deren Verteilungsmechanismen, die nach festgelegten Kriterien fixiert wurden und eine bedeutende Dezentralisierung des Staatsbudgets darstellten[48], sind alle weiteren Machtbefugnisse sowie die Pflichten und Rechte der Mitglieder der Föderation in vier unterschiedliche Typen unterteilt: Es wurden für Bund, Länder und Munizipien exklusive, konkurrierende, zusätzliche und gemeinsame Kompetenzen vorgesehen[49] (vgl. BRASIL 1988), aber an dem weitschweifigen und diffusen Charakter der Kompetenzzuordnung bzw. -beschreibung wurde im Allgemeinen scharfe Kritik geübt.

Mit den neuen Kompetenzen standen die Länder und besonders die Munizipien plötzlich vor einer völlig neuen Situation: Einerseits konnten sie gewissermaßen im Handumdrehen 50% mehr Geldressourcen staatlicher Herkunft verwalten (s. AFONSO / SENRA 1994), andererseits baute die Bundesregierung im gleichen Tempo das Angebot an öffentlichen Dienstleistungen ab bzw. übertrug sie an die Länder und Munizipien. Nicht ohne Grund befürchtet DAVIDOVICH (1991:192), dass in einem Land, in dem es ca. 5.000 Munizipien gibt, die äußerst unterschiedliche Strukturen, technische Ressourcen und Personalmittel aufweisen, diese Situation auch *"unterschiedliche Auswirkungen hervorrufen und nur wenigen Lokalregierungen zugute kommen wird"*.

Als schon kurz nach der Inkraftsetzung der neuen Verfassung sich ein administratives Chaos, vor allem in Bezug auf die öffentlichen Dienstleistungen und deren Übernahme, breit machte, häuften sich im Zuge der vorgesehenen Verfassungsreform von 1993 zahlreiche lange Listen von Abänderungsvorschlägen für das Grundgesetz, die eine genaue Zuordnung der Kompetenzen für Bund, Länder und Munizipien formulierten (s. AFONSO / SENRA 1994).

---

[47] In der vorhergehenden Verfassung (von 1967) wurden die Munizipien entweder als Nutznießer (*beneficiário*), Teilhaber (*sócio*) oder Kunde (*cliente*) der Bundesregierung beschrieben (vgl. IBAM 1976).

[48] Nach Auffassung von Experten der Weltbank und anderer Institutionen ist Brasilien in Bezug auf die Steuerverteilung und mit der gegebenen Struktur unter die höchstdezentralisierten Länder der Welt einzuordnen (vgl. AFONSO 1994; SHAH 1990). Dauerhafte Kriterien für die Steuerverteilung blieben selbst während der Militärdiktatur erhalten (OLIVEIRA 1984), aber damals spielten die ausgehandelten Transfers (*transferências negociadas*) zwischen Zentralregierung und Munizipien eine wichtigere Rolle. So stellen z.B. BORDIN / LAGEMANN (1993) fest, dass 1988 noch über 1/3 aller innerstaatlichen Steuereinnahmentransfers (von der Zentralregierung zu den Munizipien) nur nach mühevollen Verhandlungen überwiesen wurden, und als der neue Steuerverteilungsmechanismus 1993 vollständig in Kraft war, fiel dieser Anteil auf unter 20%.

[49] In dieser Hinsicht ist leider festzustellen, dass das neue Grundgesetz alte Mängel einfach übernommen hat, denn das Problem einer unklaren, mehrdeutigen Zuordnung von Recht und Aufgaben unter Bund, Länder und Munizipien wurde schon früher bemängelt und kritisiert (s. BELTRÃO 1984; BRASILEIRO 1973; SILVA et alii 1983).

Aber die Reform des Grundgesetzes, die an der bereits erfolgreichen Steuerdezentralisierung anknüpfen und darüber hinaus besonders die Beziehungen zwischen Bund, Bundesländern und Munizipien sowie deren jeweilige politische und administrative Kompetenzen klarstellen sollte, wurde schon im Ansatz durch das Amtsenthebungsverfahren gegen Präsident Collor de Mello (1992) überschattet. Gleich darauf (1993-94) begrub ein weiterer Skandal, diesmal im Zusammenhang mit dem nationalen Haushaltsplan, die sogenannte *Máfia do Orçamento*, die Hoffnungen auf einen von der Zentralregierung gesteuerten Dezentralisierungsprozess endgültig.

Obwohl die Dezentralisierungsthematik bis Mitte der 90er Jahre unter Politikern und Akademikern heftig diskutiert wurde und das Hauptthema zahlreicher Seminare und Tagungen bildete[50], setzte die Zentralregierung kein effektives Aktionsprogramm zur politischen und administrativen Dezentralisierung in Gang; ja, es wurde in dieser Hinsicht weder ein Plan, noch der Wille zu politischer Koordination erkennbar[51]. Dadurch kam es vor Ort zu der Situation, dass bestimmte Arbeitsprogramme bzw. öffentliche Dienstleistungen gleichzeitig von mehr als einer Regierungsinstanz angeboten oder von allen aufgegeben wurden, was entweder zur Verschwendung von oder zum Mangel an öffentlichen Dienstleistungen und Geldmitteln führte[52].

In Bezug auf die Dezentralisierungsproblematik stellen sich hier drei wichtige Fragen, zu welchen eine passende und endgültige Antwort zu finden sehr schwierig ist. Erstens: Ist es überhaupt möglich und sinnvoll, in einem Land mit solch gravierenden sozioökonomischen Unterschieden und regionalen Disparitäten eine einheitliche, inflexible, flächendeckende Auftragsaufteilung vorzunehmen? Zweitens: Ist Dezentralisierung überhaupt als eine Aufgabe der Regierung zu verstehen, die in einer Amtsperiode mühsam durchgeführt und vielleicht nach einem Machtwechsel in Frage gestellt bzw. rückgängig gemacht wird, oder handelt es sich nicht eher um eine übergreifende Staats- und Gesellschaftsaufgabe mit bleibendem Charakter? Und drittens: Ist Dezentralisierung unter allen Umständen *in sich* gut oder besteht im Endeffekt nicht doch die dringende Notwendigkeit (i) einer dauerhaften Beobachtung des nationalen Szenariums, (ii) einer Überwachung des räumlichen Gleichgewichtes und (iii) einer Steuerung regulierender Ausgleichsmaßnahmen?

Nun entsteht die Dezentralisierungsdiskussion im Allgemeinen ja nicht von alleine oder ohne Grund. Der Zusammenhang zwischen Dezentralisierung, Globalisierung und Krise des Staates darf schließlich nicht unberücksichtigt bleiben. So sind angesichts der allgemeinen

---

[50] Vgl. beispielsweise AFFONSO / AFONSO 1995; ALBUQUERQUE / KNOPP / VELLOSO 1995; COHN 1996; GARCIA 1995; IBAM / IPEA 1993; LOBO 1995; MEDICI 1995; NOGUEIRA 1995; SANTOS 1995; SATO 1993a, 1993b; SILVA 1995; SOBRINHO 1995; SOUZA 1995; TOBAR 1991.

[51] Diesbezüglich stellen LOBO et alii (1993:8) beispielsweise fest, dass *"ein Teil der nationalen bürokratischen Verwaltung, der unterhalb des zweiten Staffelniveaus liegt, aus reiner Überlebensstrategie systematisch auf jeden Dezentralisierungsansatz negativ reagiert, [...] den Entscheidungsprozess darüber zu blockieren versucht [...] und vereint für eine Re-Zentralisierung plädiert"* (Übersetzung des Autors).

[52] Siehe hierzu besonders AFONSO 1993; AFONSO 1994; AFONSO / SENRA 1994; LOBO et alii 1993; LOBO / MEDEIROS 1993.

katastrophalen ökonomischen Situation der lateinamerikanischen Länder, wobei Brasilien eines der herausragendsten Beispiele lieferte, Ende der 80er Jahre die internationalen Finanzinstitutionen in Washington und andere Gläubiger der lateinamerikanischen Kredite zu einem Konsens[53] gekommen, der ein wirtschaftliches Reformprogramm für die verschuldeten Länder vorschrieb und von NOHLEN (1998:805-806) folgendermaßen zusammengefasst wird: "[...] *ein Bündel von wirtschaftspolitischen Maßnahmen* [wurde] *vorgeschlagen, die als Kurskorrektur dienen sollen: (1) makroökonomische Stabilisierung (Preisniveaustabilität, Budgetausgleich); (2) Privatisierung staatlicher Unternehmen; (3) Deregulierung der Marktbeziehungen; (4) Liberalisierung der nationalen Kapitalmärkte und der Außenwirtschaft. Übergreifendes Ziel des Reformprojektes ist die Konsolidierung einer exportorientierten Marktwirtschaft, die eine auf komparativen Vorteilen basierende Weltmarktintegration intendiert. Weder Einkommensverteilungs- noch Armutsreduzierungsmaßnahmen werden im Reformprogramm explizit thematisiert.*"

So wurde schließlich die sogenannte *Reforma do Estado* eingeleitet und als *"die große politische Aufgabe der 90er Jahre"* (PIMENTA 1998:7 - Übersetzung des Autors) bezeichnet, nicht zuletzt auf Grund der Tatsache, dass die ausschlaggebenden Richtlinien der internationalen Finanzinstitutionen unmissverständlich vorgegeben waren[54].

In Brasilien hatte bereits seit der Regierung von Collor de Mello die Privatisierungswelle begonnen und sie hat sich während der Cardoso-Regierung weiter fortgesetzt[55]. Dafür war es in den 90er Jahren nötig, die brasilianische Verfassung von den eingebauten nicht-marktwirtschaftlichen Konzepten zu 'bereinigen', was etappenweise durch die *Reformas Constitucionais* geschehen ist[56].

---

[53] Der Begriff des *Washington Consensus* wurde 1990 von J. WILLIAMSON (*Latin American Adjustment: How much has happened – Washington D.C.*), geprägt und bezeichnet ein wirtschaftliches Reformprogramm (auch Strukturanpassung genannt), das von ca. 60 Entwicklungsländern im Zuge der Verschuldungskrise (zwangsweise) eingeführt wurde (vgl. GOMES 1995; NOHLEN 1998; PEREIRA 1993b).

[54] Plakativ schildert der damalige Präsident der Weltbank, Barber Conable, im Vorwort des 'Weltentwicklungsberichts '87' die ausschlaggebende Diagnose seiner Institution über die Entwicklungsländer: "*The report finds that developing countries which followed policies that promoted the integration of their industrial sector into the international economy through trade have fared better than those which insulated themselves from international competition*" (WORLD BANK 1987).

[55] 1990 wurde der *Programa Nacional de Desestatização* ins Leben gerufen. Seitdem wurden über 50 staatliche Unternehmen privatisiert oder die staatlichen Firmenanteile an die Privatwirtschaft verkauft. Damit nahm die Regierung über 26 Milliarden US-Dollar ein. Einige Privatisierungsbeispiele sind: *Rede Ferroviária Federal* (Bahn), *Light* (Energie), *Companhia Vale do Rio Doce* (Erzgewinnung) und *Telebras* (Kommunikation).

[56] Die Reformen beginnen im Jahr 1992. Zu den wichtigsten Verfassungsänderungen gehört die Beseitigung des nationalen Monopols auf Erdöl, Telekommunikation, Gas und Schifffahrt. Die Verwaltungs- und Steuerreformen kommen nur mühsam voran und die Sozialversicherungsreform wird, nach mehreren Fehlschlägen und Komplikationen, in geringerem Umfang als von der Regierung vorgeschlagen, Ende 1997 verabschiedet. Begünstigt durch die Weltwirtschaftskrise, die im Oktober 1997 von der Börse in Hongkong ausging, gelingt es der Regierung Anfang 1998 die Verwaltungsreform durchzusetzen. Da 1998 Wahljahr ist, wird die endgültige Verabschiedung der Sozialversicherungsreform, die eingeleitete Steuerreform und eine geplante Wahlreform aus wahlstrategischen Gründen vertagt.

Trotzdem blieben in der brasilianischen Verfassung von 1988 wichtige Funktionen des Staates in Bezug auf den Abbau der regionalen Disparitäten weitgehend erhalten. HADDAD (1989:78) stellt fest, dass "*in der neuen Verfassung eine markante Besorgnis in Bezug auf die Notwendigkeit und die räumlichen Auswirkungen der unterschiedlichen Regierungsstrategien, die von der öffentlichen föderalen Verwaltung konzipiert und eingesetzt werden, erkennbar ist*" (Übersetzung des Autors). Von den über 20.000 Abänderungsvorschlägen zur 'Aktualisierung' der Verfassung (*emendas constitucionais*), die bis 1995 von den Abgeordneten eingereicht wurden, befassen sich mindestens 510 mit bedeutenden Aspekten der Regionalentwicklung und der föderativen Beziehungen[57].

Aber es sind schließlich die offiziellen Veröffentlichungen des zuständigen Ministeriums der föderalen Verwaltung und Staatsreform (MARE), die die neue Rolle des Staates genau auf den Punkt bringen und folgendermaßen zusammenfassen: "*Der Staat gibt die direkte Verantwortung für die soziale und ökonomische Entwicklung mittels Produktion von Gütern und Dienstleistungen auf, um sich in den Funktionen eines Vorstehers und Regulierers dieser Entwicklung zu stärken*" (BRASIL 1997:9 - Übersetzung des Autors).

Eine schematische Konzeption über die neue Rolle des Staates wurde von Minister Bresser Pereira, der den Prozess der Verwaltungsreform in Brasilien eingeleitet und beaufsichtigt hat[58], veröffentlicht (s. Abbildung 2). An dieser vereinfachten Darstellung wird der beabsichtigte und bereits eingeleitete Schrumpfungsprozess deutlich, wobei drei unterschiedliche Vorkehrungen getroffen werden (sollen): Privatisierung, Tertiarisierung und Entstehung eines 'dritten Sektors' (PIMENTA 1998), der weder mit dem tertiären Sektor (Dienstleistungen) noch mit den Nicht-Regierungsorganisationen (NGOs) verwechselt werden darf. Rechtlich gesehen soll der 'dritte Sektor' oder die sogenannten nicht-staatlichen Organisationen weder aus Organisationen des öffentlichen noch des privaten Rechts bestehen. Bemerkenswert ist, dass der Begriff Dezentralisierung in den Veröffentlichungen der Regierung nicht mehr vorkommt bzw. durch den Begriff *Reforma do Estado* ersetzt wurde.

---

[57] S. LAVINAS / MAGINA 1995. Darüber hinaus weisen diese Autoren auch darauf hin, dass die Vielzahl der Referenzen in der Verfassung, die Themen der Regionalentwicklung in Zusammenhang mit Planung, Haushalt, mehrjährigem Haushaltsprogramm und allgemeinen Entwicklungsplänen bringen, letztendlich auf die markante Lobbytätigkeit der *regionalistas* und *municipalistas* zurückzuführen ist.

[58] Wie schon erwähnt, muss die *Reforma do Estado* in Brasilien im Zusammenhang mit der Entwicklungspolitik der internationalen Finanzinstitutionen gesehen werden. Ab Mitte der 90er Jahre haben Weltbank und Internationaler Währungsfond prioritär Kredite für administrative Reformen in den lateinamerikanischen bzw. in den Entwicklungsländern gegeben. Die brasilianische Regierung bekam 1995 für diese Zwecke (*Plano Diretor da Reforma do Estado*) einen speziellen Kredit von der Interamerikanischen Entwicklungsbank (BID) in Höhe von 114 Mio. US-$ (s. PIMENTA 1998). Darüber hinaus veranstaltete die UNO eine ihrer spezifischen Jahresversammlungen unter dem Thema 'Öffentliche Verwaltung'. Der von der Weltbank jährlich herausgegebene 'Weltentwicklungsbericht '97' sollte den Titel *Rebuilding the State* bekommen, wurde aber kurz vor der Veröffentlichung auf *The State in a Changing World* umgetauft (PEREIRA 1997).

Abb. 2: Institutionen, die sich nach der brasilianischen Staatsreform ergeben:

BEREICH / AKTIVITÄT	exklusive Staatstätigkeit	wissenschaftliche und soziale Dienstleistungen	Produktion von Gütern und Dienstleistungen
Hauptaktivitäten (*core*)	Staat	öffentliche nicht-staatliche Körperschaften	privatisierte Unternehmen
Hilfsaktivitäten	tertiarisierte Unternehmen	tertiarisierte Unternehmen	tertiarisierte Unternehmen

Quelle: PEREIRA 1997:30

Bei der Analyse der neuen Dimension des Staates stellen sich zwei grundlegende Fragen. Erstens: Wird das Staatsbudget durch die Reformen und Maßnahmen tatsächlich entlastet werden, und zweitens: Wieso versprechen sich die Mentoren des Projekts bei der Einleitung und Durchsetzung eines solchen Schrumpfungsprozesses Vorteile und Gewinne für den Staat? Was die Verringerung der Staatsinvestitionsfähigkeit angeht, so vermutet man in Regierungskreisen, dass keine wesentlichen Veränderungen eintreten werden, d.h. die öffentlichen Ausgaben werden nach wie vor auf hohem Niveau stabil bleiben. Dadurch gewinnt die zweite Frage nach Vorteilen und Gewinnen an Bedeutung: Die Vorteile (und Gewinne) einer *Reforma do Estado* sieht man vor allem darin, dass durch die Tertiarisierung, d.h. durch die Weitergabe der Aktivitäten an Dritte (Privatunternehmen) und durch die Entstehung öffentlicher nicht-staatlicher Organisationen (eventuell wird auch der Begriff 'organisierte Zivilgesellschaft' verwendet) die Qualität und die Effizienz der Ausgaben bedeutend gesteigert werden und somit ein größerer Anteil der Bevölkerung von den Dienstleistungen profitieren kann (vgl. BRASIL 1997, PEREIRA 1997; PIMENTA 1998).

In diesem neuidealisierten Szenarium sollen sich die Staatstätigkeiten ausschließlich auf *core-activities* beschränken und in diesem Zusammenhang sollen die zukünftigen Aufgaben des Staates darin bestehen, zuverlässige, zufriedenstellende, messbare Verwaltungsindikatoren aufzustellen und neue Prozessablaufmechanismen in Gang zu bringen. Wenn sich bisher die Staatstätigkeit besonders auf die Kontrolle der Prozesse konzentrierte, so wird jetzt der Schwerpunkt auf die Kontrolle der Resultate gelegt (PIMENTA 1998). Nach dem Beispiel der amerikanischen Staatsreform wird ein Wandel vom 'Beachten der Vorschriften' zum 'Aufweisen von Ergebnissen' beabsichtigt und eingeleitet (vgl. GORE 1993).

Die wichtigsten direkten und indirekten Auswirkungen der brasilianischen Staatsreform werden von der amtierenden sozial-demokratischen Regierung Cardoso *"anscheinend eher aus pragmatischen und nicht in erster Linie aus ideologischen Gründen"* (PEIXOTO 1997:9 - Übersetzung des Autors) mit großem Aufwand, aber erfolgreich propagiert[59].

---

[59] Eine Übersicht über die Maßnahmen zur *Reforma do Estado* und über den Grad ihrer Verwirklichung (ob schon durchgeführt, ob gesetzlich festgelegt, ob eingeleitet oder nur vorgeschlagen und genehmigt) ist bei PIMENTA (1998:15-16) zu finden.

2. THEORETISCHE GRUNDLAGEN DER ARBEIT

2.1. Die Entwicklungsdiskussion im Überblick

Das Thema Entwicklung (bzw. Regionalentwicklung), das den thematischen Kern der vorliegenden Arbeit bildet, basiert auf einer Diskussion, deren Grundzüge schon seit mehr als zwei Jahrhunderten Gegenstand wissenschaftlicher Überlegungen und Untersuchungen ist. Die wichtigsten theoretischen Auseinandersetzungen im Sinne der sozioökonomischen Entwicklungstheorien fanden besonders im Bereich der Wirtschafts- und Sozialwissenschaften, später im Bereich der Politikwissenschaft und, in geringerem Maße, auch in der Sozialgeographie statt.

In grob vereinfachten Umrissen kann die Entstehung der Entwicklungstheorien in zwei Phasen unterteilt werden: eine historische Phase, die einen relativ großen Zeitraum umfasst, und zwar von den einflussreichen Überlegungen des Adam SMITH (1776) über Theorieansätze von Ricardo, List, Marx, Keynes und anderen klassischen Nationalökonomen bis hin zur Ära des Antikommunismus in den 1950er Jahren, und eine gegenwärtige Phase, die nach dem Zweiten Weltkrieg mit den Modernisierungstheorien begann und sich bald danach in zahlreiche und kaum überschaubare separate Diskussionsstränge aufspaltete (MENZEL 1995), die sich einerseits voneinander abgrenzen, anderseits aber sich gegenseitig beeinflussen.

Ein so umfassender und komplexer Bezugsrahmen zwingt dazu, die Dimension der zu bearbeitenden Thematik auf Notwendiges einzugrenzen und die Auseinandersetzung mit dem Thema schwerpunktmäßig durchzuführen. Aus diesem Grund wird hier bewusst der Versuch unternommen, die Analyse auf zwei Schwerpunkte zu konzentrieren. Zum einen geht es hauptsächlich darum, jene Aspekte der Entwicklungstheoriebildung in zusammengefasster Form zum Ausdruck zu bringen, die einen konkreten Bezug zum Thema der vorliegenden Arbeit haben. Zum anderen wird hier versucht, einen faktischen Zusammenhang herzustellen zwischen dem, was im Allgemeinen als Entwicklungsmodell der westlichen Industrieländer bezeichnet wird, und der gegenwärtigen Entwicklungspolitik in Rio Grande do Sul.

Im Allgemeinen waren Entwicklungstheorien immer mit der Realgeschichte verknüpft und beide haben sich gegenseitig beeinflusst. Eine lückenlose Darstellung dieser Gegebenheiten würde den Rahmen dieser Arbeit sprengen. Da die sogenannte Entwicklungsfrage aber praktisch erst Anfang der 1950er Jahre ins wirtschaftspolitische Rampenlicht rückte (worauf an anderer Stelle des Kapitels näher eingegangen wird), können zur Erfassung und Einordnung der Thematik dieser Arbeit in die umfangreiche Entwicklungsdiskussion jene Fakten, die vor diesem Zeitpunkt von Bedeutung waren und jene Theorien, die daraus abgeleitet worden sind, außer Betracht bleiben. Statt dessen konzentriert sich die folgende Darstellung abwechselnd auf den historischen Verlauf der entwicklungstheoretischen Ansätze und ihren Zusammenhang mit der brasilianischen Entwicklungspolitik, und zwar mit der Absicht, den theoretischen Rahmen der Arbeit zu präzisieren.

Seit dem Auftauchen der Entwicklungsfrage in den 50er Jahren wurde den Strategien, die zu wirtschaftlichem Wachstum führen, eine herausragende Rolle zugeschrieben (vgl. MENZEL 1993). Die allgemein gebräuchliche Annahme, dass Entwicklung gleich Wachstum ist (weswegen Entwicklungstheorien auch als Wachstumstheorien[1] bezeichnet werden), hat in der zweiten Hälfte des 20. Jahrhunderts Politik und Wirtschaft in den Entwicklungsländern im Allgemeinen und Brasilien im Besonderen stark beeinflusst, obwohl dieser Einfluss mit einer gewissen zeitlichen Verzögerung gegenüber den entwicklungsstrategischen Diskussionen spürbar geworden ist (vgl. KOHLHEPP 1995 und WALLER 1986).

Die Entwicklungspolitik Brasiliens in den 50er Jahren beinhaltete eindeutig keynesianische Entwicklungsansätze[2], d.h., es herrschte die Überzeugung, dass ein Anstieg des Sozialprodukts und der Gesamtnachfrage nur durch ständig ansteigende Nettoinvestitionen erreicht werden könnte, was am Beispiel der Importsubstitutionsindustrialisierung (ISI) zum Ausdruck kam. Da die private Investitionsfähigkeit nicht ausreichte, hat der Staat die mangelnden Unternehmerfunktionen in unterschiedlichen Formen ersetzt: durch Förderung von Sparaufkommen, durch Handels- und Währungspolitik und durch Direktinvestitionen, besonders im Bereich der Infrastruktur und der Schwerindustrie.

Ein Charakteristikum der maßgebenden Wachstumstheorien in den 60er Jahren war die Annahme, dass Entwicklung ein zeitlich linearer Prozess sei, d.h., man nahm an, Länder, Gesellschaften oder Regionen müssten zwangsläufig bestimmte Phasen durchlaufen, ehe sie auf die höchste Entwicklungsstufe, von ROSTOW (1967) als *"Massenkonsumgesellschaft"* bezeichnet, gelangen würden. Insofern war es von dem Gedanken, wirtschaftliches Wachstum durch massive strategische Investitionen zu beschleunigen, zur Tat, nämlich die geeignete Entwicklungspolitik im Gang zu bringen, nur ein *Katzensprung*.

In Brasilien wurde die wirtschaftliche Wachstumsbeschleunigung unter Kubitschek (Slogan: *'Fünfzig Jahre in fünf'* Jahren) und den darauffolgenden Militärregierungen versucht: der Abbau der Ungleichheiten sollte im Zuge der Industrialisierung zu allgemeinen Wohlfahrtseffekten führen. In der Anfangsphase wurde eine regionale bzw. sektorale Konzentration der Ressourcen als notwendig erachtet und hingenommen, aber langfristig sollten sogenannte *Spread-* und *Trickle-down*-Effekte (Ausbreitungs- und Durchsickereffekte) das Land zur Modernisierung führen.

Die Tatsache, dass im Allgemeinen die Ergebnisse solcher Wachstumsstrategien in den Entwicklungsländern eher zu einer internen Verschärfung der Disparitäten führten (vgl. SANDNER 1975), rief schon Ende der 60er Jahre zunehmende Kritik an den Wachstumsstrategien hervor. Obwohl das modernisierungstheoretische Paradigma in Bezug auf die Anwendungsrelevanz sich weiterhin behaupten konnte, waren die Meinungen darüber, wie das Problem der Unterentwicklung zu lösen sei, sehr unterschiedlich.

---

[1] Zum Thema *Wachstumstheorien* siehe beispielsweise NOHLEN 1998 oder SCHÄTZL 1993. Eine nach unterschiedlichen Aspekten gegliederte Literaturübersicht dazu ist bei MENZEL 1995 zu finden.

[2] Zum Begriff des *Keynesianismus* vgl. beispielsweise KEYNES 1974; SCHÄTZL 1993; SOUZA 1993.

Die wichtigsten kritischen entwicklungstheoretischen Ansätze, die eine Blockierung von Entwicklung zu erklären versucht haben, sind die *Dependência*-Theorien, bei welchen Unterentwicklung nicht als eine Art vorgeschichtlicher Naturzustand, sondern als Resultat eines historischen Abhängigkeitsprozesses[3] aufgefasst wird. Da diese Theorieansätze eine Abkoppelung vom Weltmarkt als Voraussetzung für Entwicklung vorsahen, hatten solche Strategien eine geringe bis mittlere Anwendungsrelevanz und konnten auch keine großen Erfolge bei der Beseitigung von Unterentwicklung vorweisen.

Die brasilianische Entwicklungspolitik beharrte bis in die 80er Jahre hinein auf klassischen Wachstumsstrategien und wurde von den kritischen theoretischen *Dependência*-Ansätzen wenig beeinflusst. Aber mit der *abertura política* (Demokratisierung) wurde gewissermaßen auch die *abertura econômica* (Weltmarktintegration) des Landes in Gang gebracht. Das bedeutet aber nicht, dass Brasilien bis zu diesem Zeitpunkt eine wirtschaftliche Abkopplungsstrategie verfolgte; die Abkopplung war höchstens auf bestimmte als strategisch empfundene Sektoren beschränkt[4]. Alles in allem handelt es sich bei der *abertura econômica* um den Versuch, sich dem ab Ende der 80er Jahre erfolgreichen Beispiel der exportorientierten südostasiatischen Länder (Japan, Hongkong, Singapur und Taiwan) und den von internationalen Finanzinstitutionen und von Gläubigern vorgeschlagenen Maßnahmen zu nähern.

Zu Beginn der 90er Jahre war aber *"eine weitverbreitete Ratlosigkeit unter den Entwicklungsexperten zu konstatieren"* (MENZEL 1993:154). Die Gründe dafür sind einerseits in der inzwischen gereiften Einsicht zu suchen, dass es eine einheitliche Dritte Welt nicht gibt bzw. nie gegeben hat[5]. Andrerseits trug für die konstatierte Ratlosigkeit auch das Scheitern des sozialistischen Systems bzw. der Zweiten Welt bei. Grob vereinfacht haben sich die Entwicklungstheorien im Allgemeinen entweder auf kapitalistische oder sozialistische Modelle gestützt und *"überall da, wo im Sinne der einen oder der anderen Theorie Entwicklungspolitik betrieben wurde, ist diese gescheitert"* (MENZEL 1992:42).

Außerdem hatten die großen Theorien meistenteils eine Doppelfunktion, wie BOECKH (1993:115) feststellt: *"Es handelt sich bei ihnen nicht nur um Versuche der Erklärung von Prozessen der Entwicklung und Unterentwicklung, sondern immer auch um gesellschaftspolitische Entwürfe."* Und MÜRLE (1997:14) weist auf die bei solchen Entwürfen vorhandene Gefahr hin: *"Wenn bisweilen anklingt, daß die Entwicklungstheorie gescheitert sei, weil es in vielen Ländern nicht zur gewünschten Entwicklung gekommen ist, verweist dies u.a. auch auf einen überzogenen Anspruch an die Theorie im Rahmen ideologischer Projektionen, da von einer Theorie allein nicht die Veränderung der Realität zu erwarten ist."*

---

[3] Einerseits wird Abhängigkeit oder *dependência* durch den Verfall der *Terms-of-Trade* erklärt. In diesem Kontext sind besonders die Überlegungen von R. PREBISCH (1950) von Bedeutung. Andererseits behaupten CARDOSO / FALETTO (1976), dass die Abhängigkeit auch dadurch bedingt wird, dass Staat und Herrschaft in den Entwicklungsländern sich primär nach den externen Interessen richten (vgl. NOHLEN 1998).

[4] Zum Beispiel die sogenannte *reserva de mercado da informática*, die den EDV-Markt über mehrere Jahre ausschließlich für brasilianische Unternehmen und Produkte 'reservierte', wodurch ein eigenständiger Industriezweig aufgebaut werden sollte.

[5] Vgl. z.B. BALASSA 1981; BOECKH 1993; MENZEL 1983, 1992 und NOHLEN / NUSCHELER 1993.

Ob die großen Theorien letztendlich gescheitert (MENZEL 1992) oder nur in eine Krise geraten sind (BOECKH 1993), ist, zumindest an dieser Stelle, von geringer Relevanz[6]. Von Bedeutung ist aber die direkte Konsequenz dieser unklaren Sachlage einerseits und der Ratlosigkeit der Experten andererseits: In den 90er Jahren kam es zu einer graduellen Abwendung von den großen Theorien (Modernisierung und *Dependência*) und zu einer allgemeinen Hinwendung zu Theorien mittlerer Reichweite[7].

MÜRLE (1997) unterscheidet auf der Ebene der Theorien mittlerer Reichweite zwei unterschiedliche entwicklungstheoretische Strömungen, die sich schon während der 80er Jahre etabliert haben, aber erst in den 90 Jahren eine größere entwicklungspolitische Resonanz fanden: einerseits die Anhänger einer postmodernen Ära (Postmodernismus), bei welchen *nachhaltige* Entwicklungskonzepte eine wichtige Rolle spielen, die oft, aber nicht zwangsläufig, mit dem Konzept einer *Entwicklung von unten* umschrieben werden können, andererseits die Anhänger des Neoliberalismus, bei welchen eine *nachholende* Entwicklung (Industrialisierung, Weltmarktintegration) im Vordergrund steht und weiterhin das Konzept einer Entwicklung von oben (*top-down*-Strategien) vorrangig ist (s. auch KÖßLER 1998).

Obwohl schon Anfang der 80er Jahre Anwendungsmöglichkeiten, Auswirkungen, Vorteile und Nachteile der entgegengesetzten Entwicklungsstrategien *von oben* und *von unten* diskutiert (vgl. STÖHR / TAYLOR 1981) und besonders im Bereich der Entwicklungshilfe und in den Projekten derselben thematisiert und angewendet worden sind, erlangten *Entwicklungsansätze von unten* erst später eine größere Aufmerksamkeit, als in bestimmten Bereichen der Entwicklungsbemühungen praktische und konkrete Erfolge verzeichnet wurden.

Entwicklungsansätze von unten gedeihen aber nicht überall und unter allen Umständen gleich: Kultur, soziale Struktur, Demokratie, Machtverhältnisse, Erfahrungen, Perspektiven und Bedürfnisse spielen neben anderen Aspekten eine wichtige Rolle, denn *development from below* (STÖHR 1981) erfordert "*eine politisch-administrative Dezentralisierung, d.h. eine Verlagerung von Aufgaben, Entscheidungsbefugnissen und Kontrollfunktionen auf Teilgebiete eines Raumsystems*" (SCHÄTZL, 1994:29).

Territoriale und funktionale Selbstbestimmung, Verfügungsmacht über endogene Ressourcen und weitreichende politische Entscheidungsbefugnisse sind für ein Land wie Brasilien, das kontinentale Dimensionen aufweist und wo Zentralisierung sich schon als eine politische Tradition etabliert hatte, eine konkrete Herausforderung, nicht nur auf Bundes- sondern besonders auf Landes- und Gemeindeebene. Dezentralisierung, Munizipalisierung, d.h. die graduelle Aufgabenübernahme und wachsende Befugnisse der Gemeinden im Bereich der öffentlichen Dienstleistungen, und Partizipation – mit diesen Begriffen kann (neben anderen) der gegenwärtige Entwicklungstrend in Brasilien umrissen werden.

---

[6] Vgl. hierzu die neueren Auffassungen von BOECKH 1998 und MENZEL 1998.

[7] Unter *Reichweite einer Theorie* wird der Grad ihrer Generalisierung verstanden, entweder als Anzahl der erfassten Fälle oder als Umfang der berücksichtigten sozialen Phänomene. Im Gegensatz zu den *großen Theorien* wird bei den Theorien mittlerer Reichweite eine räumliche oder eine sachliche Reduzierung des Untersuchungsgegenstandes vorgenommen.

Im Allgemeinen lassen sich *Entwicklungsansätze von unten* folgendermaßen charakterisieren: Sie beschäftigen sich vorrangig mit der unmittelbaren Verbesserung der Lebensverhältnisse auf lokaler Ebene, haben oft eine stark normative Komponente, weisen teilweise Einflüsse postmodernen Denkens auf, sind nicht als umfassende globale Lösung anzusehen, beschränken sich meistenteils auf lokale bzw. regionale Sachlagen oder Probleme und weisen daher einen starken Praxisbezug auf.

Am Beispiel der regionalen Entwicklungsbemühungen des Untersuchungsgebietes (hierbei handelt es sich um die Region Noroeste-Colonial im Bundesland Rio Grande do Sul) sowie der dort angewandten Strategien und Instrumente und der eingeleiteten Mechanismen und sozioökonomischen Wirtschaftsabläufe sollen nicht nur die oben genannten Eigenschaften aufgezeigt, sondern auch die Anwendbarkeit des theoretischen Ansatzes *development from below* auf seine Wirksamkeit hinsichtlich der Regionalentwicklung überprüft und darüber hinaus neue Erkenntnisse über Entwicklungsprozesse gewonnen werden.

Vor diesem Hintergrund stellen sich an dieser Stelle mehrere Fragen: Was soll hier unter Entwicklung verstanden werden? Was beabsichtigt die Landesregierung, wenn sie einen endogenen Entwicklungsansatz bevorzugt, und wie nehmen es die unterschiedlichen Regionen wahr? Welche Ziele werden in den einzelnen Regionalebenen verfolgt? Diese Fragen können nur schrittweise beantwortet werden und erfordern eine kurze Erläuterung.

Mit wenigen Ausnahmen und besonders nach dem Scheitern des sozialistischen Ansatzes in den Ostblockländern richtet sich das Konsum- und Verhaltensmuster breiter Bevölkerungsschichten in den Entwicklungsländern sowie die dort verfolgte Entwicklungspolitik mehr oder weniger nach dem westlichen kapitalistischen Leitbild. Obwohl Brasilien erst ab den 90er Jahren eine umfassende Weltmarktintegration eingeleitet hat, nahm das Land seit Gründung der Republik zweifellos westliche Industrienationen als wirtschaftliches Vorbild.

Ein Blick zurück in die Geschichte zeigt, dass, gemessen an sozialen und ökonomischen Parametern der westlichen Industrienationen, andere Länder und Völker bis zum 18. Jahrhundert noch als Barbaren und im 19. Jahrhundert als rückständig oder arm bezeichnet wurden. Aus diplomatischer Rücksichtnahme (NOHLEN / NUSCHELER 1993) übernahm man im Laufe des 20. Jahrhunderts die Bezeichnung *Entwicklungsländer* und an der Schwelle zum 21. Jahrhundert spricht man von *emerging countries*. Diese zwar schöpferische (doch auch mit Vorurteilen beladene) Begriffsbildung zeigt, dass im Allgemeinen lokale Eigenschaften, unterschiedliche Kulturformen und soziale Werte, so wie sie in den unterschiedlichsten Winkeln der Erde vorkommen, kaum berücksichtigt worden sind. Das hegemoniale Leitbild von Entwicklung ist eindeutig durch westliche Maßstäbe geprägt (vgl. LATOUCHE 1994). So ist im Entwicklungsbegriff zwangsläufig auch das Konzept Unterentwicklung mit inbegriffen.

Dadurch eröffnet sich natürlich ein weites Diskussionsfeld und eine thematische Abgrenzung ist auch hier dringend notwendig. Eine sinnvolle Abgrenzungsmöglichkeit scheint dadurch gegeben zu sein, dass Brasilien inzwischen zu den *emerging countries* bzw. Industrienationen des 21. Jahrhunderts zählt und von *Unterentwicklung* im weitesten Sinne besonders in Rio Grande do Sul nicht mehr die Rede sein dürfte. Wie schon kurz angesprochen wurde und im weiteren Verlauf der Arbeit noch zu zeigen sein wird, ergeben die üblichen Entwicklungsindikatoren dieses Bundeslandes ein relativ positives Bild (vgl. IPEA 1996).

Trotz thematischer Ausgrenzung des Themas Unterentwicklung verliert die Erörterung des Themas Entwicklung kaum an Komplexität; denn die Frage, ob sich die Spitzenreiter des herrschenden Entwicklungsmodells bzw. die Regierungen und Gesellschaften der westlichen Industrienationen und genauso die zahlreichen Entwicklungsländer, die diese zum Vorbild nehmen, darüber im Klaren sind, wo dieses Modell überhaupt hinführt bzw. hinführen soll, oder ob die grundsätzliche Triebfeder der Entwicklung nur die Logik des Kapitals und der dazugehörende und ununterbrochene Akkumulationszwang ist, bleibt weitgehend unbeantwortet. Tatsache ist, dass für manche Grenzen des Wachstums (MEADOWS et alii 1972), wie zum Beispiel das Risiko einer Überbevölkerung, die Verknappung der vorhandenen Energiequellen oder ungenügende Nahrungsmittelproduktion, eine Prognosekorrektur nötig war. Aufgrund von technischem Fortschritt oder weil andere Auswege gefunden wurden, mussten manche Auffassungen über die Grenzen des Wachstums revidiert werden. Zur Zeit stellen die ökologischen Grenzen der Natur und die Umweltzerstörung eine wichtige Wachstumsherausforderung sowohl für Industrienationen als auch für Entwicklungsländer dar, was unter anderem dazu geführt hat, dass der zur Zeit als politisch korrekt angesehene Diskurs (!) in Brasilien sich mehr um eine *nachhaltige* als um eine *nachholende* Entwicklung dreht.

Tatsache ist aber auch, dass Entwicklung ein oligarchisches Guthaben darstellt, zumindest solange man sie auf nationaler Ebene betrachtet und besonders dann, wenn es sich um kontinentale Länder wie Brasilien handelt. Für CARDOSO / FALETTO (1985:30) ist es "*nicht realistisch zu glauben, dass die kapitalistische Entwicklung die Grundprobleme der Mehrheit der Bevölkerung lösen wird*" (Übersetzung des Autors). Ein Großteil der brasilianischen Bevölkerung musste diese Erfahrung durch das offensichtliche Scheitern der nationalen Entwicklungsstrategien mehrmals und eindeutig feststellen. Oder soll man es ausschließlich dem Zufall oder der Inkompetenz und der Limitation der Entwicklungsprogramme zuschreiben, dass genau dort und immer dann, wenn Entwicklung gefordert und gefördert wurde, Probleme entstanden sind?

Dass diese Zwangsläufigkeit zwischen Entwicklung und Problementstehung auch nicht bei der Entwicklungsförderung in kleinerem Maßstab auszuschließen ist, schreckt niemanden davon ab, regionale Entwicklungspläne zu entwerfen und Strategien anzuwenden. Die wirtschaftliche Aufholjagd, die von der Bevölkerung ohne weiteres als Entwicklung empfunden oder ihr gleichgesetzt wird, ist in einzelnen Ländern und Regionen in Brasilien kaum noch zu übersehen[8]. Dass dabei grundsätzlich auch die Fehler reproduziert und ignoriert werden,

---

[8] Ein passendes Beispiel dafür ist die sogenannte *guerra fiscal*, der Steuerkrieg, der unter einzelnen Bundesländern ausgelöst wurde, als ausländische Automobilfirmen mit den unterschiedlichsten Mitteln (vor allem Steuerbegünstigungen) angelockt wurden. Der Steuerkrieg ist aber auch zwischen brasilianischen Kontrahenten voll entbrannt, wie folgendes Beispiel verdeutlicht: Ende 1998 wurde der für die Periode 1999-2002 wiedergewählte Gouverneur des Bundeslandes Bahia, César Borges (PFL), mit seinem Beraterstab bei

die schon in Makrodimensionen zu verzeichnen waren, scheint im Wesen des Prozesses zu liegen.

2.2. Regionalentwicklung und sozialgeographische Ansätze

Im vorhergehenden Teil wurde versucht, die Zusammenhänge zwischen Entwicklungspolitik und Entwicklungstheoriebildung zu verdeutlichen. In diesem Teil des Kapitels wird der Versuch unternommen, charakteristische und pragmatische Ansätze der Sozialgeographie und ihren Bezug zur Thematik der Regionalentwicklung kurz darzustellen, denn *"nicht übertriebener Narzißmus veranlaßt zu der Aussage, daß die Geographie zu jenen Hochschuldisziplinen gehört, die besonders geeignet sind, das Thema 'Entwicklung/Unterentwicklung' in der Lehre zu vermitteln, in der Forschung zu behandeln und Grundlagen für die Praxis zu erarbeiten. Es ist der in Projektrealität und Forschung benötigte ganzheitliche Ansatz, die sozioökonomisch-ökologische Grundperspektive geographischen Erkenntnisinteresses, das Mensch-Umwelt-Theorem, die zu dieser Aussage berechtigen"* (SCHOLZ 1988:9 - Hervorhebung im Original).

Wenn man die wichtigsten Zusammenhänge zwischen Sozialgeographie und Regionalentwicklung aus einer historischen Perspektive betrachtet, wird man einerseits feststellen, dass diese Beziehungen langsam aufgebaut wurden und auf einer traditionsreichen Geschichte beruhen. BLENCK (1979) unterscheidet in der Verbindung zwischen Geographie und Entwicklungsproblematik fünf Stadien[9] mit eigenem Charakter:

1) das Stadium der frühen Entdeckungsreisen (bis etwa 1780): In dieser Phase, die an den Anfängen geographischer Forschung und akkumulierten Paradigmen einer kosmographisch beschreibenden Phase anknüpft, war das Interesse der Forscher hauptsächlich auf praktische Probleme gerichtet: die Gestalt der Erde ('neue' Kulturen und Regionen) wurde erforscht und räumliche Informationen auf Karten übertragen (vgl. HAGGETT 1991).

2) das Stadium der späteren Entdeckungsreisen in der Zeit der Aufklärung und des humanitären Liberalismus (etwa 1770 bis Mitte des 19. Jahrhundert): In dieser Phase sind Reiseberichte von Entdeckern und Naturforschern wie zum Beispiel Alexander von Hum-

---

einem nicht offiziellen Besuch im Bundesland Rio Grande do Sul angetroffen. Bei diesem Besuch ging es ausschließlich darum, lokale Firmen zu überreden, künftig Investitionen in Bahia zu tätigen: dieses Bundesland winkte mit einem Steuererlass über 10 Jahre. Die Bilanz der *baianos* ist durchaus erfolgreich: Seit 1995 haben Unternehmen aus dem Bundesland Rio Grande do Sul ca. 200 Mio. US-Dollar im Bundesland Bahia investiert und dort über 24.000 neue Arbeitsplätze geschaffen. Das jüngste Beispiel der erfolgreichen Industrialisierungsbilanz Bahias ist die Entscheidung des Automobilherstellers Ford, von Rio Grande do Sul nach Bahia umzusiedeln, nachdem unterschiedliche Investitionen und Maßnahmen zum Bau einer Fabrik in Guaíba (RS) schon getätigt bzw. durchgeführt worden waren.

[9] Im Folgenden werden vorwiegend Vorkommnisse und Ansätze der zwei zuletzt genannten Phasen, die entweder im allgemeinen Rahmen der jüngeren Forschungsarbeiten liegen oder einen Zusammenhang mit der Untersuchungsregion bzw. Südbrasilien haben, exemplarisch näher betrachtet.

boldt und Carl Ritter von großer Bedeutung, da sie sachliche, methodische und theoretische Grundlagen für das Fach Geographie schufen (vgl. LESER / SCHNEIDER-SLIWA 1999).

3) das Stadium der Kolonialgeographie (Mitte des 19. Jahrhundert bis zum Zweiten Weltkrieg): In der Zeit der Ausweitung der europäischen Kolonialreiche unter imperialistischen Zielsetzungen bildeten geographische Untersuchungen über 'Land und Leute' eine *"wichtige Grundlage rationeller Kolonialwirtschaft"* (JÄGER 1911: 405). Die meisten zu dieser Zeit durchgeführten Untersuchungen waren *"eurozentristisch ausgerichtet, und die Erklärungsansätze beispielsweise des kulturell-gesellschaftlichen Entwicklungsstandes der überseeischen Territorien folgte im wesentlichen naturdeterministischen und evolutionistischen Vorstellungen"* (COY 2000)[10].

4) das Stadium der Entwicklungsländerforschung (Ende des Zweiten Weltkriegs bis heute): Als in der zweiten Hälfte des 20. Jahrhunderts sich die sozialwissenschaftliche Theoriediskussion über Entwicklung und Unterentwicklung entfachte, standen Länder nach wie vor im Mittelpunkt der Forschungsansätze und es wurden zahlreiche umfassende Ländermonographien bzw. länderkundliche Detailstudien durchgeführt, deren Bedeutung als regionale Standardwerke über eine geraume Zeit erhalten blieb (s. COY 2000). Aber vereinzelt wurden auch Arbeiten veröffentlicht, die sich immer mehr mit praxisbezogenen und raumspezifischen Problemen der Entwicklungsländer und Fragestellungen zur Überwindung der Unterentwicklung auseinandersetzten[11].

5) das Stadium der geographischen Entwicklungsforschung (etwa seit 1970): In dieser Phase konzentrierten sich immer mehr empirische Detailuntersuchungen auf das Problem der Entwicklung bzw. der Entwicklungsprozesse nicht nur auf Staatsebene, sondern auch auf der Ebene von Teilregionen. Dabei fanden meist unterschiedliche Erklärungsansätze der Dependência-Theorie Anwendung, was zur Überwindung der prinzipiellen Distanz des Faches gegenüber Nachbardisziplinen beitrug und das oft bemängelte Theoriedefizit der geographischen Forschung einigermaßen deckte (s. LÜHRING 1977).

---

[10] In dieser Periode teilte sich die Geographie (besonders im deutschsprachigen Raum) in zwei Hauptgebiete auf: Ferdinand von Richthofen und Friedrich Ratzel sind sozusagen die 'Gründerväter' der Physio- bzw. der Anthropogeographie. Unter dem Einfluss grundlegender methodischer Fortschritte in den Naturwissenschaften wurde zunächst die physiogeographisch-geomorphologische Forschungsrichtung dominierend. Erst als sich die 'Geographie des Menschen' vom Naturdeterminismus löste und in fruchtbarer Auseinandersetzung mit neuen theoretischen, empirischen und methodischen Erkenntnissen der Soziologie und der Wirtschaftswissenschaft neue wissenschaftliche Ansätze erarbeitete, konsolidierte sich das Fach (SCHÄTZL 1993). Zu Geschichte, Wesen und Methoden der Geographie siehe HETTNER 1927; zur Entstehung und Entwicklung der Sozialgeographie siehe FLIEDNER 1993.

[11] Ein Vorläufer der wissenschaftlichen Entwicklungsländerforschung war Herbert Wilhelmy, der u. a. zahlreiche lateinamerikanische Problemzusammenhänge im Bereich der physischen und auch der Bevölkerungs- sowie der allgemeinen Siedlungs-, Stadt- und Wirtschaftsgeographie untersucht hat (siehe WILHELMY 1980).

Andererseits muss berücksichtigt werden, dass die Beziehung zwischen Geographie und Entwicklungsproblematik gewissermaßen parallel zu anderen Disziplinen abgelaufen ist, was sowohl zu gegenseitigen Abgrenzungen als auch zur allgemeinen Beeinflussung beigetragen hat. Noch Ende der 70er Jahre stellte SCHOLZ (1979) kritisch fest, dass die Diskussion über Unterentwicklung vorrangig bei Wirtschafts-, Politik- und Sozialwissenschaften vorangetrieben wurde, dass zu Beginn der Diskussionen die Thematik in der Geographie nur eine bescheidene Resonanz fand, obwohl schon damals auf die besondere Relevanz des Faches für die Entwicklungsforschung hingewiesen wurde, und schließlich, dass sich im Allgemeinen die Geographie weder mit modernisierungs- noch dependeztheoretischen Ansätzen intensiv beschäftigt und hinsichtlich einer Analyse der Unterentwicklung und des Entwurfs von Strategien zu deren Überwindung sich relativ passiv verhalten hat[12].

Obwohl die Entwicklungstheorien letztendlich auch in der Anthropogeographie Eingang gefunden haben, scheint die Forderung nach einer fachspezifischen geographischen Entwicklungstheorie bei der Komplexität des Gegenstandes Entwicklung / Unterentwicklung unsinnig zu sein und Theorien, die dem komplexen Phänomen gerecht werden wollen, müssen multi- bzw. interdisziplinär angelegt werden (vgl. SCHOLZ 1985 u. 1988).

Wenn man die wichtigsten Verknüpfungspunkte zwischen Sozialgeographie und Regionalentwicklung seit etwa 1980 aus der spezifischen Perspektive des Faches betrachtet, stellt sich heraus, dass in der Sozialgeographie ein neuer Paradigmenwandel zu beobachten ist und zwar in zweierlei Hinsicht: *"von der Theorie zum Pragmatismus und von Globaltheorien zu Konzepten und Strategien (begrenzter regionaler und auch sektoraler) mittlerer Reichweite"* (SCHOLZ 1988:16).

In diesem Zusammenhang haben sich in der deutschsprachigen geographischen Entwicklungs(länder)forschung der letzten 20-30 Jahre einige Trends herausgebildet und etabliert, die überwiegend fachübergreifend orientiert sind und sich nach folgenden Schwerpunktsetzungen unterscheiden lassen[13]: Globalisierung und Entwicklungsländer, Risiken und indigene Strategien, Mensch und Umwelt, Entwicklungspraxis und regionalbezogene Themen.

Die hier aufgelisteten Trends umfassen weder eine zwangsläufige Einordnung von empirischen Untersuchungen in die gegebene Gliederung noch einen Umbruch in der Entwicklungsforschung, sondern stellen eher den notwendigen Anpassungsversuch an theoretisch und methodisch spezifische Ansätze und Konzepte dar, der darauf abzielt, dem Gegenstand

---

[12] Die entwicklungstheoretische Diskussion *"erreichte die deutsche Geographie erst mit mehrjähriger Verzögerung"* (SCHMIDT-WULFFEN 1987:130). Infolgedessen wurde im Jahr 1976 der Geographische Arbeitskreis Entwicklungstheorien mit dem Ziel, *"gemeinsame [mit führenden deutschen Sozialwissenschaftlern] Auffassungen, Theorien und Begriffe sowie eine interdisziplinär verständliche Sprache zu finden, um einander ergänzende Forschungen zu ermöglichen"*, ins Leben gerufen (ebd).

[13] Die deutsche Entwicklungsländerforschung oder geographische Entwicklungsforschung wurde von SCHOLZ (1998) dokumentiert. Einige Forschungsbeiträge der jeweils andere Schwerpunkte setzenden unterschiedlichen Richtungen wurden in Kurzform im Rundbrief Geographie, Hefte 148-150 (INSTITUT FÜR LÄNDERKUNDE 1998) präsentiert.

und der Komplexität der Untersuchungen angemessen zu begegnen, was letztendlich auch eine problembezogene Fragestellung und Hypothesenbildung erfordert[14].

Im Folgenden werden nun einige konkrete Beispiele der jüngsten geographischen Entwicklungs(länder)forschung zusammenfassend dargestellt.

Die Notwendigkeit fachübergreifender bzw. breit angelegter Untersuchungen wurde relativ früh von namhaften Brasilien-Forschern wie zum Beispiel Leo Waibel erkannt: *"Waibel faßte die [wirtschaftsgeographische Forschungs-]Aufgabe nie [...] im engeren Sinne [...] auf, sondern sah darin eine Forschungsarbeit, bei der in umsichtiger Weise neben den naturgegebenen geographischen Faktoren (Lage, Entfernung, Landesnatur) auch die historischen, wirtschaftlichen, sozialen und kulturellen Aspekte als Faktoren von gleichem Gewicht gewürdigt werden müssen"* (PFEIFER 1955:10 – Hervorhebungen des Autors).

Leo WAIBEL (1955), der mit seinen Forschungsarbeiten in der jungen Geographie Brasiliens Akzente gesetzt hat (s. PFEIFER / KOHLHEPP 1984), beschäftigte sich in den späten 40er Jahren unter anderem mit der europäischen Kolonisation Südbrasiliens (s. PFEIFER 1955). Er untersuchte und beschrieb grundlegende Zusammenhänge, die einen entscheidenden Einfluss auf die regionale Entwicklung in Paraná, Santa Catarina und Rio Grande do Sul gehabt haben.

Noch Mitte der 60er Jahre wurden unterschiedliche Aspekte der physischen Geographie und der Kulturgeographie von ganz Rio Grande do Sul von Gottfried Pfeifer aufgegriffen, untersucht und dargestellt (s. PFEIFER 1967). Gerd Kohlhepp konzentrierte zunächst seine Forschungsansätze auf Aspekte der Siedlungs- und Industriegeographie in Santa Catarina (s. zum Beispiel KOHLHEPP 1966, 1968, 1969 und 1971). Die allgemeine Tendenz, eher regional oder sektoral begrenzte Untersuchungen durchzuführen und sie zum Gegenstand wissenschaftlicher Fragestellungen zu machen, wird in den 70er und 80er Jahren mit den Arbeiten von Gerd Kohlhepp (s. KOHLHEPP 1978, 1984, 1987a, 1987b, 1987c und 1991, sowie KOHLHEPP / KARP 1987 und KOHLHEPP / SAHR / KAISER 1993), Martin Coy (s. COY 1988, 1990 und 1991), Hans-Winfried Lauffs (s. LAUFFS 1972), Reinhold Lücker (s. LÜCKER 1986) und viele anderen bestätigt.

Schließlich ist im Zusammenhang mit dem Thema der Entwicklung von Rio Grande do Sul auch noch die Arbeit von Nilo Bernardes (s. BERNARDES 1962), die grundlegende Aspekte der räumlichen Erschließung und Besiedelung in Verbindung mit der Naturlandschaft weitgehend erläutert, als ein bedeutender sozialgeographischer Ansatz in der Regionalentwicklung zu erwähnen.

---

[14] Zu Perspektiven geographischer Entwicklungsländerforschung s. COY 1999, DÜRR 1998 und RAUCH 1998.

2.3. Ergänzende Dimensionen des Entwicklungsbegriffs

Bisher wurde versucht, die theoretische Dimension des Entwicklungsbegriffs kurz und bündig zu verankern sowie Verknüpfungspunkte zwischen Sozialgeographie und Entwicklungsforschung darzustellen. An dieser Stelle scheint es durchaus angebracht zu sein, den zentralen Begriff *Entwicklung* in Bezug auf zwei weitere und ergänzende Perspektiven zu diskutieren, und zwar sollen die historisch-semantischen Wurzeln des Begriffs kurz erörtert und der Begriffsinhalt epistemisch-systematisch analysiert werden.

Bei der Suche nach den Wurzeln des Begriffs *Entwicklung* - hier ausschließlich in seiner sozioökonomischen Dimension betrachtet - stellt sich alsbald heraus, dass sein Ursprung in der industriellen Revolution zu finden ist. JAGUARIBE (1992:8) fasst dies folgendermaßen zusammen: "*Der Unterschied zwischen Nord und Süd ist, wie man weiß, ein relativ junges historisches Faktum. Die Lebensgrundlage war in allen zivilisierten Gesellschaften der Welt bis zur Renaissance gleich. Der Merkantilismus brachte den Ländern, die sich dem Welthandel und dem Kolonialismus widmeten, große Vorteile. Mit der Industriellen Revolution sind den sich industrialisierenden Gesellschaften gegenüber den Agrargesellschaften immer größerwerdende Vorteile zugute gekommen*" (Übersetzung des Autors).

Aber die Ausbreitung des Entwicklungsmythos, der dazu führt, dass die ärmeren Länder ununterbrochen nach dem Lebensstandard der reichen bzw. entwickelten Länder streben, erlebte in der Nachkriegszeit einen überdimensionalen Aufschwung. Historisch gesehen wird die Amtsantrittsrede des amerikanischen Präsidenten Harry S. Truman am 20. Januar 1949 als symbolische Geburtsstunde des westlichen Entwicklungsleitbildes bezeichnet, als der amerikanische Präsident im vierten Punkt seiner Rede den größten Teil der Welt indirekt für unterentwickelt erklärte, indem er ein vor allem technisch-wirtschaftliches (aber auch finanzielles und militärisches) Hilfsprogramm für alle unterentwickelten Länder in Asien, Afrika und Lateinamerika verkündete[15].

Nicht nur das amerikanische Hilfsprogramm, sondern die westlichen Industrienationen im Allgemeinen wurden im Gegenzug zur kommunistischen Propaganda und Ausbreitung, mit wenigen Ausnahmen, zum wirtschaftlichen Leitbild der unterentwickelten Länder (vgl. MYRDAL 1977). In Lateinamerika, das zu jener Zeit stark von der CEPAL-Doktrin geprägt und beeinflusst war, übernahm die Industrialisierung eine Schlüsselfunktion bei der Überwindung der Unterentwicklung[16]. Für FURTADO (1974:75) ist dieses Entwicklungskonzept

---

[15] Das Hilfsprogramm wurde weltweit als *Punkt-Vier-Programm* bekannt und ist im Zusammenhang mit der sogenannten *Politik des Containment* der USA zu sehen, der auch die Truman-Doktrin, der Marshallplan zum Wiederaufbau Westeuropas, die Gründung der NATO und der CIA zuzuschreiben sind (vgl. hierzu DONOVAN 1977 u. 1982; KIRKENDALL 1989).

[16] Raul PREBISCH beschreibt 1951 in einem einflussreichen Artikel, der gewissermaßen als Gründungsmanifest der UN-Wirtschaftskommission für Lateinamerika und die Karibik (CEPAL) gilt, "*die grundlegende Bedeutung der Industrialisierung für unsere Länder. Industrialisierung ist kein Zweck in sich selbst, aber das einzige vorhandene Mittel, um einen Teil der Erträge des technischen Fortschritts verfügbar zu machen und eine progressive Verbesserung des Lebensstandards der Massen zu sichern*" (zitiert nach LISBOA o.D., S. 5 - Übersetzung des Autors).

aber auch eingesetzt worden, um *"die Völker der Peripherie zu mobilisieren, um ihnen unermessliche Opfer aufzuzwingen, um die Vernichtung von archaischen Kulturformen zu legitimieren, um die Zerstörung der Umwelt als eine Notwendigkeit erscheinen zu lassen und um neue Abhängigkeitsformen, die den Raubzugscharakter des Produktionssystems verstärken, zu rechtfertigen"* (Übersetzung des Autors).

Trotzdem war der Siegeszug sowohl des ungehemmten Gebrauchs des Entwicklungsbegriffes als auch der unterschiedlichsten Entwicklungsstrategien, besonders in den Ländern der Dritten Welt, kaum noch aufzuhalten. Aber schon Ende der 1960er Jahre sind die ersten kritischen Überlegungen aufgetaucht, die ökologischen und ideologischen Grenzen dieses kapitalistischen Entwicklungskonzeptes wurden vereinzelt, aber eindeutig in Frage gestellt und, darüber hinaus, auch die industrialisierten Länder als vorbildliches Entwicklungsmodell hinterfragt (SUNKEL 1980).

Seit den 1970er Jahren bis heute ist eine *"andauernde, teilweise erbittert geführte Kontroverse zwischen Wachstumsbefürwortern und - gegnern"* zu verzeichnen, was deutlich vor Augen führt, dass es im Hinblick auf Wachstum *"... völlig konträre Sichtweisen [gibt]"* (HARBORTH 1993:235).

Auf der einen Seite stehen die sogenannten *Conservationists* (vgl. TURNER 1988): beginnend mit MALTHUS (1977), der bereits 1798 ein berühmt gewordenes Buch über die Grenzen des Bevölkerungswachstums veröffentlichte[17], über den ersten Bericht des *Club of Rome*, der durch den Hinweis auf die allgemeinen Grenzen des Wachstums (MEADOWS et alii 1972) Schlagzeilen machte, und über andere Warnungen, die den Entwicklungsmythos bloßzustellen versuchten[18], bis hin zum Brundtland-Bericht (HAUFF 1987), der mit dem Vorschlag, Umwelt und Entwicklung in ihrer wechselseitigen Abhängigkeit und als Einheit zu behandeln, 1987 veröffentlicht wurde und der die Diskussion über den Entwicklungsbegriff mit dem Adjektiv nachhaltig (*sustainable development*) philologisch bereichert hat[19].

Und auf der anderen Seite stehen diejenigen, die sich einem *"cornucopian technocentrism"* verschrieben haben (HARBORTH 1993:236), bei welchem ein immerwährender Überfluss erwartet wird. Unter den Hauptvertretern dieser Linie ist in den 70er Jahren der Futurologe Herman Kahn vom industrienahen Hudson-Institut in New York zu verzeichnen. Auch das vor kurzem in den USA veröffentlichte Sammelwerk von BAILEY (1998), *"The true state of*

---

[17] Originaltitel: *An essay on the principle of population as it affects the future improvement of society.*

[18] Siehe beispielsweise: ARRIGHI 1997; FURTADO 1974; GEORGESCU-ROEGEN 1971 und HIRSCHMAN 1986.

[19] Um hier einen umfangreichen thematischen Exkurs zu vermeiden, sei an dieser Stelle auf den Beitrag von COY / KOHLHEPP (1998:29) zum Thema nachhaltige Entwicklung hingewiesen: *"Nachhaltige Entwicklung ist in den 90er Jahren zweifellos zu einem Schlüsselbegriff der entwicklungsstrategischen Diskussion geworden. Nachdem in den 1970er und 1980er Jahren Konzepte eines ecodevelopment [...] in die entwicklungsländerbezogene wissenschaftliche Debatte Einzug hielten, setzte sich im Gefolge des Berichts der sogenannten Brundtland-Kommission und auf politischer Ebene durch die Weltumweltkonferenz von Rio de Janeiro im Jahr 1992 sowie die weiteren Weltkonferenzen der 90er Jahre nachhaltige Entwicklung als Leitbild der entwicklungsstrategischen Debatte durch."* Eine ausführliche Diskussion des Begriffs und unterschiedliche Berichte über Forschungsansätze in diesem Zusammenhang finden sich bei KOHLHEPP / COY 1998.

the planet", in dem wieder Wissenschaftler des Hudson-Instituts vertreten sind, betont noch einmal, dieser Argumentationslinie folgend, dass sich die Menschheit vor einer bisher nie vorstellbaren Ära von Fülle und Wohlstand befinde und die Voraussagen zahlreicher Katastrophen, vor Jahren gemacht, sich als übertrieben herausgestellt hätten.

Nach diesem Blick auf die historisch-semantischen Wurzeln des Entwicklungsbegriffes bietet sich eine epistemisch-systematische Analyse desselben an.

Was hierbei zunächst von Bedeutung ist, ist die Tatsache, dass der Begriff *Entwicklung* in den unterschiedlichsten Zusammenhängen ohne größere Bedenken verwendet wird[20]. Der willkürliche Gebrauch des Begriffs ist weltweit zu beobachten, er scheint aber besonders dort größere Anwendung zu erfahren, wo er meist mehr Verwirrung und Unordnung stiftet als beseitigt, denn in nicht seltenen Fällen wird *Entwicklung* explizit als Stichwort eingesetzt, um offiziellen Verlautbarungen ein gewisses Gewicht zu verleihen, ohne dass damit auf einen unstrittigen Sachbezug verwiesen würde. Die Ubiquität und Intensität des Begriffsgebrauches steht oft in direktem Gegensatz zur Klarheit und Präzision, die der Begriff zum Ausdruck bringen sollte.

Unumstritten ist allerdings die Tatsache, dass der Entwicklungsbegriff aus dem Begriffsbestand der Biologie stammt, wo Entwicklung, Wachstum und Evolution eine Begriffsfamilie bilden, deren Mitglieder auf jeweils wohlunterscheidbare Formen von Wandlungsvorgängen verweisen. Nach HEIDEMANN (1993:6) erlaubt diese Erkenntnis eine weiterführende Begriffsklärung: *"Unter Beachtung der allgemeinen Richtung von Wandlungsvorgängen, wie sie durch den Leitbegriff der Entwicklung vorgeben wird, können zunächst Vorgänge entgegengesetzter Richtung wie Niedergang, Rückbildung, Abnahme, Verfall, Auflösung, etc. außer Betracht bleiben."* Dadurch charakterisieren sich die übrig gebliebenen und möglichen Wandlungsvorgänge als Zunahme und Umstellung (siehe Abbildung 3).

Die Vorgänge der Zunahme ereignen sich aufgrund von Wandlungen quantitativer Art (Menge), etwa bei Anzahl, Ausmaß, Umfang, Größe und Bestand. Die Vorgänge der Umstellung ereignen sich aufgrund von Wandlungen qualitativer Art (Beschaffenheit), etwa bei Eigenschaft, Zusammensetzung, Schichtung, Gliederung und Aufbau (HEIDEMANN 1992). Die hier in Frage kommenden Wandlungsvorgänge unterscheiden sich prinzipiell durch folgende Charakteristika[21]:

---

[20] *"Kaum ein anderes Wort erfreut sich so ungehemmten Gebrauchs wie der Ausdruck 'Entwicklung'. Queckengleich durchzieht es die Phraseologie der Nachrichten in Presse, Funk und Fernsehen, der Bekundungen und Verheißungen von Politikern, der amtlichen Verlautbarungen von Behörden, aber auch Gesetzestexte und Gerichtsurteile, Stammtisch- und Teestubengespräche, Vorlesungen, Abhandlungen und Forschungsberichte, Planungsdokumente und Stellungnahmen - die Aufzählung ist bruchstückhaft."* HEIDEMANN (1993:2 – Hervorhebung im Original).

[21] Um Missverständnissen vorzubeugen, die durch die Erläuterung des Schemas (Abbildung 3) eventuell entstehen könnten, wird die Lektüre der ausführlichen Beschreibung von HEIDEMANN (1993) im Original empfohlen.

Abb. 3: Hintergrund und Reichweite des Entwicklungsbegriffs

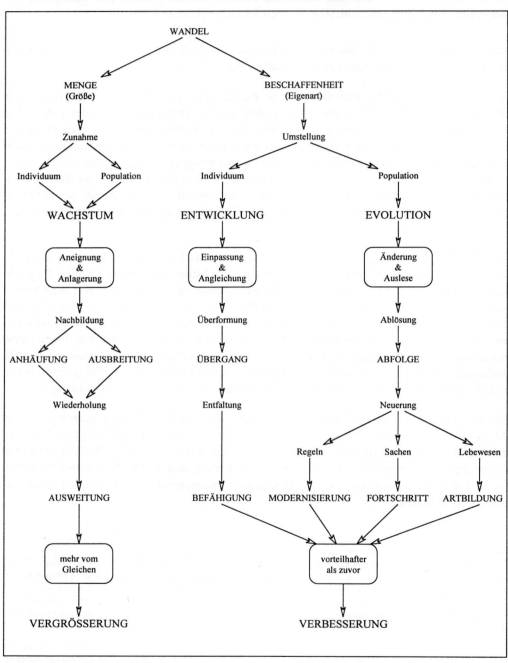

Quelle: Heidemann 1993:6

Im Fall des quantitativen Wandlungsvorgangs *Wachstum* werden Individuen und Populationen gleichermaßen von Aneignungs- und Anlagerungsmechanismen betroffen. Die Zuwächse bestehen in der Regel aus Nachbildungen bereits vorhandener Bestandteile, die den Individuen bzw. Populationen stets in gleicher Weise angefügt werden und sich als Anhäufung bzw. Ausbreitung beschreiben lassen. Bei Wachstumsverläufen kommt es lediglich zu einer Ausweitung von bestimmten Beständen, ohne dass sich die Verhältnisse ändern.

Bei den qualitativen Wandlungsvorgängen unterscheiden sich die Mechanismen, die Individuen und Populationen betreffen, von Grund auf. Von *Entwicklung* wird dann gesprochen, wenn ein *Individuum* in der Lage ist, durch Einpassung und Angleichung von Vorhandenem und Hinzukommendem sich zu entfalten, und wenn es dadurch befähigt wird, eine Verbesserung des Zustandes durch Bewältigung von Widrigkeiten zu erreichen.

Evolution betrifft dagegen *Populationen*, die über Generationen Änderungs- und Auslesemechanismen entwickelt haben und bei denen Neuerungen durch Ablösung von überholten bzw. unfähigen Beschaffenheiten zustande kommen. Die Umstellungen können unterschiedlicher Natur sein: Handelt es sich um neue Regeln (zum Beispiel Verfahren oder Instanzen), so spricht man von Modernisierung; handelt es sich um neue Sachen (zum Beispiel Werkzeuge oder Geräte), so spricht man von Fortschritt; wenn bei Lebewesen völlig neue Fähigkeiten entwickelt werden, spricht man von Artenbildung.

Sowohl Entwicklung als auch Evolution können als Vorgänge bezeichnet werden, die Verbesserungen hervorrufen, d.h., es sind Wandlungsvorgänge, die in Richtung eines Zustandes gehen, der im Allgemeinen vorteilhafter ist als zuvor.

Um die hier unternommene epistemisch-systematische Analyse des Entwicklungsbegriffs anhand des schematischen Modells abzuschließen, ist es im Rahmen der gegebenen Arbeitsthematik von grundlegender Bedeutung, festzuhalten, dass *"die Sinnhaftigkeit der in der Biologie ausgearbeiteten Unterscheidung von Wachstum, Entwicklung und Evolution [...] mithin auf der tatsächlichen Verschiedenartigkeit der jeweils wirksamen Mechanismen von Aneignung & Anlagerung, Einpassung & Angleichung und Änderung & Auslese [beruht]. Das bedeutet aber auch, daß das Auftreten eines bestimmten Vorgangs stets Ausdruck des Wirkens des entsprechenden Mechanismus ist. Die absichtsvolle Herbeiführung eines bestimmten Vorgangs setzt mithin die Betätigung des richtigen Mechanismus voraus"* (HEIDEMANN 1993:9). Darüber hinaus ist *"die Beachtung dieser Unterschiede [...] vor allem dann wichtig, wenn Wandlungsvorgänge nicht nur beschrieben, sondern beeinflußt werden sollen"* (HEIDEMANN 1993:6).

2.4. Zur Erläuterung der Grundbegriffe der Arbeit

2.4.1 Räumliche Disparitäten

Abgesehen von den zahlreichen Berichten angewandter sozialgeographischer Entwicklungsforschung über räumliche Disparitäten (auch Raum- oder regionale Disparitäten)[22], sind auf wissenschaftstheoretischer Ebene, zumindest im deutschen Sprachraum, nur wenige grundlegende Ansätze veröffentlicht worden, zu denen beispielsweise die Überlegungen von BARTELS (1978) oder die umfassende Darstellung von SCHÄTZL (1993) gehören. Darüber hinaus haben die Modelle der Veränderung der Raumstruktur von FRIEDMANN (1972) und RICHARDSON (1980) und das Konzept von STÖHR (1981) sowohl in der Entwicklungsdiskussion als auch in der Entwicklungsstrategie großen Anklang gefunden.

Räumliche Disparitäten hat es immer gegeben und es wird sie auch weiterhin geben. Nach BARTELS (1978:238) sprechen Arbeitsteilung und Statusdifferenzierung als unabdingbare Merkmale jeder Gesellschaft, unterschiedliche Naturressourcen, Agglomerationseffekte und nicht zuletzt die Tatsache, dass Wachstum und Wandel sich durchweg unter Polarisationsumständen vollziehen, eindeutig dafür, dass eine *"universelle Gleichwertigkeit [...] ohnehin eine utopische Idee [wäre]. Theorie wie tatsächliche Geschichte zeigen hinreichend, daß vom lokalen bis zum internationalen Maßstab räumliche Differenzierungs- und Polarisationsprozesse grundsätzlich nicht vermeidbar waren und sind, wenn und solange man überhaupt Entwicklung der menschlichen Gesellschaft befürwortet."*

Aber an einer Gleichwertigkeit der Lebensbedingungen wird ununterbrochen getüftelt; besonders dort, wo die Ubiquität der öffentlichen Infrastruktur noch zu wünschen lässt und wo keine gleichmäßige Verteilung der wirtschaftlichen und sozialen Ressourcen und Potentiale vorhanden ist. In diesem Zusammenhang spielen die Daseinsgrundfunktionen Wohnung, Arbeit, Versorgung, Bildung, Erholung, Verkehr und Kommunikation (vgl. PARTZSCH 1970; MAIER et alii 1977), die mehr oder weniger einen Bezug zu den von MASLOW (1970) festgestellten hierarchischen menschlichen Bedürfnissen[23] aufweisen, eine wichtige Rolle.

In der inzwischen umfangreichen Literatur der Entwicklungsforschung werden besonders folgende Bereiche der Differenzierung der Lebensbedingungen untersucht (vgl. BARTELS 1982; HAHNE 1985):

- Einkommen und Versorgung,

- Bildung, Sozialisationsmöglichkeiten und Aufstiegschancen,

---

[22] Als Beispiele für geographische Untersuchungen über räumliche Disparitäten in Europa, Deutschland und in Argentinien seien die Arbeiten von BOHLE (1988a), GANS (1991, 1992), GATZWEILER (1982) und HAMMERSCHMIDT / STIENS (1976) genannt.

[23] Maslow geht davon aus, dass menschliche Bedürfnisse auf unterschiedlichen Hierarchieebenen angesiedelt sind. Die Befriedigung von Bedürfnissen einer höheren Ebene wird nach Maslow erst dann angestrebt, wenn die Bedürfnisse der sich darunter befindenden Ebene befriedigt sind. Diese These wurde später aufgrund der einseitigen Orientierung kritisiert.

- Kontakt- und Kooperationsspielräume,

- Informationszugang und Entscheidungsmöglichkeiten und

- Bedingungen der Fremdbestimmung.

Im Disparitätenbegriff können die unterschiedlichsten Merkmale und Indikatoren enthalten sein, die meistenteils quantitativer Art sind, aber auch qualitativer Art sein können. *"In welchem Maße die Regionalforschung durch die Einbeziehung qualitativer Informationen bereichert werden kann, hängt also neben der Vergleichbarkeit der Daten von dem Grad der Politikorientierung und der betrachteten Politikebene ab"* (BIEHL / UNGAR 1995:186). Aus diesem Grund haben sich für die Regionalpolitik *"insbesondere Einkommens-, Beschäftigungs- und Infrastrukturdisparitäten als politikrelevant erwiesen"* (ibid.).

Was kann und was soll aber letztendlich unter dem Begriff *regionale* oder *räumliche Disparität* verstanden werden? Soll die Definition allgemeingültig, also weltweit gültig sein, so muss man in Kauf nehmen, dass dann unter Umständen kaum vergleichbare Zustände und Dimensionen miteinander verglichen werden. Unter Beachtung dieser sofort ins Auge springenden Ausnahmen lässt sich der Begriff aber durchaus allgemeingültig definieren: *"unter regionalen Disparitäten werden Abweichungen von einer gedachten, je nach Fragestellung auf unterschiedliche räumliche Maßstabsebenen (Regionsabgrenzung) bezogenen Referenzverteilung von als relevant erachteten Merkmalen verstanden"* (BIEHL / UNGAR 1995:185).

2.4.2 Partizipation

Wenn man *Partizipation* nach den zahlreichen Entwicklungsansätzen und -projekten, die sich schon Mitte der 70er Jahre zu einem bedeutenden entwicklungspolitischen Leitbild entwickelt haben, und nach den Ergebnissen und Auswirkungen, die in der Entwicklungspraxis zu verzeichnen waren bzw. hervorgerufen worden sind, beurteilen würde und zusätzlich noch beobachtet, wie vielerorts im Namen der *Partizipation* die lokalen, historisch gewachsenen und kulturell geprägten Formen der Entscheidungsfindung überrollt wurden, dann fällt es einem nicht schwer, *Partizipation* als einen Modebegriff in der Entwicklungspolitik zu bezeichnen (vgl. KRÜGER / LOHNERT 1996).

Kann man aber *Partizipation* als Entwicklungsansatz tatsächlich und unwidersprochen für gescheitert erklären, wie es schon so oft im Bereich der Entwicklungspolitik oder in anderen Zusammenhängen (vgl. BOECKH 1993) vorgekommen ist? Hat man aus den Fehlschlägen nichts Brauchbares lernen können? Wann und unter welchen Umständen kann Partizipation als erfolgversprechende Entwicklungsstrategie eingesetzt werden? Und was verbirgt sich eigentlich hinter dem Begriff?

Um diese Fragen beantworten zu können, muss man berücksichtigen, dass *Partizipation* ein mehrdimensionaler Begriff ist: Darunter kann sowohl die politische Mitwirkung als auch die soziale Teilhabe an materiellen und kulturellen Gütern einer Gesellschaft verstanden werden; in der Anfangsphase der Diskussion werden diese beiden Dimensionen teilweise als konkurrierende Gegensätze wahrgenommen. LÖWENTHAL (1973) sah zum Beispiel einen engen Zusammenhang zwischen wachsender Freiheit und sich verlangsamender Entwicklung oder auch zwischen Entwicklungsbeschleunigung und Freiheitsverlust.

So wundert es nicht, dass während der Anwendung von Modernisierungsstrategien Partizipation kaum gefragt war, sondern eher als Hindernis verstanden und soweit wie möglich verdrängt wurde (vgl. NOHLEN 1998). Im deutschen Sprachraum ist der englische Begriff *Partizipation* (ausgehend von amerikanischen Reflektionen über Demokratie, neben anderen bereits geläufigen Begriffen wie Bürgerbeteiligung und Mitbestimmung) in den 60er Jahren übernommen worden und hat sowohl im Bereich der Entwicklungshilfe als auch innerhalb der Bürgerinitiativen-Bewegungen einschlägige Diskussionen über die Anpassung vorhandener demokratischer Strukturen an die Herausforderung neuer gesellschaftlicher Entwicklungen hervorgerufen.

Für STRUBELT (1995:700) signalisiert *"Partizipation [...] insgesamt eine Infragestellung der Legitimität vieler Entscheidungen eines Staatsapparates, der nicht nur die rechtlichen Rahmenbedingungen setzt und deren Einhaltung garantiert, sondern immer stärker als Dienstleistungsstaat wesentliche Lebensbereiche seiner Bürger zwar sichert, aber auch bestimmt"*.

Die Wandlung von einer vertikalen Machtstruktur zu einer stärker horizontal verflochtenen Interessenartikulation der Bürger kann, historisch gesehen, sowohl in Entwicklungsländern als auch in industrialisierten Staaten aus vergleichbaren Situationen, aber aus unterschiedlichen Gründen, durch das Handeln der jeweiligen Staaten zustande kommen. In ersteren ist der Ruf nach *Partizipation* aufgrund der Perspektivlosigkeit der Bürger und aufgrund von Misserfolgen der Entwicklungspolitik laut geworden, während in letzteren die Mitbestimmung bei öffentlichen Investitionen und bei der Raumordnung eine wichtige Rolle spielten.

Lässt man die Wirkung von Partizipation in demokratischen und industrialisierten Ländern einmal außer Betracht und konzentriert sich auf die Entwicklungsländer, so stellt man schnell fest, dass Partizipation oft eine wesentliche *"Veränderung gesellschaftlicher Entscheidungsfindungsprozesse"* (RAUCH 1996:22) hervorruft, weil dort Gesellschaften mit autoritärer Tradition und ohne legitimierte repräsentative Strukturen abgelöst werden müssen. Das erklärt zum größten Teil, warum partizipative Ansätze nur langsam durchsetzbar sind. Und dadurch, dass sie als Alternativlösung mit großen Hoffnungen und hohen Leistungsansprüchen ins Leben gerufen werden, ist es nicht verwunderlich, dass diese Ansätze relativ oft scheitern.

Da *Partizipation* einerseits die Verwirklichung von Demokratie bedeuten kann und andrerseits als eine Gefahr für die Stabilität einer Gesellschaft oder eines politischen Systems wahrgenommen wird, hat sich in diesem engen Spielraum eine besondere Modalität von *Partizipation* herausgebildet, nämlich das sogenannte *advocacy-planning*. Hierbei werden die planerischen Interessen und Bedürfnisse bestimmter Bevölkerungsgruppen von unabhängigen Planern übernommen, manchmal sogar erst artikuliert (vgl. STRUBELT 1995). Inwieweit sich diese Modalität mit der vorhandenen politischen Struktur (den Aufgaben der gewählten Vertreter und den Exekutivfunktionen der Regierungen) überschneidet, d.h. inwieweit sie sich gegenseitig ergänzen oder ausgrenzen, ist eine Frage, die nur von Fall zu Fall beantwortet werden kann.

Aus diesem Grund stellt eine nur formale Beteiligung der Bevölkerung an bestimmten demokratischen Entwicklungsansätzen keinen Wert an sich dar und ist überhaupt keine Garantie für den Erfolg eines Prozesses. Die insgesamt geringen Erfolgschancen eines partizipativen Entwicklungsansatzes sind nur dann gegeben, wenn diese Strategie nicht unreflektiert auf historisch gewachsene und moderne gesellschaftliche Situationen übertragen wird, wenn erkannt wird, dass es keine Patentrezepte gibt, wenn situationsgerechte Formen der Umsetzung gesucht werden - und schließlich nur unter der Voraussetzung, dass sie keine konkrete Gefahr für das institutionalisierte System bedeuten.

Trotzdem haben in den 90er Jahren entwicklungspolitische Partizipationsansätze einen höheren Stellenwert auf internationaler Ebene erlangt als je zuvor, was sich unter anderem in den weitverbreiteten Konzepten des *human development*, der *accountability*[24] und der *responsiveness*[25] zeigt.

2.4.3   Endogene Regionalentwicklung

Über ungefähr drei Jahrzehnte, von den 50er bis in die 70er Jahre, wurden in unterschiedlichen Ländern ungehindert zentralgesteuerte Entwicklungsmaßnahmen ergriffen und Strategien verfolgt, ehe sich die Debatte über endogene Entwicklungsansätze definitiv etablierte. Was unter anderem zu dieser Etablierung beigetragen hat, war die Tatsache, dass im Allgemeinen die langjährigen *Entwicklungsansätze von oben* nur geringe Erfolge aufweisen konnten und endogene Entwicklungsansätze immer mehr Hoffnungen in Politik und Wissenschaft geweckt haben (vgl. BRUGGER 1984). Außerdem wurde immer häufiger ein enger Zusammenhang zwischen *Centre-* bzw. *Top-down*-Strategien und der Verschärfung von Disparitäten in den Entwicklungsländern festgestellt (vgl. MOSE 1989).

Langsam setzte sich die Erkenntnis durch, dass der Abbau ungleicher Lebenschancen weder durch neoklassische Ausgleichsmechanismen noch durch eine zufriedenstellende Diffusion der Wachstumskräfte von den entwickelten Zentren zur Peripherie im erhofften Umfang erreicht werden konnte. Gleichzeitig wuchsen die Kenntnisse über ungleiche Lebenschancen und immer mehr Indikatoren wiesen nicht nur auf ökonomische, sondern auch auf ökologische und soziokulturelle Dimensionen hin (vgl. HAHNE 1987).

---

[24] Damit ist eine größere politische Verantwortung oder auch die Überprüfung der institutionellen Leistungen von Regierungen gemeint.

[25] *Responsiveness* bedeutet das Eingehen auf die Bedürfnisse der Bevölkerung durch Partizipation.

Besonders in den Entwicklungsländern war eine *"Desillusionierung über die Erfolgsaussichten einer an die Entwicklung der Industrieländer angekoppelten Diffusionsstrategie der 'Entwicklung von oben'"* (HAHNE 1985:32 - Hervorhebung im Original) zu konstatieren, aber auch in anderen Ländern, wie zum Beispiel der Schweiz (vgl. BRUGGER 1984), suchte man nach Lösungen für Probleme wie etwa die sich verlangsamenden Wachstumsraten des Bruttosozialprodukts, die verminderte Investitionsfähigkeit, die anhaltend hohe Arbeitslosenquote, die Belastung der Umwelt und die gesunkene Ausgleichsfähigkeit ökologischer Regelkreise oder auch die politischen Ansprüche auf Selbststeuerung.

Development from below wurde zum Teil als neues Entwicklungsparadigma in die theoretische Diskussion aufgenommen (vgl. STÖHR / TAYLOR 1981). *"Die Grundhypothese endogener Entwicklungstheorien und daraus abgeleiteter Handlungskonzepte besagt, daß die sozioökonomische Entwicklung einer Region von Ausmaß und Nutzung der intraregional vorhandenen Potentiale abhängt. Die Überwindung der Unterentwicklung einer Region und der interregionale Disparitätenabbau sind primär nicht über exogene Wachstumsimpulse, sondern durch Aktivierung des endogenen Entwicklungspotentials anzustreben"* (SCHÄTZL 1993:148-149).

Für HAHNE (1985:35) besteht der zentrale Ansatzpunkt aller Vorstellungen einer *Entwicklung von unten* in der grundlegenden Annahme, dass in jeder Region *"unausgelastete oder brachliegende regionale Potentiale vorhanden sind"*. Diese Potentiale werden nach HAHNE aber nicht *"via traditioneller Regionalförderung in Gang gesetzt[...], sondern es bedarf eines besonderen Anstoßes"* durch interne Anregungen der Regionsbevölkerung. *"Ziel der Bemühungen ist es allgemein, ungenutzte regionale Potentiale einer Nutzung zuzuführen, um das regionale Entwicklungsniveau anzuheben"* (ibid.).

Es dürften wohl kaum Zweifel darüber bestehen, dass es in den meisten Regionen brachliegende, unausgelastete, untergenutzte endogene Potentiale gibt. Zu denen rechnet STÖHR (1980:6) beispielsweise *"weltweit weniger gesuchte oder weniger mobile regionale Ressourcen, weniger produktive bzw. weniger mobile Bevölkerungsschichten, regional kulturelle und organisatorische Institutionen, immobile und weltweit weniger gesuchte, jedoch vielfach für die regionale Entwicklung wichtige natürliche Ressourcen und auch soziale Regelmechanismen eines ausgewogenen Verhältnisses zwischen Mensch und Umwelt."* Auch HIRSCHMAN (1967:5) ist davon überzeugt, dass *"Entwicklung [...] nicht so sehr davon ab*[hängt]*, daß optimale Kombinationen für vorhandene Ressourcen und Produktionsfaktoren aufgespürt werden, als vielmehr davon, daß versteckte, verstreut liegende oder schlecht genutzte Ressourcen und Fähigkeiten für die Entwicklungszwecke aufgefunden und herangezogen werden."*

Endogene Regionalentwicklung ist in erster Linie ein territoriales Konzept, bei dem ein bestimmter Lebensraum als Nutzungs-, Identifikations- und Entscheidungsraum interpretiert wird. Eigenständige Entwicklung ist demnach in hohem Maße davon abhängig, ob eine regionale Gesellschaft eine hinreichende Kompetenz in der Festlegung und Operationalisierung authentischer Ziele zu entwickeln vermag. Dies ist einerseits abhängig von ihren eigenen Strukturen und Potentialen, andererseits aber auch vom *von oben* gewährten (und *von unten* geforderten) Spielraum (BRUGGER 1984).

Ungeachtet der Kompetenzfrage lässt sich das endogene (regionale) Entwicklungspotential als die Gesamtheit der Entwicklungsmöglichkeiten einer Region im zeitlich und räumlich abgegrenzten Wirkungsbereich definieren. Das Entwicklungspotential gibt demnach die fiktive Obergrenze aller möglichen wirtschaftlichen, sozialen und ökologischen Aktivitäten einer Region an.

Damit sind wir aber auf einer Ebene angelangt, auf der es nötig ist, sich von der Faszination des Schlagwortes *endogenes Regionalentwicklungspotential* freizumachen und zu konkreten Anweisungen zu kommen, mit deren Hilfe geklärt wird, wo, auf welche Weise, wann und durch wen die Nutzung der Potentiale erfolgen soll (vgl. STRASSERT 1984). Denn nur das Vorhandensein von Potentialen festzustellen bzw. sie ausfindig zu machen, bewirkt noch gar nichts. So liegt das grundsätzliche Problem weder in der Entdeckung noch in der wissenschaftlichen Messung der Potentiale, sondern in der praktischen Aktivierung derselben.

Unter dem Oberbegriff *endogene Entwicklungspotentiale* können natürlich eine ganze Menge von regionsspezifischen Faktoren aufgelistet werden[26]. Im Allgemeinen werden gewisse Aspekte der in einer Region vorhandenen Arbeitskraft, besondere Aspekte der Infrastruktur, der Fläche, der Umwelt und der Kultur einer Region sowie spezifische Aspekte des lokalen Marktes und das regionale Anlagevermögen als mögliche Entwicklungspotentiale angesehen.

Es muss aber hinzugefügt werden, dass sich die meisten Experten darüber einig sind, dass, nachdem die regionalen Potentiale einmal festgestellt worden sind, die Bestandspflege der vorhandenen Wirtschaftskräfte und die Überwindung von bestehenden Engpässen genauso wichtig ist wie die Aktivierung und Entwicklung bisher wenig genutzter Möglichkeiten und die Initiierung von intraregionalen Kreisläufen[27].

Da aber eigenständige Entwicklungsansätze nicht im Handumdrehen verwirklicht werden können und da sie zahlreiche Anwendungsschwierigkeiten mit sich bringen, ist inzwischen auf entwicklungstheoretischer Ebene auch darüber Konsens erreicht worden, dass endogene Entwicklungsstrategien die staatliche Raum- und Regionalpolitik nicht völlig ersetzen, wohl aber einen wesentlichen Beitrag zum Ausgleich bestimmter Dysfunktionen leisten und traditionelle Strategien der Raumentwicklung ergänzen können. Diese und andere Aspekte sollen in dieser Arbeit überprüft und verdeutlicht werden.

---

[26] HAHNE 1985 und THOSS 1984 haben sogenannte Potentialfaktorenkataloge erstellt.

[27] Vgl. BOHLE 1988b, MOSE 1989 und SCHÄTZL 1994.

3. METHODISCHE VORGEHENSWEISE

3.1. Kurze Einführung in die Forschungstypologie

Dass die empirische Forschung einen wesentlichen Beitrag zur Erkenntnisgewinnung in den verschiedenen Bereichen der Wissenschaft leistet, ist unumstritten. Im Laufe der Zeit haben sich außerdem in zunehmendem Maße in den einzelnen Bereichen der empirischen Forschung typische Forschungscharakteristika herausgebildet und konsolidiert, die einen wiederum in die Lage versetzen, praktisch jede empirische Forschungsaktivität einem der unterschiedlichen Typen zuzuordnen.

Abgesehen von den unerlässlichen Bedingungen und von den Einzel- und Besonderheiten, die jede empirische Forschung erfüllen muss, wenn sie als *wissenschaftlich* anerkannt werden soll und auf die hier nicht näher eingegangen wird, besteht auch darüber Konsens, dass sich bestimmte Forschungstypen besser als andere für bestimmte Forschungsvorhaben eignen.

Die Klassifizierung, die PATTON (1990) vorgeschlagen hat, ist besonders dazu geeignet, das Forschungsvorhaben der vorliegenden Arbeit einzuordnen und zu verstehen. Zunächst unterscheidet Patton fünf unterschiedliche Forschungstypen (s. Abbildung 4), die in einem logischen *Kontinuum* organisiert sind.

Unter Grundlagenforschung bzw. *basic research* versteht PATTON (1990, S. 150 ff.) den Forschungstyp, der als Ergebnis einen Beitrag zur Wissenschaftstheorie leistet. Dabei handelt es sich oft um langfristige Untersuchungen und intensive Feldforschungen, die das Verstehen bzw. die Erklärung allgemeiner Phänomene zum Ziel haben. Theorien werden getestet und neue Theorien entstehen. Häufig haben die einzelnen Wissenschaftsbereiche eigene Traditionen, Normen und Regeln, nach denen die Untersuchungen durchgeführt und bewertet werden.

Die angewandte Forschung (*applied research*) beschäftigt sich mit anthropogenen Problemen. Hier geht es vor allem darum, menschliche und gesellschaftliche Probleme zu lösen, potentielle Lösungen zu (er)finden oder Modelle zu entwickeln und zu testen. Dieser Forschungstyp umfasst erstens die Diskussion über Probleme, die einen theoretischen Bezug zu bestimmten Fächern haben, und zweitens die Aufstellung von Alternativlösungen, die vorher getestet wurden oder als Problemlösungsversuche gelten sollen.

Während sich die angewandte Forschung den gesellschaftlichen Problemen widmet, geht der nächste Schritt in diesem Forschungstypologie-Kontinuum in Richtung Evaluation der menschlichen Eingriffe. PATTON (1990) unterscheidet bei der Evaluationsforschung zwischen summativen und formativen Typen:

Summative Evaluierung (*summative research*) umfasst die Untersuchungen, deren Ziel es ist, ein Programm, eine Strategie oder einen Plan in seiner Wirksamkeit zu beurteilen. Die Grundfragen bei solchen Forschungstypen lauten: Ist eine Idee *in sich* effektiv? Kann eine

Idee verallgemeinert werden und, falls dem so ist, unter welchen Bedingungen kann dies geschehen? Eine Verallgemeinerung bedeutet in diesem Fall ein Urteil über die allgemeine Wirksamkeit und damit darüber, ob eine Idee, ein Programm, ein Plan oder eine Strategie fortgesetzt, weiter entwickelt oder abgeschafft werden sollte.

Abb. 4: Die Forschungstypologie im Überblick

Typ	Ziel bzw. Zweck	Hauptaugenmerk der Forschung	Zu erwartendes Ergebnis	Niveau der Verallgemeinerung	Zentrale Grundannahme	Modus der Publikation	Beurteilungsparameter
Grundlagenforschung	Wissen als ein Zweck in sich selbst, Entdeckung der Wahrheit	wesentliche Fragen eines Faches oder persönliches intellektuelles Interesse	Beitrag zur Theorie	durch Raum und Zeit (ideal)	die Welt ist strukturiert; ihre Strukturen kann man erkennen und erklären	wissenschaftliche Zeitschriften eines Faches; wissenschaftliche Fachbücher	Genauigkeit der Forschung, Allgemeingültigkeit u. Nachprüfbarkeit der Theorie
Angewandte Forschung	Verstehen der Natur und der Ursachen der menschlichen und sozialen Probleme	Fragen, die von der Gesellschaft als wichtig angesehen werden	Theorie als Beitrag zur Formulierung von Lösungsansätzen und Interventionen	so weit wie möglich generalisiert im Hinblick auf Zeit und Raum, aber in einem begrenzten Kontext angewendet	menschliche und gesellschaftliche Probleme können mittels Kenntnissen verstanden und gelöst werden	spezialisierte akademische und problemorientierte Zeitschriften	Genauigkeit und theoretisches Problembewusstsein
Summative Evaluierung	Feststellung der Effektivität menschlicher Eingriffe und Aktionen (Programme, Strategien, Personal und Produkte)	Ziele der Intervention	Urteile und allgemeingültige Aussagen über effektive Interventionstypen; Bedingungen, durch welche jene Anstrengungen effektiv sind	alle Interventionen mit ähnlichen Zielen	was unter spezifischen Bedingungen an einem Ort funktioniert, sollte auch anderswo funktionieren	Evaluationsberichte für die Geldgeber und Strategen eines Programms, spezielle Zeitschriften	allgemeingültige Übertragbarkeit auf zukünftige Maßnahmen und andere Programme und Strategiefragen
Formative Evaluierung	Verbesserung einer Intervention: ein Programm, eine Strategie, eine Organisation oder ein Produkt	Stärken und Schwächen eines spezifischen Programms, einer Strategie, eines Produktes, einer Belegschaft, die untersucht werden	Empfehlungen für Verbesserungen	begrenzt auf den spezifischen Untersuchungsbereich	Menschen können und werden die Informationen benutzen um zu verbessern, was sie machen	mündliche Mitteilungen u. Konferenzen, interne Berichte; limitierter Umlauf bei ähnlichen Programmen und anderen Begutachtern	Nützlichkeit (und tatsächlicher Gebrauch durch) die Zielgruppe der Anwender in dem untersuchten Bereich
Aktionsforschung	Lösung der Probleme eines Programms, einer Organisation oder einer Gemeinschaft	Probleme einer Organisation oder einer Gemeinschaft	sofortiges Handeln; Lösung der Probleme so schnell wie möglich	hier und jetzt	die Menschen in einem bestimmten Bereich können ihre Probleme dadurch lösen, dass sie sich selbst besser kennenlernen	persönliche Interaktionen zwischen Forschungsteilnehmern, informell, nicht publiziert	Gefühle der an der Untersuchung Beteiligten hinsichtlich des Fortgangs der Untersuchung; Durchführbarkeit der gefundenen Lösung

Quelle: PATTON, 1990, S. 160-161 (Übersetzung des Autors)

Die formative Evaluierung (*formative research*) ist ein weiterer Forschungstyp, bei dem es um eine Verallgemeinerung der Ergebnisse im Rahmen eines bestimmten und vorgegebenen Arbeitskontextes geht. Grundlage der formativen Evaluierung ist der Versuch, die Effektivität eines bestimmten Programms zu verbessern. Dabei werden ganze Prozesse untersucht und die Implementierung des Programms wird beurteilt. Bei solchen Untersuchungen werden hauptsächlich quantitative Daten und Methoden eingesetzt.

Das andere Extrem (im Vergleich zur Grundlagenforschung) des Forschungstypologie-Kontinuums ist die sogenannte Aktionsforschung (*action research*), ein Ansatz, der spezifische Probleme innerhalb einer Gruppe, einer Organisation oder eines Programms zu lösen versucht. Die Untersuchung selbst ist Teil eines Wandlungsprozesses. Forschung und Aktion sind kaum zu unterscheiden; die Systematisierung der Methoden ist geringer als in anderen Fällen und wird informell auf spezifische Probleme, Organisationen oder Programme angewendet. Eine Verallgemeinerung wird nicht beabsichtigt.

3.2. Einordnung der vorliegenden Arbeit in die gegebene Forschungstypologie

Die von PATTON (1990) vorgeschlagene und im vorhergehenden Abschnitt zusammengefasste Typologie ist von großer Bedeutung für die Erläuterung und das Verständnis empirischer Forschungsprojekte im Allgemeinen und für die Einordnung der vorliegenden Arbeit im Besonderen.

Es ist offensichtlich, dass die Typologie in einer Reihenfolge organisiert ist, die von einer langfristigen Grundforschung, deren Ziel die Entwicklung von Theorien und die Entwicklung der Wissenschaft ist, bis hin zur problemlösungsorientierten Aktionsforschung reicht, deren Absicht die unmittelbare Problemlösung ist. Obwohl die Klassifizierung fünf differenzierte Typen unterscheidet, gibt es keine genaue und offenkundige Demarkationslinie zwischen den einzelnen Komponenten des *Kontinuums*. Wichtig sei, so PATTON (1990, S. 158), "[...] *to understand variations in purpose along this continuum because different purposes typically lead to different ways of conceptualizing problems, different designs, different types of data gathering, and different ways of publicizing and disseminating findings.*"

Sowohl PATTON (1990) als auch ROESCH (1995) verteidigen die Ansicht, dass Debatten über die Bedeutung, Genauigkeit und Relevanz der unterschiedlichen Forschungstypen reguläre Aspekte des universitären Lebens seien. Außerdem räume man im akademischen Bereich der *basic research* den höchsten Stellenwert in der Hierarchie ein[1], einen sekundären Rang der angewandten Forschung, einen geringeren Stellenwert der *summativen Evaluation* und so gut wie gar keinen Wert der *formativen Evaluation* und der Aktionsforschung; aber in der

---

[1] Auch BORTZ (1984, S. 11) wiederholt sein Bewertungskriterium nach elf Jahren bei BORTZ / DORING (1995, S. 35) mit folgenden Worten: "*Die Qualität einer empirischen Untersuchung wird u.a. daran gemessen, ob die Untersuchung dazu beitragen kann, den Bestand an gesichertem Wissen im jeweiligen Untersuchungsbereich zu erweitern.*"

'Realwelt' habe diese Hierarchie gerade in umgekehrter Form Geltung (vgl. Wellenreuther 1984), weil sehr oft Menschen, Organisationen und Gesellschaften davon überzeugt sind, dass die zuletzt genannten Forschungstypen einen effektiveren Beitrag zur Problemlösung leisten bzw. leisten können.

Es ist weder Sinn noch Zweck der vorliegenden Arbeit, in die Diskussion über die o.g. Hierarchie einzusteigen oder irgendwelche Standpunkte in dieser Hinsicht zu verteidigen. Die Einleitung in die Forschungstypologie sollte ausschließlich dazu dienen, dem Leser einen Überblick über die Arbeit zu ermöglichen, der erstens über den eigentlichen Forschungsschwerpunkt eindeutige Hinweise gibt, zweitens die allgemeinen Ziele der Arbeit deutlich macht und drittens über die zu erwartenden Ergebnisse der Arbeit eine erste Orientierung ermöglicht.

Natürlich geht es bei der Bearbeitung des vorgegebenen Themas - Analyse der sozioökonomischen Disparitäten und der regionalen Entwicklungspolitik in Rio Grande do Sul - *nicht* um einen Forschungsansatz, der in erster Linie das Ziel verfolgt, einen wesentlichen Beitrag zu den Theorien der Regionalentwicklung oder verwandten Theorien zu leisten, wie es bei einer deduktiven *basic research* der Fall wäre. Anderseits handelt es sich bei der vorliegenden Arbeit *auch nicht* um eine *action research*, bei der bestimmte Probleme der Regionalentwicklung im brasilianischen Bundesland Rio Grande do Sul bzw. im Untersuchungsgebiet gelöst werden sollen.

In der vorliegenden Arbeit werden besonders die Methoden der *summativen Evaluation* angewendet. Da aber, wie schon erwähnt, eine deutliche Abgrenzung der einzelnen Forschungstypen nicht möglich ist, werden auch bestimmte Methoden der benachbarten Formen (*applied research* und *formative evaluation*) im Verlauf der Arbeit Anwendung finden. Inhaltlich sind für die vorliegende Arbeit folgende drei Ziele von zentraler Bedeutung: erstens, die Natur und die Auslöser der regionalen Entwicklungsproblematik im Untersuchungsgebiet verständlich zu machen und zu erklären; zweitens, die gegenwärtige Politik bzw. Strategie zur regionalen Entwicklung und deren Ergebnisse zu untersuchen und drittens, Schwachstellen und Verbesserungsmöglichkeiten des regionalen Entwicklungsprozesses festzustellen.

3.3. Die Feldforschung - angewandte Instrumente, Restriktionen, Ergebnisse[2]

Der Rahmen für die Auswahl des Themas und die Festlegung des Untersuchungsgebietes der Arbeit war schon zu Beginn des Promotionsprojektes weitgehend abgesteckt, da das Projekt an das Interesse und die Bereitschaft der Universidade Regional do Noroeste do Estado do

---

[2] Da der Autor mit seiner Dissertation einen Quereinstieg im Fach Geographie vollzogen hat, spielten die Aneignung der und die Anpassung an die in der Geographie üblichen Arbeitsmethoden und Normen eine nicht unerhebliche Rolle. In diesem Zusammenhang haben sowohl bei der Feldforschung als auch bei der Anfertigung der vorliegenden Arbeit besonders das im Institut erschienene Manuskript von SAHR (1994) und das Buch von ECK (1983) einen hilfreichen Überblick ermöglicht und Anregungen geboten.

Rio Grande do Sul (UNIJUÍ[3]), solch ein Forschungsvorhaben zu unterstützen, gekoppelt ist. Darüber hinaus existierten keine weiteren Vorgaben, so dass bei der Gestaltung der vorliegenden Arbeit anderweitige Interessen von außen keinerlei Rolle spielten.

Zusätzlich bot sich im Rahmen dieses Promotionsprojektes dem Verfasser die Gelegenheit eines Auslandsstudiums. Damit konnte der Verfasser eine *outsider*-Sicht gegenüber dem Untersuchungsgegenstand gewinnen[4]. Zu beurteilen, inwiefern dieser Raum-Zeit-Abstand zwischen *Forscher* und *Forschungsobjekt* Vor- oder Nachteile mit sich bringt, wäre genau so zeitberaubend und zwecklos, wie sich damit zu beschäftigen, ob eine ausschließliche *insider*-Sicht, bei welcher der Forscher vor Ort an dem zu beobachtenden Phänomen des Untersuchungsgebiets teilnimmt, besser oder schlechter wäre. Wenn man bedenkt, dass die Informationsbeschaffung heute erheblich leichter ist als vor 10, 20 oder mehr Jahren (man denke nur an Fax, E-mail und Internet!), dann erhalten die Vorteile einer temporären Abwesenheit von Untersuchungsgebiet und -gegenstand ein deutlich größeres Gewicht.

Aber besonders bei den Natur- und Sozialwissenschaften wird der empirischen Feldarbeit nach wie vor eine große Bedeutung zugewiesen. Dabei sollten zwei Punkte berücksichtigt werden, und zwar zum einen, dass *"die rein technischen Forschungsschritte der Datenerhebung und -analyse [...] ihre Legitimation nur durch ein sie begründendes und tragendes theoretisches Konzept erhalten [...]"* (HANTSCHEL / THARUN 1980, S. 5). Zum andern *"[sollten] wissenschaftliche Untersuchungen und Veröffentlichungen immer in ihrem zeitlichen und forschungstechnischen Zusammenhang gesehen werden."* (ibid. S. 7)

Zu dem Punkt, der die Legitimation der Feldforschung im Rahmen dieser Arbeit betrifft, ist Folgendes hervorzuheben: die grundlegende Absicht der Feldforschung war, die regionalen endogenen Impulse und die *top-down* bzw. staatlich gesteuerten Entwicklungsstrategien, die gegenwärtig im Zuge der Globalisierung der Märkte und im Zuge der administrativen Dezentralisierung in Brasilien und Rio Grande do Sul stattfinden, zu analysieren. Um dieses Ziel zu erreichen, war es einerseits nötig, die Faktoren und die Ursachen, die zum regionalen Entwicklungs(still)stand oder gar zu einem relativen Entwicklungsrückgang der Untersuchungsregion geführt haben, zu erläutern. Anderseits sollten auch neue Erkenntnisse über die

---

[3] UNIJUÍ ist ein Teil der Dachorganisation FIDENE - *Fundação de Integração, Desenvolvimento e Educação do Noroeste do Estado do Rio Grande do Sul* (Stiftung für Integration, Entwicklung und Ausbildung des Nordwestens des Bundeslandes Rio Grande do Sul). Die FIDENE wurde, im November 1968, als eine *organização comunitária* von Vertretern aus über 50 Munizipien der Region gegründet. Zu den wichtigsten Aufgaben, die damals dieser Stiftung zugewiesen wurden und noch heute wahrgenommen werden, gehören u.a. folgende: Förderung und Entwicklung des Regionalbewusstseins; Förderung der Bildung auf allen Ebenen und Stufen; Förderung von Studien und Forschungen im Bereich der Wissenschaft und Technik; Ausbildung, Spezialisierung und Fortbildung privater und öffentlicher Unternehmen; Bildung eines Dokumentationszentrums, um Kenntnisse, Projekte und Erfahrungen zu systematisieren und zu verbreiten; Beratung der Gemeindeverwaltungen und unternehmerischen Organisationen bei sozio-kulturellen Angelegenheiten und bei der Planung und Durchführung von Entwicklungsprojekten (vgl. FIDENE 1974 und FRANTZ 1980).

[4] Bis zu Beginn des Promotionsprojektes in Tübingen nahm der Verfasser einerseits aus eigenem Interesse und andrerseits als Beobachter der lokalen Universität an den allgemeinen Aktivitäten des CRD-NORC regelmäßig teil. Dabei fielen Tätigkeiten wie zum Beispiel die Anfertigung von Schriftstücken, die Durchführung von Projekten oder die Mitwirkung bei der Organisation von Veranstaltungen des CRD-NORC an.

gegenwärtigen Entwicklungsstrategien, die in Brasilien, im Bundesland Rio Grande do Sul und im Untersuchungsgebiet vorgenommen werden, gewonnen werden. Darüber hinaus stellten sich noch andere allgemeine Leitfragen, wie zum Beispiel: Was versteht man im Untersuchungsgebiet unter *Entwicklung*? Was für konkrete Ergebnisse wurden mit der bisher angewandten Strategie und endogenen Impulsen erreicht? Welche Möglichkeiten eröffnen sich der Region und welche Grenzen sind ihr in diesem Prozess gesetzt? Inwiefern ist das untersuchte Modell auf andere Regionen bzw. Bundesländer übertragbar?

Zu dem Punkt, der die zeitlichen und forschungstechnischen Zusammenhänge betrifft, ist Folgendes zu erläutern: Aus unterschiedlichen Gründen wurde die Phase der empirischen Feldforschung zwecks Datensammlung in Brasilien und Datenerhebung im Untersuchungsgebiet in zwei dreimonatige Forschungsaufenthalte aufgeteilt. Die erste Forschungsperiode umfasste den Zeitraum von Ende März bis Ende Juni 1997 und wurde von CAPES (brasilianische Stiftung zur Koordination und Ausbildung des Hochschulpersonals) gefördert: Im Stipendienprogramm dieser Stiftung ist ein dreimonatiger Forschungsaufenthalt vorgesehen.

Im Verlauf des ersten Forschungsaufenthaltes hat sich allmählich herausgestellt, dass eine dreimonatige Feldforschung in Brasilien einfach nicht hinreichen würde, um die beabsichtigten Informationen zu sammeln und Datenerhebungen durchzuführen. Gemessen an dem gesamten Forschungsvorhaben war nicht der Umfang der Datenerhebung zu groß, sondern der gegebene zeitliche Rahmen zu knapp. Aus diesem Grund wurde zwischen Anfang November 1997 und Anfang Februar 1998 ein zweiter, selbstfinanzierter Forschungsaufenthalt in Brasilien durchgeführt.

Während der Feldforschungsarbeiten wurden allgemein bekannte Instrumente der Datenerhebung und Methoden der Informationsbeschaffung angewendet, wobei sich die Einzelheiten der Methodik an das Leitziel der Arbeit - Analyse der sozioökonomischen Disparitäten und der regionalen Entwicklungspolitik in Rio Grande do Sul - anzupassen hatten.

Im Folgenden werden die angewandten Datenerhebungstechniken und -verfahren; die Ergebnisse, die damit erbracht werden sollten, ferner die Restriktionen, die während der Feldforschung oder bei der Anwendung der Instrumente beobachtet wurden, und schließlich die allgemeinen Restriktionen, die im Rahmen dieser Feldforschungsarbeit zu verzeichnen sind, kurz dargelegt:

Eine besonders wichtige Tätigkeit in jeder Feldforschung ist die *Beschaffung von Sekundärmaterialien*. Darunter sind vor allem statistische Daten, Komplementärliteratur, allerlei Karten und allgemeine Daten und Informationen über das Bundesland Rio Grande do Sul und das Untersuchungsgebiet zu verstehen. Im Folgendem werden natürlich nur die wichtigsten Informationsbezugsquellen erwähnt.

Obwohl im brasilianischen Süden die Entwicklungsdynamik in Bezug auf Bevölkerungswachstumsraten und Migrationsströme in den letzten Jahren allmählich zu einer Stabilisierung tendiert, zeichnen sich gerade dort ausgeprägte Wirtschaftsstrukturveränderungen ab, so dass das zur Verfügung stehende offizielle statistische Datenmaterial sehr oft als überholt angesehen werden muss. Angesichts des Mangels an umfangreichen, zuverlässigen und aktuellen Daten müssen leider die vorhandenen *statistischen Daten* herangezogen werden.

Allgemeine Sekundärliteratur und bibliographische Materialien mit einen thematischen Bezug zur vorliegenden Arbeit wurden u. a. in den in Abbildung 5 genannten Bibliotheken und Institutionen gesammelt.

Abb. 5: Wichtige bibliographische Fundstellen

Stadt	Institution	Kurzer Kommentar
Ijuí (RS)	Lokale Universitätsbibliothek	es sind dort besonders Publikationen über lokale und regionale Themen zu finden, die z. T. im eigenen Verlag erscheinen.
	Museu Antropológico Diretor Pestana	beherbergt Sammlungen von Zeitschriften, Zeitungen und anderen historischen Dokumenten über die lokale und regionale Geschichte
Porto Alegre (RS)	Bibliotheken der Universidade Federal do Rio Grande do Sul	sind in unterschiedlichen Fakultätsbibliotheken aufgeteilt und zum Teil gut ausgestattet; von Bedeutung waren die *Biblioteca das Ciências Econômicas* und die *Biblioteca das Ciências Sociais*
	FEE – Fundação de Economia e Estatística	erste Anlaufstelle, wenn es um statistische Sekundärdaten geht; verfügt aber auch über eine gut ausgestattete Bibliothek, in der überwiegend sozioökonomische Themen vorkommen. Verkaufsstelle von Publikationen
	FAMURS – Federação da Associação dos Municípios do Rio Grande do Sul	hier kann man aktuelle Daten und Informationen über Themen, die mit Verwaltung der Munizipien zu tun haben, bekommen. Eine eigene Bibliothek sollte 1999 organisiert werden
Rio de Janeiro (RJ)	IBGE – Instituto Brasileiro de Geografia e Estatística	eine der wichtigsten Stellen zur Beschaffung von offiziellen statistischen Daten, Publikationen und Karten über Brasilien; die Bibliothek ist klein und dort stehen vor allem die neueren Publikationen zur Verfügung
	BNDES – Banco Nacional de Desenvolvimento Econômico e Social	verfügt über eine sehr gut organisierte Bibliothek zu sozioökonomischen Themen; leider stehen dort keine Kopiergeräte zur Verfügung und die direkte Ausleihe ist nicht möglich
	IBAM – Instituto Brasileiro de Administração Municipal	gut ausgestattete und gut organisierte Bibliothek besonders bei Themen mit folgenden Schwerpunkten: Munizipien, lokale Ebene, regionale Entwicklungspolitik usw. Es gibt dort auch eine Publikationsverkaufsstelle
	IPEA – Instituto de Pesquisa Econômica Aplicada	früher eine offizielle Einrichtung der Regierung; heute ein selbstständiges Forschungsinstitut, das überwiegend Studien über wirtschaftswissenschaftliche und entwicklungspolitische Themen veröffentlicht
	CEPP – Centro de Estudos de Políticas Públicas	neugegründete Institution, die sich besonders politischen Themen der öffentlichen Verwaltung widmet
	Fundação Getúlio Vargas	eine der bekanntesten Forschungsinstitutionen in Brasilien mit eigenem Verlag, der überwiegend wirtschaftswissenschaftliche Themen veröffentlicht

Quelle: Zusammenstellung des Autors

Zugang zu einer weiteren und nicht unbedingt üblichen *Statistikdatenreihe* über die jährlichen öffentlichen Haushaltsbilanzen, d.h. über Herkunft (Einnahmequellen) und Anwendung (Ausgabebereiche) der öffentlichen Gemeindebudgets, die von den 31 Munizipien im Untersuchungsgebiet jeweils verwaltet werden, bot der TCE (*Tribunal de Contas do Estado/RS*).

Zu den weiteren sekundären Daten und Informationen, die einen thematischen Zusammenhang mit der vorliegenden Arbeit haben und bezogen worden sind, ohne dass ein spezifisches Datenerhebungsverfahren (z.B. Interview) eingesetzt wurde, zählen Publikationen über allgemeine Themen wie Mercosul, Dezentralisierung, Munizipalisierungsprozesse, Regionalisierung, brasilianische Entwicklungspolitik und Entwicklungstheorien, ferner Publikationen über Themen, die sich spezifisch mit Rio Grande do Sul befassen, wie z.B. sozio-ökonomische Disparitäten, Geschichte, offizieller Außenhandel, Wirtschaftsstruktur, Bevölkerungsdynamik, Gesundheit, Erziehung sowie die Landesgesetzgebung.

Allgemeine Karten (zur Topographie, Morphologie, Hydrographie und Vegetation, zu Klima und Boden, zu politisch-administrativen Strukturen und zur Infrastruktur) und thematische Karten über das Untersuchungsgebiet bzw. Rio Grande do Sul wurden vor allem bei *den Delegacias Regionais de Saúde* und *Educação* in Ijuí/RS, bei *der Secretaria Estadual da Agricultura* in Porto Alegre/RS und bei der Materialverkaufsstelle des IBGE in Rio de Janeiro/RJ erworben.

Wesentliche Bestandteile der empirischen Feldforschung sind die *Primärdatenerhebungen*, bei deren Durchführung folgende Methoden eingesetzt wurden: sogenannte *Leitfadengespräche* mit Personen, die Führungspositionen in der öffentlichen Verwaltung innehaben; *Interviews* mit Vertretern von Institutionen, Organisationen und gesellschaftlichen Gruppen der Region; *Fragebögen* zur Ermittlung quantitativer Daten; *teilnehmende Beobachtungen*, die der Autor als Teilnehmer unterschiedlicher offizieller Versammlungen machen konnte, sowie eigene *Kartierungen* zur Erfassung räumlicher administrativer Strukturen.

Der Fachbegriff *teilnehmende Beobachtung* fasst hier zusammen, dass der Autor aktiv an unterschiedlichen Versammlungen des CRD-NORC (*Conselho Regional de Desenvolvimento do Noroeste Colonial*) teilgenommen hat, und zwar: an einer offiziellen Versammlung der Exekutivdirektion des CRD-NORC; an einer allgemeinen Jahresversammlung (*Assembléia Geral Ordinária*) derselben Institution; an einem überregionalem Vorbereitungsseminar zur Erarbeitung eines integrierten regionalen Entwicklungsplans zwischen fünf Regionalentwicklungsverbänden (*Conselhos Regionais de Desenvolvimento*) aus dem Norden und Nordwesten des Bundeslandes Rio Grande do Sul und Vertretern von Gemeindeverbänden (*Associações de Municípios*) des Bundeslandes Santa Catarina; und schließlich an einem sogenannten *Fórum Técnico*, bei dem es um die Vorstellung und Diskussion des sogenannten *Plano de Desenvolvimento Sustentável da Área da Bacia do Rio Uruguai*[5] ging.

Bei diesen offiziellen Zusammenkünften des für das Untersuchungsgebiet zuständigen Entwicklungsverbandes (CRD) konnten ausschlaggebende Aspekte der Dynamik und Struktur

---

[5] Dieser Plan wurde im November 1997 von den Landesregierungen der Bundesländer Rio Grande do Sul und Santa Catarina veröffentlicht. Der Plan wurde von Vertretern der zivilen Gesellschaft in Zusammenarbeit mit Technikern beider Landesregierungen zusammengestellt und im Rahmen einer offiziellen Bundesrichtlinie (vgl. MINISTÉRIO DO PLANEJAMENTO E ORÇAMENTO 1995) zur Regionalentwicklung (*Indicações para uma nova estratégia de desenvolvimento regional*) an die *Secretaria Especial de Políticas Regionais* des Planungsministeriums in Brasília weitergeleitet.

dieser Institution, die ja einen wichtigen Untersuchungsgegenstand der vorliegenden Arbeit darstellt, umfassend beobachtet und erfasst werden.

Zahlreiche *Leitfadengespräche* auf den verschiedensten öffentlichen Verwaltungsebenen mit Vertretern der unterschiedlichsten Behörden und gesellschaftlichen Gruppen in der Region wurden durchgeführt. Sie hatten einen grundsätzlich informativen und prospektiven Charakter. Zwar waren solche Gespräche teilweise ziemlich zeitaufwendig, aber es geschah nicht selten, dass durch sie ungeahnte Perspektiven und erweiterte Forschungsmöglichkeiten eröffnet wurden und der Zugang zu Daten und Informationen durch sie erst gewährleistet wurde. Etwas zügiger verliefen dagegen die *Interviews*, bei denen es sich normalerweise lediglich um eine *systematische Befragung* zu einem bestimmten Themenkomplex handelte.

Noch informeller ging es bei der Anwendung von *Fragebögen* zu. Im Rahmen der vorliegenden Untersuchung wurden drei unterschiedliche *standardisierte Befragungen* durchgeführt (siehe Anhang):

1) Befragungen über grenzüberschreitende Handelsverflechtungen des informellen Sektors. Sie führten verständlicherweise anfangs zu einer misstrauischen Abwehrhaltung der Befragten, die aber meist rasch abgebaut war. Eine bekannte Restriktion des informellen Sektors ist die Tatsache, dass Aussagen über Größe und Ausmaß von Aktivitäten mit großem Vorbehalt zu sehen sind: Zu gewissen Aspekten des informellen Sektors existieren nämlich weder Statistiken noch Schätzungen. Die angestrebte *Erhebungsgrundgesamtheit* zielte auf die Befragung aller Straßenhändler (*camelôs*), die ihren Lebensunterhalt vor allem mit dem Verkauf ausländischer Waren im Untersuchungsgebiet bestreiten. Dies war aber nicht möglich, da ca. 30 der *camelôs* eine Befragung verweigerten und ca. 50 zur Befragungszeit nicht anwesend waren, aber nachweislich einen Arbeitsstandplatz (*ponto*) haben. So konnten nur 123 Befragungen (von schätzungsweise 200) durchgeführt werden.

2) Befragungen über die Außenhandelstransaktionen der Unternehmen, die im Untersuchungsgebiet niedergelassen sind. Obwohl in Brasilien sehr penible Buchführung und entsprechende Eintragungen über den offiziellen Außenhandel üblich sind, gab es bei den zuständigen Behörden unumgängliche Restriktionen bei der Aushändigung solcher Informationen[6]. Ein Ausweg aus dieser Situation bestand darin, in jeder der 31 Gemeinden des Untersuchungsgebietes bei den jeweiligen Rathäusern, Banken und Industrie- und Handelskammern nach potentiellen Importeuren oder Exporteuren im Munizip nachzufragen. Es stellte sich dabei heraus, dass nur 27 Firmen im Untersuchungsgebiet zumindest schon eine direkte Außenhandelstransaktion durchgeführt hatten. Nur 22 der 27 Unternehmen stellten bedingungslos sämtliche Informationen über ihre Exporte bzw. Importe zur Verfügung. Nach Angaben der jeweiligen Geschäftsführer der restlichen fünf Unternehmen im Untersuchungsfall handelte es sich bei den durchgeführten Außenhandelstransaktionen um 'Experimente', die schon vor Jahren von den Firmen unternommen

---

[6] Die Hartnäckigkeit der Behörden beruht ausschließlich auf den Paragraphen 198 und 199 des nationalen Steuergesetzes (*Código Tributário Nacional*), wonach jedwede steuer- und handelsrechtliche Veröffentlichung oder Bekanntmachung von identifizierbaren Einzelfällen strengstens untersagt ist.

worden waren, so dass jetzt keine präzisen Angaben mehr gemacht wurden.

3) Schriftliche Befragung, die sich an alle 31 Gemeindeverwaltungen (*Prefeituras Municipais*) des Untersuchungsgebietes richtete. Hierbei ging es hauptsächlich um Angaben zur administrativen Struktur, zur Anzahl der Beschäftigten in jeden Amt (*Secretaria Municipal*), zu den wichtigsten Einnahmen und Ausgaben des öffentlichen Haushaltes im laufendem Jahr und zu Besonderheiten des Munizips. Bemerkenswert ist, dass ohne weiteres alle 31 Fragebögen vollständig beantwortet zurückgeschickt wurden.

Schließlich wurden auch noch einige *Kartierungen* zur Erfassung räumlich administrativer Strukturen vorgenommen. Auch die sogenannten *processos de emancipação* der Gemeinden bzw. Distrikte (*distritos*), die seit der Entstehung der ersten Munizipien im Untersuchungsraum stattgefunden haben, wurden kartiert (s. Kapitel 6). Darüber hinaus wurden, soweit eine Zuordnung möglich war, auch die Projekte des CRD-NORC nach Munizip und Bereich erfasst und nicht zuletzt wurde die Verlässlichkeit der vorliegenden offiziellen Karten, was die räumliche Infrastruktur anbetrifft, überprüft bzw. vervollständigt.

TEIL II - NATURRAUM UND SOZIOÖKONOMISCHE ENTWICKLUNG DES UNTERSUCHUNGSGEBIETES: DER NORDWESTEN DES BUNDESLANDES RIO GRANDE DO SUL

4. NATURRÄUMLICHE GRUNDLAGEN ALS ENTWICKLUNGSFAKTOREN

Zu den unterschiedlichen Faktoren, die eine Rolle spielen, wenn regionale Entwicklungsstrategien gefragt sind, zählen neben sozioökonomischen Maßnahmen auch die naturräumlichen Gegebenheiten. Als Entwicklungsfaktor kann der Naturraum in bestimmten Fällen unbedeutend sein, in anderen Fällen aber eine wichtige Funktion haben, so zum Beispiel, wenn landschaftliche Besonderheiten für den Tourismus erschlossen oder aufgrund günstiger Boden- und Klimaverhältnisse landwirtschaftliche Erträge gesteigert werden können. Inwieweit kann aber ein relativ homogener und erschlossener Naturraum, so wie er im *Planalto Riograndense*[1] vorgegeben ist, einen Beitrag für die Regionalentwicklung leisten?

In diesem Kapitel sollen Lage und Größe sowie die wichtigsten naturräumlichen Grundlagen (Boden, Relief, Klima, Gewässer und Vegetation) des Untersuchungsgebietes Noroeste Colonial kurz umrissen werden, damit klar wird, ob die vorhandenen Ressourcen des Naturraums im Untersuchungsgebiet als ein besonderes Entwicklungspotential anzusehen sind, und damit sichtbar wird, wo die bedeutendsten Engpassfaktoren oder Kapazitätsgrenzen gegeben sind. Diese Grenzen sind meistenteils im Zusammenhang mit menschlichen Eingriffen, also anthropogeographischen Handlungen und Auswirkungen, zu sehen, die in den folgenden Kapiteln untersucht werden.

4.1. Geographische Lage und Größe

Das Untersuchungsgebiet Noroeste Colonial liegt im südlichsten brasilianischen Bundesstaat Rio Grande do Sul, zwischen 27° und 29° südlicher Breite und 53° bis 54°30' westlicher Länge und nimmt 9.918 Quadratkilometer ein, eine Fläche, die ca. 3,5% der Gesamtfläche dieses Bundeslandes entspricht (siehe Karte 2).

---

[1] *Planalto Riograndense* ist eine regionale Bezeichnung für ein Gebiet, das zur großflächigen Hochebene des Einzugsgebietes des Rio Paraná gehört und sich im Norden bis Mittelbrasilien erstreckt und auch als *Planalto Meridional Brasileiro* bezeichnet wird. Diese Hochfläche besteht überwiegend aus Lavaergüssen (Basalt), die mehr als die Hälfte des Bundeslandes Rio Grande do Sul ausmachen.

Karte 2: Lage der Untersuchungsregion Noroeste Colonial und Überblick über die Siedlungs- und Verkehrsstruktur

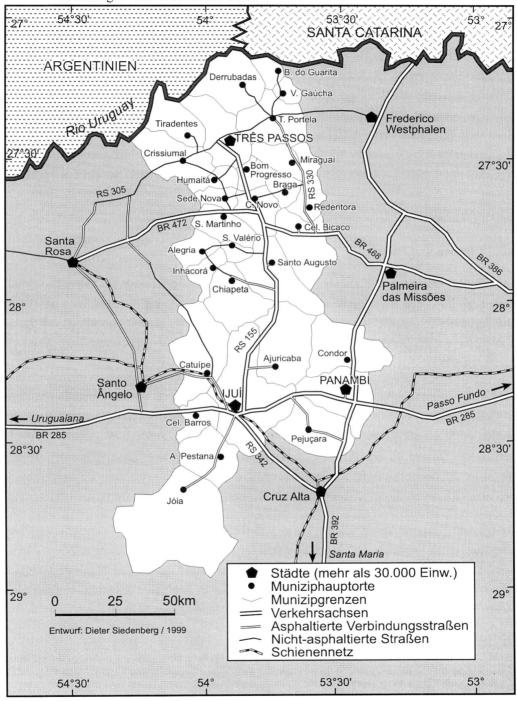

Die Bezeichnung *Noroeste Colonial*, die sowohl auf die geographische Lage als auch auf die typische siedlungsgeographische Erschließung der Region deutet, wurde Anfang der 90er Jahre im Rahmen der gegenwärtigen regionalen Entwicklungspolitik offiziell übernommen.

Die nördliche Grenze des Untersuchungsgebietes wird vom Rio Uruguai gebildet, der einerseits die Staatsgrenze zu Argentinien und andererseits die Grenze zum Bundesland Santa Catarina darstellt. Die Randlage des Untersuchungsgebietes auf Landesebene wird durch die Tatsache verstärkt, dass Rio Grande do Sul selbst eine periphere Lage im Staatsgebiet Brasiliens einnimmt. Alle weiteren Grenzen der Untersuchungsregion befinden sich innerhalb des Bundeslandes Rio Grande do Sul und grenzen das Untersuchungsgebiet gegenüber anderen Verwaltungseinheiten (Munizipien) ab. Die Region Noroeste Colonial besteht aus 31 Munizipien.

4.2. Boden und Relief

Obwohl Rio Grande do Sul eine relativ komplexe geologische Struktur mit vier unterschiedlichen geologischen Konfigurationen aufweist[2] (siehe Abbildung 6), sind im Gebiet des Bundeslandes mineralische Rohstoffe für wirtschaftliche Zwecke, mit Ausnahme der Steinkohlereserven im Bereich des zentralen Tieflandes, kaum von Bedeutung (vgl. COSTA / MOREIRA 1982).

Im Untersuchungsgebiet selbst gibt es keine nennenswerten Vorkommen mineralischer Rohstoffe: die Region Noroeste Colonial befindet sich inmitten riesiger Lavadeckenergüsse, die zu den größten vulkanischen Decken (Trappdecken) der Erde gehören (s. KOHLHEPP 1994) und in Rio Grande do Sul als *Planalto Basáltico Riograndense* bezeichnet werden. In der Regel ist die petrochemische Zusammensetzung der Lava sehr heterogen: sie variiert stark von alkalisch bis relativ sauer bei gleichbleibend hohem Fe-Gehalt (s. BEURLEN 1969).

Dieses von Trappdecken gebildete Berg- und Tafelland erreicht im Untersuchungsgebiet absolute Höhen zwischen 550 m in der *Serra do Alto Uruguai* und 120 m ü. NN im Uruguay-Tal im Norden des Untersuchungsgebietes. Das Relief der Region Noroeste Colonial ist überwiegend flachwellig und nur im Unterlauf der in nördlicher Richtung verlaufenden Nebenflüsse des Uruguai (Buricá, Turvo und Guarita) stärker zerschnitten.

---

[2] Manche Autoren unterscheiden auch fünf unterschiedliche geologische Strukturen in Rio Grande do Sul, unter Einbeziehung der *Cuesta de Haedo* in der südöstlichen Ecke (siehe beispielsweise COSTA / MOREIRA 1982). Vergleiche auch COSTA 1958; HOFFMANN 1997; PETRI / FULFARO 1983; SCHNEIDER 1964 und VIEIRA 1984.

Bei den steilen Hängen bildet die natürliche Vegetation (ursprünglich: immergrüner subtropischer Regenwald) den einzigen Schutz gegen Erosion. Auf den leicht hügeligen Trappdecken des *Planalto Riograndense* haben sich unter der Wirkung des Klimas Latosole (Roterde) gebildet, die jedoch je nach mineralischer Zusammensetzung des Substrates und Reliefierung von unterschiedlicher landwirtschaftlicher Wertigkeit sind (vgl. LÜCKER 1986 und WAIBEL 1955). Aber auch hier haben anthropische Handlungen (Rodung, Monokultur, Bodenerschöpfung) Erosion und Bodenschäden verursacht[3], was neben ökologischen auch sozioökonomische Folgen hat.

Abb. 6: Geomorphologische Konfigurationen in Rio Grande do Sul

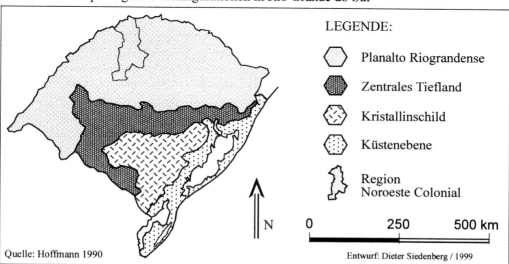

4.3. Klima

Die mittlere Lage des Bundeslandes Rio Grande do Sul auf 30° südlicher Breite gibt wenig spezifische Aufschlüsse über das Klima im Untersuchungsgebiet, auch wenn sich dadurch die Zugehörigkeit zu einem subtropischen Klima ableiten lässt. Aufgrund der Temperaturunterschiede treten in Rio Grande do Sul Jahreszeiten auf, wenngleich auch nicht in so markanten Phasen wie in Mitteleuropa (KOHLHEPP 1994).

Aber die klimatischen Verhältnisse in Rio Grande do Sul werden nicht nur durch Breitenlage und Temperaturunterschiede bestimmt; auch Höhenlage, Maritimität, Kontinentalität, Relief-

---

[3] Wegen des sehr raschen Humusabbaus und der niedrigen Sorptionskraft für Nährstoffe haben Roterden chemisch ungünstige Eigenschaften, denen jedoch gute bodenphysikalische Voraussetzungen, durch stabiles Gefüge und Tiefgründigkeit, gegenüberstehen (LESER 1997).

formen und andere dynamische Faktoren wie Luftdruck, Luftmassen, Feuchtigkeit und Niederschlag haben großen Einfluss auf das Klima der Untersuchungsregion.

Im Durchschnitt ist in Rio Grande do Sul eine Jahresisotherme von ca. 18-19° C und eine Jahresamplitude von 10° C bei ganzjährig verfügbarem Niederschlag von über 1.500mm, verteilt auf über 100 Regentage pro Jahr, zu verzeichnen. Eine übersichtliche Darstellung des Klimas in Rio Grande do Sul ergibt sich nach der Klimaklassifikation von Köppen[4] (siehe Abbildung 7).

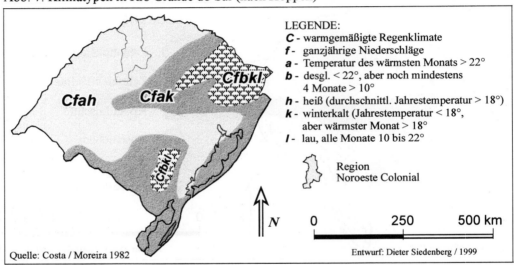

Abb. 7: Klimatypen in Rio Grande do Sul (nach Köppen)

Die Witterungsabläufe werden durch thermodynamische Prozesse gesteuert und der gesamte Raum steht im Einflussbereich von drei Luftmassen[5], die sich vor allem in folgenden Jahreszeiten bemerkbar machen: *„im Sommer verursachen Luftdruckunterschiede zwischen Landmasse und Atlantik einen starken Zufluß feuchtwarmer instabil geschichteter Atlantikluft mit geradezu monsunaler Charakteristik (vgl. NIMER 1979:203; VALVERDE 1956:47). Im Frühjahr und Herbst kommt es zu heftigen Niederschlägen beim Kontakt tropischer und polarer Luftmassen. Der Winter wird vom Durchzug polarer Tiefdrucksysteme mit anhaltenden Re-*

---

[4] Siehe BLÜTHGEN 1980.

[5] LÜCKER 1986:32 nennt sogar eine vierte: die äquatorial-kontinentale Luftmasse, die sich im tiefen Amazonasbecken bildet, aber eher einen seltenen, geringeren und abgeschwächten Einfluss auf das Klima in Rio Grande do Sul hat.

gen- und Kaltlufteinbrüchen bestimmt. [...] Im Hochsommer [ist] *ein Vordringen der sehr heißen kontinentaltropischen Luftmasse vom Chaco nach Osten mit Maximalwerten um 40° C und Dauer von ein bis drei Wochen* [zu konstatieren], *so daß real immer wieder gefürchtete Trockenphasen entstehen*" (LÜCKER, 1986:32 - Hervorhebungen des Autors).

Die genannten Klimabedingungen und die geologische Struktur ergeben in der Region Noroeste Colonial ein für landwirtschaftliche Zwecke besonders geeignetes Gebiet: beim Akkerbau sind zwei Ernten und außerdem ist auch Weidewirtschaft möglich. Die klimatische Variabilität ist, besonders bei Monokulturen (Soja/Weizen), nicht zu unterschätzen.

4.4. Gewässernetze

Rio Grande do Sul hat zwei deutlich definierte hydrographische Einzugsgebiete. Eines davon ist die *Bacia do Sudeste*, deren wichtigste Gewässer die Flüsse Jaguarão, Piratini, Camaquã, Guaíba, Jacuí und ihre Nebenflüsse Vacacaí, Pardo, Taquari, Caí, Sinos und Gravataí sind; außerdem gehören zur *Bacia do Sudeste* Nehrungen und Haffbildungen (Lagoa dos Patos, Mangueira und Mirim) im südöstlichen Küstengebiet. Das andere Einzugsgebiet ist die *Bacia do Uruguai* im Nordwesten, mit den Flüssen Passo Fundo, Várzea, Ijuí, Piratini, Ibicuí und Quaraí als wichtigste Gewässer.

Allein schon die Anzahl der zitierten Gewässer deutet auf die reiche hydrographische Struktur des Bundeslandes. Im Allgemeinen haben die Gewässer ein beständiges Wasservolumen, das durch die regulären Niederschläge ohne Trockenperiode, durch die geringe Verdunstung (besonders im Winter) und durch einen relativ hohen Durchlässigkeitsbeiwert des Bodens gegeben ist. Besonders die Flüsse des Nordwestbeckens verlaufen im Hochland meistenteils in tiefgeschnittenen Tälern[6] über unterschiedliche Basaltschichten, was ein hohes und zum Teil erweiterungsfähiges hydroelektrisches Potential darstellt.

Das gesamte Untersuchungsgebiet Noroeste Colonial liegt im Einzugsgebiet des oberen Uruguayflusses (siehe Karte 2 und Abbildung 8). Der Fluss hat eher eine politische als wirtschaftliche Bedeutung und dient als natürliche Grenze zwischen den brasilianischen Bundesländern Rio Grande do Sul und Santa Catarina und zwischen Argentinien und Brasilien. Dadurch ist sein Nutzungspotential stark eingeschränkt, denn grenzüberschreitende Projekte

---

[6] Dies gilt besonders für den Rio Uruguai, und zwar von der Einmündung des Nebenflusses Ijuí flussaufwärts. Dieses Einzugsgebiet wird in Rio Grande do Sul als *Médio* und *Alto Uruguai* bezeichnet.

oder Handlungen bedürfen nationaler bzw. internationaler Bewilligung. Für interne Schiffahrtszwecke werden dieser Fluss und seine Nebenflüsse nicht genutzt.

Abb. 8: Hydrographie von Rio Grande do Sul

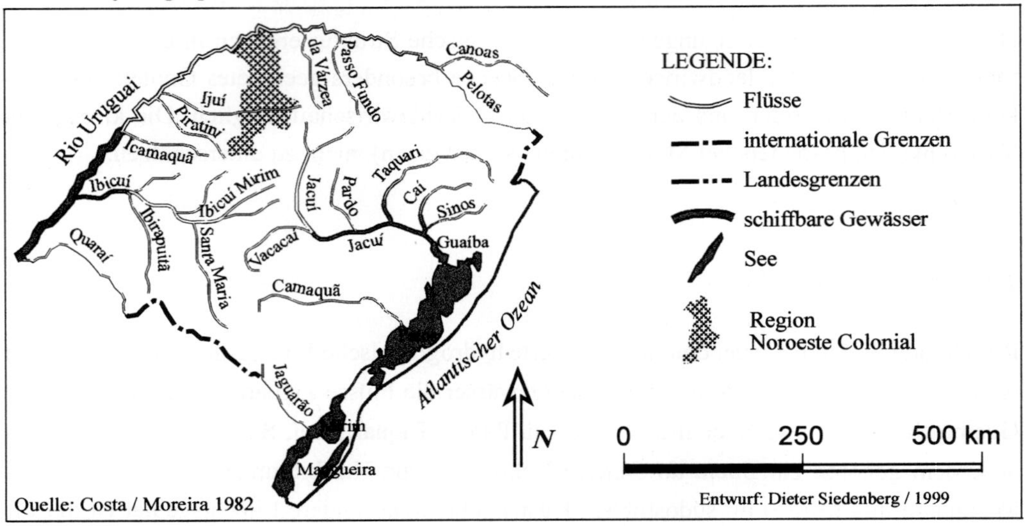

Quelle: Costa / Moreira 1982

Entwurf: Dieter Siedenberg / 1999

4.5. Vegetationsformationen

Die wichtigsten Vegetationsformen im Bundesland Rio Grande do Sul können in fünf unterschiedliche Gruppen unterteilt werden (siehe Abbildung 9): eine sehr schmale atlantische Küstenvegetation; die Niedergrassteppen, die vor allem im südlichen Teil des Bundeslandes vorkommen, als *Campanha* bezeichnet werden und gleichzeitig als nördlicher Ausläufer der argentinischen Pampa bis in die Jacuí-Senke hineinreichen; ein im nördlichen Teil des Bundeslandes zerstreutes subtropisches Grasland (*campos limpos*) und zwei unterschiedliche Waldarten: der artenreiche und teilweise laubwerfende subtropische Feuchtwald, der in einem ca. 30 km breiten Steifen am Rio Uruguai und seinen Nebenflüssen entlang zu finden war, und schließlich die auf dem Hochland als ehemals geschlossener Teppich sich ausdehnenden Araukarienwälder[7] (s. Abbildung 9).

[7] Araukarienwälder, die aus subtropischen immergrünen Nadelbäumen (*Araucaria angustifolia*) bestehen und vor allem oberhalb der 500m-Isohypse vorkommen, sind in ganz Südbrasilien für den Holzexport ausgebeutet und größtenteils vernichtet worden.

In der Untersuchungsregion Noroeste Colonial kommen nur die drei zuletzt genannten Vegetationsformen vor. Araukarienwälder sind jedoch nur noch vereinzelt zu finden; der subtropische Feuchtwald findet sich vorwiegend im Parque Florestal Estadual do Turvo im Norden des Untersuchungsgebietes und in zerstreuten und stark reduzierten Restbeständen und die *campos limpos* fielen fast ausnahmslos dem Sojaanbau zum Opfer[8].

Die natürliche Vegetation in Rio Grande do Sul bestand nach Angaben des IBGE aus ca. 60% Niedergrassteppen im Süden und 40% subtropischen Feucht- und Araukarienwäldern im Norden. Es wird geschätzt, dass heute maximal 1% des natürlichen Waldbestandes in Rio Grande do Sul noch vorhanden ist. Vom Beginn der Kolonisationsperiode um 1820 bis Mitte des 20. Jahrhunderts trugen vor allem europäische Immigranten zur Waldrodung bei. Die exportorientierte Agrarpolitik Brasiliens ab den 1960er Jahren rundete die großflächige Umweltzerstörung in der Region ab (vgl. HOFFMANN 1997).

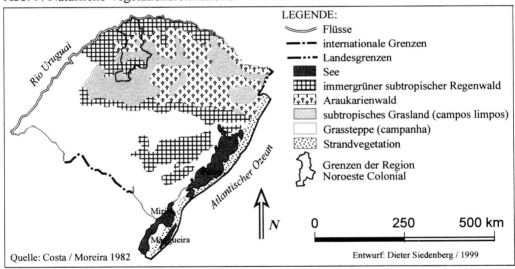

Abb. 9: Natürliche Vegetationsformationen in Rio Grande do Sul

---

[8] Nur dort, wo ein mechanisierter Sojaanbau unmöglich war, blieben während des Sojabooms in den 60er und 70er Jahren kleine Flächen von *campos limpos* für die fast unbedeutende Weidewirtschaft und geringe Milchproduktion der Region erhalten.

5. ANTHROPOGEOGRAPHISCHE ASPEKTE DER REGION

5.1. Besiedelungsprozesse und Grundzüge der Bevölkerungsdynamik

Von der Entdeckung des Kontinents bis zum Beginn des 19. Jahrhunderts befand sich ganz Lateinamerika unter portugiesischer und spanischer Kolonialherrschaft. Während dieser Periode hatte der südbrasilianische Raum eine sehr geringe ökonomische Bedeutung, doch rückte die Region aus strategischen Gründen immer mehr in das Interesse sowohl der Spanier als auch der Portugiesen[1].

Nach dem ursprünglichen Vertrag von Tordesilhas (1494) gehörte der (aktuelle) südbrasilianische Raum zum größten Teil zur spanischen Kolonie. Er wurde aber ab 1737 von portugiesischen Einwanderern besiedelt, durch die *bandeirantes*[2] erkundet und ausgebeutet, was dazu führte, dass Portugal gegenüber Spanien Besitzansprüche auf die Region erhob. So unterzeichneten im Jahr 1750 beide Länder den Vertrag von Madrid, dem Brasilien gewissermaßen die gegenwärtige Grenzkontur zu verdanken hat. Doch der iberische Vertrag ignorierte die im südbrasilianischen Raum äußerst aktiv gewordenen Jesuiten-Missionen, die sich zu jener Zeit zu einem beträchtlichen Unternehmen entwickelt hatten[3].

Der Vertrag von Madrid sah unter anderem vor, dass Portugal keinen Anspruch auf die im Jahr 1680 gegründete Festung Colônia Sacramento im La Plata Becken stellen würde, während Spanien den Rückzug bzw. die Umsiedlung der Missões auf die westliche Seite des Uruguaiflusses anordnete. Die Portugiesen stießen aber auf heftigen Widerstand der *missioneiros*, so dass Spanier und Jesuiten gegenüber Portugal wiederum Anspruch auf das Missões-Gebiet erhoben und den Vertrag von Santo Ildefonso im Jahr 1777 erzwangen. Dieser relativ kurzlebige Vertrag teilte die zu jener Zeit umstrittene *Província do Rio Grande de*

---

[1] WAIBEL (1955:36) schreibt diesbezüglich: "*Nicht wirtschaftliche, sondern politische Faktoren lenkten das Interesse der portugiesischen Krone auf den Süden Brasiliens und waren die Veranlassung, daß im Jahre 1680 die Colónia do Sacramento, das heutige Montevideo, am Nordufer des La Plata-Aestuars gegründet wurde. Das war aber nicht der Beginn einer Besiedelung, sondern nur militärische Demonstration, um das Interesse Portugals an jenem strategisch so wichtigen Punkte zu bekunden*".

[2] *Bandeirantes* (Bannerträger) ist die Bezeichnung für offizielle oder z. T. paramilitärische Expeditionen, die im 17. und 18. Jahrhundert von São Paulo aus organisiert wurden, um das Territorium zu erkunden, unter den Indianern Sklaven einzufangen bzw. Indianerhorden zu bekämpfen und Schätze zu suchen.

[3] Die Indianerchristianisierung der im Jahr 1534 gegründeten *Societas Jesu* (*Companhia de Jesus*) wurde durch das Paraná-Becken ins Innere des südamerikanischen Kontinents ausgedehnt. Die ersten Jesuiten-Niederlassungen (*reduções jesuíticas*) in Rio Grande do Sul wurden im Jahr 1627 gegründet. Im Jahr 1737 wurden über 100.000 durch Jesuiten-Missionare christianisierte Indianer in 21 Siedlungen östlich des Rio Uruguai gezählt. In einigen Siedlungen (*Missões*) wurden große Kirchen, Schulen und andere Anlagen aus Steinen, die anderswo behauen und dann an ihren Bestimmungsort transportiert worden waren, gebaut. Auch große Rinderherden (mit über 50.000 Rindern) wurden in den sogenannten *estâncias* gezüchtet; der Ackerbau wurde konsequent betrieben; in der Ausbildung wurden große Fortschritte erzielt (s. CUBER 1975; vgl. zu diesem Thema auch KERN 1982; SAINT-HILAIRE 1939 und TESCHAUER 1922).

São Pedro do Sul durch eine nordsüdlich verlaufende Grenzlinie auf, aber im Jahr 1801 konnte Portugal seine Interessen durchsetzen und die Grenzen wurden (gemäß der vereinbarten Demarkation von 1750) im Vertrag von Badajós festgesetzt[4].

Abb. 10 - Iberische Grenzverträge in den südamerikanischen Kolonialgebieten zwischen 1494 - 1801

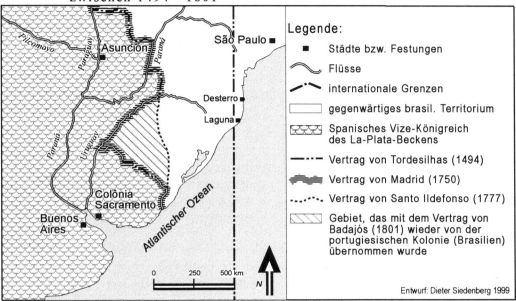

Abgesehen von den Jesuiten-Missionaren, die wahrscheinlich schon 1605 in Rio Grande do Sul eingedrungen sind, begann die europäische Besiedelung im Laufe des 18. Jahrhunderts mit der Verteilung von *sesmarias* oder *datas* (großflächige Ländereien) durch die portugiesische Krone an einwanderungswillige Siedler von den Azoren, von der Insel Madeira und aus Portugal. Zu Beginn der Kolonisation versuchten die portugiesischen Einwanderer Ackerbau zu betreiben, aber wegen der ständigen Überfälle durch Spanier und Indianerhorden war eine geregelte Feldbestellung praktisch unmöglich. Gleichzeitig bot sich, dank ausgedehnter Niedergrassteppen (die *Campanha*) und frei umherstreunenden Viehs, die extensive Weidewirtschaft als eine wirtschaftlich attraktivere Alternative (vgl. DELHAES-GUENTHER 1973; LÜCKER 1986).

Binnen kurzer Zeit konsolidierte sich die Produktion von Dörrfleisch (*charque*) für den mittelbrasilianischen Markt, der gerade vom Rausch des Gold- und Edelsteinzyklus erfasst wurde, und blieb über Jahrzehnte von großer wirtschaftlicher Bedeutung für die Region.

---

[4] Während des 19. Jahrhunderts kam es in der Region zu weiteren gewaltsamen Auseinandersetzungen zwischen Brasilien, Uruguay, Argentinien und Paraguay, wobei die strategische Position des La-Plata-Beckens eine wichtige Rolle spielte. Abgesehen von diesen Streitigkeiten sind die internationalen Grenzen von Rio Grande do Sul seit 1801 unverändert.

Im Jahr 1803 wurde zum ersten Mal in der Kolonialprovinz Rio Grande do Sul eine Volkszählung durchgeführt, nach welcher dort ca. 40.000 Menschen lebten[5] (vgl. FEE 1981). Die politische Verwaltungsgeschichte beginnt im Jahr 1809, als die Provinz offiziell in die ersten vier Munizipien aufgeteilt wird: Rio Grande, Santo Antônio da Patrulha, Rio Pardo und Porto Alegre. Im Laufe des 19. Jahrhunderts sind es hauptsächlich die Verwaltungsfunktionen, die für das Wachstum und die Entwicklung der Hauptstadt Porto Alegre verantwortlich sind. Während die Stadt Rio Grande sich zu einer wichtigen Hafenstadt entwickelt, verlieren die zwei anderen Munizipien langsam ihre strategische und wirtschaftliche Bedeutung.

Nach der Unabhängigkeitserklärung Brasiliens im Jahr 1822 und mit der wachsenden administrativen Selbständigkeit der Provinz erlebte die Einwanderung aus Mitteleuropa[6] und die Kolonisation in Rio Grande do Sul einen Aufschwung, der nach DELHAES-GUENTHER (1973) in drei Phasen unterteilt werden kann:

- Von 1824 bis 1875 waren es hauptsächlich deutsche Einwanderer, die vorwiegend aus dem rheinischen Schiefergebirge (Eifel und Hunsrück) und aus Pommern auswanderten. Die deutsche Kolonisation in Rio Grande do Sul[7] beginnt mit der Besiedelung der Kolonie São Leopoldo am Rio dos Sinos, ca. 30 km nördlich von Porto Alegre, als im Juli 1824 die ersten 126 deutschen Einwanderer dort eintrafen. Die Zahl der deutschen Einwanderer in dieser Periode wird auf knapp 25.000 geschätzt.

- Von 1875 bis 1889 waren es überwiegend italienische Einwanderer, die hauptsächlich aus den Provinzen Veneto, Trento, Piemonte und Lombardia kamen und vorwiegend auf dem hügeligen Hochland des Planalto Riograndense (Südrand der Serra Geral), auf Hochflächen über 500 m ü. NN, angesiedelt wurden. In dieser Periode sind mehr als 40.000 italienische und knapp 6.000 deutsche Einwanderer in Rio Grande do Sul registriert worden.

---

[5] Es wurden im Jahr 1803 in Rio Grande do Sul 36.721 Menschen gezählt, und die Zahl der Männer, die auf der Suche nach Arbeit von einer *charqueada* (Schlachterei) der *Campanha* zur anderen zogen und keinen festen Wohnsitz hatten, wurde auf über 4.000 geschätzt (vgl. FORTES / WAGNER 1963).

[6] Der portugiesische Prinzregent Dom Pedro de Alcântara, der die Unabhängigkeit ausrief und zum ersten brasilianischen Kaiser (Dom Pedro I) ernannt wurde, war mit der österreichischen Erzherzogin Leopoldina und nach ihrem Tod mit der deutschen Herzogin Amélia Augusta verheiratet, was letztendlich zur mitteleuropäischen Einwanderung beitrug. Andrerseits muss die europäische Auswanderung auch im Kontext der wirtschaftlichen und sozialen Zustände gesehen werden, die zu jener Zeit in Europa herrschten und die gekennzeichnet waren von Bevölkerungswachstum, industrieller Revolution, Mechanisierung der Landwirtschaft, wachsender Arbeitslosigkeit, von Kriegen und zum Teil feudalen Herrschaftssystemen in einzelnen Regionen.

[7] Allgemeine Rahmenbedingungen der deutschen Kolonisation in Rio Grande do Sul werden in zusammengefasster Form von LÜCKER 1986:43-49 dargestellt, während die Analyse von DELHAES-GUENTHER (1973) etwas ausführlicher darauf eingeht. Allgemeine Grundzüge der europäischen Kolonisation in Südbrasilien (Paraná, Santa Catarina und Rio Grande do Sul) sind bei WAIBEL (1955) dargestellt.

- Von 1890 bis 1914[8] sind vorwiegend polnische Einwanderer[9] in Rio Grande do Sul eingetroffen. Nach offiziellen Statistiken haben sich in dieser Periode insgesamt 42.000 polnische, 32.000 italienische und 17.000 deutsche Einwanderer in Rio Grande do Sul angesiedelt. Da die verfügbare Fläche in den alten Kolonisationsgebieten sowohl aufgrund der starken Bevölkerungszunahme als auch aufgrund des natürlichen Bevölkerungswachstums so gut wie erschöpft war, mussten für Kolonisationszwecke die noch *herrenlosen Territorien* in Anspruch genommen werden. Als *herrenlose Territorien* galten vor allem die Waldgebiete im Nordwesten des Bundeslandes.

Abb. 11: Schematische Darstellung der europäischen Besiedelung in Rio Grande do Sul in zeiträumlicher Hinsicht

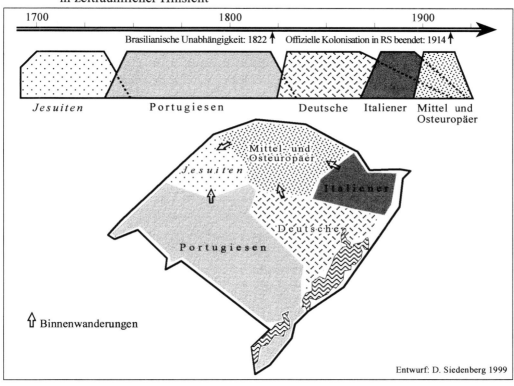

---

[8] Nachdem 1889 das brasilianische Kaiserreich durch eine Republik abgelöst worden war, wurden 1890 von der Zentralregierung neue Kolonisationsverordnungen festgesetzt. Gleich danach gewährte die Verfassung von 1891 den Landesregierungen eine gewisse Aktionsfreiheit in Sachen Kolonisation. Neben den staatlich geförderten Kolonisationsprojekten sind auch unabhängige Einwanderungsbewegungen (*colonizações espontâneas*) in nicht besiedelten Gebieten zustande gekommen. Die offizielle Kolonisation in Rio Grande do Sul wurde im Jahr 1914 durch Dekret (Nr. 2.098 vom 13.7.1914) beendet, weil die Landesregierung keine Landreserven für Kolonisationszwecke mehr zur Verfügung stellte.

[9] Da Polen zu jener Zeit noch "*nicht als nationale Einheit bestand, gelangten viele Einwanderer polnischer Herkunft mit russischen, deutschen oder österreichischen Dokumenten nach Rio Grande do Sul*" (DELHAES-GUENTHER 1973:56).

Die Besiedelung und Erschließung der Untersuchungsregion, die in der vorliegenden Arbeit als Fallbeispiel genommen wird, begann erst gegen Ende des 19. Jahrhunderts, als im Jahr 1890 die ersten Siedlungen im Waldgebiet des Rio Ijuí, an der Picada Conceição[10], zwischen den heutigen Munizipien Santo Ângelo und Ijuí, gegründet wurden. *"Zu diesem Zeitpunkt war Cruz Alta Endstation der Zivilisation für diejenigen, die von Porto Alegre nach Ijuí reisen wollten"* (LINCK 1958, zitiert nach FISCHER 1987:14 – Übersetzung des Autors). Das Gebiet wurde sowohl durch europäische Einwanderer als auch aufgrund der ersten Binnenmigrationen aus den sogenannten *alten Kolonien* besiedelt (s. VALVERDE 1956; PFEIFER 1967; LÜCKER 1986 und Darstellung bei COY 1988).

Schon 1898 stellte CUBER (1975:30) vor Ort fest, dass in der Colônia do Ijuhy Grande *"mit Vergnügen Repräsentanten von mindestens 19 Nationalitäten aufgenommen worden sind, denn dies ist die Zahl der Sprachen, die man hier zu hören bekommt"* (Übersetzung des Autors). CUBER (1975) und FISCHER (1987) listen neben den einheimischen Indianern und Halbblutindianern (*caboclos*) deutsche, polnische, italienische, litauische, lettische, ruthenische (ukrainische), tschechische, rumänische, schweizerische, österreichische, schwedische, finnische, portugiesische, brasilianische, spanische, französische, arabische, griechische, afrikanische, israelische und japanische Einwanderer auf.

Im Jahr 1900 werden 1.149.070 Bewohner im Bundesland Rio Grande do Sul gezählt (vgl. FEE 1981). Eine vollständige Analyse der Bevölkerungsdynamik des Untersuchungsgebietes Noroeste Colonial wird dadurch erschwert, dass das statistische Datenmaterial nicht immer allzu verlässlich ist, und durch die Tatsache, dass 29 der 31 administrativen Einheiten (Munizipien) erst nach 1950 entstanden sind, praktisch unmöglich gemacht. Auch wenn man sich ausschließlich auf die Entwicklung, Zusammensetzung, Dynamik, Struktur und Verteilung der Bevölkerung im Untersuchungsgebiet in den letzten 40-50 Jahren konzentrieren würde, müsste man die Gemeindebildungsprozesse im Einzelnen nachvollziehen[11], denn viele der 31 Munizipien im Untersuchungsgebiet entstanden durch Abspaltung einzelner oder Vereinigung mehrerer Distrikte[12] oder auch aus Teilen von Distrikten angrenzender Munizipien innerhalb und/oder außerhalb des gegebenen Untersuchungsgebietes (siehe Tabelle 5).

---

[10] *Picada Conceição* bezeichnet einen schmalen Pfad, der in den Wald geschlagen wurde und über den Rio Conceição führte. Mit der Errichtung dieser Abkürzung war die Strecke zwischen dem Munizip Cruz Alta und dem damaligen Distrikt Santo Ângelo im Vergleich zur Haupt- oder Karrenstraße (*estrada geral* oder *estrada das carretas*), die das Waldgebiet umging, um ca. 60 km kürzer (BRUM 1990).

[11] Bei der Entstehung neuer Munizipien (*emancipação*) werden in der Regel nur die Wähler im 'sich emanzipierenden' Gebiet gezählt, um zu überprüfen, ob die gesetzliche Mindestanforderung (1.800 Wähler) erfüllt ist. Die Anzahl der Bewohner im neuentstandenen Munizip wird über entsprechende Schätzungen ermittelt, d. h. es wird keine spezifische Volkszählung durchgeführt.

[12] *Distrikt* ist eine untergeordnete administrative Einteilung der Munizipien. Die allgemeinen Rahmenbedingungen der territorialen Einteilung auf Bundes-, Landes- und Gemeindeebene wurden durch das Dekret Nr. 311 der brasilianischen Bundesregierung vom 2. März 1938 festgesetzt (vgl. FEE 1981:43).

Zwei Beispiele sind Panambi und Jóia, die 1954 bzw. 1982 gegründet wurden: Sie entstanden aus einer territorialen Abspaltung aus den Munizipien Cruz Alta und Palmeira das Missões bzw. Santo Ângelo und Tupanciretã, die nicht zur Region Noroeste Colonial gehören. Ein weiteres Beispiel: Augusto Pestana (gegründet 1965), das aus Teilen der Munizipien Ijuí, Cruz Alta und Santo Ângelo gebildet wurde. In diesem Fall gehört nur das Munizip Ijuí zur Untersuchungsregion.

Tab. 5: Offizielles Einrichtungsdatum und Ursprungsgemeinden der Munizipien der Untersuchungsregion Noroeste Colonial

Name des Munizips	Offizielle Einrichtung	Ursprungsmunizip (administrativ)	Ursprungsmunizipien (Flächenanteile aus)
Ajuricaba	08.11.1965	Ijuí	Ijuí
Augusto Pestana	17.09.1965	Ijuí	Ijuí, Santo Ângelo, Cruz Alta
Barra do Guarita	20.03.1992	Tenente Portela	Tenente Portela
Bom Progresso	20.03.1992	Campo Novo	Campo Novo, Três Passos, Humaitá
Braga	15.12.1965	Campo Novo	Campo Novo, Redentora
Campo Novo	31.01.1959	Três Passos	Três Passos, Tenente Portela
Catuípe	16.10.1961	Santo Ângelo	Santo Ângelo, Ijuí
Chiapeta	15.12.1965	Catuípe	Catuípe
Condor	17.11.1965	Panambi	Panambi, Palmeira das Missões
Coronel Barros	20.03.1992	Ijuí	Ijuí, Augusto Pestana
Coronel Bicaco	18.12.1963	Santo Augusto	Santo Augusto, Campo Novo, Palmeira das Missões
Crissiumal	18.12.1954	Três Passos	Três Passos
Derrubadas	20.03.1992	Tenente Portela	Tenente Portela
Esperança do Sul	28.12.1995	Três Passos	Três Passos
Humaitá	18.02.1959	Crissiumal	Crissiumal, Três Passos
Ijuí	31.01.1912	Cruz Alta	Cruz Alta
Inhacorá	20.03.1992	Chiapeta	Chiapeta, Catuípe
Jóia	12.05.1982	Tupanciretã	Tupanciretã, Santo Ângelo
Miraguaí	15.12.1965	Tenente Portela	Tenente Portela, Campo Novo
Nova Ramada	28.12.1995	Ajuricaba	Ajuricaba
Panambi	15.12.1954	Cruz Alta	Cruz Alta, Palmeira das Missões
Pejuçara	15.12.1965	Cruz Alta	Cruz Alta, Panambi
Redentora	21.01.1964	Campo Novo	Campo Novo, Tenente Portela
Santo Augusto	17.12.1959	Três Passos	Três Passos
São Martinho	27.11.1963	Santo Augusto	Santo Augusto, Três de Maio, Humaitá, Campo Novo
São Valério do Sul	20.03.1992	Santo Augusto	Santo Augusto, São Martinho
Sede Nova	09.05.1988	Humaitá	Humaitá
Tenente Portela	18.08.1955	Três Passos	Três Passos
Tiradentes do Sul	20.03.1992	Três Passos	Três Passos
Três Passos	28.12.1944	Palmeira das Missões	Palmeira das Missões
Vista Gaúcha	09.05.1988	Tenente Portela	Tenente Portela

Quellen: CORAG 1997, IBGE 1996.

Bei einer kurzen Betrachtung einzelner Aspekte der Bevölkerungsdynamik in den Munizipien der Untersuchungsregion zwischen 1960 und 1990 (siehe Tabelle 6) stellt man zum Beispiel fest, dass auf Bundeslandebene Mitte der 60er Jahre ein Gleichgewicht der städtischen und ländlichen Bevölkerung erreicht wurde, was in der Untersuchungsregion erst Mitte der 90er Jahre zustande kam.

Von 1960 bis 1970 weist die Untersuchungsregion eine größere Bevölkerungswachstumsrate auf (2,4% im Jahr) als das Bundesland (2% im Jahr). Aber in den zwei darauffolgenden Jahrzehnten (1970-1990) ist ein bedeutender Bevölkerungsanstieg in Rio Grande do Sul zu beobachten, während das Bevölkerungswachstum im Untersuchungsgebiet nahezu stagniert. Dieses Phänomen lässt sich folgendermaßen erklären: Einerseits lässt sich das gesamte Bevölkerungswachstum in Rio Grande do Sul auf den schnellen Rückgang der durchschnittlichen Sterberaten, eine Folge von Verbesserungen im medizinischen und hygienischen-sanitären Bereich, sowie auf eine rückläufige Kindersterblichkeitsrate zurückzuführen. Andererseits erklärt sich der überdurchschnittliche Bevölkerungsanstieg im Untersuchungsgebiet zwischen 1960 und 1970 dadurch, dass bei der Bildung neuer Munizipien und deren Eingliederung im Untersuchungsgebiet Flächen- und Bevölkerungsanteile aus angrenzenden Munizipien (zum Beispiel: Santo Ângelo, Cruz Alta, Palmeira das Missões, Tupanciretã, Três de Maio) mit einbezogen worden sind (siehe Tabelle 5).

Die Tatsache, dass die Untersuchungsregion in den 70er Jahren nur ein sehr geringes Bevölkerungswachstum aufwies und dass die Zahl der Einwohner seit 1980 sogar leicht rückgängig ist, hat vorwiegend mit Abwanderungsprozessen zu tun, die durch die Mechanisierung der Landwirtschaft und die dadurch bedingte Arbeitslosigkeit verursacht wurde.

Bemerkenswert ist auch, dass in der untersuchten Periode einzelne Munizipien, wie zum Beispiel Campo Novo und Tenente Portela, einen aus dem Rahmen fallenden Rückgang der Einwohnerzahl zu verzeichnen haben. Es handelt sich in diesen Fällen hauptsächlich um Bildungen neuer Munizipien aus ehemaligen Distrikten (siehe Tabelle 6).

Was schließlich noch auffällt, ist die rapide Verstädterung, besonders zwischen 1960 und 1980: In dieser Periode hat sich die städtische Bevölkerung im Untersuchungsgebiet praktisch verdreifacht. Der regionale Urbanisierungsprozess ist aber nicht auf eine wachsende Konzentration der Bevölkerung in bestimmten Zentren, sondern eher auf die Bildung und wachsende Bedeutung kleinerer Zentren zurückzuführen, was folgende Zahlen belegen: 1960 umfassten die vier größten Städte rund 80% der urbanen Bevölkerung in der Region; 1980 nur noch 67,2%.

Die politische Geographie der Untersuchungsregion, d. h. Struktur, Entstehung und Auswirkungen politischer Instanzen im Noroeste Colonial wird in Kapitel 6 näher untersucht. Daher werden an dieser Stelle nur die wichtigsten aktuellen Bevölkerungsdaten der Munizipien des Untersuchungsgebietes dargestellt (siehe Tabelle 7) und in wenigen Worten kommentiert.

Tab. 6 – Bevölkerungsentwicklung der Munizipien des Untersuchungsgebietes Noroeste-Colonial zwischen 1960 und 1990

Munizip	Bevölkerung in den Munizipien der Untersuchungsregion im Jahr											
	1960			1970			1980			1990		
	Stadt	Land	insgesamt	Stadt	Land	insgesamt	Stadt	Land	insgesamt	Stadt	Land	insgesamt
Ajuricaba	-	-	-	1.045	10.604	11.649	2.891	8.835	11.726	3.016	8.320	11.336
Augusto Pestana	-	-	-	1.055	8.177	9.232	2.087	6.836	8.923	2.192	6.766	8.958
Braga	-	-	-	547	6.153	6.700	1.304	4.481	5.785	1.121	3.647	4.768
Campo Novo	2.145	18.907	21.052	2.306	8.026	10.332	4.740	5.975	10.715	4.203	5.904	10.107
Catuípe	-	-	-	2.956	12.638	15.594	5.264	9.406	14.670	4.919	7.426	12.345
Chiapeta	-	-	-	566	3.839	4.405	1.376	3.036	4.412	2.440	4.861	7.301
Condor	-	-	-	713	5.198	5.911	1.742	4.661	6.403	1.918	4.635	6.553
Coronel Bicaco	-	-	-	1.417	7.020	8.437	3.041	6.197	9.238	3.068	6.410	9.748
Crissiumal	2.738	19.910	22.648	2.950	16.325	19.275	4.835	14.743	19.578	4.563	14.371	18.934
Humaitá	1.815	9.639	11.454	1.705	9.557	11.262	2.916	7.032	9.948	2.083	4.627	6.710
Ijuí	21.399	41.951	63.350	31.768	20.970	52.738	53.958	16.974	70.932	57.796	16.416	74.212
Jóia	-	-	-	-	-	-	-	-	-	3.688	3.527	7.215
Miraguaí	-	-	-	1.388	7.012	8.400	1.768	5.917	7.685	1.747	5.544	7.291
Panambi	4.940	12.934	17.874	7.234	8.959	16.193	17.972	5.899	23.871	21.655	6.417	28.072
Pejuçara	-	-	-	601	2.830	3.431	1.552	2.025	3.577	2.046	2.412	4.458
Redentora	-	-	-	1.047	10.496	11.543	1.982	8.311	10.293	1.885	5.425	7.310
Santo Augusto	2.827	19.059	21.886	3.556	11.256	14.812	9.311	8.150	17.461	9.249	8.299	17.548
São Martinho	-	-	-	863	7.900	8.763	2.232	5.803	8.035	2.436	6.003	8.439
Sede Nova	-	-	-	-	-	-	-	-	-	1.196	2.656	3.852
Tenente Portela	5.216	34.045	39.261	5.462	28.765	34.227	8.850	21.795	30.645	6.383	14.477	20.860
Três Passos	6.550	31.816	38.366	9.918	33.310	43.228	15.434	30.181	45.615	13.233	26.729	39.962
Vista Gaúcha	-	-	-	-	-	-	-	-	-	820	1.858	2.678
Region insgesamt	47.630	188.261	235.891	77.097	219.035	296.132	143.255	176.257	319.512	151.657	166.730	318.387
Bundesland RS	2.444.774	3.003.049	5.448.823	3.553.006	3.111.885	6.664.891	5.250.897	2.522.897	7.773.837	6.241.166	2.700.152	8.941.318

Quellen: IBGE 1960, 1970, 1996; FEE 1980, 1990

Tab. 7: Fläche, Gründungsjahr, städtische und ländliche Bevölkerung der Munizipien des Untersuchungsgebietes im Jahr 1996

Munizip	Fläche in km²	Gründung	Bevölkerung Stadt	%	Land	%	insgesamt
Ajuricaba	326	1965	3.859	35,9	6.900	64,1	10.759
Augusto Pestana	359	1965	2.957	35,4	5.395	64,6	8.352
Barra do Guarita	62,7	1992	1.321	39,3	2.042	60,7	3.363
Bom Progresso	89,3	1992	889	33,3	1.782	66,7	2.671
Braga	175	1966	1.763	39,3	2.752	60,7	4.488
Campo Novo	201	1959	4.453	63,9	2.514	36,1	6.967
Catuípe	551	1961	6.235	58,6	4.401	41,4	10.636
Chiapeta	397,5	1965	2.509	59,1	1.736	40,9	4.245
Condor	465	1965	3.151	49,2	3.256	50,8	6.407
Coronel Barros	165	1992	686	28,3	1.734	71,7	2.420
Coronel Bicaco	494,6	1964	4.107	46,8	4.671	53,2	8.778
Crissiumal	385,5	1954	6.132	37,6	10.189	62,4	16.321
Derrubadas	363,4	1992	683	17,0	3.342	83,0	4.025
Humaitá	120	1959	2.746	49,1	2.848	50,9	5.594
Ijuí	907,5	1890	63.849	84,5	11.726	15,5	75.575
Inhacorá	111,3	1992	1.190	50,7	1.157	49,3	2.347
Jóia	1.230	1982	1.897	24,1	5.973	75,9	7.870
Miraguaí	135	1965	1.883	34,2	3.621	65,8	5.504
Panambi	490	1954	26.335	83,2	5.312	16,8	31.647
Pejuçara	444	1965	2.590	61,5	1.623	38,5	4.213
Redentora	273	1964	2.625	30,8	5.895	69,2	8.520
Santo Augusto	432,1	1959	11.501	76,0	3.636	24,0	15.137
São Martinho	172	1963	2.965	44,0	3.776	56,0	6.741
São Valério do Sul	122,9	1992	362	14,1	2.195	85,9	2.557
Sede Nova	117,2	1988	1.540	43,7	1.984	56,3	3.524
Tenente Portela	442	1955	8.418	57,2	6.298	42,8	14.716
Tiradentes do Sul	233,3	1992	1.525	17,8	7.033	82,2	8.558
Três Passos	283	1944	18.629	61,9	11.456	38,1	30.085
Vista Gaúcha	78,4	1988	489	17,7	2.279	82,3	2.768
Region insgesamt	**9.626,7**	**-**	**187.262**	**59,5**	**127.526**	**40,5**	**314.788**
Bundesland RS	**282.062**	**-**	**7.581.230**	**78,7**	**2.056.452**	**21,3**	**9.637.682**

Quellen: IBGE 1996, CORAG 1997.

Anhand von Tabelle 7 kann man beobachten, dass noch im Jahr 1996 der prozentuale Anteil der ländlichen Bevölkerung im Untersuchungsgebiet (40,5%) fast doppelt so hoch war wie der entsprechende Anteil im Landesdurchschnitt (21,3%); diese regionale Eigenheit trug letztendlich zu der Bezeichnung der Region als Noroeste-*Colonial* bei.

Oft kommt es vor, dass im Bereich der Regionalplanung und der regionalen bzw. nationalen Entwicklungspolitik solche kleinräumigen Abweichungen und Strukturen einfach übersehen oder vernachlässigt werden, was am Beispiel der vergangenen und gegenwärtigen nationalen Landwirtschaftspolitik deutlich zum Ausdruck kommt[13].

---

[13] In Kapitel 5.3. wird auf diesen Punkt näher eingegangen.

Der Verstädterungsgrad einzelner Munizipien im Untersuchungsgebiet fällt sehr unterschiedlich aus: in Ijuí beträgt er 84,5% während die urbane Bevölkerung in Derrubadas lediglich 14,1% der Gesamtbevölkerung des Munizips ausmacht. Betrachtet man die absoluten Bevölkerungszahlen, dann fällt auch auf, was man in der Region unter *Stadt* (Hauptort des Munizips) versteht: selbst Agglomerationen mit knapp 400 Einwohnern werden mit einbezogen.

Darüber hinaus lassen sich aus Tabelle 7 weitere Fakten ablesen: In der Regel ist die Verstädterungsquote ungeachtet der Fläche höher, je höher die jeweilige Einwohnerzahl und je älter das Munizip ist, d. h. in den jüngeren und kleineren Munizipien überwiegt der Anteil der ländlichen Bevölkerung. Hauptsächlich bei den Gemeinden, die ab Mitte der 60er Jahre gegründet wurden, ist der Anteil der ländlichen Bevölkerung noch relativ hoch, teilweise über 60%. Von den 14 Munizipien, bei denen der Anteil der ländlichen Bevölkerung über 60% beträgt, befinden sich 10 in einem 50 km breiten Streifen entlang des Rio Uruguai.

Die Städtestruktur im Untersuchungsgebiet kann entsprechend der städtischen Einwohnerzahl in den einzelnen Munizipien abgelesen werden: die Funktion des zentralen Ortes wird von der Stadt Ijuí übernommen, während Panambi (aufgrund seiner wirtschaftlichen Bedeutung) und Três Passos (aufgrund der geographischen Lage) als Mittelzentren der Region bezeichnet werden können.

5.2. Elemente der Wirtschaftsstruktur und –entwicklung von Rio Grande do Sul

Bei näherer Betrachtung der wirtschaftlichen Entwicklung und der gegenwärtigen räumlichen Struktur der Wirtschaft und unter Berücksichtigung der natürlichen Eigenschaften und der vorausgegangenen Besiedelungsprozesse können in Rio Grande do Sul drei unterschiedliche Räume mit eigener Dynamik beobachtet werden: die *Campanha*-Region im Süden, die *Colônia*- bzw. *Planalto*-Region im Norden und der Großraum Porto Alegre im Osten des Landes, der sich von den beiden anderen Regionen hauptsächlich durch seine wirtschaftliche Bedeutung und seine wirtschaftliche Struktur unterscheidet.

Obwohl die landwirtschaftlichen Aktivitäten sowohl in der *Campanha* als auch in der *Planalto*-Region weiterhin eine bedeutende Rolle spielen, nimmt ihre Relevanz in ökonomischer Hinsicht und im gesamtwirtschaftlichen Kontext des Landes immer mehr ab. Dagegen gewinnt der Großraum um Porto Alegre herum allmählich an Bedeutung: Dort ist nämlich eine ausgeprägte Konzentration der Industriebranche zu konstatieren, die zum größten Teil für die gegenwärtige Wirtschaftsentwicklung des Bundeslandes verantwortlich ist[14]. Die Grundzüge der räumlichen Konzentration des sekundären Sektors im Großraum Porto Alegre lassen sich folgendermaßen erklären und zusammenfassen:

Die Entwicklung des industriellen Sektors in Rio Grande do Sul begann in der ersten Hälfte des 20. Jahrhunderts. Vereinzelte Industrien mit einer gewissen wirtschaftlichen Bedeutung[15] sind in vielen Munizipien von Rio Grande do Sul zu finden. Aber eine räumliche Konzentration der industriellen Aktivitäten hat sich vorwiegend in der Metropolitanregion Porto Alegre und den angrenzenden Gebieten des *Vale dos Sinos*, der Region um Caxias do Sul und auch um Santa Cruz do Sul herausgebildet.

Aber erst in der zweiten Hälfte des 20. Jahrhunderts wird der größte Teil des Landes-BIP in diesem Großraum erwirtschaftet (siehe Abbildung 12). Dazu beigetragen haben u.a. folgende Faktoren:

- Ab 1964 stellte der BRDE (*Banco Regional de Desenvolvimento do Extremo Sul*) beträchtliche Summen für Investitionen im sekundären Sektor zur Verfügung.

- Im Jahr 1968 wurde die REFAP (Raffinerie 'Alberto Pasqualini') im hauptstadtnahen Munizip Canoas in Betrieb genommen - eine derartige Investition bringt *forward* und *backward linkage effects* mit sich.

- In den 70er Jahren ist es der Schuhindustrie im *Vale dos Sinos* gelungen, Anschluss zum internationalen Markt zu finden, und die Region erlebte ein boomartiges Wachstum. Im Raum Caxias do Sul etablierte sich definitiv die metallverarbeitende Industriebranche und die Tabakindustrie im Raum Santa Cruz do Sul profitierte seit längerem von dem entsprechenden Export.

- 1982 wurde der Pólo Petroquímico de Triunfo (am Rande der Metropolitanregion) gegründet und 1996 weiter ausgebaut.

---

[14] Nach Angaben von KLERING (1996:8-10) hatten 1996 einzelne Wirtschaftssektoren folgenden Anteil am Landes-BIP: Landwirtschaft 10,3%, Tierzucht 5,1%, Industriesektor 32,1%, Handel 10,5%, finanzielle Dienstleistungen 11,9%, öffentliche Verwaltung 6,1% und andere Aktivitäten des tertiären Sektors 24%.

[15] Die wirtschaftliche Bedeutung eines Unternehmens auf Lokalebene kann u.a. an der Anzahl der Arbeitsplätze gemessen werden; als *groß* werden in Brasilien die Unternehmen bezeichnet, die mehr als 500 Angestellte haben.

Abb. 12 - Entwicklung des BIP in ausgewählten Wirtschaftsräumen von Rio Grande do Sul, von 1939 bis 1995

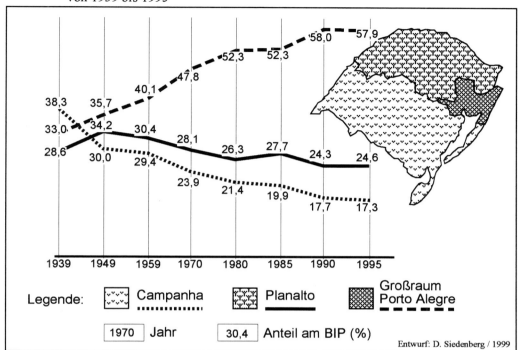

Quelle: Plural Comunicação 1998:26 (geändert)

An der Schwelle zum 21. Jahrhundert zeichnet sich eine weitere Konsolidierung der räumlichen Konzentration der Wirtschaft in Rio Grande do Sul ab, und zwar durch die von der Automobilindustrie (General Motors und Navistar), der Stahlindustrie (Grupo Gerdau), der petrochemischen Industrie (u.a. REFAP, Copesul, OPP, Pirelli, Goodyear, Ipiranga) und weiteren Industriebranchen des Großraums Porto Alegre angekündigten und zum Teil schon durchgeführten Investitionen, so dass vorläufig eine räumliche Dezentralisation der Wirtschaftsstruktur nicht zu erwarten ist.

Eine Analyse der Wirtschaftsentwicklung der *Campanha*-Region passt nicht in den Kontext der vorliegenden Arbeit und weist kaum einen Zusammenhang mit der Untersuchungsregion auf. Aus diesem Grund konzentriert sich die Untersuchung im folgendem Abschnitt ausschließlich auf die regionsspezifische Wirtschaftsentwicklung und Dynamik des nordwestlichen *Planalto Riograndense*.

5.3. Grundzüge der Wirtschaftsentwicklung der Region Noroeste Colonial

Von den ersten wirtschaftlichen Aktivitäten, die von den Pionierkolonisatoren bei der Okkupation des nordwestlichen Waldgebietes des Bundeslandes Rio Grande do Sul unternommen worden sind, bis zur Gegenwart sind knapp 100 Jahre vergangen. Wenn man die Wirtschaftsentwicklung dieses Gebietes seit Ende des 19. Jahrhunderts näher betrachtet, so zeigt sich, dass diese Entwicklung in drei unterschiedliche Phasen unterteilt werden kann:

In der ersten Phase, die von den Anfängen der Kolonisation um 1900 bis Ende der 50er Jahre reicht, herrschte die agrarwirtschaftliche Polykultur vor. In der zweiten Phase, die in den frühen 60er Jahren beginnt, setzt die Modernisierung der Landwirtschaft mit dem abwechselnden Anbau von Soja und Weizen (*binômio soja-trigo*) einen gewaltigen Umbruch mit überregionalen Auswirkungen in Gang. Und schließlich zeigt sich in der dritten Phase, die Anfang der 80er Jahre nach dem regionalen Soja-Weizen-Boom einsetzt und bis zur Gegenwart andauert, allmählich die Notwendigkeit einer sozioökonomischen Umstrukturierung.

Im Folgenden wird der Versuch unternommen, die wichtigsten Merkmale der einzelnen Phasen kurz zu beschreiben, wobei der Umfang der hier zur Sprache kommenden Aspekte im Zusammenhang mit der wirtschaftlichen und ökonomischen Bedeutung der einzelnen Phasen steht.

Die wirtschaftlichen Aktivitäten, die in dieser Region seit 1890 festzustellen sind, beginnen mit dem zügigen Aufbau agrarwirtschaftlicher Strukturen durch Einwanderer aus unterschiedlichen europäischen Ländern sowie durch Migranten aus den alten Kolonien[16].

In den ersten zwei Jahrzehnten (1890-1910) wurden die "*isolierten Waldländer unter den Pflug genommen, und jetzt blieben nur noch die Wälder, die sich am Uruguay in einem zusammenhängenden Streifen in einer Breite von rund 100 km entlang ziehen, als Feld weiterer Kolonisationstätigkeit übrig. [...] Innerhalb weniger Jahre hatten der Staat wie auch private Kolonisationsgesellschaften die Wälder am Uruguay [...] an italienische, deutsche, polnische und lusobrasilianische Kolonisten verkauft*" (WAIBEL 1955:45). In der Regel setzte sich eine durchschnittliche Betriebsgröße von 25 ha beim Verkauf des Siedlungsgeländes (*colônia*) im nordwestlichen Hochland durch.

Einerseits übernahm zu Beginn der Kolonisation die Holzverarbeitung, die als Folge des Mischwald-Raubbaus einsetzte, eine wichtige wirtschaftliche Rolle: Es wurden in zahlrei-

---

[16] WAIBEL (1955:44) stellt fest, dass zu dieser Zeit die staatlichen Kolonisationsprojekte "*das Prinzip der Bildung von Siedlungen gleichen Volkscharakters verlassen*", während "*private Kolonisationsgesellschaften [...] das Prinzip der ethnischen Kolonisation*" beibehalten haben. Im Untersuchungsgebiet sind beide Kolonisationsansätze durchgeführt worden: Ijuí kann als Beispiel einer Mischkolonisation und Panambi (bis in die 40er Jahre als *Colônia Neu-Württemberg* bekannt) als Beispiel einer eher homogenen ethnischen Kolonisation gelten.

chen Sägereien Bretter, Pfosten, Holzplanken und Möbel für den lokalen Markt hergestellt und der Anschluss zur Bahnlinie, die 1911 bis Ijuí ausgebaut wurde, ermöglichte auch den überregionalen Export der holzverarbeitenden Industrien. Andererseits konzentrierten sich die bäuerlichen Aktivitäten auf Schweinezucht und Milchwirtschaft, die ihrerseits den Anbau von Mais, Maniok, Zuckerrohr und Klee als Futtermittel erforderten sowie den zusätzlichen Anbau anderer Pflanzen ermöglichten. Durch den rasch anwachsenden landwirtschaftlichen Produktionsüberschuss und die erweiterte Verkehrsanbindung eröffneten sich exportorientierte Handelsmöglichkeiten, die natürlich genutzt wurden[17].

Betrachtet man die räumliche Siedlungs- und Wirtschaftsentwicklung im Untersuchungsgebiet dann wird deutlich, dass diese Wirtschaftsformen sich in der ersten Hälfte des 20. Jahrhunderts von Ijuí und Umgebung aus in nördlicher Richtung bis zum Uruguayfluss und teilweise auch über die Landesgrenzen hinaus (vgl. PFEIFER 1981) ausgebreitet und konsolidiert haben.

Der wirtschaftliche Umbruch, der in den 60er Jahren in dieser Region stattfand, muss im Kontext der nationalen Wirtschaft gesehen und verstanden werden (vgl. LAZZAROTTO 1977). Der Auf- und Ausbau der Schwerindustrie, die massive Produktherstellung, die Erschließung neuer Märkte und die Verbesserung der Transportmittel während der Regierung Kubitscheks und zu Beginn der Militärperiode erzwangen eine neue Arbeitsteilung auf nationaler Ebene. Im nordwestlichen Rio Grande do Sul hat die darauf folgende Entwicklungspolitik hauptsächlich im primären Sektor Änderungen bewirkt.

Der interne Verbrauch von Weizen konnte durch die brasilianische Weizenproduktion bei weitem nicht gedeckt werden und die Importe aus Argentinien, Uruguay, den Vereinigten Staaten und Kanada bedeuteten eine große Last in der Außenhandelsbilanz (s. Tabelle 8).

Tab. 8: Anteil der Getreideimporte am brasilianischen Gesamtimport, 1957-1980

Jahr	Gesamtimporte (cif) In Mio. US-$	Getreideimporte (cif) in Mio. US-$	Anteil in %
1957	1.487,99	104,17	7,0
1959	1.374,47	131,48	9,6
1961	1.461,09	153,33	10,5
1963	1.486,85	181,52	12,2
1965	1.096,42	153,42	14,0
1970	2.844,64	155,34	5,5
1975	13.578,32	478,20	3,5
1980	24.948,83	1.357,37	5,4

Quelle: UNITED NATIONS 1960, 1963, 1968, 1974, 1978 und 1982.

---

[17] ROCHE (1959:280) stellt am Beispiel der gelungenen Kolonisation in Ijuí und durch die neue Verkehrsanbindung fest, dass "*in den letzten Jahren die Bodenpreise sich vervierfacht haben und die Bauern die Produktion von exportfähigen Produkten intensivieren. Die Produktion wurde verdoppelt und der regionale Export verdreifacht*" (Übersetzung des Autors).

Der Anbau von Weizen, der ja bekanntlich in den gemäßigten (kälteren) Klimazonen besser gelingt, wurde mit öffentlichen Krediten und Subsidien stark gefördert. Im Jahr 1956 übernahm die brasilianische Regierung den gesamten Weizenhandel und eine komplexe Struktur im Zusammenhang mit der Weizenproduktion entstand. Sie reichte von der Saatforschung bis hin zu technischer Hilfe (*assistência técnica*) während der gesamten Zeit vom Anbau bis zur Ernte und schloss Produktion, Lagerung, Handel und Verarbeitung, Kredite und Subsidien ein. Zumindest in Südbrasilien sind aufgrund dieser Politik in jener Periode die meisten Weizengenossenschaften (*cooperativas tritícolas*) entstanden.

So wurde in den 60er Jahren vor allem der nordwestliche Teil des *Planalto Riograndense* und insbesondere das Untersuchungsgebiet der vorliegenden Arbeit, das gewissermaßen im Kern des oben beschriebenen Geschehens lag, Schauplatz gewaltiger Transformationen in der landwirtschaftlichen Produktionsstruktur, die tiefgreifende sozioökonomische Veränderungen hervorgerufen haben und im Folgenden kurz beschrieben werden[18].

Im Allgemeinen ist der Einstieg der traditionellen Bauern des *Planalto Riograndense* in die mechanisierte Weizenproduktion zögerlich vonstatten gegangen; insbesondere, nachdem sich unter den gegebenen günstigen Rahmenbedingungen eine neue soziale Kategorie im ländlichen Szenario der Weizenproduktion von Rio Grande do Sul etabliert hatte: die sogenannten *granjeiros*[19]. Aus wirtschaftlicher Sicht gab es für die kleinbäuerlichen Betriebe gar keine andere Alternative, als den Übergang von der Poly- zur Monokultur zu wagen: Die traditionelle Polykultur stecke in der Krise und es waren weder Auswege noch neue Perspektiven zu erkennen. Hinzu kommt, dass die offizielle und massive Propaganda und die ökonomischen Erleichterungen praktisch zum Modernisierungsprozess der Landwirtschaft gezwungen haben. Die Weizenproduktion, die seit Beginn der Kolonisation knapp den regionalen Eigenbedarf deckte, nahm Ende der 60er Jahre den ersten Rang unter den Agrarerzeugnissen in Rio Grande do Sul ein, was dem Bundesland zu jener Zeit die Bezeichnung *Celeiro do Brasil* (Kornkammer des Landes) eintrug.

Jene vom Weizen dominierte Produktionsstruktur konnte sich jedoch nur kurze Zeit behaupten und wurde nach wenigen Jahren von dem im Vergleich zum Weizenanbau zeitversetzten Sojaanbau eingeholt. Ähnlich wie bei der früheren Weizenproduktion war der Sojaanbau bis in die 50er Jahre in Rio Grande do Sul unbedeutend. Asiatische Einwanderer hatten die Pflanze in der Region eingeführt und sie diente neben Mais und Maniok ausschließlich als komplementäres Tierfutter[20].

---

[18] Eine umfassende Analyse der Transformationsprozesse, die im Zusammenhang mit der Soja-Weizenproduktion in Rio Grande do Sul stehen, ist beispielsweise bei BRUM 1988a oder TRENNEPOHL 1997 zu finden.

[19] In Brasilien bezeichnet man als *granjeiro* vorwiegend städtische Investoren unternehmerischer Art, die landwirtschaftliche Grundkenntnisse und etwas Kapital besitzen und die im ländlichen Raum eine *granja* (Landfläche) betreiben. Oft sind *granjas* gepachtete Landflächen.

[20] Bei massiver Fütterung mit Soja erlitten vor allem Schweine aufgrund des sehr niedrigen Kalziumgehaltes der Pflanze eine *Knochenschwäche*, was dazu führte, dass die Bauern Soja nur in geringen Mengen als

Der Strukturwandel der regionalen Agrarproduktion im Allgemeinen und der Vormarsch des Sojaanbaus im Besonderen wurde von unterschiedlichen Faktoren beeinflusst und begünstigt: Erstens profitierte man beim Sojaanbau von den Strukturen und Einrichtungen, die für die Weizenproduktion hergestellt worden waren. Soja wurde als sekundäres Agrargut während des Sommers angebaut und die gleichen Flächen, Maschinen, Einrichtungen und Arbeitskräfte, die bei der Weizenproduktion im Winter vonnöten waren, wurden benutzt. Zweitens übernahmen die neu gegründeten Genossenschaften (*cooperativas tritícolas*) den Sojahandel und nutzten die vom Weizenhandel her bereits vorhandene Infrastruktur (Lagerstätten, Silos, Trocknereinrichtungen, Wagen, Büros, Personal usw.). Drittens: Mit zwei Ernten pro Jahr ist die regionale Kapitalrotation praktisch verdoppelt worden. Viertens: Während der Weizen natürlichen Adaptationsproblemen und der internationalen Konkurrenz unterworfen war, gab es beim Sojaanbau in dieser Hinsicht deutlich weniger Schwierigkeiten. Und fünftens: Es war auf dem internationalen Markt ein großer Bedarf an Futtermitteln vorhanden, so dass beim Sojahandel gute Preise und günstige Konditionen erzielt wurden (vgl. BERTRAND / LAURENT / LECLERCQ 1987; BRUM 1988a; TRENNEPOHL 1997).

So wundert es nicht, dass die regionale Polykultur im *Planalto Riograndense* schlagartig verschwunden ist. Gärten, Zuckerrohr-, Mate- und Obstplantagen, Struktur und Einrichtungen für Schweinezucht, Felder für Milchwirtschaft, fast alles wich dem Anbau von Soja und Weizen. Zwischen 1960 und 1980 hat sich die Anbaufläche von Soja in Rio Grande do Sul, die sich ja hauptsächlich im nordwestlichen Hochland befindet, um das 20fache (von 200.000 auf 4 Mio. ha) und die Produktion um das 30fache (von 200.000 auf 6 Mio. Tonnen) erhöht (vgl. IBGE 1960a, 1980), was letztendlich auch eine Steigerung der Produktivität zum Ausdruck bringt.

Die traditionelle Landwirtschaft in der Region erlebte eine gewaltige und von außen gesteuerte Modernisierung: Mechanisierung, Anwendung von auserlesenem Saatgut, systematische Düngung, ferner Finanzierung, Ausweitung der genossenschaftlichen Dienstleistungen und Verbesserung der Transportmittel sind einige der Aspekte.

Auch der regionale Industriesektor, der bis in die 60er Jahre mit den kleinbäuerlichen Strukturen verbunden war und hauptsächlich aus kleinen bis mittleren Handwerkerbetrieben bestand, wurde durch die Veränderungen im Primärsektor angekurbelt. Es handelte sich in dieser Branche aber in erster Linie um *rückwärtsgekoppelte Aktivitäten* (s. hierzu HIRSCHMAN 1967), d.h. um jenes Industriesegment, das bestimmte Werkzeuge, Ersatzteile und nicht-motorisierte bzw. technologiearme Maschinerie für die Landwirtschaft herstellte. Die Verarbeitung der Agrarerzeugnisse und Vermarktung der Derivatprodukte (*vorwärtsgekoppelte Aktivitäten*) wurde zum Teil nur auf niedrigster technologischer und kapitalintensiver Stufe durch lokale Unternehmen durchgeführt.

Als in den 80er Jahren übergeordnete Aspekte, wie zum Beispiel die Verlagerung der landwirtschaftlichen Pionierfronten, die sogenannten *fronteiras agrícolas* (vgl. COY / LÜCKER

Futtermittel hinzufügten. Wenige Jahre später, mit der industriellen Produktion von Futtermitteln (*rações balanceadas*), ist die Anwendung von Soja und Sojaschrot beträchtlich gestiegen.

1993), und Erweiterung der Anbauflächen bei gleichzeitiger Erhöhung der Produktion und Produktivität, der Abbau von Subsidien, die Abschaffung von gesonderten Finanzierungsmöglichkeiten für die landwirtschaftlichen Aktivitäten, Nachlass der internationalen Nachfrage durch Konkurrenzproduktion und -angebot, Preisverfall und andere Faktoren spürbar wurden, zeigten sich im *Planalto Riograndense*, der als Wiege der Modernisierung der Landwirtschaft in Brasilien gelten darf, auch die negativen Effekte des Umbruchs.

Der Übergang von der zweiten zur dritten Phase der regionalen Wirtschaftsentwicklung im nordwestlichen Rio Grande do Sul ist nicht so umbruchartig geschehen wie es bei dem Wandel von der traditionellen zur modernisierten Landwirtschaft der Fall war.

Die negativen Aspekte des regionalen Transformationsprozesses wurden zumindest so lange heruntergespielt, wie die Region wirtschaftliche Profite mit dem Sojaboom erlangte. Zu den wichtigsten negativen Auswirkungen der Modernisierung der Landwirtschaft und zu den charakteristischen Merkmalen der dritten Phase des *Planalto Riograndense* gehören:

- Im Zuge der Mechanisierung der Landwirtschaft wurden in der Region zum Teil nicht ausgebildete Arbeitskräfte freigesetzt, die meist in die Stadtzentren abwanderten.

- Die traditionellen landwirtschaftlichen Betriebe wurden unter dem Gesichtspunkt der Wirtschaftlichkeit einer ökonomischen Selektion unterworfen, was unter Umständen auch zu Landflucht geführt hat.

- Durch die massive Land-Stadt-Migration kam es zu einer unkontrollierten und unkontrollierbaren Urbanisierung mit Folgewirkungen wie Marginalisierung, Arbeitslosigkeit, deutlicher Verschlechterung der allgemeinen Lebensbedingungen, Überlastung der städtischen Infrastruktur und der lokalen Investitionsfähigkeit, steigender Kriminalität usw.

- Im ländlichen Raum führte die intensive Bodennutzung zur Bodenerschöpfung. Aufgrund der marktwirtschaftlichen Konkurrenz sind immer größere Produktionserträge erforderlich, die nur noch durch massive Kunstdüngung erreicht werden können, was immer häufiger Bodensäurekorrekturen nötig macht.

- Eine weitere Konsequenz der intensiven Bodennutzung ist die Erosion und Versandung der Flüsse mit Folgewirkungen auf Umwelt und Natur.

- Das technologische Niveau der Landwirtschaft, das mittels spezieller Finanzierungen möglich gemacht worden war, konnte unter den genannten Umständen nur sehr mühsam und vor allem von den wirtschaftlich Bessergestellten aufrechterhalten werden.

- Zum Teil hat der fast exklusive Anbau von Soja und Weizen zahlreiche produktive und durchaus wirtschaftsfähige Strukturen auf dem Land und auch in den Städten zugrunde gerichtet, die - wenn überhaupt - nur sehr schwer und kostenintensiv wieder aufgebaut werden können.

- Zahlreiche Unternehmen, die im Zuge des Wirtschaftswachstums zu großen bzw. überdimensionierten Strukturen herangewachsen sind (vor allem Genossenschaften), mussten schwerwiegende Anpassungen vornehmen um zu überleben, während andere zugrunde gegangen sind.

Die hier aufgelisteten und andere mit der landwirtschaftlichen Modernisierung zusammenhängende Auswirkungen sind in den einzelnen Munizipien der Region während der 80er und 90er Jahre in unterschiedlicher Form und Intensität zum Ausdruck gekommen, was die wirtschaftliche Umstrukturierung im *Planalto Riograndense* in einem gewissen Maße verschleiert.

Es ist jedoch nicht zu übersehen, dass die vorwiegend kleinen landwirtschaftlichen Betriebe der Region (siehe Tabelle 9) bei den zur Zeit geltenden wirtschaftlichen und politischen Rahmenbedingungen und mit der gegebenen Produktionsstruktur sehr stark an Konkurrenzfähigkeit verloren haben. Es kommt hinzu, dass zwanzig Jahre Modernisierung und Wachstum (1960-80) die regionale Kultur und die Mentalität der Bevölkerung tiefgreifend verändert haben: Auf dem Land ist eine Rückkehr zu den von Vielfalt geprägten und arbeitsintensiven, aber durchaus gewinnbringenden Aktivitäten der Landwirtschaft nur im Einzelfall zu beobachten. Der überwiegende Teil der Bauern fordert von der Bundesregierung eine bauernfreundliche Landwirtschaftspolitik und wirtschaftet in der Praxis – verhaftet in Auswegslosigkeit, gekennzeichnet von allgemeiner Entmutigung und unfähig zu einem Neuanfang – weiter mit Soja und in geringerem Maße mit Weizen und Mais als Hauptanbauprodukten.

Tab. 9: Landwirtschaftliche Betriebsstruktur im Untersuchungsgebiet, 1985

MUNIZIP	Anzahl und Anteil der Betriebe (in %)						Betriebe insgesamt	landwirtschaftliche Betriebsfläche (ha)
	bis zu 20 ha	%	von 20 – 50 ha	%	über 50 ha	%		
Ajuricaba	1.337	61,4	605	27,8	234	10,8	2.176	50.460
A. Pestana	1.012	63,0	478	29,7	117	7,3	1.607	39.977
Catuípe	1.153	60,2	506	26,5	254	13,3	1.913	65.731
Condor	604	62,2	236	24,3	131	13,5	971	46.565
Ijuí	2.240	61,0	1.057	28,7	380	10,4	3.677	89.713
Jóia	514	52,2	217	22,1	253	25,7	984	111.879
Panambi	638	52,3	429	35,3	150	12,4	1.217	41.592
Pejuçara	193	38,6	158	31,6	149	29,8	500	38.168
Braga	785	84,6	103	11,1	40	4,3	928	12.746
Campo Novo	574	66,4	159	18,4	131	15,2	864	27.587
Chiapeta	311	59,0	133	25,2	83	15,8	527	39.946
Cel. Bicaco	672	62,6	198	18,5	203	18,9	1.073	47.807
Crissiumal	2.783	88,0	349	11,0	31	1,0	3.163	35.651
Humaitá	1.061	76,9	266	19,3	53	3,8	1.380	21.903
Miraguaí	1.018	87,8	132	11,4	10	0,8	1.160	12.357
Redentora	1.394	81,7	230	13,5	82	4,8	1.706	28.634
S. Augusto	982	67,4	302	20,7	174	11,9	1.458	52.424
S. Martinho	999	79,6	213	17,0	43	3,4	1.255	17.641
S. Nova	623	80,3	116	15,0	37	4,7	776	9.415
Tte. Portela	3.919	83,3	685	14,6	95	2,1	4.699	57.617
Três Passos	6.037	91,3	531	8,0	41	0,7	6.609	64.650
Insgesamt	28.849	74,7	7.103	18,4	2.691	6,9	38.643	912.463

Quelle: Zusammengestellt nach IBGE 1985

In den Städten zeigen sich die Flauten der regionalen Wirtschaft zum Teil auch von der bitteren Seite, und zwar aus einem ganz konkreten Grund: In der gesamten Region hat der vielerorts übliche Übergang von einer traditionellen Agrar- zu einer modernen Dienstleistungsgesellschaft die Industrialisierungsphase einfach übersprungen.

Wie schon erwähnt, beschränkte sich der regionale Industriesektor hauptsächlich auf rückwärtsgekoppelte Aktivitäten der Landwirtschaft und ist dadurch in hohem Maße von ihr abhängig. Die mit geringer Technologie versehene Produktion von Landwirtschaftsmaschinen etabliert sich bei der landwirtschaftlichen Verlagerung der Sojaproduktion in den brasilianischen Mittelwesten sehr schnell vor Ort und ist somit konkurrenzfähiger. Zusätzliche Industriebranchen haben sich in der kurzen Wachstumszeit in der Region kaum etablieren können und in manchen Fällen sind auch noch vorhandene Industriebetriebe zugrunde gegangen. Dadurch ist die Anzahl der so wichtigen Arbeitsplätze im sekundären Sektor in den meisten Städten des Untersuchungsgebietes sehr gering[21].

Inzwischen bestreitet der überwiegende Teil der Bevölkerung seinen Lebensunterhalt mit Aktivitäten im Dienstleistungssektor und die Bedeutung der informellen Tätigkeiten nimmt in der Region allmählich zu[22].

Es besteht sowohl in lokalen und regionalen Regierungskreisen als auch unter der Bevölkerung eine gewisse Ratlosigkeit im Hinblick auf regionale Zukunftsperspektiven und in Bezug auf politisch-gesellschaftliche Fragen, für welche es keine einfachen Antworten gibt. So bleibt zum Beispiel ziemlich offen, ob eine allgemeine und zentralgesteuerte grundlegende Änderung der Landwirtschaftspolitik noch möglich ist oder ob die Region eigene Auswege finden muss. Welche konkreten Alternativen es für die regionale Wirtschaft und Gesellschaft gibt und inwieweit die gegebene Wirtschaftsstruktur der Region beständig ist – auch diese Fragen treffen auf allgemeine Ratlosigkeit.

5.4. Öffentliche Infrastruktur im Untersuchungsgebiet

Die gegenwärtige Anbindung der Region Noroeste Colonial an die überregionalen Verkehrsnetze beschränkt sich auf zwei Modalitäten: Straßen und Eisenbahn. Es gibt keine Angaben, dass in der Region jemals Wasserstraßen benutzt wurden und die Anbindung an den regulären Flugverkehr ist vor Jahren eingestellt worden.

---

[21] Leider gibt es für die brasilianischen Munizipien keine spezifischen und aktuellen Daten über die Anzahl der Beschäftigten in den einzelnen Wirtschaftssektoren. Die teilweise verfügbaren Daten der Volkszählung von 1991 bestätigen, dass die Anzahl der Arbeitsplätze im sekundären Sektor in den meisten Städten des Untersuchungsgebietes gering ist: Bei einer Gesamtbevölkerung von 75.157 Einwohnern wurden beispielsweise in Ijuí 1991 nur 2.100 Arbeitsplätze in der verarbeitende Industrie des Munizips festgestellt.

[22] Das Auftauchen der *camelôs* (Straßenhändler, die vorwiegend südostasiatische Billigprodukte in Paraguay erwerben und in der Region verkaufen), ist in der Region ein relativ junges, aber unübersehbares Phänomen. Eine Menge Arbeitslose sichern sich und ihren Familien durch diese Tätigkeit das pure Überleben.

Die relativ engmaschige Ausstattung der Region mit Straßen ist auf die zahlreichen Kolonisationsansätze und die relativ zerstreute Siedlungsstruktur zurückzuführen. Mit finanzieller Unterstützung der Weltbank war es den Landesregierungen ab Ende der 80er Jahre möglich, für viele Muniziphauptorte (*sede municipal*) einen asphaltierten Anschluss an die nächstliegende Landes- oder Bundesstraße zu errichten. Die auf Munizipebene interne Verbindung der Städte mit den abgelegenen Siedlungen (*vilas* oder *povoados*) ist zum größten Teil durch einfache Schotterstraßen gegeben.

Zu den wichtigsten Verkehrsachsen der Region zählen die im Folgenden kurz beschriebenen Straßen: Im Süden des Untersuchungsgebietes durchzieht die Bundesstraße BR-285 (São Borja – Vacaria) die Region in westöstlicher Richtung. Diese Bundesstraße ist Teil einer der wichtigsten Verkehrsachsen des Mercosul bzw. der Route São Paulo - Buenos Aires. Die bedeutendste interne Verkehrsachse im Untersuchungsgebiet selbst bildet die Landesstraße RS-155, die Três Passos mit Ijuí verbindet, in nordsüdlicher Richtung verläuft und von der BR-472 und BR-468 (Santa Rosa – Palmeira das Missões) gekreuzt wird. Im Norden des Untersuchungsgebietes wird eine weitere Verbindungsstraße (RS 305) parallel zum Rio Uruguai gebaut, die Santa Rosa mit Frederico Westphalen verbinden soll. Die hier genannten Verkehrsachsen sind an das überregionale bzw. nationale Verkehrsnetz angeschlossen. Alle weiteren Verkehrsstraßen spielen in die Region eine untergeordnete Rolle (siehe Karte 2).

Der Anschluss der Region an das südbrasilianische Schienennetz wurde im Jahr 1911 geschaffen, als die Strecke von Cruz Alta bis Ijuí ausgebaut und in nordwestlicher Richtung nach Santo Ângelo weitergeführt wurde (s. LAZZAROTTO 1977). Der wichtigste Anschluss an den Schienenverkehr für das gesamte Untersuchungsgebiet blieb der Bahnanschluss in Ijuí. Die Benutzung der Bahn für den Personenverkehr verlor mit dem Ausbau des Straßennetzes langsam an Attraktivität und daher wurde der Personenverkehr aus wirtschaftlichen Gründen in den 60er Jahren in ganz Rio Grande do Sul allmählich eingestellt.

Gleichermaßen wurde auch der Transport einer breiten Palette von Produkten aus wirtschaftlichen und technischen Gründen eingestellt. Für bestimmte Produkte ist aber der Güterverkehr auf der Strecke bis Ijuí weiterhin von Bedeutung: Düngemittel, Brennstoffe (Benzin und Diesel) und Baustoffe (Zement, Eisen und Sand) werden für die ganze Umgebung[23] weiterhin per Bahn nach Ijuí gebracht. In der Gegenrichtung, d.h. von Ijuí in Richtung Porto Alegre oder zum Hafen von Rio Grande, wird ein Teil der regionalen Soja-, Weizen- und Maisernte abtransportiert.

Der Rio Uruguai bildet im Norden der Region eine natürliche Grenze, die nur mittels Fähren nach Argentinien (Porto Soberbo) und Santa Catarina (Barra do Guarita) überschritten wird, so dass man den Norden des Untersuchungsgebietes als ein regionales Hinterland bezeichnen kann. Als Wasserstraße wird der Fluss, trotz seiner Größe, nicht genutzt und ist ohne Flussregulierungsmaßnahmen und ohne den Bau von Signalisierungseinrichtungen wegen

---

[23] Die mit der Bahn nach Ijuí transportierten Güter werden per LKW zum Teil bis in den Nordwesten des Bundeslandes Santa Catarina weitertransportiert. Gleichzeitig stellt Ijuí die regionale Sammel- und Umschlagstelle für den Bahntransport der Agrarprodukte, die in anderen Regionen weiterverarbeitet werden oder zum Export gedacht sind, dar.

des schwankenden Abflussregimes auch nicht nutzbar. Direkt an der Grenze sind wirtschaftliche Verflechtungen und Kontakte zwischen der Untersuchungsregion und Argentinien unbedeutend und konzentrierten sich ausschließlich auf den typischen Grenzhandel der lokalen Bevölkerung mit Verbrauchsgütern.

Das stark ausgeprägte Relief entlang der Abdachung zum Rio Uruguai erschwert die landwirtschaftliche Flächennutzung und dementsprechend ist dieser Raum auch kaum mit Straßen ausgestattet. Außerdem war die gesamte Region bis Mitte der 80er Jahre den speziellen Sicherheitsbedingungen der *faixa de fronteira*[24] unterworfen.

Aus militärstrategischen Gründen zeichnete sich an der gesamten argentinisch-brasilianischen Grenze in Rio Grande do Sul eine zum Teil merkwürdige Situation ab: Die einzigen zwei Brücken über den Rio Uruguai wurden in der dünnbesiedelten *Campanha* (zwischen Uruguaiana und Paso de los libres; zwischen São Borja und Santo Thomé) gebaut und dienen vor allem dem internationalen Handelsverkehr. Im *Médio* und *Alto Uruguai*, einem Gebiet, das an die argentinische Provinz Misiones grenzt, waren bis vor kurzem asphaltierte Straßen auf beiden Grenzseiten systematisch versetzt, d. h., es gab keine durchgehende asphaltierte Verbindung. Auch die Integration des Schienenverkehrs ist zwischen beiden Ländern unmöglich, weil in Brasilien und Argentinien die Spurweiten unterschiedlich sind.

Die wichtigsten Perspektiven zur Verbesserung der regionalen Infrastruktur konzentrieren sich auf die Planung bzw. allmähliche Durchführung des Ausbaus des regionalen Straßennetzes. Für den Ausbau bzw. die Erweiterung des Schienennetzes gibt es weder Pläne noch Perspektiven. Am Beispiel der 1997 errichteten Brücke zwischen São Borja und Santo Thomé über den Rio Uruguai wird deutlich, dass die Mercosul-Integration ernst genommen wird, dass aber weitere Baupläne sehr lange auf sich warten lassen werden. Außerdem konkurrieren mit Porto Soberbo (im Untersuchungsgebiet) mindestens drei Grenzorte weiter südlich als nächste Standorte für den Bau einer weiteren internationalen Brücke (auf brasilianischer Seite: Porto Xavier, Porto Mauá und Porto Lucena).

Im Bereich der übergeordneten Infrastrukturplanung, die im Zusammenhang mit supraregionalen Projekten der Bundes- oder Landesregierung stehen und von einer gewissen sozioökonomischen Bedeutung für die Region sein könnten, sind keine weiteren Maßnahmen oder Projekte vorgesehen[25]. Das bedeutet aber nicht, dass die Staatsinvestitionen von Bund oder Land in der Region gleich null sind, sondern nur, dass diese Investitionen überwiegend in vereinzelte öffentliche Baumaßnahmen (*obras públicas*) oder Projekte mit lokaler Auswirkung fließen.

---

[24] Durch das nationale Gesetz Nr. 6.634 vom 2. Mai 1979 wurde ein interner Streifen von 150 km Breite, der parallel zur territorialen Grenzlinie verlief, zum für die nationale Sicherheit unerlässlichen Gebiet erklärt. In diesem Streifen sind der Bau von Brücken, Straßen und Flugplätzen, die Inbetriebnahme von Radio- und Fernsehsendern, die Gründung von Unternehmen zum Abbau und zur Bearbeitung mineralischer Rohstoffe sowie Kolonisationsprojekte, Landtransaktionen und Niederlassung allgemeiner Unternehmen mit Auslandskapitalbeteiligung beschränkt und werden nur mit besonderer Zulassung des *Conselho de Segurança Nacional* bewilligt (vgl. PRESIDÊNCIA DA REPÚBLICA 1981). Darüber hinaus unterlagen seit 1968 über 20 Munizipien des Bundeslandes im Interesse der nationalen Sicherheit weiteren besonderen Bestimmungen.

[25] In Interviews, die der Autor bei Regierungsbehörden und mit politischen Vertretern der Region (*deputados estaduais* und *federais*) geführt hat, wurde dies mehrmals bestätigt.

TEIL III – ENTWICKLUNGSPOLITIK, RÄUMLICHE DIFFERENZIERUNGEN UND AUSWIRKUNGEN DER GLOBALISIERUNG

6. GRUNDZÜGE DER REGIONALENTWICKLUNGSPOLITIK IN RIO GRANDE DO SUL

6.1. Aufbau und Veränderung der politisch-administrativen Regionalisierungen

Was im Kontext dieser Arbeit unter *Regionalisierung* verstanden wird, soll hier ganz kurz erläutert werden: Es handelt sich um die Aufteilung oder Untergliederung des Bundeslandes Rio Grande do Sul in unterschiedliche Raumeinheiten, und zwar nach politisch-administrativen Kriterien. Im vorliegenden Kapitel werden vorwiegend die Regionalisierungsprozesse untersucht, die einen konkreten Zusammenhang mit der Untersuchungsregion Noroeste-Colonial und angrenzenden Gebieten haben.

Im Allgemeinen richten sich die politisch-administrativen Regionalisierungen in Rio Grande do Sul nach den Grenzen der Munizipien. Diese Grenzen wurden und werden von unterschiedlichen Faktoren beeinflusst, wie zum Beispiel von naturräumlichen, siedlungsbedingten oder statistischen Gliederungen[1], von kurzfristigen politischen oder strategischen Interessen oder von der stetigen Neubildung von Munizipien (*emancipações*).

Wenn man bedenkt, dass die eigentlichen Landesgrenzen von Rio Grande do Sul schon fast über 200 Jahre unverändert bestehen, so kann man sich eines gewissen Erstaunens kaum erwehren, wenn man beobachtet, dass es auf interner Ebene eine ganze Menge von administrativen Regionalisierungsansätzen und Regionsabgrenzungen gibt, die kontinuierlich durch politische Entscheidungen verändert werden.

Im Jahr 1804 wurde zum ersten Mal das gesamte Landesgebiet in vier Munizipien unterteilt. Bis 1950 sind in Rio Grande do Sul weitere 88 Munizipien entstanden und in den letzten 50 Jahren ist in dieser Hinsicht ein rasantes Wachstum eingetreten, indem sich die Anzahl der Munizipien praktisch um das Fünffache vergrößert hat (siehe Abbildung 13).

Die kontinuierliche Bildung neuer Munizipien kann folgendermaßen umrissen werden: Eines der ersten umfassenden Gesetze der brasilianischen Bundesregierung über territoriale Gliederung wurde im Jahr 1938 erlassen[2]. Dieses Gesetz legte unter anderem nationale Normen zur administrativen Gliederung in den Ländern fest; diese betrafen zum Beispiel die Struktur der Kommunen, die Grenzen der Distrikte und die Abgrenzung des Munizips, die Kriterien für die Einführung und Vereinheitlichung von Bezeichnungen wie zum Beispiel *cidade*, *vila*, *distrito* und *povoado*.

---

[1] Eine umfangreiche Übersicht über die wichtigsten nach naturräumlichen, siedlungsbedingten, statistischen und anderen Kriterien vorgeschlagenen (aber nicht durchgeführten) Regionalisierungen des Bundeslandes Rio Grande do Sul bietet MESQUITA (1984).

[2] *Decreto-Lei* n° 311, vom 2. März 1938.

Abb. 13: Graphische Darstellung der Zunahme der Munizipien in Rio Grande do Sul zwischen 1804 und 1996

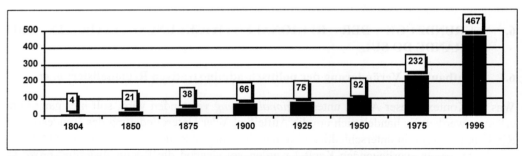

Quelle: eigene Zusammenstellung nach FEE 1981, FEE 1984 und CORAG 1997

Spezifische Gesetze, welche die Voraussetzungen für und das Vorgehen bei der Gründung neuer Munizipien festlegten, sind in Rio Grande do Sul erst ab 1954 in Kraft getreten[3]. Generell sind die Munizipien, die bis zu diesem Zeitpunkt entstanden sind, per Dekret der Gouverneure geschaffen worden. Mit der Bundesverfassung von 1967 wurden neue nationale Richtlinien zu diesem Thema erlassen, die wiederum durch die Bestimmungen der Verfassung von 1988 geändert wurden, wonach die Befugnis zur Gründung neuer Munizipien ausschließlich den Ländern zuerkannt wurde[4]. Die Gesetze, die in Rio Grande do Sul territoriale Gliederung oder sogenannte *emancipações* regeln (Landesverfassung und *Leis Complementares* n° 9.070/90 e 9089/90), sehen unter anderem vor, dass:

- die Maßnahmen zur Gründung, Inkorporation, Fusion oder Ausgliederung von Munizipien in der Periode zwischen 18 und 6 Monaten vor den Bürgermeisterwahlen durchgeführt werden sollen.

- nachdem sich eine Gründungskommission (*comissão de emancipação*) gebildet hat und vom Landesparlament (*Assembléia Legislativa*) anerkannt wurde, kann der Antrag zur Durchführung eines Plebiszits gestellt und der Gründungsvorgang eingeleitet werden.

- im Gründungsgebiet müssen mindestens 5.000 Menschen (darunter 1.800 Wähler) ihren Wohnsitz haben.

- im zukünftigen urbanen Kern müssen mindestens 150 Häuser, eine Grundschule und zusätzlich eine der folgenden öffentlichen Einrichtungen vorhanden sein: Wasserversorgung, Abwassersystem, Strom- und Straßenbeleuchtungsnetz, Gesundheitszentrum oder Polizeistelle.

- mit der Gründung darf das Ursprungsmunizip nicht mehr als 50% der Steuereinnahmen verlieren und die territoriale Kontinuität muss erhalten bleiben und

---

[3] Landesgesetze Nr. 2.116, vom 24. September 1953, und Nr. 4.054, vom 29. Dezember 1960.

[4] Die brasilianische Verfassung von 1988 sieht in Artikel 18 (§ 4) vor, dass jedes der einzelnen Länder spezifische Gesetze über Gründung, Fusion und Ausgliederung von Munizipien erlassen soll. Außerdem habe auch die betroffene Bevölkerung in plebiszitärer Form darüber zu entscheiden (BRASIL 1988; IBAM 1996).

- die realen Entwicklungschancen des Gebietes im Hinblick auf Bevölkerungswachstum, Wirtschaftsstruktur und Steuereinnahmen sind von unterschiedlichen Behörden zu überprüfen und zu begutachten.

Im Vergleich mit anderen Bundesländern ist die Gesetzgebung in Bezug auf *emancipações* in Rio Grande do Sul als äußerst restriktiv einzustufen (vgl. SCUSSEL 1996). In Brasilien konnte man nach 1988 trotz gesetzlicher Restriktionen eine Flut von Neugründungsvorgängen nicht verhindern[5]. Rio Grande do Sul war in dieser Hinsicht auch stark betroffen: Alleine im Jahr 1995 wurden im Landesparlament 135 Anträge zur Durchführung eines Plebiszits gestellt, von denen im Endeffekt 40 zur Bildung neuer Munizipien führten[6]. Zu Beginn der nächsten Legislaturperiode sind schon weitere 30 neue Munizipien zugelassen und über die Zahl der zukünftigen Anträge kann nur spekuliert werden.

Diese kurzen Ausführungen über die Problematik der Neubildungen von Gemeinden und ihre Dynamik signalisieren, dass ein enger Zusammenhang zwischen der Entstehung neuer Gemeinden und den politisch-administrativen Regionalisierungsprozessen in Rio Grande do Sul besteht. In den letzten 50 Jahren wurde eine ganze Menge von politisch-administrativen Regionalisierungen vorgeschlagen und eingeführt, aber nur wenige waren von Dauer. Bemerkenswert ist die Tatsache, dass in Rio Grande do Sul die offiziellen Regionalisierungen oft überlappend strukturiert sind; das bedeutet, dass im Allgemeinen die einzelnen Landesämter (*Secretarias Estaduais*) eigene Regionalisierungen haben. Zu den genannten kommen noch andere Regionalisierungsansätze hinzu, die das gesamte Bild komplex und unübersichtlich machen. Die Entstehung und Herausbildung von einheitlichen Regionen und selbst die Regionalentwicklung wird dadurch verhindert.

Die Regionalisierungen sind gekennzeichnet durch den relativ kurzlebigen Charakter ihrer Ansätze, der zum Teil durch die ständigen Grenzverschiebungen bedingt ist, zum Teil aber auch auf wechselnde Strategien zurückzuführen ist. In dieser Hinsicht bildet die Regionalisierung, die von dem DAER *(Departamento Autônomo de Estradas de Rodagem* = Autonome Abteilung für Straßenbau) im Jahr 1937 unternommen wurde, eine Ausnahme. Diese Regionalisierung wurde zu einer Zeit unternommen, wo der Straßenbau zwischen landwirtschaftlichen Produktionsstandorten und Häfen, Bahnanschlüssen und Verbrauchszentren von besonderer Bedeutung war. So wurde Rio Grande do Sul in acht *capatazias regionais* aufgeteilt[7]. Diese Struktur hat sich im Laufe der Zeit den gegebenen Herausforderungen angepasst und existiert heute noch, obwohl ihre Bedeutung im Vergleich zu früher deutlich zurückgegangen ist.

---

[5] In der Ausgabe Nr. 1.368 der Zeitschrift ISTOÉ, vom 20. Dezember 1995, wird auf Seite 35 unter dem Titel *Multiplicação negativa* Folgendes berichtet: „*Seit 1988 hat der Boom der Neugründungen schon 1.700 Munizipien (alle drei Tage zwei Städte) hervorgebracht; ferner 17.000 Stadtratsposten (6,6 Stadtratsposten pro Tag) und 68.000 Amtsposten (ein Posten pro Stunde)*" (Übersetzung des Autors).

[6] Im Landesparlament von RS wurde extra eine *Comissão de Estudos Municipais* eingerichtet, mit der Absicht Distrikte im Prozess der Munizipbildung zu unterstützen (s. ESTADO DO RIO GRANDE DO SUL 1990).

[7] Diese Bezeichnung geht zurück auf den Begriff des *capataz* (Werkmeister). In der Regel wurde jede *capatazia* einem Straßenbauingenieur überlassen, der für Straßenbau und -erhaltung in seinem Gebiet zuständig war. Eine *capatazia* entspricht etwa einer regionalen Straßenmeisterei.

Die Entwicklungsideologie der 70er Jahre hat einen weiteren Regionalisierungsansatz beeinflusst, der nie umgesetzt wurde, aber aufgrund seiner Besonderheit erwähnenswert ist: Im Jahr 1974 hat die *Secretaria de Desenvolvimento Regional e Obras Públicas* einen umfangreichen und fundierten Vorschlag zur territorialen Organisation des Bundeslandes gemacht[8], in dem die Zentralitätsgrundsätze von CHRISTALLER (1933) eine herausragende Rolle spielten. Passo Fundo, Caxias do Sul, Santa Maria und Pelotas wurden in der Hierarchiestruktur der Städte zu Regionalzentren (*capitais regionais*) erklärt, aber politische Interessen und Kontroversen haben dazu geführt, dass dieser Regionalisierungsansatz nie verwirklicht wurde.

Um die politisch-administrativen Aktivitäten und Maßnahmen auf der Ebene des gesamten Bundeslandes durchführen zu können, waren einzelne Landesämter (wie zum Beispiel die *Secretaria Estadual da Saúde,* die *Secretaria Estadual da Educação* oder die *Secretaria Estadual do Trabalho e Ação Social*) mehr oder weniger gezwungen, eine Dezentralisierung vorzunehmen. So haben sich im Laufe der Zeit die *Delegacias Regionais* gebildet, deren Aufgabe es ist, die Koordination einer bestimmten Anzahl von Munizipien im Auftrag der jeweiligen Landesämter vor Ort zu übernehmen und dafür zu sorgen, dass die entsprechenden Maßnahmen und Strategien der Regierung in der Region umgesetzt werden.

Andererseits sind aber auch endogene regionale Vereinigungen entstanden, die mit der Regierung in unterschiedlichen Formen und besonders auf politischer Ebene interagieren, wie zum Beispiel die *Associações de Municípios* (Gemeindeverbände) oder die *Associações das Câmaras de Vereadores* (Stadtratverbände). Hierbei handelt es sich um Verbände, bei welchen die jeweiligen Bürgermeister der Munizipien bzw. die Vorsitzenden des Gemeinderats der Munizipien teilnehmen. Die Bedeutung dieser Verbände ist von ihrer parteipolitischen Zusammensetzung abhängig. Wenn zum Beispiel in einem Gemeindeverband vorwiegend Bürgermeister der Partei des amtierenden Gouverneurs vertreten sind, so hat dieser Verband bessere Aussichten, seine Interessen bei der Landesregierung durchzusetzen.

Außerdem sind noch unabhängige oder übergeordnete Regionalisierungen im Gange, die auch eine gewisse Rolle im Regionalentwicklungsprozess spielen, wie zum Beispiel die MRH (*MicroRegiões Homogêneas*) des IBGE. Mikroregionen sind hauptsächlich als statistische Einheiten zu verstehen, die spezifische und vergleichbare Merkmale der Produktionsstruktur, der Landwirtschaft und der industriellen Aktivitäten von Munizipien aufweisen. Im politisch-administrativen Sinn haben Mikroregionen jedoch keine besondere Bedeutung. Lediglich die statistischen Daten der Gemeinden, die jeweils die Mikroregion bilden, spielen indirekt eine Rolle, und zwar insofern, als sie Teil jener Daten sind, welche der IBGE bereitstellt und die beispielsweise als Basis für die Berechnung von Steuersätzen dienen. In dieser Hinsicht haben die MRH also einen indirekten Einfluss auf die regionale Entwicklungsdynamik[9].

---

[8] Der Originaltitel lautet: *Regionalização – proposta de organização territorial do Estado para fins de programação regional e urbana* (vgl. SECRETARIA DE DESENVOLVIMENTO REGIONAL E OBRAS PÚBLICAS RS 1974).

[9] zu weiteren Erläuterungen in Bezug auf das Thema *Mikroregionen* siehe IBGE 1990

Und schließlich ist noch ein Regionalisierungsansatz zu erwähnen, der in direktem Zusammenhang mit der Landesentwicklungspolitik steht: die CRDs *(Conselhos Regionais de Desenvolvimento* - Regionalentwicklungsräte). Es ist der jüngste Regionalisierungsansatz in Rio Grande do Sul und er spielte ab Anfang der 90er Jahre eine wichtige Rolle. In der Anlaufphase wurde den Munizipien absolute Freiheit gewährt im Hinblick auf die Entscheidung, mit welchen nahegelegenen Munizipien ein Bund geschlossen werden sollte. Wenn man die Regionalisierung der Gemeindevereinigungen (*Associações de Municípios*) mit den neugebildeten CRD-Regionen vergleicht, dann stellt sich heraus, dass etwa 10% der Munizipien eine neue administrative Regionsbildung gewagt haben (s. METROPLAN 1998).

Tab. 10: Gegenüberstellung ausgewählter Regionalisierungen im Nordwesten des Bundeslandes Rio Grande do Sul

Munizipien des Conselho Regional de Desenvolvimento do Noroeste Colonial	Zugehörigkeit der Munizipien des CRD-NORC zur:			
	Associação de Municípios da Região...	Delegacia Regional de Educação	Delegacia Regional de Saúde	Microregião homogênea
Ajuricaba	Planalto Médio	36ª	17ª	Col. de Ijuí
Augusto Pestana	Planalto Médio	36ª	17ª	Col. de Ijuí
Barra do Guarita	Celeiro	21ª	15ª	Col. de S. Rosa
Bom Progesso	Celeiro	21ª	15ª	Col. de Iraí
Braga	Celeiro	21ª	15ª	Col. de Iraí
Campo Novo	Celeiro	21ª	14ª	Col. de Iraí
Catuípe	Missões	36ª	17ª	Col. Missões
Chiapeta	Celeiro	36ª	17ª	Col. de Ijuí
Condor	Planalto Médio	36ª	17ª	Col. de Ijuí
Coronel Barros	Planalto Médio	36ª	17ª	Col. de Ijuí
Coronel Bicaco	Celeiro	21ª	15ª	de Passo Fundo
Crissiumal	Celeiro	21ª	14ª	Col. de S. Rosa
Derrubadas	Celeiro	21ª	15ª	Col. de S. Rosa
Esperança do Sul	Celeiro	21ª	15ª	Col. de S. Rosa
Humaitá	Celeiro	21ª	14ª	Col. de S. Rosa
Inhacorá	Celeiro	36ª	17ª	Col. Missões
Ijuí	Planalto Médio	36ª	17ª	Col. de Ijuí
Jóia	Planalto Médio	36ª	17ª	Tritic. de C.Alta
Miraguaí	Celeiro	21ª	15ª	Col. de Iraí
Nova Ramada	Planalto Médio	36ª	17ª	Col. de Ijuí
Panambi	Planalto Médio	36ª	17ª	Col. de Ijuí
Pejuçara	Planalto Médio	9ª	17ª	Col. de Ijuí
Redentora	Celeiro	21ª	15ª	Col. de Iraí
Santo Augusto	Celeiro	21ª	17ª	de Passo Fundo
São Martinho	Celeiro	21ª	14ª	Col. de Iraí
São Valério Sul	Celeiro	21ª	17ª	de Passo Fundo
Sede Nova	Celeiro	21ª	14ª	Col. de S. Rosa
Tenente Portela	Celeiro	21ª	15ª	Col. de S. Rosa
Tiradentes do Sul	Celeiro	21ª	15ª	Col. de S. Rosa
Três Passos	Celeiro	21ª	15ª	Col. de S. Rosa
Vista Gaúcha	Celeiro	21ª	15ª	Col. de S. Rosa

Quelle: Eigene Zusammenstellung aus CRD-NORC 1994, CORAG 1997, GOVERNO DO ESTADO DO RIO GRANDE DO SUL 1986, ESTADO DO RIO GRANDE DO SUL 1994b und EDV-Liste der DELEGACIA REGIONAL DE EDUCAÇÃO in Ijuí – RS

Erläuterungen: Delegacias Regionais sind nach Ordnungszahlen gekennzeichnet
Col. = Colonial; Tritic. = Triticultora

In den folgenden zwei Teilen dieses Kapitels werden die allgemeinen Rahmenbedingungen des zuletzt erwähnten Regionalisierungsprozesses (CRD) und die Grundzüge der Entwicklung und Struktur eines Fallbeispiels (CRD Noroeste-Colonial) dargestellt. In diesem Abschnitt geht es ausschließlich darum, die räumlichen Übereinstimmungen und Abweichungen der einzelnen Regionalisierungen im Nordwesten von Rio Grande do Sul untereinander festzustellen (siehe Tabelle 10).

Anhand von Tabelle 10, in der die Zugehörigkeit der 31 Munizipien des *Conselho Regional de Desenvolvimento do Noroeste Colonial* zu weiteren Regionalisierungen dargestellt wird, können sowohl homogene und übereinstimmende als auch heterogene und abweichende Regionalisierungen festgestellt werden:

Der erste Fall (Übereinstimmung der Grenzen unterschiedlicher Regionalisierungsansätze) ist bei dem Vergleich des Gebietes des CRD-NORC mit den *Associações de Municípios* (*do Planalto Médio* + *da Região Celeiro*) und den *Delegacias de Educacão* (36^a und 21^a) gegeben, mit jeweils einer Ausnahme: Catuípe gehört zur *Associação dos Municípios da Região das Missões* und Pejuçara zur 9^a *Delegacia da Educação*. Der zweite Fall, wo eher nicht-übereinstimmende Grenzen zu konstatieren sind, ist beim Vergleich des Gebietes des CRD-NORC mit den Gebieten der *Delegacias Regionais da Saúde* und der *microregiões homogêneas* gegeben.

Eine allgemeine Erklärung für diese diffusen Abgrenzungen unter den fünf vorgestellten Regionalisierungen liegt in der Tatsache, dass sie für unterschiedliche Zwecke erstellt worden sind: Gesundheit, Bildung, Statistik, Politik und Verwaltung. Darüber hinaus spielt auch der diachronische Aspekt eine bedeutende Rolle: Während die Regionalisierungen *microregiões homogêneas* und *Associação dos Municípios* ab den 60er Jahren entstanden sind, wurden die *Delegacias Regionais* durch Abspaltung und Teilung größerer Einheiten in jüngerer Zeit ins Leben gerufen. Die Regionalisierung in *Conselhos Regionais* ist unter den gegebenen Beispielen der neueste Ansatz. Ein weiterer zu betrachtender Aspekt ist die Tatsache, dass es unter den fünf Beispielen sowohl von oben nach unten eingesetzte als auch von der Region aus hervorgerufene Regionalisierungsansätze gibt.

Diese zum Teil chaotische Situation der überlappenden Regionalisierungen wird nur langsam von Vertretern einzelner Munizipien, Regionen und Institutionen sowie von einzelnen Autoritäten und Forschern als entwicklungshemmend wahrgenommen. Erste Versuche, die Gebiete der *Conselhos Regionais* und der *Associações de Municípios* zu völliger Übereinstimmung zu bringen, wurden unternommen[10], hängen aber grundsätzlich von der Bereit-

---

[10] In einer Versammlung, die am 5. Februar 1998 in Porto Alegre stattfand, haben Vertreter der FAMURS (*Federação da Associação dos Municípios do Rio Grande do Sul*) und der *Conselhos Regionais de Desenvolvimento* über die Notwendigkeit einer „*Kompatibilität der Jurisdiktionen der Gemeindeverbände und der Regionalentwicklungsräte*" dikutiert (FAMURS 1998:2 – Übersetzung des Autors). Da es unter diesen beiden eher endogenen Regionalisierungen nur wenige Abweichungen gibt, wurde eine Kommission gegründet, die die Fälle im Einzelnen überprüfen und einen Vorschlag zur Harmonisierung bzw. Übereinstimmung der Grenzen machen soll. Dem Autor sind bis Ende 1998 in dieser Hinsicht keine konkreten Maßnahmen bekannt geworden.

schaft einzelner Munizipien zu einem Regionswechsel ab. Reformansätze mit dem Ziel, eine Übereinstimmung der anderen bestehenden Regionalisierungen unter sich (*Delegacias Regionais*) oder mit den CRDs zu erreichen, werden sich höchstenfalls sehr langsam entwickeln und stoßen auf enormen politischen Widerstand und konträre strategische Interessen.

6.2. Handlungsspielraum der Landesentwicklungspolitik in den 90er Jahren

Im Anschluss an die Verkündung der brasilianischen Bundesverfassung von 1988 haben sich die Abgeordneten der brasilianischen Bundesländer darangemacht, die jeweiligen Landesverfassungen zu konzipieren. Die Grundgesetze der einzelnen Länder sind natürlich unterschiedlich ausgefallen, obwohl sie im wesentlichen vergleichbare Aspekte behandeln und zum Teil auch eine ähnliche Form aufweisen. Unter der Voraussetzung, dass die Bestimmungen der nationalen Verfassung beachtet und eingehalten werden, können aber die Landesverfassungen im Detail stark voneinander abweichen und ihre jeweils eigenen Charakteristika aufweisen.

An dieser Stelle wird aber nicht beabsichtigt, die unterschiedlichen Landesverfassungen miteinander zu vergleichen. In erster Linie geht es hier darum, die Landesverfassung des Bundeslandes Rio Grande do Sul in ihrem Bezug zur Thematik der Entwicklungspolitik zu analysieren.

Es mag etwas merkwürdig erscheinen, dass gerade in Rio Grande do Sul, einem Land, das bekanntlich zu den am meisten entwickelten Bundesländern Brasiliens gehört, das Thema Entwicklungspolitik eine besondere Rolle spielt und bei der Ausarbeitung der Verfassung von großer Bedeutung war. Der Grund hierfür liegt zum Teil darin, dass selbst in Rio Grande do Sul erhebliche sozioökonomische Disparitäten und räumliche Unterschiede vorhanden sind, wie im weiteren Verlauf der Arbeit zu zeigen sein wird.

Das Thema Entwicklungspolitik ist in Rio Grande do Sul aber nicht ausschließlich wegen sozioökonomischer Disparitäten und räumlicher Ungleichheiten von Bedeutung. Auch andere Faktoren haben die regionale Entwicklungspolitik nachhaltig beeinflusst, wobei mindestens drei erwähnenswert sind. Erstens: Obwohl Rio Grande do Sul seit Beginn der Republik zu den wirtschaftlich stärksten Bundesländern Brasiliens zählt, muss das Land aufgrund seiner geographischen Position auf nationaler Ebene mit einer räumlichen Randlage zurechtkommen und die Nachteile dieser Lage hinnehmen. Zweitens: Es wird befürchtet, dass die unmittelbare Nachbarschaft zu Argentinien und Uruguay und die wirtschaftliche Integration (Mercosul) gravierende Auswirkungen im primären Sektor von Rio Grande do Sul auslösen können. Der dritte Faktor ist die allgemeine Überzeugung und Hoffnung der *gaúchos*[11], dass

---

[11] Wenn nicht ausdrücklich darauf hingewiesen wird, dann wird in der vorliegenden Arbeit der Begriff *gaúcho(s)* ausschließlich dazu verwendet, die Bewohner des Bundeslandes Rio Grande do Sul zu bezeichnen.

unter den erwähnten Umständen ein landesentwicklungsstrategischer Ansatz größere Erfolgschancen hat, wenn er dezentralisiert, regionalisiert und partizipativ[12] durchgeführt wird.

Die hier erwähnten und andere Aspekte haben zum innovativen Charakter der Landesverfassung von Rio Grande do Sul beigetragen. Das eigenartige Entwicklungsmodell wird an unterschiedlichen Stellen der Verfassung aber nur in Ansätzen umrissen: In Artikel 149 (§ 8) wird beispielsweise festgelegt, dass der jährliche Haushaltsplan in regionalisierter Form zu erstellen ist, mit dem Ziel, die regionalen und sozialen Ungleichheiten zu verringern. Ausschlaggebend ist aber Artikel 167, der die Definition der globalen, regionalen und sektoralen Richtlinien der Entwicklungspolitik einem spezifischen Organ zuschreibt, das von der Regierung und der zivilen Gesellschaft zu bilden ist und in dem beide gleich stark vertreten sein müssen (vgl. GOVERNO DO ESTADO DO RIO GRANDE DO SUL 1997a).

Innovativ ist der Ansatz also in dem Sinne, dass er der zivilen Gesellschaft in den einzelnen Regionen eine mit der Regierung gleichrangige Position bei der Definition von Entwicklungsmaßnahmen einräumt. Im Endeffekt zählt natürlich nicht, was in der Verfassung steht, sondern vielmehr das, was von den in der Verfassung angestrebten Zielen und Bestimmungen faktisch erreicht und umgesetzt wird. Aus verschiedenen Gründen sind die Anordnungen der Landesverfassung von 1989 in Bezug auf die Landesentwicklungspolitik erst 1991, während der Amtszeit des Gouverneurs Alceu Collares, schrittweise umgesetzt worden, und zwar mit der Einrichtung der ersten *Conselhos Regionais de Desenvolvimento*.

Einerseits haben die neuen Verfassungsbestimmungen in der Realität keinen entwicklungspolitischen Umbruch ausgelöst, da sie etappenweise eingeführt worden sind und eher eine langsame Anpassung der Mechanismen und Strukturen an die Verfassungsordnung darstellen als eine Strategie, die bis ins letzte Detail durchdacht und planmäßig umgesetzt wurde. Obwohl sich diese Mechanismen und Strukturen bei jedem Machtwechsel neu behaupten müssen[13], ist eine Konsolidierungsphase eingetreten. Auch wenn im Jahr 1998 die direkten Entwicklungsprojekte der CRDs lediglich 1,25% des Landesbudgets ausmachten, ist der in Rio Grande do Sul eingeschlagene Weg der Landesentwicklungspolitik nicht mehr aus diesem Bundesland wegzudenken.

Andererseits hat die in Rio Grande do Sul eingeschlagene Entwicklungspolitik einen partizipativen und endogenen Regionalentwicklungsprozess in Gang gesetzt, der bislang zumindest in Brasilien einmalig ist. Die effektive und direkte Partizipation der Gesellschaft bei der Definition der Entwicklungspolitik und der Festlegung der Landesinvestitionen rückt immer mehr in den Vordergrund der Diskussionen[14].

---

[12] Das Adjektiv *partizipativ* (direkte Übersetzung des portugiesischen *participativo*) ist im Deutschen im Gegensatz zu dem Infinitiv *partizipieren* eher ungewöhnlich, doch als Analogiebildung verständlich und zudem präziser und weniger umständlich als etwa der Ausdruck „unter Beteiligung von...".

[13] Die CRDs haben bisher zwei Regierungswechsel überstanden: im Jahr 1995, als Antonio Brito (PMDB) die Regierung übernahm, und im Jahr 1999, als er von Olívio Dutra (PT) abgelöst wurde.

[14] Im folgenden Kapitel wird auf diese Tendenz näher eingegangen.

Darüber hinaus bleibt unumstritten, dass die führende Rolle des Staates in Bezug auf eine harmonische Entwicklungspolitik nicht restlos dezentralisiert werden kann, auch wenn es sich um einen noch so demokratischen, endogenen und partizipativen Ansatz handelt. Jüngste Beispiele und Erfahrungen deuten darauf hin, dass das Entwicklungsmodell aus Rio Grande do Sul zwar dazu geeignet ist, die sozialen Bedürfnisse der Bevölkerung und die wirtschaftlichen und strukturellen Nachteile der Regionen aufzudecken, aber nur geringe Chancen bei der Steuerung von Produktionsfaktoren hat, gegenüber Marktentscheidungen ziemlich wirkungslos bleibt und der nationalen makroökonomischen Politik sogar vollkommen ausgeliefert ist.

Diese Schwachstelle, dass nämlich die endogene Planung zur Entwicklung von Regionen durch die Nebenwirkungen der makroökonomischen und sektoralen Politik auf nationaler Ebene einfach überrollt wird (vgl. HADDAD 1989), ist anscheinend ein Charakteristikum partizipativer Regionalentwicklungsmodelle.

Die Gefahr, dass der nordwestliche Teil des Bundeslandes Rio Grande do Sul von nationalen Entwicklungsplänen und Projekten überrollt wird, scheint gegenwärtig jedoch sehr gering zu sein: im Rahmen der ersten Auflage des *Plano Brasil em Ação*[15] sind keine *grundlegenden Investitionen zur Entwicklung* (wie es in den offiziellen Verlautbarungen heißt) vorgesehen. In der Regel sind es aber nicht unbedingt übergeordnete Projekte, die unerwünschte Auswirkungen in den Regionen auslösen, wie es oft bei den zentralgeplanten Großprojekten der Fall war, sondern eher die wirtschaftspolitischen Maßnahmen der Bundesregierung.

Außerdem sind die Steuerungsmöglichkeiten einer Landesregierung in Bezug auf die harmonische Regionalentwicklung sehr begrenzt, besonders dann, wenn zwischen den Bundesländern und Regionen ein harter Konkurrenzkampf um öffentliche und private Investitionen entbrannt ist. Die Tatsache, dass öffentliche Investitionen sich eher mit sozialen Argumenten steuern lassen als private Investitionen, gehört zu den Grundsätzen der freien Marktwirtschaft. Unumstritten ist auch, und die Realität beweist es noch einmal in Rio Grande do Sul, dass private Investitionen normalerweise zu einer räumlichen Konzentration tendieren[16]. Um so größer ist die Bedeutung einer Entwicklungspolitik, die den räumlichen Disparitäten entgegenkommt.

---

[15] Der *Plano Brasil em Ação* ist der offizielle Plan der Regierung Fernando Henrique Cardoso für die nationale Entwicklung. In der ersten Auflage wurden Investitionen für 42 strategische Projekte in ganz Brasilien vorgesehen (vgl. MINISTÉRIO DO PLANEJAMENTO E ORÇAMENTO 1996). Die Investitionen liefen 1997 an, aber mit den jüngsten Finanzkrisen wurde die Regierung zu gewaltigen Kürzungen und zur Verschiebung der Projekte gezwungen. In der zweiten Auflage (für die Periode 2000-2003) wurde der Schwerpunkt der Investitionen nicht mehr auf bestimmte Projekte, sondern auf *Eixos de Integração e Desenvolvimento* (Integrations- und Entwicklungsachsen) gelegt (vgl. ZERO HORA 29.09.97:6). Die Chance, dass die geplanten Investitionen der beiden Auflagen des Plans vollständig getätigt werden, ist unter den gegebenen Umständen äußerst gering.

[16] Nach Schätzungen der Landesregierung wurden in Rio Grande do Sul zwischen 1997 und 1998 ca. 14 Mrd. US-$ in öffentliche und private Projekte investiert. Davon ist die Industriebranche mit mindestens 9,3 Mrd. US-$ beteiligt. Der Industriesektor konzentriert sich besonders auf die Metropolitanregion und auf die Achse Porto Alegre – Caxias do Sul (PLURAL COMUNICAÇÃO 1998).

In diesem Zusammenhang sind zwei Projekte zu erwähnen, die sowohl im Rahmen der Bundes- als auch der Landesentwicklungspolitik einzuordnen und von großer Bedeutung für die Entwicklung von Rio Grande do Sul sind: das sogenannte *Programa Reconversul*[17] und der *Plano de Desenvolvimento Sustentável da Área da Bacia do Rio Uruguai*[18]. Sie werden aber hier nicht weiter erörtert, weil sie die Entwicklung weiterer spezifischer Regionen zum Ziel haben und weil bei ihnen teilweise Mechanismen und Instrumente Anwendung finden, die mit der vorliegenden Arbeit wenig zu tun haben.

Schließlich stellt sich noch die Frage, ob der Handlungsspielraum der Landes- und Lokalregierungen durch den eingeleiteten (aber nicht abgeschlossenen) nationalen Dezentralisierungsprozess (siehe Kapitel 1.4) sich gegenüber den früheren zentralen Machtverhältnissen wesentlich verändert hat und welche konkreten Ergebnisse dadurch erreicht worden sind.

Es macht aber wenig Sinn, Maßnahmen sowie Veränderungen und Ergebnisse der Dezentralisierung[19] zu analysieren, ohne zumindest eine annähernde Vorstellung über das Ausmaß und die Bedeutung der politischen Zentralisierung Brasiliens, die bis in die jüngste Vergangenheit nicht zu übersehen war[20], zu haben.

Die politische Zentralisierung hat in Brasilien eine historische Tradition. Schon 1862 stellte Irineu Evangelista de Souza, der als einer der ersten großen brasilianischen Unternehmer angesehen wird und den Titel Visconde de Mauá trug, kritisch fest, dass *„Zentralisierung in hohem Maße gravierende Missstände hervorruft. [...] Die administrative Zentralisierung führt in sehr starkem Maße dazu, dass der Staatsapparat und die Beamtenschaft aufgebläht werden und dass dienstliche Mitteilungen an über- oder untergeordnete Stellen, sowie Rückfragen und Formalitäten, der gesamte Papierkram eben, sich vervielfachen. [...] Die*

---

[17] Eigentlich *Programa de Fomento e Reconversão Produtiva da Metade Sul do Estado do Rio Grande do Sul*. Dieses Programm ist ein spezifisches Aktions- und Finanzierungsprogramm für die Südhälfte des Bundeslandes Rio Grande do Sul und wird seit 1996 mit Mitteln des *Banco Nacional de Desenvolvimento Econômico e Social* finanziert (s. BNDES 1996).

[18] Dieser Plan wurde im November 1997 von den Landesregierungen der Bundesländer Rio Grande do Sul und Santa Catarina veröffentlicht. Er wurde von Vertretern der zivilen Gesellschaft in Zusammenarbeit mit Technikern beider Landesregierungen ausgearbeitet und im Rahmen einer offiziellen Bundesrichtlinie zur Regionalentwicklung (vgl. MINISTÉRIO DO PLANEJAMENTO E ORÇAMENTO 1995) an die *Secretaria Especial de Políticas Regionais* des Planungsministeriums in Brasília weitergeleitet, um schließlich in die zweite Auflage des *Plano Brasil em Ação* (2000-2003) aufgenommen zu werden.

[19] Das, was die Bundesregierung als *Dezentralisierung* bezeichnet (Übertragung staatlicher Funktionen, Übertragung der Einflussnahme auf Budgets und Übertragung von Ressourcen und politischer Autorität auf untere bzw. nachgeordnete Regierungsebenen), wird aus der Perspektive der Lokalregierungen als *Munizipalisierung* bezeichnet.

[20] Da die Form und die Intensität der Dezentralisierung in den einzelnen Regierungssektoren sehr unterschiedlich verlaufen ist (auch in zeitlicher Hinsicht), sind noch überall Spuren der Zentralisierung zu beobachten: Hauptsächlich im Bereich der internationalen Beziehungen und Rechtsangelegenheiten bleibt noch vieles zu tun. Aber auch ehemalige Bürgermeister wissen ein Lied davon zu singen; manche *Prefeitos* waren gezwungen, während einer einzigen Amtsperiode (4 Jahre) über 150 Reisen in die Hauptstadt Brasília zu unternehmen, um dort unterschiedlichen Angelegenheiten ihrer Gemeinden nachzugehen.

Vertretung aller, selbst sekundärer oder lokaler Verwaltungsinteressen durch die Zentralregierung, zerstört das Leben in den Gemeinden, verlängert die Herrschaft von Gleichgültigkeit und Unwissenheit in den Ortschaften und schließt die Türen der einzigen 'Schule', in der die Bevölkerung die praktische Befähigung zur öffentlichen Verwaltung erwerben und erlernen kann" (zitiert nach BELTRÃO 1984:17 – Übersetzung und Hervorhebung des Autors).

Schon während der Militärdiktatur (1964-1985), einer Periode, in der die Zentralisierung der Macht in der brasilianischen Republik ihren Höhepunkt erreichte, haben einzelne politische Führungskräfte unverblümt für die politische Dezentralisierung plädiert, zum Beispiel der ehemalige Minister (für Planung, Sozialversicherung und Entbürokratisierung) Hélio Beltrão: „*Die größte und mutigste Revolution, die in Brasilien durchzuführen ist, ist die Revolution der Dezentralisierung*" (BELTRÃO 1984:19; Übersetzung des Autors). Beltrão war davon überzeugt, dass Dezentralisierung die beste Art und Weise sei, die Kosten der öffentlichen Verwaltung zu reduzieren und die Effizienz von Maßnahmen der Regierung zu steigern.

Die Demokratisierung und die Verfassungsänderungen der 80er Jahre haben den Grad der Autonomie subnationaler Regierungsebenen in Brasilien deutlich erhöht: Gemeinde- und Landesregierungen haben über gesetzlich festgelegte Mechanismen den Zugang zu öffentlichen Ressourcen ausbauen können, aber eine entsprechende Abklärung oder Erweiterung lokaler Zuständigkeiten blieb aus.

So bleibt festzustellen, dass es, bewirkt durch eine Dezentralisierung, die zwar angefangen, aber nur zur Hälfte abgeschlossen wurde, nur „*spärliche Anzeichen gibt, dass sich die allgemeine Ausgabeneffizienz des öffentlichen Sektors verbessert hat. [...] Brasiliens Erfahrung zeigt, daß eine politische und fiskalische Dezentralisierung keine verbesserte Effizienz des öffentlichen Sektors garantiert, sondern die gesamtwirtschaftliche Stabilität gefährden kann*" (WELTBANK 1997:146).

Wenn man die Auswirkungen der Dezentralisierung auf lokaler Ebene näher betrachtet, bestätigt sich zweierlei. Einerseits, dass die allgemeine Schlussfolgerung der Weltbank auch auf Lokalebene nachvollziehbar ist, wie man es an einem Beispiel des Munizips Panambi beobachten kann: 1994 entschied sich der damalige Bürgermeister, Miguel Schmidt-Prymm, für die *municipalização da saúde*[21], d. h., die Gemeinde übernahm die volle Verantwortung

---

[21] *Municipalização da saúde* ist ein Prozess, bei welchem die Bundes- und die Landesregierung finanzielle, politische und administrative Angelegenheiten im Gesundheitsbereich - einschließlich Personal, Einrichtungen (physische Strukturen), Aktionen und Dienstleistungen - der munizipalen Regierung unter bestimmten Voraussetzungen und gegenseitigen Verpflichtungen übertragen. Die Munizipalisierung im Gesundheitsbereich soll in ganz Brasilien schrittweise eingeführt werden. Panambi war eines der ersten Munizipien in ganz Rio Grande do Sul, das diesen Prozess eingeleitet hat (s. MALHEIROS 1995; PREFEITURA MUNICIPAL DE PANAMBI 1995; RINALDI / DEGRANDI / SPEROTTO / CALLAI 1997; zum Thema im Allgemeinen s. CUNHA 1996; MEDICI 1991 und RABELO 1996; zu den gesetzlichen und technischen Richtlinien s. MINISTÉRIO DA SAÚDE 1993; FAMURS 1994 und 1997a; SECRETARIA DA SAÚDE E DO MEIO AMBIENTE RS 1993, 1994a, 1994b, 1994c und 1996a).

(Übernahme von Kosten eingeschlossen) über die gesamten Gesundheitsangelegenheiten der lokalen Bevölkerung; als Gegenleistung verpflichteten sich die Bundes- und Landesregierung zur monatlichen Überweisung von Deckungsmitteln nach bestimmten Maßgaben.

Es wurde nie eine kritische Evaluierung des Dezentralisierungsexperiments durchgeführt. Diejenigen, die den Prozess politisch befürwortet und eingeleitet haben, sind davon überzeugt, der lokalen Bevölkerung ein grundsätzliches Bürgerrecht in den tagtäglichen Handlungen des öffentlichen Dienstes eingeräumt zu haben. Die Bevölkerung schien hingegen nicht besonders beeindruckt zu sein: Als bei der nächsten Bundestagswahl der Bürgermeister noch einmal kandidierte, erhielt er nur einen Bruchteil der Stimmen, die er benötigte, um als Bundestagsabgeordneter gewählt zu werden. Außerdem entkam die Stadtverwaltung der Zahlungsunfähigkeit nur knapp, weil die Bundes- und die Landesregierung ihre Zahlungsverpflichtungen nicht immer einhielten und weil bei der Übernahme des Gesundheitswesens durch die Lokalregierung nicht nur Betriebskosten, sondern auch Strukturkosten entstanden (siehe in Tabelle 15 den überdurchschnittlichen Anteil der Ausgaben des Munizips Panambi im Gesundheitsbereich). Tatsache ist auch, dass der nachfolgende Bürgermeister die Munizipalisierung des Gesundheitssystems zum Teil wieder rückgängig gemacht, d. h. auf alte Strukturen und Mechanismen hingewirtschaftet hat.

Andererseits haben die unterschiedlichen Dezentralisierungsansätze, die in den letzten Jahren in Brasilien unternommen wurden (im Schulwesen sind auch unterschiedliche Experimente im Gange[22]), die Bevölkerung aus einem Zustand der politischen Lethargie erweckt. Es werden auf lokaler Ebene immer mehr bürgerrechtliche Ansprüche geltend gemacht, aber auch Initiativen ergriffen, die eine Annäherung zwischen Bedürfnissen der Bevölkerung und staatlichem Handeln zum Ziel haben.

6.3. Ein Fallbeispiel der gegenwärtigen Landesentwicklungspolitik: von der Entstehung des CRD-Noroeste Colonial bis zu den Auseinandersetzungen über den partizipativen Haushaltsplan

Unter den 22 Regionalentwicklungsräten, die mittlerweile in Rio Grande do Sul eingerichtet wurden, hat der *Conselho Regional de Desenvolvimento do Noroeste Colonial* (CRD-NORC) von Anfang an eine wichtige Rolle übernommen. Seine Entstehung ist mit der Einführung und dem Aufbau der gegenwärtigen Entwicklungspolitik im Bundesland Rio Grande do Sul dermaßen verwoben, dass es manchmal schwierig ist, allgemeine und spezifische Sachverhalte auseinander zu halten. Der CRD-NORC ist in vielfacher Hinsicht ein Vorreiter für die anderen Regionen gewesen, was seine Auswahl als Fallbeispiel rechtfertigt.

---

[22] Siehe hierzu MINISTÉRIO DA EDUCAÇÃO E DO DESPORTO 1997; SECRETARIA DA EDUCAÇÃO RS 1995; FAMURS 1990, 1997b und 1997c; UNIJUI 1996; BRZEZINSKI 1997; SEVILLA 1994; SOBRINHO 1995; WINCKLER / SANTAGADA 1996.

Die Landesverfassung von 1989 sah neue Ansätze in der Entwicklungspolitik vor, aber die zu jener Zeit amtierende Regierung konnte, hauptsächlich aus Zeitmangel, nur wenige Bestimmungen umsetzen. Als Anfang 1991 eine andere Partei die Regierung übernahm, wurden die Verfassungsbestimmungen in Bezug auf die Regionalentwicklungspolitik in Angriff genommen. Noch bevor irgendwelche offiziellen Richtlinien bekannt gemacht wurden, haben sich diesbezüglich einzelne Munizipien, Institutionen und Segmente der Gesellschaft an die Arbeit gemacht[23].

Im März 1991 wurde in Ijuí ein Landesworkshop (*I Encontro de Articulação e Desenvolvimento Regional*) organisiert, bei dem die Regierung offiziell den politischen Kompromiss verkündete, die Landesinvestitionen fortan nach enger Zusammenarbeit und Absprache mit Regionalentwicklungsräten, die speziell dafür eingerichtet, organisiert und gegründet werden sollten, durchführen zu wollen. Die Perspektive, dass nicht nur Verwaltungsangelegenheiten, sondern auch der Haushaltsplan dezentralisiert, regionalisiert und partizipativ gestaltet werden sollte, weckte Hoffnung und Interesse, aber auch Erwartungen unter Politikern und in der Gesellschaft.

Aber die Konzeption der Regionalentwicklungsräte war in der Anfangsphase eine sehr konfuse Angelegenheit. Der wichtigste Punkt in der Landesverfassung sah vor, dass die Festlegung der globalen, regionalen und sektoralen Richtlinien der Entwicklungspolitik einem spezifischen Organ zustehe, das paritätisch von Vertretern der Regierung und der zivilen Gesellschaft zu bilden sei. Erst nach zahlreichen und mühsamen Diskussionsrunden, Seminaren und *Workshops*, an welchen Vertreter der Regierung und der zivilen Gesellschaft teilnahmen, kam man zu einem Konsens über die Aufgaben sowie über die Form und Struktur der Zusammenarbeit.

Zu Beginn der Diskussionen hatten sich die Munizipien der Regionalverbände (*Associação dos Municípios*) Planalto Médio, Celeiro und Grande Santa Rosa und das Munizip Catuípe in einem CRD organisiert. Dieses Gebiet entsprach mehr oder weniger dem Aktions- und Einflussgebiet der *FIDENE (Fundação de Integração, Desenvolvimento e Educação do Noroeste do Estado do Rio Grande do Sul)*, mit Sitz in Ijuí. Die genannte Institution war an der gesamten Diskussion über die zukünftige Landesentwicklungspolitik von Anfang an beteiligt und übte einen gewissen Einfluss auf die Dynamik des Geschehens aus. Aus diesem Grund spalteten sich die Munizipien des Regionalverbandes Grande Santa Rosa kurz vor der offiziellen Einrichtung des CRD-NORC im Juni 1991 ab und gründeten einen eigenen Regionalentwicklungsrat, der CRD Fronteira Noroeste genannt wurde. Dass bei dieser Abspaltung politische Interessen und Befürchtungen über eine interne Konzentration der Macht in Ijuí eine wesentliche Rolle gespielt haben, ist offensichtlich.

---

[23] Besonders bei der Einführung von innovativen Prozessen ist entsprechend der Gauß'schen Verteilungskurve in der Anfangsphase eine relativ geringe Beteiligungsbereitschaft der Betroffenen zu konstatieren, was auch im vorliegenden Fall zum Ausdruck kam: Zu Beginn der Diskussionen nahmen nur wenige Munizipien die Absicht der Regierung ernst, während ein gewisses Nachlassen der Skepsis und eine gewisse Beteiligungsbereitschaft in anderen Regionen sogar erst dann zu konstatieren waren, nachdem der überwiegende Teil der Munizipien sich bereits in CRDs organisiert hatte.

Im Laufe der Jahre 1991-92 haben sich in ganz Rio Grande do Sul die anderen Regionalentwicklungsräte organisiert und wurden nacheinander offiziell eingerichtet. Obwohl die Mechanismen und Instrumente der Zusammenarbeit noch in Bearbeitung waren und einer formellen und gesetzlichen Verankerung bedurften, stellten die schon strukturierten CRDs ihre Anträge (*demandas regionais*) an die Regierung. Alleine der CRD-NORC stellte noch für die zweite Jahreshälfte von 1991 79 Projekte im Gesamtwert von 180 Mio. US-$ auf. Im Laufe der Zeit wurden die regionalen Anträge und die Anzahl der Projekte immer bescheidener: Für die erste Jahreshälfte von 1992 wurden 18 Projekte im Gesamtwert von 30 Mio. US-$ geplant und für die zweite Jahreshälfte wurden weitere 15 Projekte im Gesamtwert von 2 Mio. US-$ entworfen (vgl. CRD-NORC 1994).

Als Tiefpunkt der Bescheidenheit bei den regionalen Anforderungen und der noch geringeren Bereitschaft seitens der Regierung, die sogenannten *demandas regionais* umzusetzen, muss das Jahr 1993 angesehen werden: Die Region Noroeste Colonial plante nur noch sechs Projekte (in den Bereichen Landwirtschaft, Energie, Wissenschaft & Technologie, Gesundheits-, Wohnungs- und Bildungswesen) im Gesamtwert von 3,23 Mio. US-$. Wäre es der Landesregierung gelungen, all diese Projekte zu finanzieren, dann entspräche dies einer Investition im Rahmen der Regionalentwicklungspolitik von ungerechnet knapp 10,00 US-$ pro Kopf und Jahr. In diesem Jahr wurden aber nur 30% eines der kleinsten der sechs geplanten Projekte verwirklicht.

Diese Beispiele verdeutlichen, dass zu Beginn des Prozesses eine sehr große Diskrepanz zwischen den *demandas regionais* und der realen Investitionskapazität des Landes vorhanden war. Schon nach wenigen Durchgängen des Prozesses ist eine gewisse Ernüchterung und eine noch größere Enttäuschung über die begrenzten Möglichkeiten des neuen Konzeptes zur Regionalentwicklung eingetreten. Aber trotz niederschmetternder Ergebnisse und negativer Erfahrungen wurde das Modell nicht aufgegeben, denn schließlich hatte ja nicht eine außergewöhnliche Verringerung der Investitionskapazität des Staates stattgefunden, sondern lediglich eine Veränderung der Investitionspolitik.

Die ersten Jahre waren sowohl für die CRDs als auch für die Regierung eine Lehre: Einzelne abgelehnte Projekte, denen man eine gewisse Umsetzungschance zubilligte, wurden nach Absprache mit den einzelnen Ämtern (*Secretarias Estaduais*) umformuliert und im folgenden Jahr, zusammen mit anderen Projekten, noch einmal präsentiert. Einige Anforderungen der Regionen wurden zum Teil aber auch von den einzelnen Ämtern und öffentlichrechtlichen Unternehmen (*autarquias*) wie zum Beispiel der CORSAN (*Companhia Riograndense de Saneamento*) im Rahmen ihrer normalen Tätigkeiten und Projekte übernommen. Manchmal kam es auch vor, dass die Durchführung und Finanzierung eines bestimmten Projektes sich über mehrere Jahre hinzog oder dass ein Projekt, das zwei oder drei Jahre zuvor beantragt worden war, plötzlich in Gang gesetzt wurde, nachdem juristische Hindernisse beseitigt oder verwaltungstechnische Probleme gelöst worden waren. Außerdem haben die einzelnen Ämter in sehr unterschiedlicher Form die Anträge der CRDs umgesetzt. Diese und andere Aspekte erschweren eine klare Übersicht und eine direkte Gegenüberstellung von regionalen Anträgen und den entsprechenden Umsetzungshandlungen des Staates.

Nach kurzer Zeit wiesen die CRDs eine gewisse Uniformität im Hinblick auf die jeweilige interne Struktur und Arbeitsdynamik auf, aber sie hatten trotz wachsender Zusammenarbeit mit der Regierung noch keinen rechtskräftigen Status. Im August 1992 machte die Regierung den ersten Versuch, den CRDs eine legale Basis zu geben, indem sie im Landesparlament in diesen Zusammenhang vier Gesetzesentwürfe einbrachte[24]. Aber das Landesparlament erhob Einspruch gegen die Entwürfe und eine langwierige Diskussion zwischen Regierung, Parlament und Vertretern der CRDs begann. Im Grunde genommen beruhte der Widerstand der Abgeordneten auf allgemeinen Befürchtungen, die politische Dezentralisation könnte gestärkt werden.

Im Mai 1993 präsentierte eine Abgeordnetenkommission einen substituierenden Gesetzentwurf (*substitutivo de comissão ao projeto de lei complementar*) über Errichtung und Funktion der CRDs, der weder von der Regierung noch von den CRDs akzeptiert wurde, weil darin das Prinzip der gesellschaftlichen Partizipation missachtet wurde. Mit der Begründung, dass im substituierenden Gesetzentwurf die Aufrechterhaltung von überholten Regierungsformen beabsichtigt sei und dass der Entwurf in seiner Missachtung partizipativer Vorgehensweisen eher eine autoritäre Linie vertrete (vgl. SECRETARIA DE DESENVOLVIMENTO ECONÔMICO E SOCIAL RS 1993), zog die Regierung die Entwürfe zur gesetzlichen Verankerung der CRDs zurück. Dadurch war auch der substituierende Entwurf der Parlamentarier hinfällig.

Es wurden auch noch andere Entwürfe eingebracht[25], die aber nicht den Vorstellungen der drei Hauptinteressenten (Regierung, Parlament und CRDs) entsprachen. Aus diesem Grund wurde eine gemeinsame Arbeitsgruppe mit Vertretern der CRDs, der *Secretaria do Desenvolvimento Econômico e Social*, der *Subchefia Jurídica e Legislativa da Casa Civil* und der Parteien im Landesparlament eingerichtet. Trotzdem ist es nicht gelungen, gewisse Widerstände bei einzelnen Abgeordneten zu beseitigen.

Die 22 Regionalentwicklungsräte hatten sich inzwischen in einem *Forum der Vorsitzenden* organisiert[26], um einen größeren politischen Einfluss ausüben zu können. Weil hartnäckige parlamentarische Widerstände offenkundig waren, schlug dieses Gremium dem Gouverneur im Mai 1994 vor, die gesetzliche Verankerung (*regulamentação*) der CRDs einfach per Gesetzverordnung (*Lei Ordinária*) zu dekretieren (s. FÓRUM DOS PRESIDENTES DOS CRDS 1994).

---

[24] Folgende Gesetzesentwürfe wurden im Zusammenhang mit den gesetzlichen Ausführungsbestimmungen (*regulamentação*) der CRDs und der Landesentwicklungspolitik eingebracht: Projeto de Emenda Constitucional 20/92 und Projetos de Lei Complementar 257/92, 258/92 und 283/92.

[25] zum Beispiel ein weiterer substituierender Gesetzentwurf des Landesabgeordneten João A. Nardes, in dem eine völlig neue regionale Organisation des Landes vorgeschlagen wurde; oder ein Entwurf des Präsidenten der Sociedade de Economia do Rio Grande do Sul, Rafael Alves da Cunha.

[26] Mit der Wahl der Vertreter des CRD-NORC, Dr. Walter Frantz und Paulo A. Frizzo, zum Präsidenten bzw. Exekutivsekretär des *Forums der Vorsitzenden* wird die Rolle und die Bedeutung des CRD-NORC im gesamten Prozess noch einmal bestätigt.

Dieser Vorschlag wurde von Gouverneur Collares nicht akzeptiert. Im Gegenteil: Die Regierung schickte noch im gleichen Monat dem Landesparlament einen neuen und überarbeiteten Gesetzentwurf zu[27], der abermals von den Abgeordneten zurückgewiesen wurde (vgl. PICARELLI 1994). Es ging hierbei hauptsächlich um die Frage, ob *ein* oder *mehrere* Organe kreiert werden sollten. Wie üblich, schlugen die Parlamentarier einen entsprechenden substituierenden Gesetzentwurf vor[28]. Dieser Entwurf erhielt durch Forderungen der Regierung und der CRDs insgesamt 12 offizielle Abänderungs- und Ergänzungsvorschläge (*emendas modificativas e aditivas*). Am 14. September 1994 stimmte das Landesparlament der Gründung und Einrichtung von Regionalentwicklungsräten zu und einige Wochen später wurde das entsprechende Gesetz vom Gouverneur unterschrieben[29].

Rechtskraft erlangte das erwähnte Gesetz durch das Dekret Nr. 35.764 vom 28. Dezember 1994; damit ging einher die rechtskräftige Anerkennung der CRDs als zivile Verbände des privaten (!) Rechts und alle weiteren Bestimmungen in Bezug auf Struktur und Dynamik der CRDs. Merkwürdigerweise wurden die CRDs erst kurz bevor eine andere Partei am 1. Januar 1995 die Regierung übernahm, gesetzlich verankert.

Die Zusammenarbeit der CRDs mit der Regierung von Antonio Britto (PMDB) hat sich nicht gerade sehr glücklich gestaltet, aber es wurden trotzdem wichtige Fortschritte in der regionalen Entwicklungspolitik erreicht. So wurde zum Beispiel die *Secretaria Estadual de Coordenação e Planejamento* als zentrale Anlauf- und Koordinierungsstelle der Regierung für CRDs-Angelegenheiten errichtet. Damit eröffnete sich den CRDs ein permanenter und offizieller Kommunikationskorridor zur Landesregierung.

Die grundlegenden Regularien, wie zum Beispiel die Aufstellung einer Geschäftsordnung (*regimento interno*), die Wahl des Vorstands, die interne Strukturierung, die Registrierung des CRD als Institution des privaten Rechts und andere Vorkehrungen waren bis Mitte 1995 erledigt (vgl. CRD-NORC 1995a und 1995b). Die Struktur der CRDs ist gesetzlich vorgegeben, damit eine allgemeine Uniformität unter den CRDs gewährleistet ist. Bei der Bestimmung über die Sektorkommissionen (*comissões setoriais*) gewährt das Gesetz den CRDs eine gewisse Flexibilität und Autonomie, was dazu geführt hat, dass der CRD-NORC im Mai 1997 eine Umstrukturierung bzw. eine Reduzierung der Anzahl der Sektorkommissionen vorgenommen hat[30].

Auch die allgemeinen und spezifischen Aufgaben und Befugnisse der vier Instanzen oder Komponenten der Struktur der CRDs (Vollversammlung, Repräsentantenrat, Exekutivvorstand und Sektorkommissionen) sind gesetzlich verankert und auch in der Geschäfts-

---

[27] Projeto de lei n° 170/94

[28] Substitutivo ao projeto de lei n° 170/94, von Deputado Mendes Ribeiro Filho

[29] Gesetz Nr. 10.283 vom 17. Oktober 1994, veröffentlicht im Diário Oficial do Estado do Rio Grande do Sul am 14. November 1994

[30] Die Reduzierung von 13 auf 5 Sektorkommissionen ist zum Teil auf die geringe Aktivität und entsprechende Ineffektivität einzelner Kommissionen zurückzuführen.

ordnung beschrieben (vgl. ESTADO DO RIO GRANDE DO SUL 1994b und CRD-NORC 1995a und 1995b).

Die Vollversammlung des CRD-NORC, die zweimal im Jahr tagt, besteht aus insgesamt 200 Teilnehmern, und zwar aus Abgeordneten und Bürgermeistern der Region und aus Vertretern aus den unterschiedlichsten Segmenten der zivilen Gesellschaft, die in vorgegebenen und anerkannten Formen organisiert sind.

Abb. 14: Gegenwärtige Struktur des CRD-NORC (1999)

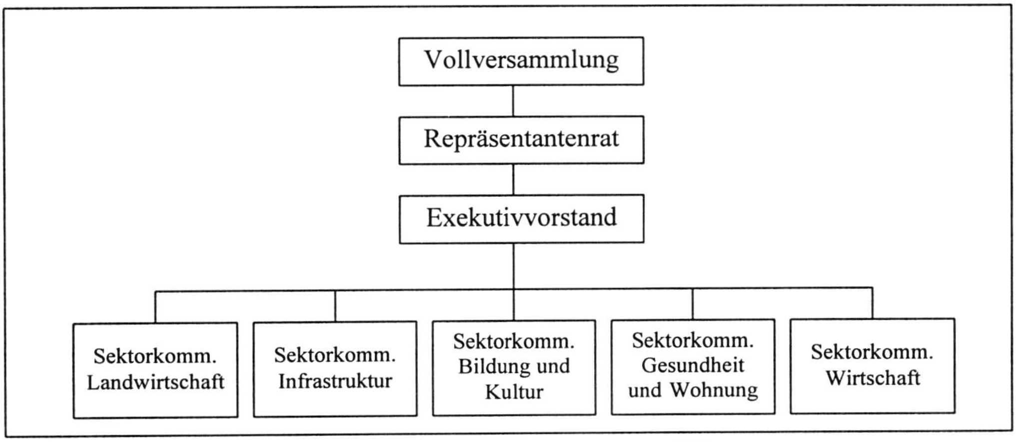

```
                    Vollversammlung
                           |
                    Repräsentantenrat
                           |
                    Exekutivvorstand
     _____|_____
     |          |          |          |          |
  Sektorkomm. Sektorkomm. Sektorkomm. Sektorkomm. Sektorkomm.
  Landwirt-  Infrastruktur Bildung und Gesundheit  Wirtschaft
    schaft                  Kultur     und Wohnung
```

Quelle: eigene Darstellung nach Angaben des CRD-NORC 1997

Die Vollversammlung ist das beschlussfassende Organ in jedem CRD. Der Repräsentantenrat ist das exekutive Organ der CRDs und wird jeweils von ca. 90 Personen gebildet. Die Anzahl der Mitglieder dieser zwei Instanzen kann geringfügig variieren, weil die Anzahl der Landes- und Bundesabgeordneten und der Vertreter öffentlicher Einrichtungen in der Region nicht konstant ist. Der Exekutivvorstand des CRD wird von vier gewählten Personen gebildet: Präsident, Vizepräsident, Schatzmeister und Sekretär. Die Sektorkommissionen sind als technische Beiratsorgane gedacht, die für die Durchführung von Untersuchungen und die Planung von Projekten verantwortlich sind. Im Allgemeinen werden sie von Experten des jeweiligen Sektors gebildet.

Seit 1996 ist es möglich, die CRD-Projekte für die Regionalentwicklung den entsprechenden Landesbehörden über Internet direkt zuzustellen. Dadurch haben die Behörden die Möglichkeit, ein relativ genaues und aktuelles Bild der regionalen Belange zu erstellen. Weil aber die Regionen für jeden neuen Haushaltsplan Projekte präsentierten, deren Umsetzung die Landesinvestitionskapazität um ein Vielfaches übertraf, wurden 1998 Volksbefragungen (*consultas populares*) eingeführt.

Die Volksbefragungen wurden im Juni 1998 ähnlich wie dies beim elektronischen Wahlsystem in Teilen Brasiliens geschehen ist, durchgeführt. Es war gesetzlich vorgeschrieben, dass mindestens 1% der Wahlberechtigten über die Projekte, die von den CRDs für die eigene Region aufgestellt worden waren, entscheiden sollte. Für die Projekte der 22 CRDs hatte die Landesregierung im Haushaltsplan 1999 ca. 85 Mio. US-$ vorgesehen. Die Verteilung der Ressourcen unter die 22 CRDs erfolgte nach einem Schema, das Fläche, Bevölkerung und Pro-Kopf-Einkommen der einzelnen Regionen berücksichtigte und so aufteilte, dass die ärmeren Regionen einen größeren Anteil bekamen.

Die Beteiligung der Bevölkerung bei der Entscheidung über die Frage, welche Projekte Priorität haben sollten, fiel in den einzelnen Regionen unterschiedlich aus; im Durchschnitt lag sie bei 5,77% der Wahlberechtigten. Da es sich um den ersten Versuch handelte, die regionalen Prioritäten durch ein konkretes partizipatives und demokratisches Verfahren festzustellen, sind Verfahrensmodifikationen für die Zukunft nicht auszuschließen.

Die erste Veränderung ist Anfang 1999 von der neuen Landesregierung unter Gouverneur Olívio Dutra (PT) in Angriff genommen worden: Es ist die Absicht des PT (Arbeiterpartei), das im Munizip Porto Alegre eingeführte und mittlerweile konsolidierte Modell des partizipativen Haushaltsplanes (*orçamento participativo*) in ganz Rio Grande do Sul einzuführen. Das wichtigste Merkmal des Modells ist die Hinwendung von Abstimmungsverfahren der repräsentativen Demokratie zu einer allgemeinen basisdemokratischen Partizipation der Bevölkerung bei den Entscheidungen über Investitionen der Landesregierung in den Regionen.

Um diesem Ziel näher zu kommen, versuchte die amtierende Landesregierung den CRDs das Modell des partizipativen Haushaltsplanes den CRDs aufzuzwingen: Nicht mehr die strategischen Entwicklungsprojekte, die im Rahmen der Arbeit und Funktion der Regionalentwicklungsräte erstellt wurden, sondern die regionalen Prioritäten, die durch direkte Beteiligung und Abstimmung der Bevölkerung in den einzelnen Regionen zu beschließen sind, sollten im Haushaltsplan des Landes berücksichtigt werden, was unausweichlich zu einer Auseinandersetzung zwischen Regierung und CRDs führte. Inzwischen ist man sich wieder näher gekommen und hat über einzelne Aspekte der Zusammenarbeit Vereinbarungen getroffen.

Es ist aber schwer abzuschätzen, wie sich das gesamte Bild der regionalen Entwicklungspolitik von Rio Grande do Sul in Zukunft präsentieren wird. Als sicher kann gelten, dass die Partizipation der Bevölkerung bei den Entscheidungen über Investitionen der Landesregierung und bei der Festsetzung der regionalen Prioritäten immer mehr in den Vordergrund rücken wird.

6.4. Die Bedeutung der öffentlichen Investitionskapazität für die Regionalentwicklung

Im Folgenden wird der Versuch unternommen, zu demonstrieren, welche Rolle öffentliche Investitionen bei der Förderung der Regionalentwicklung haben. Während private Investitionen normalerweise ausschließlich nach Marktprinzipien und Gewinnmöglichkeiten entschieden und umgesetzt werden, berücksichtigen öffentliche Investitionen eher strategische Konzepte der Regierung und sozioökonomische Bedürfnisse der Bevölkerung.

Bei einer dreifach strukturierten Föderation wie Brasilien - mit Bund, Ländern und Munizipien - lässt sich eine einheitliche nationale Festlegung von Aufgabenzuweisungen für die drei Regierungsinstanzen nicht ohne weiteres erreichen. Vor allem die Munizipien sind sehr unterschiedlich strukturiert und vielerorts unfähig, die gesamte Palette von sozialen Dienstleistungen zu bieten bzw. sie aufrechtzuerhalten und öffentliche Aufgaben zu erfüllen. So sind Bund und Länder gewissermaßen gezwungen, auf lokaler Ebene in unterschiedlichen Bereichen einzugreifen und mitzuwirken. Dadurch entsteht ein ziemlich konfuses Bild in Bezug auf die eigentlichen Funktionen der drei Föderationsebenen, was aber nicht verhindert, dass sich eine gewisse Funktionszuordnung aus der Praxis ableiten lässt.

Im Allgemeinen konzentrieren sich öffentliche Investitionen, die vorwiegend vom Bund getätigt und zum Teil mit internationalen Krediten finanziert werden, auf strategische und regional übergreifende Projekte, etwa auf den Bau einer internationalen Brücke über den Uruguayfluss an der Grenze mit Argentinien[31], den Bau eines Wasserkraftwerkes[32], die Bereitstellung von Mitteln zur Vergrößerung des Petrochemiekomplexes von Triunfo[33] oder den Bau einer *Gaspipeline* zwischen Bolivien und Brasilien[34]. Oft rufen solche Großprojekte, zumindest zeitweise und auf lokaler bzw. regionaler Ebene, unterschiedliche sozioökonomische Disparitäten hervor, noch bevor sich positive Auswirkungen für die Regionalentwicklung erkennen lassen.

Investitionen, die vorwiegend von den Ländern ausgehen, haben den Abbau von sozioökonomischen Disparitäten zum Ziel. Im Bundesland Rio Grande do Sul sind in den letzten Jahren die wichtigsten Maßnahmen im Bereich der regionalen Infrastrukturausstattung in der Regel von der Landesregierung getroffen worden. Nachdem die wichtigsten Verkehrsachsen

---

[31] Die Brücke (1,4 km lang) verbindet die Städte São Borja (Brasilien) und Santo Thomé (Argentinien) und wurde im Dezember 1997 fertiggestellt. Der Bau kostete ca. 35 Mio. US-$ und wurde von der argentinischen und von der brasilianischen Regierung und von einem Privatkonsortium finanziert.

[32] Das Wasserkraftwerk von Itá am Rio Uruguai, zwischen Rio Grande do Sul und Santa Catarina, ist gegenwärtig eines der größten Bauwerke Lateinamerikas: Der Staudamm wird 126 m hoch und dadurch wird eine Fläche von ca. 140 km² überflutet. Die Gesamtkosten werden auf ca. 1 Mrd. US-$ geschätzt und das Werk soll eine Kapazität von 1.450 Megawatt haben.

[33] Im Jahr 1996 verpflichteten sich Petrobrás und Copesul zur Lieferung von Nafta (verarbeitetes Erdöl) an den Pólo Petroquímico von Triunfo (RS). Dadurch haben sich neue Industriezweige angesiedelt, Investitionen im Wert von über 1,35 Mrd. US-$ sind getätigt worden und die Produktionskapazität von petrochemischen Kunststoffen wird bis zum Jahr 2000 über 2 Mio. Tonnen erreichen.

[34] Der *Gasoduto* Brasil-Bolívia wird im Rahmen des Plano Brasil em Ação gebaut und soll bis Ende 1999 fertig sein: eine *Pipeline* von mehr als 3.000 km Länge soll Yaculba über Santa Cruz de la Sierra (in Bolivien) mit Campinas und Porto Alegre (in Brasilien) verbinden, mit einer Leitungskapazität von rund 30 Mio. Kubikmeter Gas am Tag. Es wird geschätzt, dass bis zum Jahr 2000 die Verwendung von Gas in der brasilianischen Energieverbrauchsmatrix von derzeit 2,5% auf 8% steigen wird. Der Bau wird mit Mitteln des BNDES (brasilianische Entwicklungsbank), der Weltbank und des BID finanziert. Bisher wurden dafür ca. 2 Mrd. US-$ investiert.

im Land (die Bundestraßen: BRs) von der Bundesregierung bis Ende der 70er Jahren fertiggestellt worden waren, übernahm die Landesregierung den Bau von Anschlüssen und Querverbindungen (die als RS und RST bekannt sind).

Die Wasserversorgung und -entsorgung wird in allen 467 Munizipien von der CORSAN, einem autarken Unternehmen des Landes, betrieben. Die Stromversorgung liegt in den meisten Munizipien in den Händen einer anderen unabhängigen Gesellschaft, der CEEE (*Companhia Estadual de Energia Elétrica*), und Telefonnetze und -anschlüsse werden ausschließlich von einer ebenso unabhängigen Gesellschaft, der CRT (*Companhia Riograndense de Telecomunicações*), bereitgestellt.

Im Schulwesen teilt das Land sich mit den Munizipien die Ausbildungsaufgaben und unterhält in den meisten Gemeinden Schulen der Primar- und Sekundarstufe. Im Gesundheits- und Sozialversicherungswesen sind alle drei Regierungsebenen direkt, aber in unterschiedlicher Form, beteiligt. In den beiden letztgenannten Bereichen sind zusätzlich auch private Initiativen zugelassen, die dann in der Regel von marktwirtschaftlichen oder (im Fall von kirchlichen Institutionen) von religiösen Prinzipien bestimmt sind.

Staatliche bzw. öffentliche Investitionen sind grundsätzlich, aber nicht ausschließlich, an Steuereinnahmen gekoppelt. In Brasilien treibt der Bund im Durchschnitt 67% der Steuern, die Länder 28% und die Kommunen 5% des gesamten nationalen Steueraufkommens ein (CINTRA 1997). Das bedeutet aber nicht, dass die jeweiligen Regierungsinstanzen nach diesem Schlüssel öffentlich investieren. Öffentliche Investitionen richten sich normalerweise nach der Differenz zwischen dem, was an Steuern eingenommen wird, und dem, was den unterschiedlichen Regierungsebenen tatsächlich an Ressourcen zur Verfügung übrig bleibt:

Tab. 11: Steuereinnahmen der drei Regierungsinstanzen Brasiliens, verglichen mit den jeweiligen Ausgaben, in %, 1990-1996 (Ausgaben = 100%)

REGIERUNGSEBENE	1990	1991	1992	1993	1994	1995	1996
Bund	119,9	121,2	120,3	120,3	114,2	118,7	119,1
Länder	105,6	104,3	104,9	100,7	106,7	106,0	106,1
Munizipien	21,1	28,8	24,9	29,5	35,0	32,2	30,8

Quelle: CINTRA 1997:3

Anhand von Tabelle 11 wird deutlich, dass in den 90er Jahren die brasilianische Bundesregierung durchschnittlich ca. 20% mehr Steuern eingenommen hat als ihre gesamten Ausgaben ausmachten; die Länder konnten um die 5% mehr Steuereinkünfte als Ausgaben verzeichnen und die Munizipien nahmen nur 30% der für die Kommunalverwaltung nötigen Ressourcen ein. Daraus lässt sich die große Abhängigkeit der Gemeinden von Bundes- und Landesressourcen deutlich erkennen.

Was Tabelle 11 nicht erkennen lässt, ist die Abhängigkeit der Länder von Bundesmittteln. Obwohl die brasilianischen Bundesländer beim Vergleich zwischen Steueraufkommen und Ausgaben einen durchschnittlichen Überschuss von ca. 5% aufweisen können, haben auch sie keine ökonomische Autonomie: Fast ein Drittel der Steuermittel, die in die Länderkassen fließen, werden, so ist es gesetzlich vorgeschrieben, an die Gemeinden transferiert (siehe Tabelle 12).

Das bedeutet, dass Munizipien und Bundesländer gleichermaßen von den Mitteln der zentralen Bundesregierung abhängig sind. Da die brasilianische Regierung durch die Auflagen des IWF und anderer Kreditgeber zu Sparmaßnahmen gezwungen wird und da die Stabilität des *Plano Real* gewährleistet werden muss[35], ist es nicht verwunderlich, dass zwischen Vertretern der drei Regierungsebenen ein andauernder Kampf um Ressourcen im Gange ist. Es ist auch nicht zu leugnen, dass viele der 5.707 Munizipien und der 26 Bundesländer die Grenze der Zahlungsfähigkeit längst erreicht oder überschritten haben und zusehen mussten, wie sich die interne Schuldenlast (*dívida interna ou mobiliária*) besonders in den 90er Jahren, hauptsächlich aufgrund horrender Zinssätze, rasant vergrößerte.

Tab. 12: Prozentualer Anteil des internen Nettoeinnahmentransfers 1990-96

TRANSFERS	1990	1991	1992	1993	1994	1995	1996
von den Ländern zu den Gemeinden	25,7	25,1	25,4	21,2	26,0	27,0	27,2
vom Bund zu den Gemeinden	20,1	20,8	20,5	23,7	19,3	20,1	21,1

Quelle: CINTRA 1997:3

Um eine gewaltige Reduzierung öffentlicher Investitionen und eine interne Katastrophe im Bereich sozialer Dienstleistungen zu verhindern, die zu einer Verschärfung der internen Disparitäten beitragen würde, verhandelte die brasilianische Bundesregierung Anfang 1998 mit den einzelnen Bundesländern über die Konditionen der jeweiligen Schuldenlasten. Der Umfang der Verhandlungen über die interne Schuldenlast der Länder kann anhand der Eckdaten der Verhandlungen zwischen der Bundesregierung und Rio Grande do Sul deutlich gemacht werden: a) die Mobiliarschulden (*dívidas mobiliárias*) im Gesamtwert von ca. 8,8 Mrd. US-$, die das Bundesland in Form von Krediten bei zahlreichen Privatbanken und bei Finanzinstitutionen hatte, wurden umgeschuldet und vom Bund übernommen; b) der Bund gewährte der Landesregierung zusätzlich einen Schuldenerlass von ca. 1,3 Mrd. US-$; c) die Zinsen über den Saldo (7,5 Mrd. US-$) wurden von (teilweise über) 30% auf einheitlich 6%

---

[35] Als Beispiele für das, was Bürgermeister, Gouverneure und Verteidiger einer dezentralisierten Steuer- und Verwaltungsstruktur in Brasilien als *kontinuierliche Zentralisierung* bezeichnen, seien an dieser Stelle der FEF (*Fundo de Estabilização Fiscal*) und die *Lei Kandir* genannt. Ersterer wurde 1994 unter dem Namen *Fundo Social de Emergência* ins Leben gerufen und sah vor, dass die Bundesregierung 20% aller Steuereinnahmen zuerst einmal für diesen Fond einbehalten würde. Mit der *Lei Kandir*, die im September 1996 verabschiedet wurde, war ein Wachstum des BIP von ca. 1,5% beabsichtigt: Unter anderem sah dieses Gesetz vor, dass der Export von Landwirtschaftsgütern und Halbfertigwaren sowie der Import von Kapitalgütern durch Steuererlass (konkret: durch den Erlass des *ICMS - Imposto sobre a Circulação de Mercadorias e Serviços*) zu fördern sei. Da aber der ICMS die wichtigste Steuereinnahmequelle der Länder ist (siehe Abschnitt 6.5.), musste der Bund Entschädigungsmechanismen für die betroffenen Länder vorsehen.

im Jahr gesenkt; d) die Tilgungsperiode wurde auf 30 Jahre festgesetzt; e) für die monatliche Abzahlung werden maximal 13% des Nettosteuereinkommens aufgebracht.

Aufgrund vergleichbarer Konditionen gelang es den verschuldeten Landesregierungen nach Verhandlungen mit der Bundesregierung, ihre internationale Kreditwürdigkeit und ihre interne Investitionskapazität wieder aufzubauen. Im spezifischen Fall des Bundeslandes Rio Grande do Sul hat die Landesregierung im Haushaltsplan für das Jahr 1999 ca. 170 Mio. US-Dollar für Investitions- und Entwicklungsprojekte zur Verfügung stellen können. Diese Summe machte ca. 2,5% des Gesamtvolumens des Landeshaushaltsplanes für 1999 aus[36].

Eine Investitionskapazität im Rahmen der Regionalentwicklungspolitik von ca. 170 Mio. US-$ im Jahr scheint eine beträchtliche Summe zu sein. Wird dieser Betrag aber auf die gesamte Bevölkerung des Bundeslandes umgelegt, so bleiben knapp 18,00 US-$ pro Jahr und Bürger. Dadurch scheint die Regionalentwicklungspolitik der Landesregierung eine ganz andere Dimension zu bekommen. Sie ist und bleibt aber trotzdem nicht unbedeutend. Im Gegenteil: Gerade weil die Ressourcen so knapp sind, nimmt die Bedeutung von strategischen Entwicklungsprojekten enorm zu[37].

Angesichts der relativ geringen Investitionskapazität des Landes nimmt die kommunale Verwaltung eine bedeutende Rolle im Regionalentwicklungsprozess ein, nicht alleine wegen der Tatsache, dass in der Regel die *Prefeitura Municipal* (das Rathaus), die erste Anlaufstelle der Bürger ist, wenn diese öffentliche Dienst- und Sozialleistungen oder die Lösung lokaler Probleme fordern. Diese Tatsache bleibt oft unbeachtet und sollte dennoch nicht unterschätzt werden. Der brasilianische Staatsapparat mit seiner eigenartigen Struktur kann sich einer sogenannten *Verwaltungsentropie*, d.h. einem Verschleiß von Mitteln und Ressourcen innerhalb der eigenen Struktur, kaum entziehen. Dabei könnte ein Großteil der Probleme und Bedürfnisse der Bürger auf lokaler Ebene mit geringerem bürokratischen Aufwand schneller und billiger gelöst werden. So wäre es rein rechnerisch auch möglich, einen größeren Teil der Bevölkerung in die soziale Dienstleistungsversorgung mit einzubeziehen, wenn die Kommunen die Mittel in derselben Höhe des brasilianischen Staatsapparats zur Verfügung hätten.

Eine gewisse Dezentralisierung der öffentlichen Ressourcen ist mit der Verfassung von 1988 zustande gekommen: Der FPM (*Fundo de Participação dos Municípios*) und der FPE (*Fundo de Participação dos Estados*) sind zwei Mechanismen, die eine systematische und reguläre Verteilung (Transfers) von bestimmten Steuersätzen zwischen den Regierungsebenen vorsieht[38]. Aber eine Änderung bzw. Erweiterung der Ressourcendezentralisierung

---

[36] Im Rahmen der Zusammenarbeit mit den CRDs wurde ungefähr die Hälfte der Ressourcen (ca. 85 Mio. US-$) zur Verfügung gestellt (vgl. ZERO HORA DIGITAL vom 17.07.98).

[37] Für die Region des CRD-NORC wurden in Rahmen der Entwicklungspolitik und Zusammenarbeit mit den CRDs für das Jahr 1999 Investitionen von insgesamt 3 Mio. US-$ zugesichert.

[38] Grundlegende Informationen über diese zwei Mechanismen sind in einer Broschüre des MINISTÉRIO DA FAZENDA 1995 über die genannten Themen zusammengefasst.

scheint für die Zentralregierung tabu zu sein, zumindest solange keine eindeutige Aufgabenzuweisung für Bund, Länder und Munizipien in ganz Brasilien formuliert wird[39].

Lokalregierungen sind anscheinend die schwächsten Glieder der brasilianischen Föderation, besonders wenn man Einnahmen aus öffentlichen Mitteln und die Investitionskapazität als Parameter nimmt. Um zu klären, ob es sich tatsächlich so verhält, müssen wir einen Blick auf die Einnahme- und Ausgabestruktur der Munizipien werfen. Die unterschiedlichen Einnahmequellen der Munizipien im Untersuchungsgebiet lassen sich in wenigen Rubriken zusammenfassen:

Tab. 13: Übersicht der Einnahmen der Munizipien des Untersuchungsgebietes, 1997

Munizip	Gesamteinnahmen = 100%						Einnahmen in R$ 1.000,00	Bevölkerung	Pro-Kopf-Einnahmen (R$)
	Eigene Einnahmequellen			Erhaltene Transfers					
	Steuern	Kapital	andere	Bund	Land	total			
Ajuricaba	5,25	3,25	7,26	34,19	43,20	84,24	3.208	10.759	298,16
Augusto Pestana	9,27	0,54	7,54	32,35	43,87	82,65	2.457	8.352	294,20
Barra do Guarita	2,61	10,89	2,67	56,89	18,25	83,83	1.381	3.363	410,64
Bom Progresso	1,19	0,69	3,95	63,86	25,82	94,17	1.230	2.671	460,50
Braga	1,36	3,62	1,45	53,88	31,93	93,57	1.505	4.488	335,47
Campo Novo	3,61	3,10	3,80	45,55	31,80	89,49	2.384	6.967	342,26
Catuípe	6,23	1,65	5,31	42,81	38,64	86,81	3.113	10.636	292,68
Chiapeta	4,06	11,02	2,79	37,02	42,10	82,13	2.212	4.245	521,08
Condor	3,37	2,15	4,60	38,16	47,09	89,88	2.192	6.407	342,12
Coronel Barros	4,58	4,43	3,31	51,94	33,28	87,68	1.518	2.420	627,27
Coronel Bicaco	1,55	0,78	2,76	34,78	36,66	94,91	3.094	8.778	352,47
Crissiumal	7,14	1,84	5,98	41,68	37,46	85,04	3.801	16.321	232,89
Derrubadas	4,45	5,56	9,18	43,01	28,99	80,81	1.850	4.025	459,62
Humaitá	5,85	3,15	7,70	40,17	41,97	83,30	1.967	5.594	351,62
Ijuí	13,35	4,81	5,13	23,61	43,18	76,71	17.646	75.575	233,48
Inhacorá	1,61	16,28	6,61	51,37	27,03	75,50	1.583	2.347	674,47
Jóia	3,46	3,31	2,53	32,82	51,69	90,70	2.599	7.870	330,24
Miraguaí	1,33	0,06	0,51	64,24	33,92	98,10	1.248	5.504	226,74
Panambi	10,15	2,73	6,33	18,63	40,30	80,79	11.965	31.647	378,07
Pejuçara	2,44	7,80	8,82	33,16	46,01	80,94	2.406	4.213	571,08
Redentora	3,02	3,35	2,83	52,31	30,84	90,80	2.012	8.520	236,15
Santo Augusto	6,77	16,85	11,15	30,08	39,41	65,23	5.309	15.137	350,72
São Martinho	3,38	0,49	3,12	44,09	42,84	93,01	1.786	6.741	264,94
São Valério	1,11	0,91	5,54	64,05	24,04	92,44	1.223	2.557	478,29
Sede Nova	1,99	2,85	6,99	49,55	32,73	88,17	1.585	3.524	449,77
Tenete Portela	4,44	2,07	5,95	51,24	29,15	87,54	3.593	14.716	244,15
Tiradentes	2,67	0,38	2,35	42,00	39,55	94,60	1.673	8.558	195,48
Três Passos	8,85	2,52	4,98	40,90	40,35	83,65	7.036	30.085	233,87
Vista Gaúcha	0,65	0,00	6,65	49,60	31,44	92,70	1.578	2.768	570,08
Ø	**4,33**	**4,03**	**5,09**	**43,58**	**36,32**	**86,53**	**3.281**	**10.854**	**302,28**

Quelle: Eigene Zusammenstellung und Berechnung nach Unterlagen des TRIBUNAL DE CONTAS DO ESTADO DO RIO GRANDE DO SUL [O. J.]
Anmerkungen zu Tabelle 13: US-$ 1,00 ≅ R$ 1,10 (Dez. 97); Ø = Durchschnittswerte

---

[39] Zur Aufgabenzuweisung für Bund, Länder und Munizipien siehe Kapitel 1.4.

Tabelle 13 liefert eine beträchtliche Menge an Informationen über Einnahmen und erhaltene Transfers der Munizipien im Untersuchungsgebiet. Im Folgenden werden aber nur einige wichtige Punkte aufgegriffen, ohne die Zahlen eines bestimmten Munizips im Detail zu analysieren, d.h., es werden vor allem bestimmte Durchschnitts- und Extremwerte kurz erörtert.

Zunächst einmal fällt auf, dass die Steuereinnahmen der Munzipien im Untersuchungsgebiet (4,33%) im Durchschnitt geringfügig unter dem brasilianischen Durchschnitt (5%) liegen. Eine Erklärung dafür liegt in der Tatsache, dass in der Regel größere und ältere Munizipien einen höheren Anteil an Gemeindesteuern einnehmen. In der Untersuchungsregion sind es vorwiegend die kleineren und jüngeren Munizipien, die die lokalen Möglichkeiten zur Besteuerung nicht vollständig ausschöpfen[40]. Die große Spannbreite der eigenen Steuereinnahmen unter den in Tabelle 13 aufgeführten Munizipien bestätigt die obige Erklärung: Im Munizip Vista Gaúcha beispielsweise, das 1988 gegründet wurde und 2.768 Einwohner zählt, machen die Einnahmen von Gemeindesteuern nur 0,65% der Gesamteinnahmen aus. Im Munizip Ijuí hingegen, das 1890 gegründet wurde und 75.575 Einwohner zählt, ist der Anteil der Gemeindesteuern viel größer und macht 13,35% der Gesamteinnahmen aus.

Eine zweite und wichtige Gruppe von Einnahmen sind die Kapitaleinnahmen. Es handelt sich hierbei hauptsächlich um unterschiedliche Kreditoperationen wie zum Beispiel Kapitalanlagen und Ressourcen, die aus Pacht- und Mietverträgen gewonnen werden. Diese Einnahmen spielen jedoch im Rahmen dieser Arbeit kaum eine Rolle und werden deshalb nicht näher untersucht. Ihre Bedeutung ist im Durchschnitt mit den eher geringen eigenen Steuereinnahmen vergleichbar.

In der dritten Gruppe von Einnahmequellen (Spalte *andere* in Tabelle 13) sind alle weiteren eigenen Einnahmemöglichkeiten zusammengefasst. Es handelt sich im Allgemeinen um Einnahmen, die aus Gebühren, Beiträgen und unterschiedlichen gebührenpflichtigen Dienstleistungen stammen. Diese Einnahmen machen, wie auch in den beiden vorhergehenden Fällen, im Durchschnitt jeweils ca. 5% der Gesamteinnahmen der Munizipien aus.

Die anderen 86,53% der für die Verwaltung und ökonomische Aufrechterhaltung der Munizipien im Untersuchungsgebiet nötigen Ressourcen müssen vom Bund bzw. Land zugesteuert werden. Die finanzielle Abhängigkeit der Munizipien der Untersuchungsregion von den höheren Regierungsinstanzen liegt, mit wenigen Ausnahmen, bei über 80%. Bemerkenswert ist auch noch die Tatsache, dass, obwohl die Gesamteinnahmen der Gemeinden pro Kopf und Jahr im Durchschnitt unter 300,00 US-$ liegen, gerade die bevölkerungsmäßig kleineren Munizipien größere Pro-Kopf-Einnahmen aufweisen (vgl. in Tabelle 13 beispielsweise die Pro-Kopf-Einnahmen der Munizipien Ijuí und Inhacorá).

---

[40] Die Steuereinnahmen, die den Munizipien zugewiesen worden sind, wurden in der Verfassung (Artikel 156) festgelegt: Grund- und Gebäudesteuer (IPTU), Immobilienerwerbssteuer (ITBI), Mineralölsteuer (IVCV) und Dienstleistungssteuer (ISSQN). Mit Ausnahme des Mineralölsteuertarifs sind alle weiteren Steuertarife eine kommunale Angelegenheit.

Weiterhin verdeutlicht Tabelle 13, dass einzelne Munizipien mit knapp 1/3 des Pro-Kopf-Gesamteinkommens, das andere Munizipien einnehmen, auskommen müssen. Anders gesagt: Aus unterschiedlichen Gründen gelingt es einzelnen Munizipien im Untersuchungsgebiet, pro Bürger und Jahr mehr als dreimal so viel Einnahmen einzustreichen, als dies anderen Munizipien gelingt.

Um festzustellen, *was* die Munizipien daraus machen können oder *wie* sie mit solchen Diskrepanzen fertig werden, müssen auch die Gemeindeausgaben kurz betrachtet werden:

Tab. 14: Übersicht der Ausgaben der Munizipien des Untersuchungsgebietes, 1997

Munizip	Gesamtausgaben = 100%						andere Ausgaben	Ausgaben in R$ 1.000,00
	Laufende Unkosten			Investitionen				
	Personal	Konsumgüter	Dienstleistungen	öffentl. Infrastruktur	Kapitalgüter	insgesamt		
Ajuricaba	51,66	8,50	12,23	7,83	5,82	13,65	13,96	3.483
Augusto Pestana	50,62	12,71	19,20	8,58	2,98	11,56	5,91	2.525
Barra do Guarita	40,14	23,93	11,31	12,47	4,62	17,09	7,53	1.524
Bom Progresso	60,75	13,81	15,28	1,52	1,91	3,43	6,73	1.357
Braga	60,30	10,11	10,75	3,03	7,79	10,82	8,02	1.793
Campo Novo	40,15	13,02	15,86	7,63	7,24	14,87	16,10	2.751
Catuípe	57,18	11,93	19,39	3,53	2,38	5,91	5,59	3.283
Chiapeta	51,60	11,53	15,42	2,76	9,69	12,45	9,00	2.580
Condor	44,57	14,05	26,57	5,83	3,48	9,31	5,50	2.502
Coronel Barros	33,81	9,00	17,21	28,60	0,69	29,29	10,69	1.476
Coronel Bicaco	47,03	14,14	24,76	6,40	2,69	9,09	4,98	3.535
Crissiumal	45,64	15,47	14,38	9,96	1,53	11,49	13,02	4.403
Derrubadas	45,78	18,59	20,61	3,55	0,40	3,95	11,07	1.700
Humaitá	39,55	19,86	13,84	13,39	2,40	15,79	10,96	2.019
Ijuí	53,84	8,59	8,63	5,95	3,61	9,56	19,38	18.375
Inhacorá	36,70	15,25	17,59	28,48	0,37	28,85	1,61	1.627
Jóia	55,58	14,24	19,57	7,14	1,29	8,43	2,18	2.654
Miraguaí	54,79	13,35	17,10	7,73	2,41	10,14	4,62	1.386
Panambi	39,43	11,90	38,07	7,50	1,34	8,84	1,76	14.073
Pejuçara	39,35	11,48	22,75	17,14	1,00	18,14	8,28	2.579
Redentora	48,74	15,37	15,11	14,03	1,92	15,95	4,83	2.166
Santo Augusto	47,74	11,92	15,38	14,91	2,33	17,24	7,72	5.231
São Martinho	40,84	23,17	15,08	5,24	4,93	10,17	10,74	1.954
São Valério	47,79	18,07	14,43	11,23	3,13	14,36	5,35	1.277
Sede Nova	42,59	16,60	17,96	10,35	2,50	12,85	10,00	1.584
Tenente Portela	48,53	8,39	7,26	3,14	5,13	8,27	27,55	3.633
Tiradentes	47,88	17,37	16,72	15,50	0,00	15,50	2,53	2.010
Três Passos	43,73	16,73	17,65	7,00	2,22	9,22	12,67	6.893
Vista Gaúcha	39,07	14,63	21,26	2,49	8,72	11,21	13,83	1.575
Ø	46,73	14,26	17,28	9,41	3,25	12,67	9,03	3.515

Quelle: Eigene Zusammenstellung und Berechnung nach Unterlagen des TRIBUNAL DE CONTAS DO ESTADO DO RIO GRANDE DO SUL [O. J.]

Anmerkungen zu Tabelle 14: US-$ 1,00 ≅ R$ 1,10 (Dez. 97)

Ø = Durchschnittswerte

Die Ausgaben der Munizipien im Untersuchungsgebiet lassen sich in sechs unterschiedliche Rubriken zusammenfassen. In allen Munizipien machen die Personalkosten den Löwenanteil der Ausgaben aus: Im Durchschnitt werden dafür 46,73% der öffentlichen Ressourcen verbraucht. Dies ist ein Hinweis darauf, dass der öffentliche Sektor eine bedeutende Rolle als Arbeitgeber in den Munizipien einnimmt.

Aus rein administrativer Sicht würden Sparbemühungen gerade dort die besten Ergebnisse bringen, wo am meisten ausgegeben wird: In der öffentlichen Verwaltung ist dies bei den Personalkosten der Fall. In der Regel aber haben Beamte eine Arbeitsplatzgarantie (*estabilidade de emprego no funcionalismo público*). Eine unbeschränkte Garantie wurde allerdings durch die sogenannte *Lei Camata* und die *Reforma Administrativa* im März 1998 in der öffentlichen Verwaltung abgeschafft. Sobald die Personalkosten mehr als 60% der Einnahmen in Anspruch nehmen, können Beamte entlassen werden. Aus diesem Grund versuchen die Munizipien, die 60%-Grenze auf keinen Fall zu überschreiten.

Eine Änderung des *Status quo* kann im Bereich der Personalkosten nur sehr langsam geschehen, denn Entlassungen oder Rationalisierung von Arbeitsplätzen im öffentlichen Dienst sind politisch nur schwer durchzusetzen. Es kommt hinzu, dass in Brasilien Arbeitsplätze im öffentlichen Sektor oft über politische Beziehungen geschaffen worden sind und dass erst seit relativ kurzer Zeit freie Arbeitsplätze im öffentlichen Sektor grundsätzlich ausgeschrieben werden und ausschließlich durch einen öffentlichen Wettbewerb besetzt werden können.

Weitere laufende Unkosten in der öffentlichen Verwaltung entstehen dadurch, dass Konsumgüter gekauft und Dienstleistungen von Dritten bezahlt werden müssen (im Durchschnitt 14,26% bzw. 17,28%). Besonders bei den Dienstleistungskosten können spezifische Projekte einer Gemeinde in einem bestimmten Jahr zu einer prozentualen Verzerrung in der Ausgabenstruktur führen[41]. In der Rubrik *andere Ausgaben* können unerwartet auftretende lokale Aufgaben gelegentlich zu einer Verzerrung des Haushaltsplanes führen und Umbuchungen erforderlich machen. Im Allgemeinen ist aber eine Umbuchung von im Haushaltsplan vorgesehenen Ausgaben nur durch spezielle Genehmigung des Stadtrates möglich.

Schließlich sind noch die Investitionsausgaben näher zu betrachten: Im Durchschnitt konnten die Munizipien im Untersuchungsgebiet 12,67% (!) der zur Verfügung stehenden Mittel in den Gemeinden selbst investieren. In der Regel sind solche Investitionen in zwei Hauptbereiche (öffentliche Infrastruktur und Anschaffung von Kapitalgütern) unterteilt. Für öffentliche Infrastruktur (zum Beispiel Brücken, Schulen und kommunale Einrichtungen) wurden durchschnittlich ungefähr ¾ (9,41%) und für Kapitalgüter (zum Beispiel Maschinen, EDV-Güter und Fahrzeuge) das restliche ¼ (3,25%) der Gesamtinvestitionen (12,67%) verwendet.

Investitionen in Kapitalgüter haben nur geringe Auswirkungen auf die regionale Entwicklung, weil sie vor allem der kommunalen Verwaltung selbst dienen. Obwohl sich die Inve-

---

[41] Dies wird besonders dann deutlich, wenn man die Haushaltsbilanzen einer Gemeinde über mehrere Jahre hinweg vergleicht und dabei aus dem Rahmen fallende Ausgaben feststellt. Im Allgemeinen aber ändert sich die Einnahmen- und Ausgabenstruktur der Gemeinden von Jahr zur Jahr prozentual nur geringfügig.

stitionen in öffentliche Infrastruktur innerhalb der Munizipgrenzen abspielen, verbessert sich durch die Bereitstellung von kommunalen Einrichtungen in der Regel der Lebensstandard der Bevölkerung in den einzelnen Gemeinden, was im Endeffekt zur Regionalentwicklung beiträgt.

In der Investitionskapazität von durchschnittlich 12,67% sind aber auch die Abschreibungskosten enthalten und deshalb liegen die Nettoinvestitionen bei weitaus weniger als 12,67%. Es gibt darüber keine konkrete Daten, aber der Gesamtwert der Investitionen[42], die von den 29 Gemeinden im Untersuchungsgebiet im Jahr 1997 getätigt worden sind, betrug 11,6 Mio. R$ oder umgerechnet etwa 10. Mio. US-$.

Die Bedeutung der Gemeinden für die regionale Entwicklung kann aber nicht ausschließlich anhand der Gemeindeinvestitionen beurteilt werden. Die kommunale Verwaltung ist in vielen Gemeinden zu den wichtigsten Arbeitgebern aus dem formellen Sektor vor Ort zu rechnen. Außerdem spielen die sozialen Dienstleistungen, die von den Gemeinden getragen werden, eine bedeutende Rolle beim regionalen Entwicklungsstand. Aus diesem Grund muss zusätzlich (anhand von Tabelle 15) eine kurze Analyse über die Ausgaben nach Verwaltungsfunktionen vorgenommen werden:

Betrachtet man die Struktur der Ausgaben der Munizipien im Untersuchungsgebiet, dann wird deutlich, dass im Durchschnitt vier Bereiche zusammen ¾ oder 74,8% der Ausgaben beanspruchen: In der eigenen Verwaltung werden 25,3% der kommunalen Mittel aufgebraucht, das Schulwesen beansprucht weitere 25,9% und im Gesundheits- und Transportwesen werden jeweils 11,8% der Mittel in Anspruch genommen. Diese prozentualen Anteile beinhalten sowohl die laufenden Unkosten als auch die Investitionen, die in dem jeweiligen Bereich durchgeführt werden.

Außerdem spiegelt Tabelle 15 für 1997 mehr oder weniger die Bedeutung der einzelnen Ämter (*Secretarias Municipais*) in der administrativen Struktur der einzelnen Gemeinden wider. So kann man beispielsweise feststellen, dass im Jahr 1997 die Gesundheitspolitik im Munizip Panambi eine überdurchschnittliche Rolle gespielt hat und dass dieser Bereich dementsprechend 1/3 aller Ressourcen in Anspruch nahm, im Gegensatz zu Munizipien wie Coronel Barros oder São Martinho, wo Gesundheitsangelegenheiten in diesem Jahr auf lokaler Ebene überhaupt keine Rolle spielten. Darüber hinaus gibt Tabelle 15 Aufschluss über die Bereiche, in denen die lokale Verwaltung aktiv mit den sozialen Belangen der lokalen Bevölkerung beschäftigt war: Schulwesen (25,9%), Gesundheitswesen (11,8%), Transportwesen (11,8%), Wohnungswesen (7,6%) und Sozialwesen (6,5%).

Obwohl 40,5% der gesamten Bevölkerung des Untersuchungsgebietes im ländlichen Raum lebt (vgl. Tabelle 7), sind spezifische Aktionen der Lokalregierung mit direktem Bezug zu Angelegenheiten der Landwirtschaft relativ gering. Sie machen nur 3,8% der Ausgaben aus. Dieser geringe Anteil deutet auf die Tatsache hin, dass im Allgemeinen die Lokalregierungen sich hauptsächlich auf urbane Aktivitäten und Probleme konzentrieren. In der Regel

---

[42] Der Gesamtwert der Investitionen kann aus Tabelle 14 berechnet werden.

müssen sich Bauernfamilien um die Wasserversorgung und –entsorgung selbst kümmern; Elektrizitätsversorgung wird über Stromgenossenschaften (*Cooperativas de Eletrificação Rural*) geregelt; eine Zentralisierung von Schulen (besonders der Sekundarschulen) ist durch die Gewährleistung von Schülertransportstrukturen geschaffen worden. Sozialdienste, Erste-Hilfe-Stationen (*ambulatórios*) und Gesundheitszentren (*postos de saúde*) sind oft aber nur in den größeren urbanen Zentren vorhanden.

Tab. 15: Ausgaben der Munizipien in den einzelnen Verwaltungsbereichen 1997

Munizipien	Legislative Gewalt	Planung u. Verwaltung	Landwirtschaft	Schulwesen	Wohnungswesen	Gesundheitswesen	Sozialwesen	Stadtwerke	Andere
Ajuricaba	1,5	33,3	2,8	30,9	6,1	11,2	7,3	4,4	2,5
Augusto Pestana	2,4	21,1	3,9	24,6	1,7	10,6	9,9	21,9	3,9
Barra do Guarita	3,9	20,2	7,5	23,7	4,8	15,3	7,1	15,3	2,2
Bom Progresso	4,1	20,2	3,1	25,5	2,1	9,9	11,1	20,2	3,8
Braga	2,6	27,0	7,0	27,5	6,7	12,2	3,3	8,5	5,2
Campo Novo	4,9	49,9	0,9	24,8	4,2	12,4	2,4	0,3	0,2
Catuípe	2,4	29,1	2,3	29,4	5,7	8,5	9,0	12,3	1,3
Chiapeta	4,1	45,0	3,8	18,6	8,5	5,4	2,8	9,5	2,3
Condor	3,7	21,9	3,7	25,6	4,1	14,2	5,1	21,3	0,4
Coronel Barros	3,2	27,5	1,1	18,1	1,0	14,2	0,0	21,2	13,7
Coronel Bicaco	4,7	28,7	2,8	41,2	2,8	9,0	5,3	3,2	2,3
Crissiumal	2,5	15,1	7,6	23,8	16,0	10,2	11,6	11,7	1,5
Derrubadas	6,1	25,2	5,7	27,4	0,0	14,9	1,2	18,6	0,9
Humaitá	2,2	20,6	1,7	26,4	20,2	8,7	3,9	14,1	2,2
Ijuí	6,1	31,4	0,9	21,2	1,5	10,1	13,1	13,4	2,3
Inhacorá	4,4	36,2	1,1	22,7	0,0	14,4	15,4	0,0	5,8
Jóia	4,4	16,9	3,8	32,2	1,9	14,4	8,9	16,9	0,6
Miraguaí	7,4	23,8	7,5	26,4	5,2	7,8	4,0	15,5	2,4
Panambi	1,4	11,0	1,7	29,6	10,8	34,4	2,0	8,4	0,7
Pejuçara	2,5	27,7	0,8	21,6	12,4	7,9	5,7	20,7	0,7
Redentora	6,4	24,7	2,7	27,5	0,1	16,6	3,2	15,9	2,9
Santo Augusto	3,1	18,6	2,7	27,3	15,7	14,2	10,6	6,5	1,3
São Martinho	2,4	19,2	7,6	24,1	8,9	0,0	6,8	17,5	13,5
São Valério	4,9	25,2	3,4	26,3	15,6	8,1	6,0	4,7	5,7
Sede Nova	2,5	14,3	3,4	20,8	10,4	11,3	13,7	18,1	5,5
Tenente Portela	5,9	36,8	4,8	23,8	7,7	9,8	3,7	6,5	1,0
Tiradentes	3,2	18,6	5,1	29,4	30,5	12,6	0,0	0,0	0,6
Três Passos	4,2	19,9	4,3	23,3	7,9	12,0	12,7	9,3	6,4
Vista. Gaúcha	3,4	24,6	7,0	28,1	9,3	11,5	3,5	8,0	4,6
Durchschnitt in %	**3,8**	**25,3**	**3,8**	**25,9**	**7,6**	**11,8**	**6,5**	**11,8**	**3,3**

Quelle: Berechnet nach Unterlagen des TRIBUNAL DE CONTAS DO ESTADO DO RIO GRANDE DO SUL

Die Ausgaben der verschiedenen Verwaltungsbereiche (und ihr jeweiliger Anteil am Haushaltsvolumen) müssen zusätzlich im Zusammenhang mit der Anzahl der Beschäftigten in den einzelnen Bereichen gesehen und verstanden werden (siehe Tabelle 16).

Obwohl einige *Secretarias Municipais*, die nur in einzelnen Munizipien vorhanden sind, in der Spalte *andere Sektoren* von Tabelle 16 zusammengefasst wurden, ergibt sich ein relativ einheitliches Bild in Bezug auf die Kernstruktur der Stadtverwaltungen: Die Sektoren Verwaltung, Finanzen, Stadtwerke, Gesundheit und Ausbildung bilden jeweils die Ämter, die in fast jedem Munizip vorhanden sind.

Tab. 16: Beschäftigte in ausgewählten Sektoren der Stadtverwaltung in den Munizipien des Untersuchungsgebietes, 1997

Munizip	Stadtverwaltung												Stadtrat	
	Bürger-meisterbüro	Verwaltung	Finanzen	Stadtwerke	Gesundheit u. Soziales	Bildung u. Kultur	Landw., Ind. u. Handel	andere Sektoren	Beschäftigte insgesamt*	Bürger pro Beamter**	Beamte in Ruhestand	Stadträte	Angestellte
Ajuricaba	8	5	8	67	16	112	5	2	225	48	39	9	1
Augusto Pestana	1	11	8	76	13	86	2	29	228	37	-	9	4
Barra do Guarita	0	11	7	21	11	47	4	0	103	33	0	9	1
Bom Progresso	0	6	5	25	15	38	2	10	103	26	0	9	1
Braga	0	7	0	96	16	104	0	4	229	20	4	9	1
Campo Novo	5	6	8	19	25	58	7	2	132	53	13	9	6
Catuípe	5	29	8	114	47	113	1	0	319	33	23	9	1
Chiapeta	2	10	8	44	18	61	8	2	155	27	2	9	1
Condor	3	6	4	51	9	88	3	7	173	37	-	9	4
Coronel Barros	0	13	0	24	0	30	3	4	76	32	0	9	1
Coronel Bicaco	3	13	10	78	17	256	11	28	418	21	10	9	6
Crissiumal	0	13	19	92	20	107	10	12	275	59	20	11	1
Derrubadas	3	12	7	17	9	78	8	0	136	30	2	9	2
Humaitá	0	6	6	59	10	90	4	13	190	29	13	9	1
Ijuí	13	29	26	120	287	580	6	98	1159	65	240	-	-
Inhacorá	0	15	5	32	9	33	3	11	110	21	1	9	1
Jóia	1	27	9	51	18	154	6	4	272	29	9	9	2
Miraguaí	0	5	9	16	27	96	10	70	235	23	17	-	-
Panambi	1	5	11	141	94	382	1	42	679	47	-	-	-
Pejuçara	11	18	8	52	12	84	5	6	198	21	-	9	1
Redentora	0	11	8	31	20	124	8	17	221	38	13	9	6
Santo Augusto	-	-	-	-	-	-	-	-	384	39	13	9	5
São Martinho	0	5	8	58	25	55	4	5	162	42	14	9	1
São Valério	6	10	5	42	16	43	5	0	127	20	2	9	2
Sede Nova	0	4	4	38	22	33	5	0	108	33	1	9	1
Tenente Portela	5	16	11	49	57	158	12	46	356	41	62	11	3
Tiradentes	0	2	4	30	17	61	5	0	131	65	2	9	1
Três Passos	0	21	5	29	40	242	8	33	380	79	115	13	2
Vista Gaúcha	3	6	7	15	7	14	11	0	65	43	0	9	0
Durchschnitt	**6,6**	**11,5**	**7,8**	**53,1**	**31,3**	**118,8**	**5,6**	**15,9**	**253,4**	**37,6**	**24,6**	**9,3**	**2,1**

Quelle: Eigene Erhebungen in den jeweiligen Stadtverwaltungen
Anmerkungen zu Tabelle 16:   * Die zwei Amtsstellen (des Bürgermeisters und seines Stellvertreters) sind jeweils eingeschlossen.
　　　　　　　　　　　　　 ** Für die Berechnung wurde die Einwohnerzahl von 1996 zugrunde gelegt.
　　　　　　　　　　　　　 - keine Angaben

Betrachtet man die durchschnittliche Belegschaft in den einzelnen Ämtern, so stellt sich heraus, dass der größte Teil der Beamten im Bereich des Schulwesens beschäftigt ist. Dies bestätigt einmal mehr (vgl. auch die Ausgabenstruktur in Tabelle 15), dass die Bereiche Erziehung und Ausbildung bei den Gemeindeverwaltungen eindeutig Priorität genießen. Zwei weitere Bereiche, in denen die Stadtverwaltung einen größeren Anteil von Beschäftigten unterhält, sind einerseits die Stadtwerke (mit Aufgaben wie Müllabfuhr, Transporte, Bau und Instandhaltung von Straßen und anderen öffentlichen Einrichtungen) und andererseits das Gesundheits- und Sozialwesen, in dem Ärzte, Zahnärzte, Psychologen, Umwelt-, Kinder- und Familienbeauftragte, Sozialpädagogen und andere Fachleute beschäftigt sind.

Schließlich ist im Zusammenhang mit Tabelle 16 die Sparte *Bürger pro Beamte* besonders hervorzuheben. In den größeren Munizipien ist die *Beamtendichte* relativ gering: Auf 1 Beamten kommen zum Beispiel in Três Passos 79 Einwohner. In manchen kleineren und mittleren Munizipien ist die *Beamtendichte* erheblich höher. In Braga und São Valério zum Beispiel kommen auf 1 Beamten nur 20 Einwohner, in Coronel Bicaco, Inhacorá und Pejuçara jeweils 21 Einwohner[43]. In anderen Worten: Manche kleineren und mittlere Munizipien unterhalten fast viermal so viele Beamte pro Bürger wie andere, größere Munizipien. Bei Munizipien mittlerer Größe ist das Bild uneinheitlich: Es kann sowohl große als auch geringe *Beamtendichte* anzutreffen sein.

6.5. Städtische und regionale Entwicklungskonkurrenz

Entwicklung wurde in Brasilien über mehrere Jahre hinweg vorwiegend als ökonomisches Wachstum und Industrialisierung verstanden. Diese einseitige und mittlerweile überholte Auffassung hat sich aber in der brasilianischen Bevölkerung dermaßen eingeprägt, dass vielerorts die sozialen und ökologischen Dimensionen von Entwicklung nur langsam wahrgenommen werden.

Ein Grund dafür, dass Entwicklung und Industrialisierung von der Bevölkerung bis in die letzten Winkel der ärmsten Munizipien gleichgesetzt werden, liegt darin, dass die im Gegensatz zu den landwirtschaftlichen Beschäftigungsverhältnissen geregelten und saisonsicheren Arbeitsplätze im sekundären und tertiären Sektor hoch geschätzt werden. Darüber hinaus wird im Allgemeinen industrielle Produktion und formelle Dienstleistung mit Steuereinnahmen in Verbindung gebracht, die ihrerseits den Gemeindeverwaltungen die Möglichkeit geben, soziale Dienstleistungen vor Ort zu bieten und die lokale Infrastruktur auszubauen.

Es existieren Untersuchungen über Beschäftigung und Arbeitslosigkeit in den einzelnen Sektoren und Regionen Brasiliens, durchgeführt vom IBGE und anderen Forschungsinstitutionen (wie zum Beispiel DIEESE, Fundação Seade, IPEA und FEE). Da den Untersu-

---

[43] In Prozenten ausgedrückt heißt das, dass zum Beispiel in Braga der Anteil der Beamten an der Bevölkerung 5%, in Três Passos hingegen nur 1,2% beträgt.

chungen jeweils andere Kriterien zugrunde liegen, haben sie auch zu unterschiedlichen Ergebnissen geführt. Die Untersuchungen stimmen aber darin überein, dass insgesamt die informelle Beschäftigung und die Arbeitslosigkeit in den 90er Jahren deutlich zugenommen hat.

Es kann also kaum verwundern, dass das Thema Beschäftigung und Arbeitslosigkeit bei den meisten Umfragen über die größten brasilianischen Probleme von der Mehrheit der Befragten an erster Stelle genannt wird. So auch in einer Umfrage des Meinungsforschungsinstituts IBOPE, die Mitte 1998 in Brasilien durchgeführt wurde: 69% der Befragten gaben an, dass der Mangel an sicheren und geregelten Arbeitsplätzen gegenwärtig das größte Problem im Land sei. An zweiter Stelle (und mit großem Abstand), wurde von 12% der Befragten das Problem des öffentlichen Gesundheitswesens genannt (vgl. Correio do Povo 11/4/98, S. 4).

Die Beseitigung der Arbeitslosigkeit muss daher praktisch von jeder Partei und jeder Regierung, die auch nur minimale politische Ambitionen hat, zum obersten poltischen Ziel erklärt werden. Da aber Bund, Länder und Munizipien auf unterschiedlichen Ebenen agieren, stehen ihnen auch unterschiedliche Mittel und Instrumente zur Verfügung. Um zu verstehen, welche Rolle jede Regierungsebene spielt und welche Möglichkeiten sie jeweils hat, wenn es darum geht, regionale Entwicklung zu beeinflussen bzw. ökonomisches Wachstum zu fördern, ist ein Blick auf die Steuerkompetenz der Glieder der brasilianischen Föderation unerlässlich:

Abb. 15: Steuern und Steuerkompetenz in der brasilianischen Föderation

BUND		LÄNDER		MUNIZIPIEN	
Abkürzung	Steuereinzug über	Abkürzung	Steuereinzug über	Abkürzung	Steuereinzug über
IR	Einkommen	IPVA	Kraftfahrzeuge	IPTU	Gebäude und Grundstück
ITR	Landwirtschaftliche Grundflächen	ITCM	Erbschaft und Spenden	ISQN	allgemeine und freiberufliche Dienstleistungen
IGF	Vermögen	ICMS	Umlauf von Gütern und über Transport- u. Kommunikationsdienstleistungen	ITBI	Immobilientransfer
IPI	Industriegüter			IVVC	Verkauf von Benzin und Brennstoffen im Einzelhandel (ohne Diesel)
II	Importe				
IE	Exporte				
IOF	Finanzoperationen				

Quelle: AFFONSO 1990:61

Abbildung 15 listet die wichtigsten Steuern auf, die gemäß der Verfassung von 1988 von den unterschiedlichen Regierungsinstanzen in Brasilien erhoben werden. Das Prinzip des Aufteilungsschemas ist leicht erkennbar: Die Steuern, die eine bedeutende wirtschaftspolitische Marktregulierungsfunktion haben, sind prinzipiell der Bundesregierung zugewiesen[44]. Die wichtigste Steuereinnahmequelle der Länder ist die Besteuerung des internen Umlaufs von Gütern und den Munizipien wurden besonders die Steuern im Bereich der urbanen Raumordnungspolitik zugewiesen.

Im Folgenden werden die wichtigsten Zusammenhänge zwischen der Steuerpolitik der Länder und der Munizipien einerseits und der Regionalentwicklung im Sinne eines ökonomischen Wachstums andererseits kurz erörtert.

Die Steuerpolitik der Länder hat in der Regel nur einen begrenzten Einfluss auf das regionale Wirtschaftsgeschehen, aber ihre Bedeutung für die Regionalentwicklung darf nicht unterschätzt werden. Den Ländern wurden grundsätzlich nur drei unterschiedliche Steuerquellen zugewiesen (siehe Abbildung 15). Im Fall des Bundeslandes Rio Grande do Sul machen die ICMS-Einnahmen durchschnittlich 70%, die IPVA-Einnahmen knappe 1,6%, die Transfers vom Bund 12,4% und alle weiteren Einnahmen zusammen 16,4% der gesamten Nettoeinnahmen aus (vgl. AZEVEDO et alii 1996). Ebenso ist von Bedeutung, dass der Steuersatz des ICMS bei den meisten Produkten, die sich im Umlauf zwischen Unternehmen aus unterschiedlichen Bundesländern befinden, einheitlich auf 18% festgelegt und gesetzlich verankert ist. Der ICMS-Steuersatz bei bestimmten anderen Produkte fällt hingegen innerhalb der Bundesländer sehr unterschiedlich aus (s. Tabelle 17).

Tab. 17: ICMS-Steuersatz (in %) bei ausgewählten Produkten und Dienstleistungen in einzelnen brasilianischen Bundesländern, 1999

Steuersatz bei Bundesland	Benzin	Diesel	Energie	Telekommunikation	Bier	Andere alkohol. Getränke	nicht-alkohol. Getränke	Tabak
Minas Gerais	25	18	25	25	18	18	25	25
Rio de Janeiro	30	12	25	31	20	31	20	25
São Paulo	18	12	25	25	18	25	18	25
Paraná	25	12	25	25	17	17	17	25
Santa Catarina	25	12	25	25	17	25	17	25
Rio Grande do Sul	25	12	25	25	18	25	18	25

Quelle: Gobetti 1999:1

Aber nach Absprache zwischen Landesregierung und Landesparlament und unter Zustimmung des CONFAZ (*Conselho Nacional de Política Fazendária* = Nationalrat für Steuerpolitik) ist den Ländern grundsätzlich die Möglichkeit gegeben, im Hinblick auf den ICMS für bestimmte Güter, Projekte, Aktivitäten oder Wirtschaftssektoren Steuererlass zu gewähren. Dadurch stehen die brasilianischen Länder oft vor einem Dilemma: Sollen sie Steuererlass gewähren oder die möglichen Steuern in vollem Umfang grundsätzlich einnehmen? Im ersten Fall müssen die Länder zeit- und teilweise auf eine ihrer wichtigsten Einnahme-

---

[44] Wie bereits im vorhergehenden Kapitel (6.4) erwähnt wurde, werden diese Einnahmen über spezifische Mechanismen und nach einem bestimmten Steuerschlüssel zwischen Bundesregierung, Ländern und Munizipien verteilt Eine Übersicht über den Verteilungsmechanismus und die Transfersätze zwischen den unterschiedlichen Regierungsebenenen ist beispielsweise bei AFONSO et alii 1989 zu finden.

quellen verzichten, in der Hoffnung und mit der Perspektive, dass sich durch diese Steuerpolitik bestimmte Wirtschaftszweige in der Region entfalten oder dass neue Industrialisierungsprojekte positive wirtschaftliche Ausbreitungseffekte hervorrufen werden. Im zweiten Fall bleiben die Steuereinnahmen zumindest so lange konstant, wie keine Abwanderung von Unternehmen aus der Region stattfindet und das Produktionsniveau erhalten bleibt. Bilden sich aber in anderen Bundesländern günstigere Produktionsstandorte, so sinkt die wirtschaftliche Konkurrenzfähigkeit der Unternehmen in der Region und ein kumulativer Schrumpfungsprozess entsteht.

Solange alle Bundesländer auf einer effektiven und umfangreichen Steuerpolitik beharren, ist die Wirtschaft auf sich selbst gestellt und Standortentscheidungen über neue Investitionen werden ausschließlich nach Marktkriterien und Unternehmensstrategien getroffen. Beginnt aber ein Land einen sogenannten *Steuerkrieg*, indem es spezielle Steuervergünstigungen anbietet, dann werden nicht nur neue Investitionen angelockt; es kann dann auch eine Verlagerung von Sachkapital zustande kommen.

Der Steuerkrieg, der Mitte der 90er Jahre unter den brasilianischen Bundesländern ausbrach, konnte am Beispiel der Standortentscheidungen internationaler Automobilfirmen deutlich beobachtet werden[45]. Darüber hinaus bekämpfen sich die Länder bis heute mit unterschiedlichen Instrumenten der Steuerpolitik und wenden zusätzliche Strategien an, um einzelne Firmen oder ganze Industriezweige anzulocken.

Einzelnen Ländern des brasilianischen Nordostens ist es in den letzten Jahren gelungen, durch eine attraktive Steuer- und Wirtschaftspolitik und aufgrund von unterschiedlichen regionalen Anreizen (wie zum Beispiel reichlich vorhandener Arbeitskapazität, billigen Arbeitslöhnen und geringer Gewerkschaftsbeteiligung) zahlreiche Firmen und neue Produktionsinvestitionen aus dem Südwesten und dem Süden anzulocken[46].

Während sich die brasilianischen Bundesländer einen ununterbrochenen Kampf um Firmen und Investitionen liefern, stehen den Munizipien nur sehr begrenzte Instrumente zur Verfügung, um sich an diesem Kampf zu beteiligen. Mit Ausnahme weniger Munizipien (in Ballungszentren, wo Industriegelände rar ist) stellt fast jedes Munizip für Industrieansiedlungen freie Flächen zur Auswahl und zur Verfügung. Weitere Infrastrukturmaßnahmen werden je

---

[45] Neben GM und Navistar (in Rio Grande do Sul), Chrysler, Renault und Audi (in Paraná), Volkswagen (in Rio de Janeiro) Mercedes (in Minas Gerais) und Ford (in Bahia) haben sich seit 1996 noch einige südostasiatische Automobilkonzerne in unterschiedlichen Standorten in Brasilien niedergelassen. Bei der Standortentscheidung der Automobilkonzerne haben neben marktwirtschaftlichen Kriterien, neben Unternehmensstrategien und neben den in Brasilien üblichen Angeboten von Grundstücken (inklusive Terrassieren des Geländes und Ausbau der Infrastruktur) auch großzügige Steuervergünstigungen, direkte Kredite mit Sonderkonditionen und die Bereitschaft der Landesregierungen zur Vermittlung von Krediten eine erhebliche Rolle gespielt.

[46] Seit 1995 sind von den 15 größten Schuhherstellern des Bundeslandes Rio Grande do Sul 11 nach Bahia umgezogen: Dabei wurden über 24.000 neue Arbeitsplätze geschaffen und ca. 200 Mio. US-$ investiert. Nach Angaben der Landesregierung von Bahia wurde in dieser Periode die Ansiedlung von weiteren 14 Firmen unterschiedlicher Branchen aus Rio Grande do Sul mit verschiedenen Mitteln gefördert.

nach Ausmaß und sozioökonomischer Bedeutung des Projektes mit den in Frage kommenden Gemeinden von Fall zu Fall verhandelt.

Auf dem Gebiet der Steuern sind alle brasilianischen Munizipien gewissermaßen gleichgestellt: Weder lokale Steuereinnahmen über Gebäude und Grundstücke noch Subventionierung von Gebäuden und Grundstücken sind für sich genommen geeignete Maßnahmen zur Beeinflussung von Standortentscheidungen und andere Gemeindesteuern haben überhaupt keinen Einfluss auf Preise und Kosten von Produktion, Handel und Dienstleistung. So breitet sich auf der Ebene der öffentlichen Verwaltung und der Politik ein *Entwicklungskampf* zwischen Munizipien aus. Die Gemeinden ringen sowohl um die Niederlassung regionaler Ämter (Außenstellen der Bundes- bzw. Landesregierung oder anderer Behörden) als auch um öffentliche Bauvorhaben und Infrastruktur, wie Flughäfen, Verkehrsachsen oder Gefängnisse. Durch den politischen Druck, den die Kommunen auf die Landesregierung ausüben, kommt es oft zu gravierenden Fehlentscheidungen[47].

Schließlich muss auch noch erwähnt werden, dass einzelne Gemeinden unter den 5.707 brasilianischen Munizipien von wirtschaftlichen Agglomerationsvorteilen der umliegenden Regionen profitieren und ohnehin als attraktive Produktionsstandorte eingestuft werden, während andere Munizipien und Regionen für private Investitionen überhaupt nicht in Frage kommen, solange die Regierung nicht entsprechende steuerpolitische Maßnahmen ergreift. Die Landesentwicklungspolitik gewinnt dadurch an Bedeutung, dass sie zum Ausgleich von sozioökonomischen Disparitäten in einer Dimension ansetzt, welche normalerweise von der Entwicklungspolitik der Zentralregierung nicht von Belang ist.

---

[47] Ein Beispiel dafür ist die Dezentralisierung der CEASA (*Central de Abastecimento e Comercialização de Hortigranjeiros*), einer zentralen Versorgungsstelle für den Großhandel der landwirtschaftlichen Produktion (hauptsächlich Obst, Früchte, Eier und Gemüse) in Porto Alegre. Zweck der Dezentralisierung war die Einrichtung von vier regionalen Versorgungszentren in Rio Grande do Sul. Unter dem politischen Druck sind in sechs Munizipien solche regionale Versorgungszentren gebaut worden, mit dem Ergebnis, dass durch die übertriebene Dezentralisierung kein regionales Versorgungszentrum überlebensfähig war und die Gebäude für andere Zwecke umfunktioniert werden mussten.

7. SOZIOÖKONOMISCHE DISPARITÄTEN IN RIO GRANDE DO SUL

Sozioökonomische Indikatoren haben in der entwicklungspolitischen Diskussion schon immer eine wichtige Rolle gespielt. Sie werden unter anderem herangezogen, um den Erfolg einer Entwicklungsstrategie zu bestätigen oder zu widerlegen, um einen Vergleich von Regionen durchzuführen oder auch um auf regionale Defizite und Disparitäten in bestimmten Bereichen hinzuweisen.

Bis in die 70er Jahre galt das BSP (Bruttosozialprodukt) als wichtigster sozioökonomischer Indikator. Als jedoch vielerorts zu beobachten war, dass ein hohes Einkommen keine automatische Garantie für soziale Entwicklung und dass sozialer Fortschritt auch in Gesellschaften mit relativ niedrigen Einkommen zu verzeichnen war, wurde das BSP immer seltener als allgemeiner Entwicklungsindikator akzeptiert. Außerdem wurde nachgewiesen, dass sowohl die Berechnung des BSP als auch die Verwendung des Pro-Kopf-Einkommens als Entwicklungsindikator implizite Mängel aufwiesen (vgl. NOHLEN / NUSCHELER 1993), was besonders in den 70er und zum Teil noch während der 80er Jahre zu zahlreichen Diskussionen, Untersuchungen und methodologischen Studien über das Thema Entwicklungsindikatoren führte[1].

Die Diskussion über Sozial- und Entwicklungsindikatoren wurde 1990 mit der Veröffentlichung des *Human Development Report* (UNITED NATIONS 1990) erneut in den Medien, in der Wissenschaft und in der Politik aufgegriffen und der dabei vorgeschlagene Index HDI (*Human Development Index*) fand in manchen Kreisen große Resonanz, während er in anderen Kreisen auf Widerstand stieß (vgl. KAUL 1996 und KLINGEBIEL 1992). Weil aber in der Berechnung des HDI neben ökonomischen auch soziale Komponenten berücksichtigt worden sind[2], wurde der Index weithin von internationalen Institutionen als allgemeingültiger Entwicklungsindikator akzeptiert und verwendet.

Mittlerweile haben einige Länder (darunter auch Brasilien) ihren eigenen, nationalen HDR (*Human Development Report*) erstellt[3] und darin ihre eigene, interne Rangordnung für die Entwicklung von Provinzen, Distrikten und Städten aufgestellt.

Indikatoren repräsentieren aber nach wie vor immer nur die Quantifizierung von bestimmten Sachverhalten, die messbar gemacht wurden, um eine quantifizierende Analyse zu ermögli-

---

[1] Grundsätzliche Überlegungen über Entwicklungsindikatoren sind u.a. bei BASTER 1972; LEIPERT / SIMONIS 1982; MILES 1985; MCGRANAHAN 1974; MCGRANAHAN et alii 1982; SEERS 1974 und UNITED NATIONS 1989 zu finden.

[2] Im HDI wurden drei Einzelindikatoren in einer einzigen Zahl zusammengefasst: Lebenserwartung bei der Geburt, Bildungsgrad und Pro-Kopf-Einkommen. Zu weiteren Details über das Thema siehe UNITED NATIONS 1990-97.

[3] In Brasilien wird der *Relatório sobre o Desenvolvimento Humano no Brasil* von IPEA seit 1996 veröffentlicht.

chen oder andere Formen von Analysen zu ergänzen. Außerdem werden Indikatoren generell nicht ausschließlich als statistische Daten wahrgenommen; sie werden stellvertretend eingesetzt, um auf etwas hinzuweisen, das sie selbst nicht oder nur partiell sind (MCGRANAHAN 1974). Indikatoren sind allenfalls analytische Hilfsinstrumente um gewisse Realitäten teilweise zu interpretieren.

Es gibt eine ganze Menge von Entwicklungsindikatoren, die zu äußerst unterschiedlichen Zwecken verwendet werden, zum Beispiel zur Beschaffung von Informationen und zur Erstellung von sozioökonomischen Raumdiagnosen; es kann auch sein, dass sie als Grundlage für politische Entscheidungen und Evaluierung von Zielen und Projekten dienen. Indikatoren haben also nicht nur eine informative Funktion; sie können auch eine evaluierende, normative oder entscheidungsorientierende Funktion haben, *"indem sie soziale Zustände im Hinblick auf normative Zielsetzungen als progressiv oder regressiv ausweisen"* (NOHLEN / NUSCHELER 1993:81).

Im vorliegenden Kapitel werden die 22 Regionen, die auf der Regionalisierung der CRDs in Rio Grande do Sul basieren, anhand von sozioökonomischen Indikatoren untereinander verglichen. Um Einseitigkeit bei der Untersuchung der regionalen Entwicklung zu vermeiden, wurden bewusst mehrere Indikatoren herangezogen. Die Auswahl der Indikatoren hing zum einen davon ab, ob Daten für alle Regionen verfügbar waren[4] und somit eine lückenlose Darstellung gewährleistet ist. Zum anderen spielten bestimmte Zielsetzungen der Arbeit eine wichtige Rolle bei der Auswahl der Indikatoren: So sollen sie nicht nur stellvertretend für die sozioökonomische Entwicklung der einzelnen Regionen stehen können, sondern müssen im Zusammenhang mit der Entwicklungsdynamik der Großräume von Rio Grande do Sul gesehen und verstanden werden können und müssen überdies als Grundlage für die Analyse und die Beurteilung der regionalen Entwicklungspolitik der CRDs im Allgemeinen und des CRD-NORC im Besonderen taugen.

Im folgenden Teil des Kapitels (Kapitel 7.1.) werden die ausgewählten Entwicklungsindikatoren kurz dargestellt und kommentiert. Die Indikatoren wurden in Klassen aufgeteilt[5], damit die entsprechende Verteilung bzw. Konzentration nach Regionen beobachtet und der Zusammenhang mit der allgemeinen Entwicklung von Rio Grande do Sul analysiert werden kann, ohne auf spezifische Details einzelner CRD-Regionen eingehen zu müssen. Danach werden die spezifischen Entwicklungsindikatoren der Region Noroeste Colonial (im Hinblick auf die wichtigsten regionalen Abweichungen vom Landesdurchschnitt) und die regionalen Entwicklungsstrategien kritisch überprüft.

---

[4] In der Regel erfüllen die offiziellen sekundärstatistischen Daten über die Munizipien von Rio Grande do Sul, die dann in CRD-Regionen zusammengefasst bzw. zusammengerechnet wurden, diese Bedingung.

[5] Um eine bessere Anschaulichkeit der Abbildungen zu gewährleisten, wurde jeder Indikator nur in jeweils vier Klassen aufgeteilt.

7.1. Ausgewählte soziökonomische Indikatoren

7.1.1. Bevölkerungsdichte

Betrachtet man die Bevölkerungsverteilung in den unterschiedlichen Regionen (siehe Abbildung 16), dann wird deutlich, dass in der sogenannten *Campanha Gaúcha* (Regionen Campanha, Fronteira Oeste, Missões und Central) und in der nordöstlichen Hochebene (Regionen Nordeste und Hortênsias) eine relativ geringe Bevölkerungsdichte vorkommt. Zu Beginn der Kolonisation waren dies vorwiegend Räume portugiesischer Besiedelung. Die wichtigsten ökonomischen Aktivitäten in diesen Regionen beschränkten sich auf die extensive Viehwirtschaft (*Campanha*) und auf den Einschlag von Araukarienholz (Hochebene). Im Laufe der Zeit nahm die wirtschaftliche Bedeutung dieser Aktivitäten ab, ohne dass an ihre Stelle andere ökonomische Aktivitäten traten[6], was letztendlich der Grund dafür ist, dass die Bevölkerungsdichte in den genannten Regionen relativ gering blieb.

Eine große Bevölkerungsdichte ist in den Regionen Metropolitana und Vale dos Sinos zu konstatieren; sie übertrifft den Landesdurchschnitt um mehr als das Zwölffache und dieser Raum stellt damit einen Ballungsraum dar[7]. In nordwestlicher Richtung schließt sich ein Gebiet mit einer relativ hohen Bevölkerungsdichte an: Es sind die alten Kolonisationsgebiete von Rio Grande do Sul, die zunächst ab 1824 und später dann ab 1875 vorwiegend von deutschen und italienischen Einwanderern besiedelt wurden. Diese Regionen (Serra, Vale do Paranhana, Vale do Caí und Vale do Taquari) weisen im Vergleich zum gesamten Bundesland Rio Grande do Sul eine überdurchschnittliche Bevölkerungsdichte auf.

Regionen mit einer mittleren Bevölkerungsdichte (20 bis 50 Einwohner/km²) sind in einem nordsüdlichen Streifen, der sich quer durch das Bundesland und an der Küste entlang erstreckt, anzutreffen. Die Region Fronteira Noroeste, ein kleiner Verdichtungsraum im Nordwesten, fällt insofern aus dem Rahmen, als sie räumlich von den anderen Verdichtungsräumen getrennt ist. Es handelt sich bei diesem Verdichtungsraum um eines der letzten (neuen) Kolonisationsgebiete mitteleuropäischer Einwanderer in Rio Grande do Sul; diese haben überwiegend kleinbäuerliche Betriebe gegründet (vgl. LÜCKER 1986).

---

[6] Zwei Ausnahmen bilden die Munizipien Nova Petrópolis, Canela und Gramado im äußersten Südwesten der Region Hortênsias, die sich auf den Tourismus ausgerichtet haben, und die Region um Vacaria in der Region Nordeste, die sich auf die Produktion von Früchten für den Export spezialisiert hat.

[7] Die räumliche Konzentration der Bevölkerung wird deutlich, wenn man sich vergegenwärtigt, dass im Jahr 1996 33,11% der *gaúchos* auf 2,17% der Fläche des Bundeslandes Rio Grande do Sul lebten.

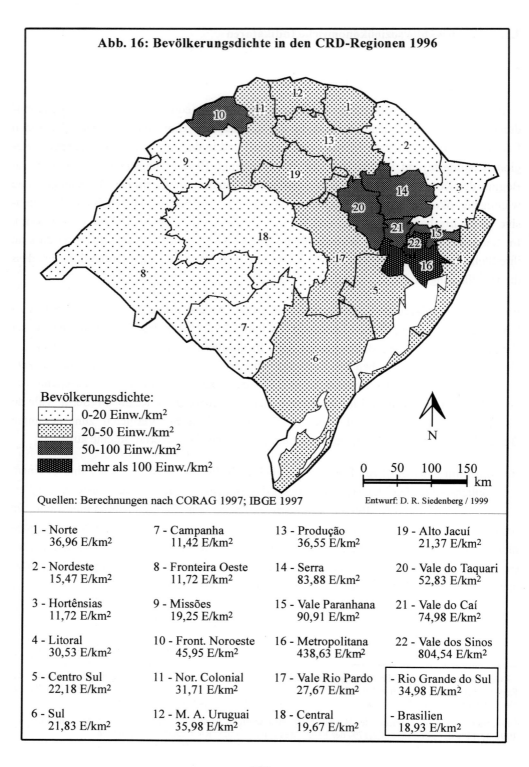

7.1.2. Regionales Bruttoinlandsprodukt

Das Bruttoinlandsprodukt wird oft als allgemeiner Entwicklungsindikator benutzt, obwohl es ausschließlich die ökonomischen Verhältnisse von Regionen darstellt. Das BIP kann als statische Größe verwendet werden, indem man Aussagen über absolute Werte oder über prozentuale Anteile der einzelnen Regionen am Landes-BIP macht. Die statische Dimension des BIP kommt zum Beispiel dann zum Ausdruck, wenn man aus Tabelle 18 abliest, welches die wirtschaftlich starken bzw. schwachen Räume in Rio Grande do Sul sind.

Tab. 18: Sozioökonomische Indikatoren der Regionalentwicklung 1996

REGION	BIP x1.000 US-$	in %	BEVÖLKERUNG absolut	in %	Pro-Kopf-Einkommen in US-$	FLÄCHE* km²	in %	BIP/km² in US-$
Norte	876.981	1,73	207.095	2,15	4.234,68	5.603,2	2,08	156.514
Nordeste	536.220	1,06	173.936	1,80	3.082,86	11.237,3	4,16	47.717
Hortênsias	523.063	1,03	116.494	1,21	4.490,05	9.934,6	3,68	52.650
Litoral	695.003	1,37	246.848	2,56	2.815,51	8.083,7	3,00	85.975
Centro Sul	799.976	1,58	216.807	2,25	3.698,81	9.773,7	3,62	81.849
Sul	2.765.353	5,46	788.886	8,18	3.505,39	36.126,2	13,40	76.547
Campanha	797.926	1,57	208.416	2,16	3.828,53	18.249,3	6,77	43.723
Fronteira Oeste	1.875.892	3,71	529.997	5,50	3.539,44	45.195,2	16,77	41.506
Missões	717.005	1,41	272.857	2,83	2.627,77	14.169,9	5,26	50.600
Fronteira Noroeste	751.407	1,48	210.165	2,18	3.575,32	4.574,5	1,70	164.260
Noroeste Colonial	1.141.616	2,25	314.326	3,26	3.631,95	9.912,3	3,68	115.171
Médio Alto Uruguai	336.506	0,66	190.555	1,98	1.765,93	5.294,7	1,96	63.555
Produção	2.206.193	4,36	460.661	4,78	4.789,19	12.602,7	4,67	175.057
Serra	6.650.782	13,14	684.864	7,11	9.711,10	8.164,7	3,03	814.577
Vale do Paranhana	1.232.545	2,43	170.323	1,77	7.236,52	1.873,4	0,69	657.918
Metropolitana	12.573.369	24,85	2.083.215	21,61	6.035,56	4.749,3	1,76	2.647.415
Vale do Rio Pardo	2.144.820	4,23	397.061	4,12	5.401,74	14.349,4	5,32	149.471
Central	1.867.130	3,69	621.693	6,45	3.003,30	31.605,7	11,73	59.075
Alto Jacuí	1.042.948	2,06	192.306	1,99	5.423,38	8.995,8	3,33	115.937
Vale do Taquari	1.964.008	3,88	304.436	3,16	6.451,30	5.761,9	2,14	340.861
Vale do Caí	834.482	1,64	138.351	1,43	6.031,63	1.845,1	0,68	452.269
Vale dos Sinos	8.268.339	16,34	1.108.410	11,50	7.459,64	1.377,7	0,51	6.001.550
RIO GRANDE SUL	50.606.788	100	9.637.702	100	5.250,91	269.480,3	100	187.772

Quellen: ESTADO DO RIO GRANDE DO SUL 1997; IBGE 1997; CORAG 1997

* = Trockenfläche (d. h. die Fläche der Seen Patos, Mirim und Mangueira sind nicht berücksichtigt)

Tabelle 18 zeigt, dass die Regionen Serra, Metropolitana und Vale dos Sinos zusammen 54,33% der gesamten Bruttoinlandsproduktion von Rio Grande do Sul hervorbringen und dass aufgrund dieser Konzentration die ökonomische Bedeutung der anderen 19 Regionen im Einzelnen dementsprechend relativ gering ist.

Dadurch, dass die Regionen in Bezug auf Fläche und Bevölkerungsdichte untereinander sehr große Unterschiede aufweisen[8], ist das Verhältnis zwischen dem BIP und der Fläche der entsprechenden Regionen sehr aufschlussreich: Der Quotient gibt jeweils an, welche durchschnittliche Bruttoproduktion pro Flächeneinheit (km²) in den einzelnen Regionen erwirtschaftet wird und deutet auf sehr unterschiedliche Produktionsstrukturen hin.

In diesem Zusammenhang fällt auf, dass die dichtbesiedelten Räume der Regionen Metropolitana und Vale dos Sinos eine ausgeprägt überdurchschnittliche räumliche Bruttoinlandsproduktion (BIP/km²) aufweisen. Die nördlich von Metropolitana und Vale dos Sinos gelegenen Regionen Serra, Vale do Paranhana, Vale do Taquari und Vale do Caí weisen (wobei die Reihenfolge der Rangfolge entspricht) eine Bruttoinlandsproduktion auf, die weitaus geringer ist als die der zuvor genannten Regionen, die aber trotzdem über dem Durchschnitt (187.772 US-$ / km²) liegt. In allen genannten dichtbesiedelten Regionen sind, mit wenigen Ausnahmen, die wichtigsten Industriesektoren von Rio Grande do Sul angesiedelt[9].

Ein weiterer Unterschied zwischen einzelnen regionalen Wirtschaftsstrukturen ist in Tabelle 18 erkennbar: Die auf intensiver Agrarwirtschaft (Anbau von Soja, Weizen, Mais und Tabak, Schweinezucht und Milchwirtschaft) basierenden Regionen weisen eine durchschnittliche Gesamtproduktion auf, die in der Regel bei über 100.000,00 US-$ pro km² liegt, während die überwiegend im südlichen Rio Grande do Sul liegenden Regionen, die auf extensive Landwirtschaft (Viehzucht und Reisanbau) setzen, deutlich weniger erwirtschaften.

Eine andere Möglichkeit, das BIP als Informationsquelle zu nutzen, besteht darin, seine Dynamik oder die BIP-Wachstumsrate der Regionen in einer bestimmten Periode darzustellen (siehe Abbildung 17). Diese Variante verdeutlicht räumliche Umstrukturierungsprozesse der Wirtschaft, d. h., sie zeigt an, welche Regionen sich gerade in einem wirtschaftlichen Umbruch oder in eine Stagnationsphase befinden.

Betrachtet man Abbildung 17, so wird deutlich, dass im Jahr 1996 vier CRDs ein negatives BIP-Wachstum bzw. einen ökonomischen Rückgang gegenüber dem Vorjahr aufzuweisen haben (Hortênsias, Sul, Fronteira Oeste und Missões). Es sind ausschließlich Randregionen mit einer geringen Bevölkerungsdichte (vgl. Abbildung 16). Solch ein ökonomischer Rückgang ist aber nicht in allen Randregionen mit geringer Bevölkerungsdichte zu beobachten (vgl. Wachstumsraten der Regionen Campanha und Nordeste).

---

[8] Zum Beispiel: Fronteira Oeste ist 32-mal größer als Vale dos Sinos und Vale dos Sinos hat 70-mal so viel Einwohner wie Campanha.

[9] Man erinnere sich beispielsweise an die Schuhfabriken des Vale dos Sinos, an den Petrochemiekomplex von Triunfo und Canoas, an die metallverarbeitenden Fabriken im Raum Caxias do Sul und an die Nahrungsmittelfabriken im Großraum Porto Alegre.

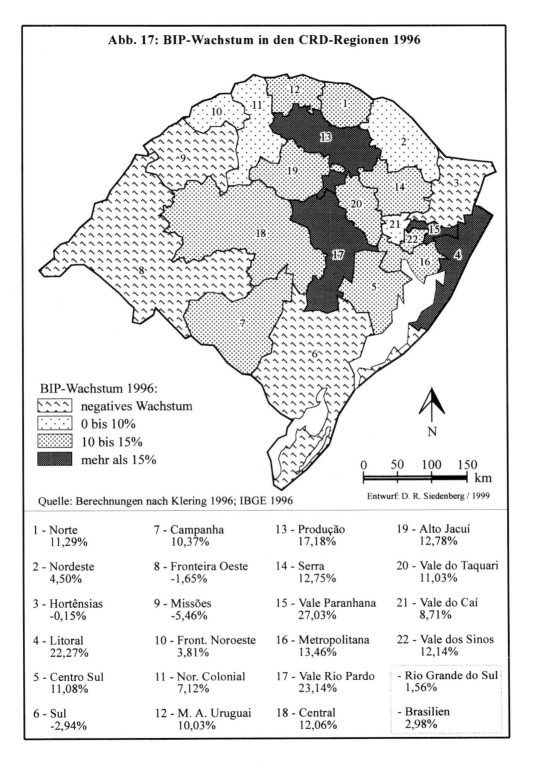

Bemerkenswert ist jedoch, dass ausgerechnet viele jener Regionen des Bundeslandes Rio Grande do Sul von einem ökonomischen Rückgang betroffen sind, die an Länder des MERCOSUL grenzen.

Abbildung 17 verdeutlicht einerseits die wirtschaftliche Wachstumsdynamik der unterschiedlichen Regionen in Rio Grande do Sul: Drei der vier Regionen (Litoral, Produção, Vale do Paranhana und Vale do Rio Pardo), die 1996 das größte Wachstum zu verzeichnen hatten, und zwar um die 20%, befinden sich außerhalb des räumlichen Industriekerns des Landes. Außerdem wiesen 1996 die anderen CRD-Regionen immerhin ein BIP-Jahreswachstum, das zwischen 3,81% und 13,46% lag, auf.

Andererseits lässt sich aus Abbildung 17 auch eine Tendenz zur räumlichen Konzentration der Wirtschaft in Rio Grande do Sul ableiten: Obwohl die am BIP gemessen stärkeren Regionen (wie zum Beispiel Metropolitana, Vale dos Sinos und Serra) 1996 eine kleinere Wachstumsrate aufweisen als jene, die eine geringere Bedeutung haben (wie zum Beispiel Vale do Rio Pardo, Produção und Litoral), wird sich - bei gleichbleibenden Wachstumsraten der Regionen über mehrere Jahre hinweg - der absolute Unterschied zwischen dem BIP von starken und schwachen Regionen in einem ersten Moment sogar vergrößern. Eine räumliche Dekonzentration der Wirtschaft wird nur dann zustande kommen, wenn die wirtschaftlich schwächeren Regionen kontinuierlich größere Wachstumsraten aufweisen als die der wirtschaftlich stärkeren Regionen.

Ein einfaches hypothetisches Beispiel verdeutlicht die Situation (siehe Tabelle 19). Die Ausgangslage wird gebildet durch zwei Regionen A und B unterschiedlicher Bedeutung (Anteil am BIP: 24% und 4%) und die grundsätzliche Prämisse, dass die wirtschaftlich schwächere Region B kontinuierlich größere Wachstumsraten als die wirtschaftlich stärkere Region A aufweist.

Anhand des hypothetischen Beispieles wird deutlich, dass ein wirtschaftliches Gleichgewicht der Regionen A und B nach ungefähr 14 Perioden (Jahren, Jahrzehnten) eintreten wird, vorausgesetzt dass beide Regionen die außerordentlich hohen Wachstumsraten von 10 bzw. 25% beibehalten! Die ökonomische Entwicklung bzw. die Wachstumsraten der weiteren Regionen hat allenfalls Einfluss auf die relative Bedeutung der Regionen A und B zu einem gegebenen Zeitpunkt[10].

Das Beispiel verdeutlicht darüber hinaus, dass ein überdurchschnittliches ökonomisches Wachstum von einzelnen Regionen einen äquivalenten Bedeutungsverlust der anderen Regionen hervorruft: Die Bedeutung der Regionen A und B zusammen repräsentierte in der

---

[10] In dem hypothetischen Beispiel werden die Regionen A und B zum Zeitpunkt T14 jeweils ca. 28% der Bruttoproduktion des gesamten Gebietes auf sich konzentrieren. Ändern sich die Wachstumsraten der anderen Regionen, so ändert sich auch die relative Bedeutung der Regionen A und B im gesamten Kontext, aber der Zeitpunkt ihres Gleichgewichtes ändert sich nicht.

Ausgangssituation 28% des gesamten BIP und am Gleichgewichtspunkt war ihre Bedeutung verdoppelt, d. h. alle anderen Regionen zusammen verloren in der Periode ca. 28 Prozentpunkte.

Tab. 19: Hypothetisches Beispiel und graphische Darstellung über wirtschaftliches Wachstum von Regionen

Regionen	BIP T_0	Anteil am BIP	Wachstum	BIP T_1	Anteil	...	BIP T_{14}	Anteil
A	12.000	24%	10%	13.200	24,67%	...	45.566	28,07%
B	2.000	4%	25%	2.500	4,67%		45.457	28,01%
Andere	36.000	72%	5%	37.800	70,65%		71.278	43,92%
Insgesamt	50.000	100%	-	53.500	100,00%		162.301	100,00%
Differenz (A - B)	10.000	20%	-	10.700	20,00%		109	0,06%

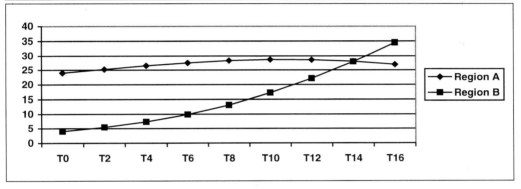

Quelle: eigener Entwurf

Tatsache ist aber, dass die ökonomische Entwicklung in den unterschiedlichen Großräumen in Rio Grande do Sul (vgl. Abbildung 12) völlig anders als in dem vorgegebenen Beispiel aussieht: Die ökonomische Bedeutung und die jährlichen Wachstumsraten der Regionen verdeutlichen einen gewaltigen wirtschaftlichen Konzentrationsprozess im Großraum Porto Alegre – Caxias do Sul. Eine Tendenz zum regionalen Ausgleich ist kurzfristig überhaupt nicht in Sicht.

7.1.3. Pro-Kopf-Einkommen

Es ist durchaus angebracht, das BIP der Regionen im Verhältnis zu ihrer jeweiligen Einwohnerzahl zu sehen, weil dadurch sowohl eine Verfeinerung des Indikators als auch eine bedeutsame Rangverschiebung zustande kommt, was u. a. am Beispiel der Metropolitanregion verdeutlicht werden kann: Sie erwirtschaftet alleine das weitaus größte BIP unter den 22 Regionen (oder ca. 24% des gesamten BIP), würde aber in einer PKE-Rangliste nur an fünfter Stelle liegen (siehe Abbildung 18 und Tabelle 18).

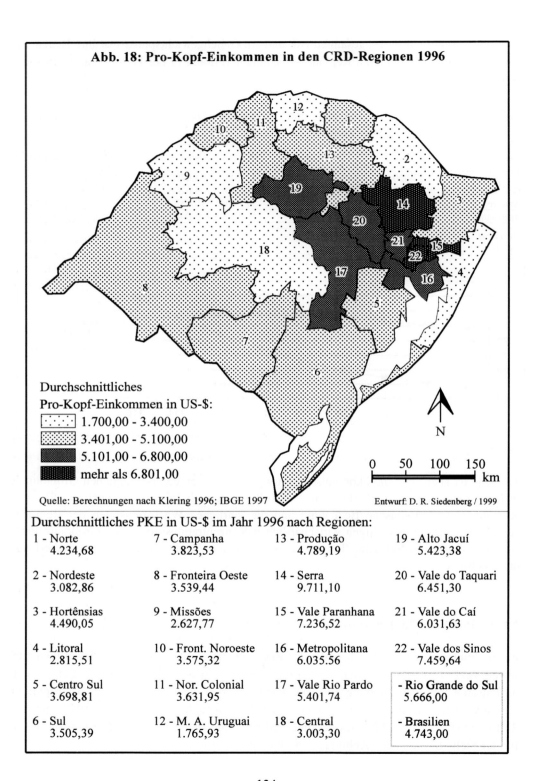

Wie man aus Abbildung 18 ablesen kann, gibt es in Rio Grande do Sul Regionen, die ein Pro-Kopf-Einkommen aufweisen, das den brasilianischen Durchschnitt (4.743,00 US-$ im Jahr 1996) um mehr als 50% übertrifft (Serra, Vale do Paranhana und Vale dos Sinos), aber es gibt auch Regionen, die ein PKE aufweisen, das nur knapp 60% des brasilianischen Durchschnitts erreicht (Médio Alto Uruguai, Litoral und Missões).

Die Klassifizierung der CRD-Regionen nach Pro-Kopf-Einkommen veranschaulicht drei unterschiedliche Verteilungsmuster: Eine Kernregion, in der mehr als die Hälfte der Bevölkerung von Rio Grande do Sul angesiedelt ist, weist grob gesehen ein überdurchschnittliches PKE auf (mehr als 5.100,00 US-$ im Jahr). Rings um diese Kernregion herum verteilen sich abwechselnd Regionen mit niedrigem bzw. mittlerem PKE, das zwischen 1.765,93 und 4.789,19 US-$ variiert. Und die Regionen am Südrand des Landes sind gekennzeichnet durch ein relativ homogenes PKE, das zwischen 3.505,39 und 3.823,53 US-$ variiert.

Vergleicht man das PKE und das BIP-Wachstum der einzelnen Regionen miteinander, dann stellt sich heraus, dass im Jahr 1996 in der Missões-Region eine Verschärfung der ökonomischen Lage stattfand: Diese Region hatte eines der niedrigsten PKE und wies einen wirtschaftlichen Rückgang von 5,46% auf. Die anderen vier Regionen mit geringen PKE konnten 1996 ein mittleres bis hohes Wirtschaftswachstum verzeichnen.

7.1.4. Krankenhausbetten

Die Ausstattung von Regionen mit Krankenhausbetten ist ein quantitativer Indikator, der häufig in Statistiken auftaucht. Seine Aussagekraft ist u. a. durch die qualitativen Aspekte der Krankenhäuser, d. h. ihre Leistungen und gesundheitstechnischen Kapazitäten, eingeschränkt. Eine qualitative Klassifizierung wird auch dadurch erschwert, dass im brasilianischen Gesundheitssystem unterschiedliche Akteure gleichzeitig, parallel oder ergänzend agieren: Bundesregierung, Gemeindeverwaltung, Privatwirtschaft, Militäreinrichtungen und philantropische Institutionen sind im Gesundheitsdienst in unterschiedlichem Maße beteiligt.

Die Verteilung der Krankenhausbetten in Rio Grande do Sul variiert von 1,31 (Vale dos Sinos) bis 5,29 Betten (Alto Jacuí) pro 1.000 Einwohner, je nach Region (siehe Abbildung 19). Beide Extremwerte bedürfen einer Erklärung. Die relativ geringe Aufnahmekapazität der Krankenhäuser in der Region Vale dos Sinos kommt zum Teil daher, dass diese Region die weitaus dichtbesiedeltste, gleichzeitig aber auch die kleinste Region in Rio Grande do Sul ist. Zum Teil spielt aber auch die große Wahrscheinlichkeit, dass im Notfall die Krankenhäuser der umliegenden Regionen bzw. in der Hauptstadt aufgesucht werden, eine Rolle. Zu der relativ großen Aufnahmekapazität in der Region Alto Jacuí muss man sagen, dass dieser Indikator durch das Vorhandensein von überregionalen Militärkrankenhäusern beeinflusst wird. In den weiteren Regionen variiert die quantitative Kapazität der Krankenhäuser zwischen 2,03 und 4,91 Betten pro 1.000 Einwohner.

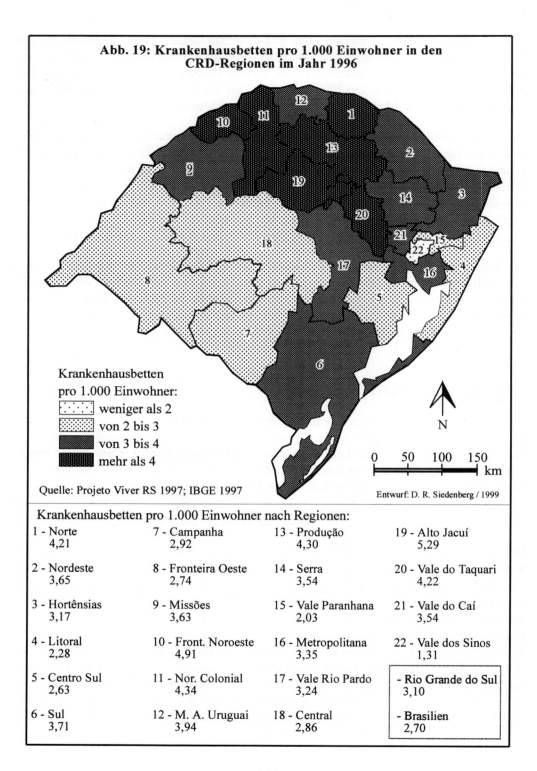

Abb. 19: Krankenhausbetten pro 1.000 Einwohner in den CRD-Regionen im Jahr 1996

Krankenhausbetten pro 1.000 Einwohner:
- weniger als 2
- von 2 bis 3
- von 3 bis 4
- mehr als 4

Quelle: Projeto Viver RS 1997; IBGE 1997

Entwurf: D. R. Siedenberg / 1999

Krankenhausbetten pro 1.000 Einwohner nach Regionen:

1 - Norte 4,21	7 - Campanha 2,92	13 - Produção 4,30	19 - Alto Jacuí 5,29
2 - Nordeste 3,65	8 - Fronteira Oeste 2,74	14 - Serra 3,54	20 - Vale do Taquari 4,22
3 - Hortênsias 3,17	9 - Missões 3,63	15 - Vale Paranhana 2,03	21 - Vale do Caí 3,54
4 - Litoral 2,28	10 - Front. Noroeste 4,91	16 - Metropolitana 3,35	22 - Vale dos Sinos 1,31
5 - Centro Sul 2,63	11 - Nor. Colonial 4,34	17 - Vale Rio Pardo 3,24	- Rio Grande do Sul 3,10
6 - Sul 3,71	12 - M. A. Uruguai 3,94	18 - Central 2,86	- Brasilien 2,70

Aus Abbildung 19 wird ersichtlich, dass der nördliche Teil des Bundeslandes Rio Grande do Sul mit einer überdurchschnittlichen Menge von Krankenhausbetten ausgestattet ist, während der südliche Teil, mit Ausnahme der Region Sul, wo militärische und universitäre Einrichtungen zu einem besseren Verhältnis beitragen, sich eher dem brasilianischen Durchschnitt angleicht. Bemerkenswert ist auch noch die Tatsache, dass eine räumliche Konzentration der Krankenhausbetten im nordwestlichen Teil des Bundeslandes (und praktisch außerhalb des wirtschaftlichen Großraums Porto Alegre – Caxias do Sul) vorhanden ist. Diese Konzentration kann durch die kleinräumige Siedlungsstruktur im nördlichen Rio Grande do Sul erklärt werden.

7.1.5. Durchschnittliche Kindersterblichkeit

Die Kindersterblichkeitsrate (Anzahl der Sterbefälle im ersten Lebensjahr pro 1.000 lebend geborene Kinder) ist ein viel benutzter sozialer Indikator, bei welchem indirekt übergreifende Informationen über den allgemeinen Gesundheitszustand und Zugang der Bevölkerung zu Gesundheitseinrichtungen mitschwingen.

Zwischen 1990 und 1995 lag die durchschnittliche Kindersterblichkeitsrate in Rio Grande do Sul bei 19,3 und in ganz Brasilien bei 43,11 Kindern pro 1.000 Lebendgeborene. Die Verteilung der Kindersterblichkeitsrate (KSR) in den unterschiedlichen Regionen von Rio Grande do Sul ist einerseits im Zusammenhang mit dem Vorhandensein von Gesundheitseinrichtungen zu sehen: So ist im Allgemeinen die KSR im nördlichen Teil von Rio Grande do Sul geringer als im südlichen (s. Abbildung 20; vgl. Abbildung 19).

Andrerseits tragen zum Beispiel militärische Gesundheitseinrichtungen wenig zur Verbesserung dieses Indikators unter der Bevölkerung bei, was man am Beispiel der Regionen Alto Jacuí und Sul, beide mit relativ hoher KSR und guter Ausstattung, beobachten kann. Interessanterweise trifft man in zwei wirtschaftlich starken Regionen (Serra und Vale do Caí) und gleichzeitig in zwei wirtschaftlich schwachen Regionen (Missões und Médio Alto Uruguai) die niedrigsten Kindersterblichkeitsraten an. Es gibt für dieses Phänomen keine einfache Erklärung. Da man aber davon ausgehen kann, dass die KSR ein Indikator ist, in dem Vorsorgeuntersuchungen, Aufklärung über Gesundheitszustände und Umgang mit den Neugeborenen sowie der Zugang zur medizinischer Versorgung sich indirekt widerspiegeln, so dürfte wohl hauptsächlich die lokale Gesundheitspolitik eine wichtige Rolle bei der Erklärung dieses Phänomens spielen.

In diesem Zusammenhang ist noch zu erwähnen, dass Rio Grande do Sul seit Anfang der 70er Jahre eindeutig eine rückläufige Kindersterblichkeitsrate aufweist: 1973 starben noch knapp über 50 Kinder pro 1.000 Lebendgeborene im ersten Lebensjahr; um 1980 war die Zahl auf ca. 35 Kinder gesunken und ab den 90er Jahren wurde eine durchschnittliche Kindersterblichkeitsrate von unter 20 Fällen pro 1.000 Lebendgeborene gemeldet (vgl. SECRETARIA DA SAÚDE E DO MEIO AMBIENTE RS 1996b).

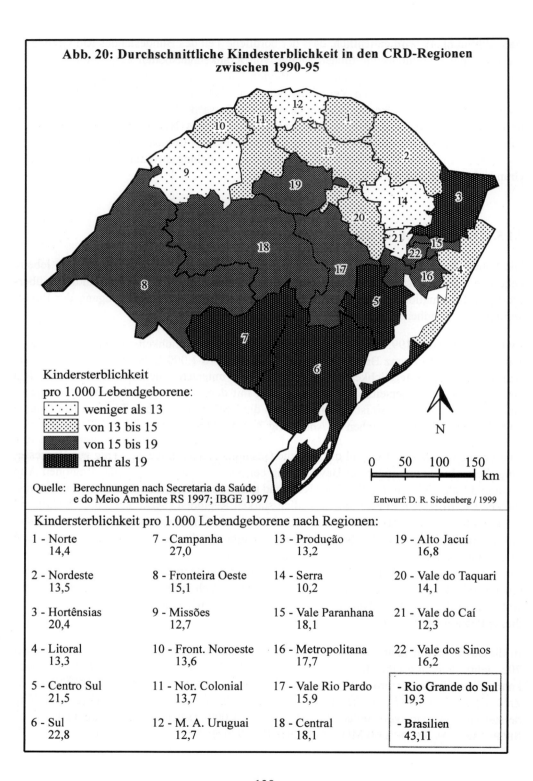

7.1.6. Alphabetisierungsquote

Rio Grande do Sul weist unter den brasilianischen Bundesländern eine der höchsten Alphabetisierungsquoten der Bevölkerung auf: 90,4% (vgl. IPEA 1996). Darüber hinaus kann, gemessen an brasilianischen Verhältnissen, die Alphabetisierungssituation im Bundesland Rio Grande do Sul als relativ homogen bewertet werden: Alle Regionen weisen eine durchschnittliche Alphabetisierungsquote auf, die über dem nationalen Durchschnitt von 79,9% liegt (siehe Abbildung 21).

In den südöstlichen Regionen von Rio Grande do Sul und in der Region Médio Alto Uruguai ist eine durchschnittlich etwas geringere Alphabetisierungsquote zu beobachten. Eine geringfügig höhere Alphabetisierungsquote verzeichnen die Regionen Nordeste, Litoral und der südwestliche Teil des Bundeslandes. Wie man in Abbildung 21 sehen kann, sind im Allgemeinen die höheren Alphabetisierungsquoten im nördlichen Rio Grande do Sul zu verzeichnen. Auch hier spielt die kleinräumige Siedlungsstruktur eine wichtige Rolle, bei der die Grundschulen zu einem erheblichen Teil von den Gemeinden getragen werden.

Das Thema Analphabetismus[11] ist in Brasilien und insbesondere in Rio Grande do Sul seit mehreren Jahren aus dem Blickfeld der Allgemeinheit und der Erziehungspolitik gerückt und andere Themen, die mehr oder weniger im Zusammenhang mit der Alphabetisierungsquote stehen, rücken immer mehr in den Vordergrund. Man beklagt, dass viele Schüler nicht versetzt werden, dass nicht jeder Schüler einen Ausbildungsplatz bekommt, dass die Lehrkräfte schlecht ausgebildet und bezahlt sind. Man klagt über den öffentlichen Dienst, über Schülertransport und nicht zuletzt über die vielerorts katastrophale sozioökonomische Situation von Familien mit Schulkindern, die oft gezwungen sind, durch informelle Tätigkeiten zum Haushaltsbudget beizutragen, was oft zu häufigem Fehlen in der Schule (*evasão escolar*) und schwachen Leistungen führt.

---

[11] Als Analphabet wird in Brasilien derjenige bezeichnet, der weder lesen noch schreiben kann und älter als 15 Jahre ist. In ganz Brasilien ist die Anzahl der Analphabeten rückläufig: 1960: 46,2%; 1970: 33,6%; 1980: 25,4%; 1991: 20,1% und 1996: 14,7%. Darüber hinaus wird geschätzt, dass über 1/3 der brasilianischen Bevölkerung sogenannte *funktionale Analphabeten* sind, d.h. Menschen, die höchstens vier Jahre eine Schule besucht haben, älter als 20 Jahre sind und nicht dazu in der Lage sind, Lesen und Schreiben als alltägliche Fertigkeit zu nutzen (IBGE 1996).

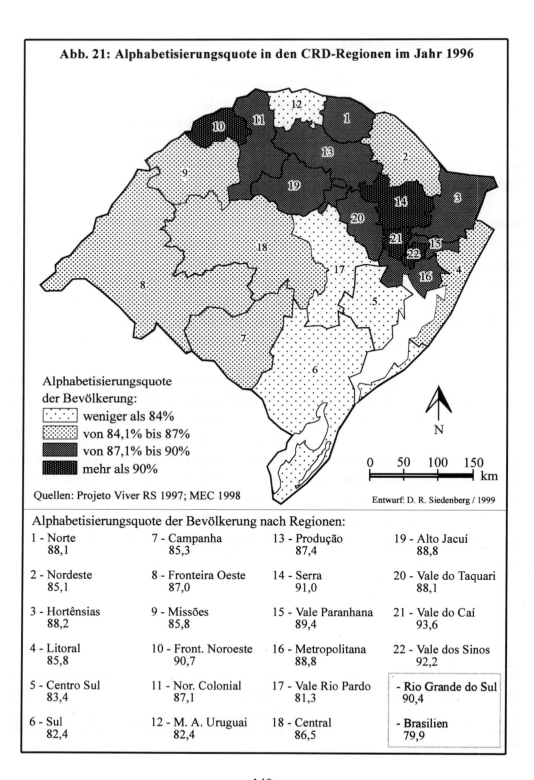

Abb. 21: Alphabetisierungsquote in den CRD-Regionen im Jahr 1996

7.1.7. Einschulungsquote

Einschulungsquoten sind ausschließlich quantitative Daten, die gewisse Hinweise über bildungspolitische Bemühungen geben. Sie geben Aufschluss über den Anteil von Kindern im schulpflichtigen Alter, die in einer Schule angemeldet sind. Mit der Einführung des neuen nationalen Ausbildungsgesetzes[12] ist man in ganz Brasilien von dem Konzept des schulpflichtigen Alters (7. bis 14. Lebensjahr) zum Konzept der Schulpflicht (1. bis 8. Klasse) übergegangen. Dadurch stieg zwischen 1991 und 1998 die Anzahl der angemeldeten Schüler im Bereich des *ensino fundamental* (Grundschulausbildung) um 18,5%. Obwohl in den letzten Jahren die Einschulungsquote in Brasilien deutlich gestiegen ist, konnte auf nationaler Ebene ein anderes, damit zusammenhängendes Problem nicht gelöst werden: 47% der Schüler sind aufgrund hoher Nichtversetzungsraten nicht in der Klasse, die ihrem Alter entspricht (MEC 1998).

In Rio Grande do Sul wird die Grundschulausbildung von vier unterschiedlichen Akteuren getragen bzw. angeboten: Im Jahr 1996 waren von insgesamt 1.738.014 Schulpflichtigen 863 Schüler (oder 0,05%) in Bundeseinrichtungen, 961.878 Schüler (oder 55,34%) in Landeseinrichtungen, 596.857 Schüler (oder 34,34%) in kommunalen Einrichtungen und 178.416 Schüler (oder 10,27%) in privaten Schulen angemeldet.

Unter den brasilianischen Bundesländern gehört Rio Grande do Sul zu jener Gruppe, die im Allgemeinen die besten Schulstatistiken aufweist (vgl. IPEA 1996). Gerade deswegen wundert es einen, dass, obwohl die Nichtversetzungsrate rückläufig ist, der Anteil der Schüler, die jährlich nicht versetzt werden, immer noch bei ca. 20% liegt[13], was letztendlich zeigt, dass Probleme und Mängel vorhanden sein müssen, die aber offenbar nicht leicht zu beheben sind.

Im Folgenden wird die Einschulungsquote der vollständigen Grundschulausbildung[14] für die einzelnen CRD-Regionen von Rio Grande do Sul dargestellt (siehe Abbildung 22). Die durchschnittliche Einschulungsquote in den Regionen variiert von 86,5% bis 95,3%. Die Regionen, die den höchsten Anteil von nicht eingeschulten schulpflichtigen Kindern aufweisen (Norte, Vale do Paranhana, Vale do Rio Pardo, Vale do Taquari, und Vale do Caí), sind durch kleinbäuerliche Strukturen in einer Landschaft charakterisiert, die durch ein stark ausgeprägtes Relief gekennzeichnet ist, das arbeitsintensive landwirtschaftliche Aktivitäten erfordert.

---

[12] in Brasilien als *Nova Lei de Diretrizes e Bases da Educação* bekannt: Gesetz Nr. 9.394, vom 20. Dezember 1996 (s. Brzezinski 1997; UNIJUÍ 1997)

[13] Von insgesamt 1.805.493 im Jahr 1994 an Schulen registrierten Schülern wurden 12,82% nicht versetzt und 6,54% haben die schulische Ausbildung abgebrochen und die Schule verlassen (SECRETARIA DA COORDENAÇÃO E PLANEJAMENTO RS 1997a).

[14] Informell wird zwischen unvollständiger Grundschulausbildung (bis zur 4. Schulklasse: *primário incompleto*) und vollständiger Grundschulausbildung (bis zur 8. Schulklasse: *primário completo*) unterschieden.

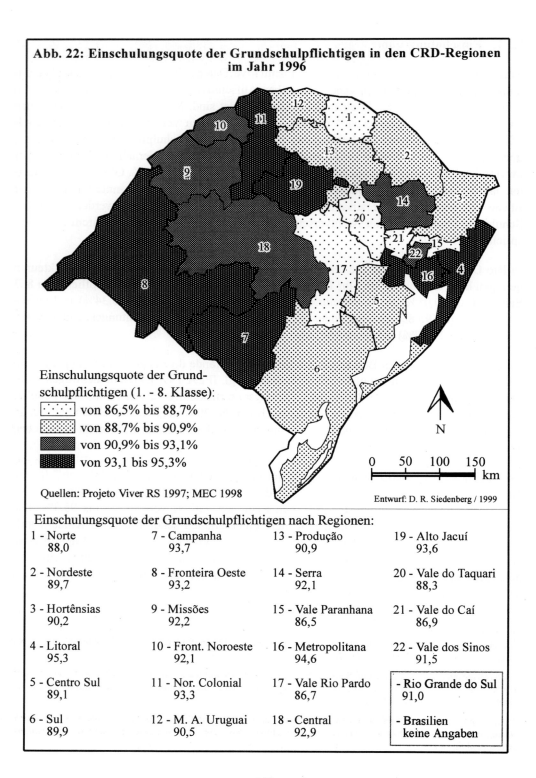

Abbildung 22 verdeutlicht außerdem zwei unterschiedliche räumliche Situationen: Im westlichen Teil des Bundeslandes ist eine relativ homogene Einschulung (mittlere bis hohe Quoten) festzustellen. In der östlichen Hälfte des Bundeslandes hingegen weisen die Regionen sehr unterschiedliche Einschulungsquoten auf.

Die Quoten sind Durchschnittswerte, die auf Daten der einzelnen Kommunen basieren, was nicht heißt, dass in den Regionen keine internen Unterschiede zu verzeichnen sind. Im Durchschnitt weist die Bevölkerung von Rio Grande do Sul einen Schulbesuch von 5,7 Jahren auf (vgl. IPEA 1996). Die gegenwärtige Bildungspolitik der Regierung im Hinblick auf die Grundschulausbildung und die Bemühungen der Gemeindeverwaltungen auf kommunaler Ebene werden voraussichtlich dazu beitragen, dass sich die allgemeinen Schulstatistiken in Brasilien in Kürze erheblich verändern werden[15].

7.1.8. Armut

Bei dem Begriff *Armut* schwingen unterschiedliche Konnotationen mit. Im Fall der vorliegenden Untersuchung werden die Familien als arm (*famílias indigentes*) bezeichnet, deren monatliches familiäres Einkommen unter 30% des Mindestlohnes liegt. Ende des Jahres 1996 entsprach der brasilianische monatliche Mindestlohn etwa 100,00 US-$.

An dieser Stelle muss aber daran erinnert werden, dass zwei wichtige Einkommensquellen von den offiziellen Statistiken nicht erfasst werden: Es sind einerseits die Einkünfte aus informellen Tätigkeiten, die besonders von der urbanen Bevölkerung erbracht werden[16], und andererseits die Selbstversorgung oder Subsistenzwirtschaft, die vorwiegend im ländlichen Raum eine wichtige Rolle spielt[17]. In der Regel werden in den offiziellen Einkommensstatistiken nur Einkünfte aus gesetzlich geregelten Arbeitsverhältnissen bzw. formellen Tätigkeiten erfasst.

---

[15] Mit der Verabschiedung der *Emenda Constitucional N° 14*, vom 12. September 1996, hat die Bundesregierung einen speziellen Fond (*Fundo de Manutenção e Desenvolvimento do Ensino Fundamental e de Valorização do Magistério*) eingerichtet, aus dem die öffentlichen Mittel zur Grundschulausbildung ab Januar 1998 proportional, d. h. nach der Anzahl der in den öffentlichen Schulen angemeldeten Schüler, verteilt werden. Um den größtmöglichen Anteil an Bundesmitteln zu erhalten, haben die Kommunen alle Erziehungsberechtigten aufgefordert und schulpflichtige Schüler dazu aufgerufen, sich in einer Schule anzumelden.

[16] Die Bedeutung von informellen Tätigkeiten als Möglichkeit der Existenzsicherung wird anhand von empirischem Datenmaterial am Beispiel der Untersuchungsregion Noroeste Colonial im nächsten Kapitel der vorliegenden Arbeit ausführlich untersucht.

[17] Zuverlässige und aktuelle Daten über Umfang und ökonomische Bedeutung der *Subsistenzwirtschaft* in Rio Grande do Sul waren nirgendwo ausfindig zu machen. Außerdem sind Formen und Intensität der Selbstversorgung dermaßen unterschiedlich, dass eine generelle Analyse praktisch unmöglich ist.

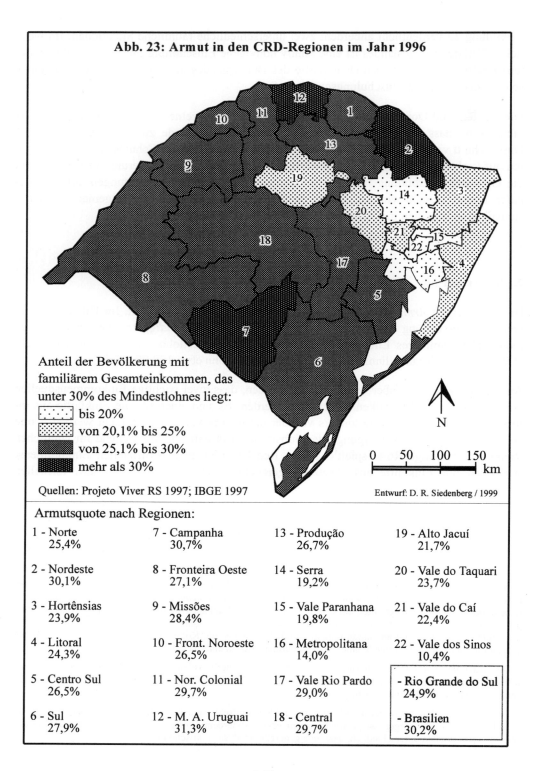

Auffallend bei der Verteilung der Armut in Rio Grande do Sul (siehe Abbildung 23) ist die Tatsache, dass im größten Teil des Bundeslandes mehr als ¼ der Bevölkerung als *arm* eingestuft werden muss. Nur einzelne Regionen um den Großraum Porto Alegre herum und die Region Alto Jacuí weisen Armutsquoten auf, die geringer sind als 25%.

Unter den 22 CRDs fallen die Regionen Médio Alto Uruguai und Vale dos Sinos in mehrfacher Hinsicht als zwei extrem gegensätzliche Regionen auf; nicht nur, weil in der ersten Region die Armutsquote mit 31,3% ca. dreimal so groß ist wie in der zweiten (10,4%). Die extremen Unterschiede können auch an folgenden Merkmalen beobachtet werden: Typisch für die Region Médio Alto Uruguai sind zahlreiche kleine Siedlungen mit überwiegend ländlicher Bevölkerung, während in der Region Vale dos Sinos vorwiegend urbane Bevölkerung in Mittel- und Großzentren angesiedelt ist. Dadurch ist auch die Bevölkerungsdichte sehr unterschiedlich: 35,98 Einwohner/km² im Médio Alto Uruguai und 804,54 Einwohner/km² im Vale dos Sinos. Das PKE im Vale dos Sinos ist eines der höchsten von ganz Rio Grande do Sul, während die Region Médio Alto Uruguai das weitaus niedrigste PKE des Bundeslandes aufweist.

7.2. Auswertung der Entwicklungsindikatoren im Überblick

Für den Fall, dass diese Arbeit mit anderen Untersuchungen und Veröffentlichungen gleicher oder ähnlicher Thematik verglichen wird, erscheint es angebracht, daran zu erinnern, dass in der vorliegenden Untersuchung eine begrenzte Auswahl von Indikatoren benutzt wurde, um *regionale Entwicklung* in Rio Grande do Sul zu quantifizieren. Es könnten genauso gut andere oder zusätzliche Indikatoren herangezogen werden; dadurch würde eine Entwicklungsrangliste der Regionen von Rio Grande do Sul (mit großer Wahrscheinlichkeit) anders aussehen als die, die hier präsentiert wird.

Außerdem haben Indikatorgewichtungen und Berechnungsformen direkten Einfluss auf Ranglisten. Die Bestimmung von Ideal- bzw. Standardwerten für Entwicklungsindikatoren erfolgt in der Regel willkürlich. Im Allgemeinen spielen dabei statistische Mittelwerte, internationale Standards, wünschenswerte Zustände und nicht zuletzt reale Gegebenheiten der Umgebung eine wichtige Rolle. Welcher Stellenwert den einzelnen Indikatoren zugemessen wird, ist abhängig von dem, was gerade demonstriert werden soll.

Geht man zum Beispiel davon aus, dass man die Entwicklung der einzelnen Regionen in Rio Grande do Sul quantifiziert und vergleicht, indem man sechs Einzelindikatoren (siehe unten) in Betracht zieht, dann kann im Rahmen dieser Indikatoren der relative Entwicklungsstand der untersuchten Regionen ermittelt und eine Entwicklungsrangliste erstellt werden.

Die relative Entwicklung der Regionen wird auf eine Indexskala projiziert, die von 0 bis 1 geht. Der Wert der einzelnen Indikatoren für jede Region wird berechnet, indem der reale Wert einer Region auf vorgegebene Maximalwerte für jeden Indikator (siehe unten) bezogen wird. Dann wird das arithmetische Mittel der (sechs) Indikatorwerte berechnet. Der berechnete durchschnittliche regionale Entwicklungsindex bringt zum Ausdruck, wie stark dieser Durchschnitt vom Maximalwert 1 abweicht.

Um den relativen Entwicklungsstand der CRD-Regionen von Rio Grande do Sul zu ermitteln, wurden im vorliegenden Fall folgende sechs Indikatoren dem Maximalwert (Indexzahl 1) gleichgestellt:

- Pro-Kopf-Einkommen: 10.000,00 US-$ pro Jahr[18]

- Krankenhausbetten pro 1.000 Einwohner: 5,00[19]

- Kindersterblichkeitsrate im ersten Lebensjahr: 10,0 pro 1.000 Lebendgeborene[20]

- Alphabetisierungsquote: 100% der Bevölkerung

- Einschulungsquote: 100% der Schulpflichtigen

- Armutsquote: 10,0% der Bevölkerung[21].

Sind also die entsprechenden Vergleichs- bzw. Maßstabsgrößen festgesetzt, so können für die einzelnen CRD-Regionen die jeweiligen Indexzahlen ermittelt, ebenso kann der Entwicklungsabstand zum Idealwert[22] 1 festgestellt werden: Je größer der durchschnittliche regionale Entwicklungsindex, desto entwickelter ist die Region (siehe Tabelle 20).

Wenn man Tabelle 20 genau betrachtet, stellt sich heraus, dass sich einige der Ausgangsprämissen der Arbeit bestätigen und dass sich interessante Schlussfolgerungen ergeben. Zunächst wird noch einmal bestätigt, dass im entwickelten Rio Grande do Sul besonders im Hinblick auf das Pro-Kopf-Einkommen erhebliche regionale Unterschiede vorhanden sind. Wenn Entwicklung aber nicht ausschließlich mittels ökonomischer Indikatoren quantifiziert wird, dann kann man auch Regionen, die ein geringes PKE aufweisen, als relativ entwickelt bezeichnen, was sich am Beispiel der Region Missões herausstellt.

---

[18] Zur Erinnerung: In der Region Serra wird ein PKE von 9.711,10 US-$ im Jahr erwirtschaftet.

[19] Die WHO (Weltgesundheitsorganisation) nennt ein wünschenswertes Verhältnis von *mindestens* 4 Betten pro 1.000 Einwohner. Da aber sechs Regionen in Rio Grande do Sul mehr als 4,0 Krankenhausbetten pro 1.000 Einwohner aufweisen, wurde ein Bestand von 5 Betten mit der Indexzahl 1 gleichgesetzt.

[20] Aus rein natürlichen Gründen ist eine Kindersterblichkeitsrate von 0,0 selbst in den enwickeltsten Ländern kaum zu erreichen. In den 15 Ländern der Europäischen Union wird eine durchschnittliche KSR von 5,6 erreicht und in Brasilien liegt sie mittlerweile bei 30,6. Obwohl in Rio Grande do Sul die Kindersterblichkeitsraten von Munizip zu Munizip sehr unterschiedlich ausfallen, wird in der Region Serra die geringste durchschnittliche KSR erreicht: 10,2. Im vorliegenden Fall wurde eine KSR von 10,0 mit dem Index 1 gleichgesetzt. Der Index der jeweiligen Regionen wurde nach der Formel Kindersterblichkeits-Index der Region = 10 / KSR der Region ermittelt.

[21] In der Region Vale dos Sinos wird die geringste Armutsquote unter der Bevölkerung verzeichnet: 10,4%. Im vorliegenden Fall wurde eine Armutsquote von 10,0% mit dem Index 1 gleichgesetzt. Der Index der jeweiligen Regionen wurde nach der Formel Armuts-Index der Region = 10 / Armutsquote der Region ermittelt.

[22] Der Idealwert 1 steht mehr oder weniger stellvertretend für eine *regionale Idealwelt*, die es in Wirklichkeit nicht gibt und in der Praxis nie geben wird. Nichts spricht aber dagegen, dass sich die Regionen in unterschiedlichem Maße in Richtung der gesetzten Indexwerte entwickeln bzw. sich darüber hinaus weiterentwickeln.

Tab. 20: Auswertung der Entwicklungsindikatoren der CRD-Regionen im Überblick

REGIONEN	Pro-Kopf-Einkommen	Kranken-hausbetten	Kinder-sterblich-keitsrate	Alphabeti-sierungs-quote	Einschu-lungsquote	Armut	Summe	durchschnitt-licher Entwicklungs-index	Rang
Serra	0,971	0,708	0,980	0,910	0,921	0,520	5,010	0,835	1
Vale dos Sinos	0,746	0,262	0,617	0,922	0,915	0,961	4,423	0,737	2
Alto Jacuí	0,542	1,000	0,595	0,888	0,936	0,460	4,421	0,737	3
Metropolitana	0,603	0,670	0,565	0,888	0,946	0,714	4,386	0,731	4
Vale do Rio Taquari	0,645	0,844	0,709	0,881	0,883	0,422	4,384	0,730	5
Vale do Rio Caí	0,603	0,708	0,813	0,936	0,869	0,446	4,375	0,729	6
Fronteira Noroeste	0,357	0,982	0,735	0,907	0,921	0,377	4,279	0,713	7
Produção	0,479	0,860	0,757	0,874	0,909	0,374	4,253	0,709	8
Norte	0,423	0,842	0,694	0,881	0,880	0,394	4,114	0,686	9
Noroeste Colonial	0,363	0,868	0,730	0,871	0,933	0,337	4,102	0,684	10
Vale do Rio Paranhana	0,723	0,406	0,552	0,894	0,865	0,505	3,945	0,657	11
Missões	0,263	0,726	0,787	0,858	0,922	0,352	3,908	0,651	12
Nordeste	0,308	0,730	0,741	0,851	0,897	0,332	3,859	0,643	13
Vale do Rio Pardo	0,540	0,648	0,629	0,813	0,867	0,345	3,842	0,640	14
Médio Alto Uruguai	0,176	0,788	0,787	0,824	0,905	0,319	3,799	0,633	15
Hortênsias	0,449	0,634	0,490	0,882	0,902	0,418	3,775	0,629	16
Fronteira Oeste	0,354	0,548	0,662	0,870	0,932	0,369	3,735	0,622	17
Litoral	0,281	0,456	0,752	0,858	0,953	0,411	3,711	0,618	18
Sul	0,350	0,742	0,438	0,824	0,899	0,358	3,611	0,602	19
Central	0,300	0,572	0,552	0,865	0,929	0,337	3,555	0,593	20
Centro Sul	0,370	0,526	0,465	0,834	0,891	0,377	3,463	0,577	21
Campanha	0,382	0,584	0,370	0,853	0,937	0,326	3,452	0,575	22

Quelle: eigene Berechnungen auf der Basis von Daten aus IBGE 1997; KLERING 1996; PROJETO VIVER RS 1997; SECRETARIA DA SAÚDE E DO MEIO AMBIENTE RS 1997; MEC 1998 (s. Abbildungen 17-22).

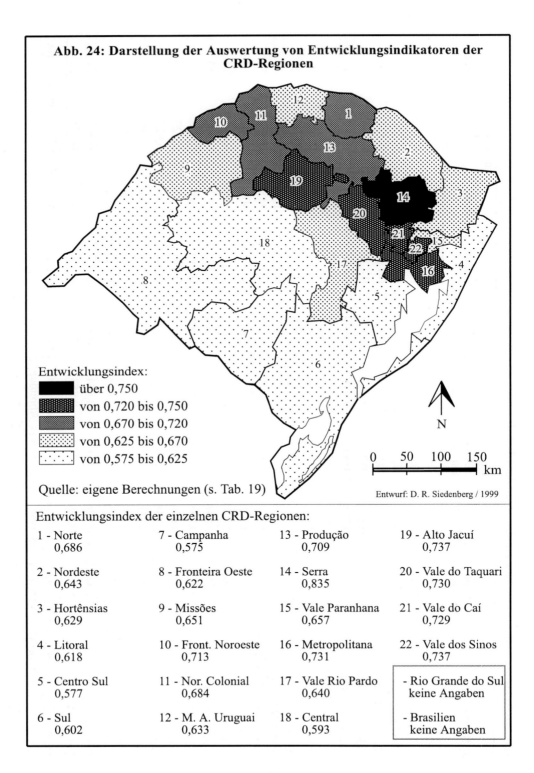

Abb. 24: Darstellung der Auswertung von Entwicklungsindikatoren der CRD-Regionen

Zweitens wird bestätigt, dass ein hohes PKE nicht automatisch zur Beseitigung von Armut beiträgt. Die Regionen Serra und Vale dos Sinos stellen in dieser Hinsicht besonders illustrative Beispiele dar: die Armutsquote beträgt dort immer noch 19,2 bzw. 10,4%.

Drittens kann man anhand der Indexzahlen in Tabelle 20 feststellen, dass, während das PKE, die Gesundheits- und die Armutsindikatoren in den Regionen sehr unterschiedlich ausfallen (die Indexzahlen schwanken zwischen 0,176 und 1), die Indexzahlen über Alphabetisierungs- und Einschulungsquoten der Regionen relativ homogen sind (alle Indexzahlen liegen zwischen 0,8 und 1). Daraus kann man schließen, dass im Endeffekt die Ausbildung einen wesentlichen Beitrag zur sozioökonomischen und regionalen Harmonisierung in Rio Grande do Sul leistet.

Trotzdem stellt sich bei Berücksichtigung aller Indikatoren mit großem Abstand die Region Serra als die entwickeltste Region in Rio Grande do Sul heraus (siehe Abbildung 24). Betrachtet man die räumliche Verteilung der Regionen mit einem hohen Entwicklungsindex, der zwischen 0,710 und 0,740 liegt (Vale dos Sinos, Alto Jacuí, Metropolitana, Vale do Rio Taquari und Vale do Rio Caí), dann wird eine räumliche Konzentration entlang einer in nordwestlicher Richtung von dem Großraum Porto Alegre ausgehenden Achse deutlich.

Darüber hinaus ist ein nordsüdliches Entwicklungsgefälle in Rio Grande do Sul deutlich erkennbar: In der Regel sind die Entwicklungsindexwerte in der Nordhälfte des Bundeslandes höher als in den Regionen der Südhälfte, die die Grenzregionen zu Uruguay und Argentinien bilden. Mit der Entstehung und Konsolidierung des MERCOSUL wurden besonders in den Grenzregionen, die einen Entwicklungsnachholbedarf haben, große Hoffnungen auf die Beseitigung desselben geweckt, doch positive Auswirkungen in den Grenzregionen lassen bislang auf sich warten.

7.3. Sozioökonomische Disparitäten der Region Noroeste Colonial

Die wichtigsten sozioökonomischen Indikatoren der Region Noroeste Colonial können aus den bisher benutzten Datenquellen entnommen und mit den durchschnittlichen Entwicklungsindikatoren des Bundeslandes oder mit Indikatoren anderer Regionen verglichen werden. So ist es möglich, festzustellen, wo die wichtigsten sozioökonomischen Disparitäten der Untersuchungsregion liegen und in welchen Bereichen Entwicklungsmaßnahmen vorwiegend ergriffen werden sollten.

Bei diesem Vergleich stellt sich alsbald heraus, dass diese Region Noroeste Colonial sowohl Defizite als auch Stärken gegenüber anderen Regionen und gegenüber dem Landesdurchschnitt aufweist, was auch in Tabelle 20 bestätigt wird. Man kann die Entwicklungsindikatoren der Region in drei unterschiedliche Gruppen aufteilen: Indikatoren, die im Vergleich zu den Indikatoren des Landesdurchschnitts gleich bzw. besser oder schlechter als diese sind.

Die Region Noroeste Colonial weist besonders im Gesundheitsbereich überdurchschnittliche Indikatoren auf. Das bedeutet, dass im Vergleich zu den Landesindikatoren in der Region keine Defizite bzw. negative Disparitäten bestehen, zumindest was das öffentliche Gesundheitssystem angeht (s. Abbildung 25).

Aber die Annahme, dass bei den Gesundheitsindikatoren die Region Noroeste Colonial nur positive Abweichungen zum Landesdurchschnitt aufweist, stimmt nur bedingt, weil man eigentlich neben quantitativen Dimensionen auch qualitative Aspekte in der Analyse heranziehen und beurteilen müsste. Es würden dann möglicherweise andere Verbesserungsmöglichkeiten zum Vorschein kommen. Für die Berücksichtigung solcher qualitativer Aspekte wäre aber eine Verfeinerung der Untersuchung und Erweiterung der Datenerhebung notwendig, die den Rahmen dieser Untersuchung sprengen würde.

Abb. 25: Gesundheitsindikatoren des Bundeslandes Rio Grande do Sul (RS) und der Region Noroeste Colonial (CRD-NORC) im Vergleich

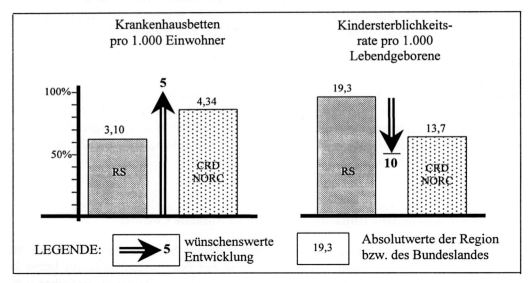

Quelle: eigene Erhebung

Außerdem wird in den offiziellen Statistiken über Rio Grande do Sul eine langsame, aber beständige Verbesserung von Leistungen im Gesundheitswesen registriert (vgl. SECRETARIA DA SAÚDE E DO MEIO AMBIENTE RS 1996b und 1997b). Dadurch verringert sich allmählich der relative Vorsprung der Region Noroeste Colonial im Bereich der öffentlichen Gesundheitsstatistiken. Wenn man bei der Analyse noch einen Schritt weiter geht und die regionalen Kindersterblichkeitsraten etwa vergleicht mit der Kindersterblichkeitsrate in den skandinavischen Ländern, die über einen hohen Lebens- und Gesundheitsstandard verfügen und wo auf 1.000 lebendgeborene Kinder nur vier Todesfälle im ersten Lebensjahr kommen, so wird deutlich, in welchem Ausmaß das Gesundheitssystem in Rio Grande do Sul und selbst in der Region Noroeste Colonial immer noch verbesserungsfähig ist.

Unter den sozioökonomischen Indikatoren der Region Noroeste Colonial, die mehr oder weniger mit dem Landesdurchschnitt übereinstimmen, sind vor allem die Indikatoren des Schulbereiches zu verzeichnen (siehe Abbildung 26). Die Indikatoren der Region und des Landes zeigen, dass in der Bildung geringfügige Verbesserungen möglich sind.

Obwohl Rio Grande do Sul und die Region Noroeste Colonial für brasilianische Verhältnisse relativ hohe Bildungsindikatoren aufweisen, sind geringfügige quantitative bildungspolitische Handlungen immer noch nötig, insbesondere dann, wenn man als idealen Zustand eine 100-prozentige Alphabetisierung der Bevölkerung und Einschulung der schulpflichtigen Kinder ansieht. Einige entwicklungspolitische Maßnahmen dürften aber auch im qualitativen Bereich der Schul- und Berufsausbildung in ganz Rio Grande do Sul nötig sein. Dies im Einzelnen zu untersuchen, würde den Rahmen dieser Arbeit ebenfalls sprengen.

Abb. 26: Bildungsindikatoren von Rio Grande do Sul (RS) und Region Noroeste Colonial (CRD-NORC) im Vergleich

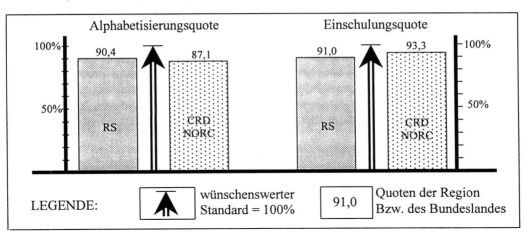

Quelle: eigene Erhebung

Die wichtigsten Disparitäten, die in der Region Noroeste Colonial gegenüber dem Bundesland Rio Grande do Sul zu konstatieren sind, gehören vorwiegend zu den ökonomischen Aspekten von Entwicklung und sind in der Regel weitaus größer als jene Disparitäten, die eher den sozialen Aspekten zugeordnet werden. Anhand von zwei Indikatoren (Pro-Kopf-Einkommen und Armutsquote) können die ökonomischen Disparitäten der Region Noroeste Colonial gegenüber dem Landesdurchschnitt bzw. gegenüber den gesetzten Zielen deutlich beobachtet werden (siehe Abbildung 27).

Abb. 27: Ökonomische Disparitäten der Region Noroeste Colonial

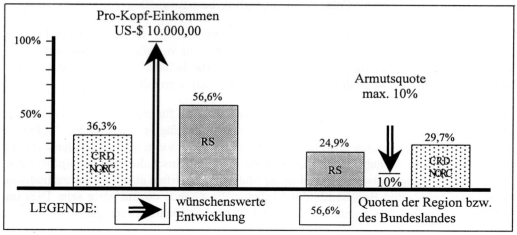

Quelle: eigene Erhebung

Die graphische Darstellung zeigt eindeutig, dass die Region Noroeste Colonial beim Abbau der ökonomischen Disparitäten mehr als in den beiden anderen Bereichen große Anstrengungen unternehmen muss, um den mittleren Entwicklungsstand des Bundeslandes zu erreichen, und noch größere Erfolge verzeichnen muss, um den gesetzten Zielen näher zu kommen.

Beim Pro-Kopf-Einkommen zeigt der Vergleich, dass die Werte der Untersuchungsregion gegenüber dem entsprechenden Mittelwert des Bundeslandes ungefähr im Verhältnis 2:3 stehen, aber beide Werte liegen deutlich unter dem angestrebten PKE von 10.000,00 US-$.

Die Armutsquote ist in der Region Noroeste Colonial ein wenig größer als im Bundesland: 29,7% gegenüber 24,9%. Die Armutsquote hat auch einen Bezug zum BIP. Aber eine Verringerung oder Vergrößerung des regionalen BIP verursacht nicht automatisch eine entsprechende Änderung der Armutsquote, weil es sich bei der Armutsquote um die Verteilungsstruktur und nicht um Mittelwerte oder Dynamik des BIP handelt. Dieser Sachverhalt bestätigt noch einmal die grundsätzliche Annahme, dass die Förderung der regionalen Wirtschaft nicht zwangsläufig zum Abbau der Armut führt. Sowohl für das eine als auch für das andere sind jeweils unterschiedliche entwicklungspolitische Maßnahmen erforderlich.

7.4. Die Entwicklungsprojekte des CRD-NORC

Die *Conselhos Regionais de Desenvolvimento* sind in erster Linie eingerichtet worden, um die regionale Entwicklungspolitik in Rio Grande do Sul (in dezentralisierter und partizipativer Form und in Interaktion mit der Landesregierung) voranzubringen. Der Aktionsradius der CRDs beschränkt sich, wie aus der *partizipativen* Form der Arbeitsweise schon abzulesen ist, natürlich nicht nur auf die Zusammenarbeit mit Regierungsinstanzen; im Allgemeinen jedoch ist eben diese Zusammenarbeit mit Regierungsinstanzen auf entwicklungspolitischer Ebene der eigentliche Zweck der CRDs und macht den überwiegenden Teil ihrer Aktivitäten aus.

Die einzelnen Entwicklungsprojekte, die jährlich vom CRD-NORC der Landesregierung zur Berücksichtigung im Haushaltsbudget des darauffolgenden Jahres vorgelegt werden, entstehen in der Regel nach einem ziemlich einheitlichen Modus. Die einzelnen Etappen dieses Vorgangs sehen folgendermaßen aus:

1) Die vorwiegend sozialen und institutionellen Bedürfnisse der Region (*demandas regionais*[23]) werden im Allgemeinen aufgrund von Anträgen, die Repräsentanten sozialer Organisationen aus der Region einbringen, oder auch aufgrund von Untersuchungen, aus denen sich die Bedürfnisse ableiten lassen, auf den Versammlungen des CRD vorgebracht und diskutiert.

2) Es wird geprüft, ob die sogenannten *demandas regionais* den grundsätzlichen Anforderungen des öffentlichen Rechts entsprechen und ob sie mit den Entwicklungsrichtlinien des CRD übereinstimmen[24]. Ist dies nicht der Fall, so wird das Vorhaben zurückgewiesen. Ist es aber der Fall, so wird es zum Entwurf eines regionalen Entwicklungsprojektes empfohlen.

3) Das jeweilige Projekt wird dann von den Sektorkommissionen (*comissões setoriais*) des CRD nach dem Haushaltsrichtliniengesetz (*Lei de Diretrizes Orçamentárias*) und Anweisungen der *Secretaria da Coordenação e Planejamento* (verantwortliche Abteilung: *Departamento de Desenvolvimento Regional e Urbano*) entworfen.

4) Nachdem alle Entwicklungsprojekte der Region aufgestellt sind, überprüft der Repräsentantenrat (*conselho de representantes*) des CRD das gesamte Projektpaket der Region im Hinblick auf eventuelle Unstimmigkeiten und dann werden die Projekte an die Vollversammlung weitergeleitet.

5) Die Landesregierung gibt zu gegebener Zeit bekannt, welche Ressourcen für Entwicklungsprojekte der CRDs im Haushaltsbudget des darauffolgenden Jahres zur Verfügung stehen werden. Die Verteilung der Ressourcen unter den 22 CRDs erfolgt nach einem bestimmten Schema, das in Kapitel 6.3 beschrieben wird. Nachdem die Regionen nun wissen, welche Mittel ihnen voraussichtlich im Haushaltsplan bereitgestellt werden, können sie die regionalen Anforderungen an die Regierung entsprechend regulieren.

---

[23] Der Begriff *demandas regionais* muss je nach Zusammenhang mit *Bedürfnisse, Defizite der Region* oder auch mit *Anforderungen, Erfordernisse, Anträge der Region* übersetzt werden.

[24] Es werden bei diesem Prozess grundsätzlich keine Interessen und spezifischen Wünsche oder Bedürfnisse von Personen oder privaten Organisationen berücksichtigt. Die regionalen Entwicklungsrichtlinien sind im *Plano Estratégico de Desenvolvimento Regional* (CRD-NORC 1994) festgelgt.

6) Die Vollversammlung (*assembléia geral*) entscheidet, unter Berücksichtigung der zur Verfügung stehenden Ressourcen, welche Entwicklungsprojekte der Bevölkerung bei einer Volksabstimmung (*consulta popular*[25]) zur endgültigen Auswahl gestellt werden.

7) Mittels eines spezifischen Wahlverfahrens wird per Volksabstimmung entschieden, welche der zur Auswahl gestellten Entwicklungsprojekte prioritär durchgeführt und bis zum vorgegebenen Ressourcenlimit im Haushaltsbudget aufgenommen werden.

Im Folgenden werden die Entwicklungsprojekte, die im Rahmen der Aktivitäten des CRD-NORC zwischen 1996 und 1998 erstellt worden sind, zusammengestellt. Aus unterschiedlichen Gründen, die nach Tabelle 21 kurz erläutert werden, ist allerdings eine umfassende Analyse und Auswertung der Projekte im Rahmen der vorliegenden Arbeit kaum möglich.

Tab. 21: Die Entwicklungsprojekte des CRD-NORC für die Jahre 1997-99

Nr.	ZUSTÄNDIGE BEHÖRDE Name bzw. kurze Beschreibung des Projektes	Wert in R$
	Beantragt zur Aufnahme im Haushaltsplan 1997:	
1	CEEE – COMPANHIA ESTADUAL DE ENERGIA ELÉTRICA Aufbau eines Labors zur Untersuchung und Überprüfung der Qualität der Energieversorgung in Ijuí	175.000
2	DAER – DEPARTAMENTO AUTÔNOMO DE ESTRADAS DE RODAGEM Asphaltbelag für Landesstraßen und Bau von Brücken in der Region	3.872.530
3	SAA – SECRETARIA DA AGRICULTURA E DO ABASTECIMENTO Ausbau der Fischproduktion in der Region	679.400
4	Förderung der Fischproduktion in der Region	50.000
5	Bodenerhaltung und Umweltsanierung der Region	31.711.000
6	Berufliche Ausbildung von Landwirtschaftskräften in Ijuí	219.500
7	Entwicklung der Forstwirtschaft und Umwelterhaltung in der Region	26.065.750
8	Verbesserung und Neustrukturierung der Tierproduktion in der Region	38.743.000
9	SCT – SECRETARIA DA CIÊNCIA E TECNOLOGIA Aufbau eines Technologiezentrums (*incubadora tecnológica*) in Três Passos	74.000
10	Verbesserung und Neugestaltung landwirtschaftlicher Produktionssysteme der Region	163.000
11	Anwendung von GIS zur Förderung der Regionalentwicklung	430.000
12	Ausbau eines CAD/CAM-Werkzeuglabors in Panambi	228.425
13	Einrichtung eines Labors für pneumatische Automatisierung in Panambi	44.523
14	ST – SECRETARIA DOS TRANSPORTES Errichtung einer Zollstation in Porto Soberbo (Grenze zu Argentinien)	100.000
15	SEC – SECRETARIA DA EDUCAÇÃO E CULTURA Erhebung und Registrierung der historischen und kulturellen Güter der Region	122.478

---

[25] Bis 1997 wurden die von der Vollversammlung der einzelnen CRDs verabschiedeten Projekte direkt an die Landesregierung bzw. an die Landesämter weitergegeben. Die sogenannte *consulta popular* wurde erst am 25. Juni 1998, durch das Gesetz Nr. 11.179, eingeführt und zur endgültigen Entscheidungsinstanz erklärt.

	SEDAI – SECRETARIA DO DESENVOLVIMENTO E ASSUNTOS INTERNACIONAIS	
16	Bau von Gewerbeparks (*condomínios industriais*) in Ijuí, Santo Augusto und Panambi	241.920
17	Ausbau der Infrastruktur von Industriegebieten in Ijuí, Santo Augusto, Três Passos, Tenente Portela und Ajuricaba	602.000

	STCAS – SECRETARIA DO TRABALHO, CIDADANIA E AÇÃO SOCIAL	
18	Bau von kommunalen Notunterkünften (*albergues municipais*) in Crissiumal, Santo Augusto und Redentora	120.000
19	Einrichtung von Ausbildungswerkstätten für Jugendliche in Crissiumal, Santo Augusto und Redentora	150.000

Beantragt zur Aufnahme im Haushaltsplan 1998:

	SAA – SECRETARIA DA AGRICULTURA E DO ABASTECIMENTO	
1	Ausbau der Fischproduktion in der Region	679.400
2	Förderung der Fischproduktion in der Region	50.000
3	Bodenerhaltung und Umweltsanierung im ländlichen Bereich der Region	35.440.000
4	Berufliche Ausbildung von Landwirtschaftskräfte in Ijuí	219.500
5	Entwicklung der Forstwirtschaft und Umwelterhaltung der Region	26.065.750
6	Verbesserung und Neustrukturierung der Tierproduktion der Region	38.743.000

	SEC – SECRETARIA DA EDUCAÇÃO E CULTURA	
7	Bilinguale Lehrausbildung für Kanigang-Indianer der Region	50.585
8	Workshops zur Fortbildung von Grundschullehrern	11.250
9	Fortbildung des Grundschullehrpersonals der Region	156.020
10	Fortbildung des Vorschullehrpersonals der Region	59.940
11	Weiterbildung des Sonderschullehrpersonals der Region	26.700
12	Anschaffung von didaktischem Grundschullehrmaterial	200.000
13	Bau eines Studentenwohnheims in Ijuí	600.000
14	Erhebung und Registrierung der historischen und kulturellen Güter der Region	151.239

	SSMA – SECRETARIA DA SAÚDE E DO MEIO AMBIENTE	
15	Sanierungsmaßnahmen im ländlichen Bereich in der Region	3.150.000
16	Durchführung von Workshops für Personal des Gesundheitsdienstes in der Region	170.500

	SEDAI – SECRETARIA DO DESENVOLVIMENTO E ASSUNTOS INTERNACIONAIS	
17	Ausbau und Verbesserung des Flughafens von Ijuí	380.000
18	Bau von Gewerbeparks in Ajuricaba, Santo Augusto und Crissiumal	600.000
19	Ausbau der Infrastruktur von Industriegebieten in Augusto Pestana, Panambi, Jóia, Santo Augusto, Três Passos, Crissiumal, Tenente Portela, Humaitá und Ijuí	2.200.000

	SOPSH – SECRET. DE OBRAS PÚBLICAS, SANEAMENTO E HABITAÇÃO	
20	Städtische Sanierungsmaßnahmen in Três Passos, Ajuricaba und Santo Augusto	1.967.900

	STCAS – SECRETARIA DO TRABALHO, CIDADANIA E AÇÃO SOCIAL	
21	Bau von sechs kommunalen Notunterkünften (Munizipien nicht bestimmt)	240.000
22	Einrichtung von Ausbildungswerkstätten für Jugendliche in Crissiumal, Santo Augusto und Redentora	150.000

Beantragt zur Aufnahme im Haushaltsplan 1999:

	CEEE – COMPANHIA ESTADUAL DE ENERGIA ELÉTRICA	
1	Einrichtung eines Zentrums für Energiequalitätsprüfung in Ijuí	325.000

	SSMA – SECRETARIA DA SAÚDE E MEIO AMBIENTE	
2	Ausrüstung und Materialbeschaffung für Gesundheitszentrum in Santo Augusto	70.000

3	Errichtung einer Intensivstation im Krankenhaus des Munizips Três Passos	290.000
4	Materialbeschaffung für Erweiterung der Blutbank (*Hemocentro*) in Ijuí	200.000
5	Anschaffung einer Tomographieanlage für Gesundheitskonsortium der Munizipien	25.100
	FEPAM – FUNDAÇÃO ESTADUAL DE PROTEÇÃO AMBIENTAL	
6	Errichtung eines Aufforstungszentrums in der (Sub-)Region Celeiro	380.000
7	Bau von vier Müllverwertungsanlagen in Tte. Portela, B. Progresso, S. Augusto u. Ijuí	680.000
	SAA – SECRETARIA DA AGRICULTURA E DO ABASTECIMENTO	
8	Materialbeschaffung für Agroindustriezentrum in Três Passos	263.000
9	Förderung des Fischereizentrums in Ajuricaba	400.000
10	Anschaffung von Maschinen für Agropatrouillen der Region	500.000
11	Ausrüstung von Agropatrouillen in der Region	870.000
12	Maschinen für Obstbau und alternative Kulturen in São Martinho	250.000
	STUR – SECRETARIA DO TURISMO	
13	Ausrüstung des Parque do Turvo / Salto do Yucumã	150.000
	SEC – SECRETARIA DE EDUCAÇÃO E CULTURA	
14	Errichtung von Informatiklabors in allen 31 Munizipien	500.000
15	Erweiterung eines Ausbildungszentrums in Bom Progresso	105.000
16	Erweiterung eines Ausbildungszentrums in Ijuí	105.000
17	Erweiterung eines Ausbildungszentrums in Três Passos	105.000
18	Erweiterung eines Ausbildungszentrums São Martinho	105.000
19	Ausbildung von Landwirtschaftstechnikern in Augusto Pestana	222.940

Quelle: eigene Erhebung, Unterlagen des CRD-NORC 1996-98

Einerseits bedeutet die Aufstellung von Projekten durch die CRDs nicht, dass sie automatisch in den Haushaltsplan der Landesregierung aufgenommen werden. Die von den CRDs vorgeschlagenen Entwicklungsprojekte haben zum größten Teil lediglich insofern Bedeutung, als sie Anhaltspunkte bieten und Hilfestellung geben für die Planung und die Programme der einzelnen Ämter und *autarquias*[26].

Andererseits müssen die Projekte teilweise als Schilderungen regionaler Bedürfnisse verstanden werden, die lediglich von bestimmten Akteuren in der Region kurzfristig hochgespielt wurden. Aus diesem Grund kann es vorkommen, dass regionale Anforderungen gar nicht oder nur zum Teil berücksichtigt werden, so wie es auch möglich ist, dass bestimmte Regionen, deren Anträge den Planungen und der Politik eines Amtes entgegenkommen, mit Mitteln überschüttet werden, welche die regionalen Anforderungen um ein Vielfaches übertreffen[27].

---

[26] Die Entscheidung über die Berücksichtigung und Aufnahme der Anforderungen seitens der Regierung liegt letztendlich bei den Ämtern und Autarkien selbst. Im Normalfall versucht man, die Projekte in die gesamte Entwicklungspolitik des zuständigen Amtes irgendwie einzubetten, aber bei zu großer Divergenz der Interessen ist eine Ablehnung nicht auszuschließen.

[27] Im Jahr 1996 stellte zum Beispiel die Region Noroeste Colonial bestimmte Straßenbau-Anforderungen im Wert von R$ 3.872.530 an den DAER - *Departamento Auônomo de Estradas de Rodagem* (Straßenbaumamt des Landes). Im Haushaltsplan 1997 wurden für diese Region jedoch Straßenbaumaßnahmen im Gesamtwert von R$ 126.230.249,00 vorgesehen (s. SECRETARIA DA COORDENAÇÃO E PLANEJAMENTO RS 1996:10).

Wie man am Beispiel der vom CRD-NORC vorgeschlagenen Projekte (Tabelle 21) sehen kann, werden viele Projekte, die in einem Jahr von den Regierungsinstanzen nicht berücksichtigt wurden, einfach im nächsten oder übernächsten Jahr wieder eingereicht, manchmal mit geringfügigen Änderungen.

Wird ein Projekt in den Haushaltsplan der Landesregierung mit einbezogen, so ordnet man es dort unter der Rubrik eines bestimmten Amtes (secretaria estadual) oder einer bestimmten Autarkie (wie zum Beispiel CORSAN, CEEE, DAER, FEPAM, CRT, EMATER oder FEBEM) ein. Diese Instanzen sind letztendlich für die Berücksichtigung der regionalen Anforderungen und die Durchführung der Projekte, oft in Zusammenarbeit mit regionalen Institutionen, verantwortlich. Aber selbst die Aufnahme eines bestimmten Projektes im Haushaltsplan bedeutet nicht automatisch oder zwangsläufig, dass es tatsächlich und in vollem Umfang durchgeführt wird.

Damit ein regionales Entwicklungsprojekt faktisch umgesetzt wird, müssen grundsätzlich drei Voraussetzungen erfüllt sein: Erstens, das Projekt muss im Haushaltsplan vorgesehen sein; zweitens, es müssen entsprechende Mittel vorhanden sein; drittens, alle notwendigen politischen Entscheidungen und Handlungen müssen positiv entschieden und abgeschlossen sein[28]. Wenn diese Voraussetzungen erfüllt sind, steht der Durchführung des Projektes auf administrativer Ebene nichts mehr im Wege und es kann im Rahmen der alltäglichen Aktivitäten des zuständigen Amtes oder der zuständigen *autarquia* umgesetzt werden.

Betrachtet man die Entwicklungsprojekte, die im Rahmen der Aktivitäten des CRD-NORC in den letzten drei Jahren (1996-98) aufgestellt worden sind, so fallen noch einige Aspekte auf, die besondere Erwähnung verdienen:

Im Durchschnitt wurden von dem CRD-NORC um die 20 Projekte im Jahr aufgestellt und an die unterschiedlichsten Ämter und *autarquias* weitergegeben. Für 1997 und 1998 fällt der relativ hohe Wert von drei Projekten im Bereich der Landwirtschaft auf. Es handelt sich in diesen Fällen um völlig abstruse Investitionsberechnungen, denen Vorstellungen zugrunde liegen, die mit der Investitionskapazität der Regierung und mit den Mechanismen der Entwicklungspolitik wenig zu tun haben.

Hier wäre zum Beispiel das Projekt zur Verbesserung und Neustrukturierung der Tierproduktion in der Region zu nennen, das 1997 (und im darauffolgenden Jahr erneut) beantragt wurde. Es sah unter anderem Pauschalinvestitionen von 4.000,00 R$ in 300 ausgewählten (privaten) Bauernhöfen in jedem der 31 Munizipien vor, was zusammengerechnet 37.200.000,00 R$ oder umgerechnet etwa 34 Mio. US-$ ausmachte.

---

[28] In der öffentlichen Verwaltung sind oft langwierige Prozesse (Untersuchungen, Begründungen und öffentliche Ausschreibungen) vorgeschrieben, wenn ein Projekt in die Tat umgesetzt werden soll. Dies bedeutet, dass einzelne Projekte von der Anforderungsaufstellung bis zur endgültigen Durchführung sich über mehrere Jahre hinziehen können.

Ähnlich hohe Investitionen waren auch im Projekt zur Bodenerhaltung und Umweltsanierung vorgesehen. Und im Projekt zur Entwicklung der Forstwirtschaft und Umwelterhaltung waren schließlich über 26 Mio. R$ für die Produktion von Baumkeimlingen und die Aufforstung von 67.400 ha. in der Region vorgesehen.

Solche Investitionsvorstellungen konnten unter den CRDs nur solange grassieren, wie die Landesregierung keinen Aufschluss über ihre tatsächliche Investitionskapazität gab. Als im Jahr 1998, nach der Verhandlung über die sogenannte *dívida mobiliária* mit dem Bund, die Landesregierung zum ersten Mal verkündete, welche Mittel tatsächlich für die Verteilung unter die Regionen zur Verfügung stehen würden und die Ausgabeverpflichtung des Bundeslandes gesetzlich verankert wurde (vgl. Kapitel 6.4), mussten die CRDs ihre Anforderungen und Entwicklungsprojekte dementsprechend anpassen.

Die Übersicht über die regionalen Entwicklungsprojekte (Tabelle 21) zeigt, dass die Ankündigung der realen Investitionskapazität der Landesregierung, die während der Vorbereitung der Projekte für den Haushaltsplan 1999 gemacht wurde, einen entscheidenden Einfluss auf die regionalen Anforderungen gehabt hat: Regionenübergreifende Projekte, wie zum Beispiel die Erhebung und Registrierung der historischen und kulturellen Güter (*patrimônio histórico e cultural*) der *Region* oder die großen Projekte im Bereich der Landwirtschaft, wurden aufgegeben und an ihre Stelle traten Projekte mit eher lokaler Bedeutung, wie zum Beispiel die Einrichtung eines Zentrums für Energiequalitätsprüfung im *Munizip* Ijuí. Das Übergewicht von lokalen zum Nachteil von regionalen Interessen ist 1999 kaum zu übersehen.

Andererseits kann man anhand von Tabelle 21 auch feststellen, dass im Gesundheitsbereich sämtliche Projekte die Verbesserung des ohnehin überdurchschnittlichen Entwicklungsniveaus der Region zum Ziel haben. Man kann auch sehen, dass zwischen 1997 und 1999 die meisten Probleme sich im primären Sektor häuften, was sowohl am Kostenumfang als auch an der Anzahl der Projekte abzulesen ist: Von den 19 Projekten, die für 1999 konzipiert worden sind, haben beispielsweise sieben direkt oder indirekt mit der Landwirtschaft zu tun.

Aufforstung, Aufforstungsmaßnahmen und Umwelterhaltung sind übrigens Themen, die in allen drei Jahren immer wieder auftauchen, dabei aber weniger auf umweltbewusste Vorbeugungsmaßnahmen hinweisen als vielmehr auf die Beseitigung von gravierenden regionalen Problemen, die im Zusammenhang mit der massiven Vernichtung des Urwaldes im letzten Jahrhundert, mit der Monokultur (Soja/Weizen), mit der Erschöpfung des Bodens und mit der Versandung der Flüsse stehen.

Auch die Förderung der Fischproduktion in der Region taucht in allen drei Jahren als Entwicklungsprojekt auf. Es handelt sich in diesem Fall um die Schaffung einer zusätzlichen Wirtschafts- und Einkommensalternative für die ländliche Bevölkerung. Die wirtschaftliche Bedeutung der Aktivitäten, die mit der Fischproduktion zu tun haben, ist in einigen Munizipien der Region, wie zum Beispiel Ajuricaba, alleine in den letzten sechs Jahren um über 2.500% gestiegen[29].

Um eine Bilanz der CRD-NORC-Projekte, die von der Landesregierung abgelehnt oder angenommen worden sind, und um eine Überprüfung der Situation der laufenden oder abgeschlossenen Entwicklungsprojekte zu erstellen, müssten aufwendige Nachforschungen in den verschiedenen Ämtern und Autarkien oder vor Ort eingeleitet und im Einzelfall evaluiert werden, was im Rahmen der durchgeführten empirischen Untersuchungen nicht geleistet werden konnte. Selbst der CRD-NORC war nicht in der Lage, konkrete Auskünfte über Ablehnung und Annahme von CRD-NORC-Projekten durch die Landesregierung zu geben, denn strukturierte Kontrollmechanismen über Staatshandlungen in der Region sind nicht vorhanden.

Einige interessante Beobachtungen können jedoch aus der zuletzt durchgeführten *consulta popular* (Volksabstimmung), die am 20. Juli 1998 in ganz Rio Grande do Sul stattfand, um die regionalen Prioritäten in den CRD-Regionen zu definieren, beispielhaft hervorgehoben werden:

Was die *consulta popular* insgesamt angeht, so ist zunächst festzustellen, dass die Beteiligung freiwillig war, dass aber eine grundsätzliche und gesetzlich verankerte Bedingung für die rechtskräftige Validierung des Prozesses eine Beteiligung an der Volksabstimmung von mindestens 1% der Wähler in jeder CRD-Region war. In ganz Rio Grande do Sul nahmen 379.205 *gaúchos* oder 5,8% der Wähler an der Abstimmung teil. Weitere vorgegebene Bedingungen waren: In jeder CRD-Region müssen mindestens 25% der Projektressourcen für den Bildungsbereich und mindestens 10% der Projektressourcen für den Gesundheitsbereich verwendet werden. Es wurden im Haushaltsplan 1999 für die Entwicklungsprojekte der CRDs insgesamt etwa 90 Mio. US-$ bereitgestellt. Für die Entwicklungsprojekte der Region Noroeste Colonial waren laut Verteilungsschema ca. 3,5 Mio. US-$ bestimmt.

Im Vergleich zum Landesdurchschnitt fiel die Beteiligung der Bevölkerung an der Abstimmung in der Region deutlich höher aus: 11,9% der Wähler (oder 27.654 Menschen) haben bei der Abstimmung 13 der 19 Projekte als *regionale Prioritäten* gewählt (siehe Tabelle 22). Diese Projekte wurden in den Haushaltsplan 1999 aufgenommen, aber es muss daran erinnert werden, dass die Einbeziehung in den Haushaltsplan nur 'autorisierenden' Charakter hat und keine Garantie für die Durchführung der Projekte ist und dass eine neue Landesregierung für die Durchführung der Projekte verantwortlich sein wird.

---

[29] Nach Angaben der Secretaria da Agricultura von Ajuricaba wurden im Jahr 1992 dort höchstens 30 bis 40 Tonnen Fisch produziert. Im Jahr 1998 lag die jährliche Fischproduktion und Vermarktung bei ca. 1.000 Tonnen.

Die Region Noroeste Colonial wird eigentlich aus zwei Mikroregionen gebildet: Planalto Médio und Celeiro (siehe Tabelle 10 in Kapitel 6). Die Auswertung der Stimmen zeigte, dass in den Munizipien der Mikroregion Celeiro (nördlicher Teil der Untersuchungsregion) eine viel größere Beteiligung verzeichnet wurde als in den Munizipien der anderen Mikroregion[30], was auf eine Mobilisierung der Bevölkerung durch die politischen Kräfte im Zusammenhang mit mikroregionalen Projekten zurückzuführen ist.

Tab. 22: Übersicht der Entwicklungsprojekte der Region Noroeste Colonial, die in der Volksabstimmung vom 20. Juli 1998 zur Wahl standen

Nr.	BEREICH Name bzw. kurze Beschreibung des Projektes	Wert in R$
	ENERGIE	
1	Einrichtung eines Zentrums für Energiequalitätsprüfung in Ijuí	325.000
	GESUNDHEIT	
2	Ausrüstung und Materialbeschaffung für Gesundheitszentrum in Santo Augusto	70.000
3	**Errichtung einer Intensivstation im Krankenhaus des Munizips Três Passos**	**290.000**
4	**Materialbeschaffung für Erweiterung der Blutbank (*Hemocentro*) in Ijuí**	**200.000**
5	Anschaffung einer Tomographieanlage für Gesundheitskonsortium der Munizipien	25.100
	UMWELT	
6	**Errichtung eines Aufforstungszentrums in der (Sub-)Region Celeiro**	**380.000**
7	**Bau von vier Müllverwertungsanlagen in Tte. Portela, B. Progresso, S. Augusto u. Ijuí**	**680.000**
	LANDWIRTSCHAFT	
8	**Materialbeschaffung für Agroindustriezentrum in Três Passos**	**263.000**
9	**Förderung des Fischereizentrums in Ajuricaba**	**400.000**
10	**Anschaffung von Maschinen für Agropatrouillen in der (Sub) Region Celeiro**	**500.000**
11	Ausrüstung von Agropatrouillen in der Region	870.000
12	Maschinen für Obstbau und alternative Kulturen in São Martinho	250.000
	TOURISMUS	
13	**Ausrüstung des Parque do Turvo / Salto do Yucumã**	**150.000**
	BILDUNG	
14	**Errichtung von Informatiklabors in allen 31 Munizipien**	**500.000**
15	**Erweiterung eines Ausbildungszentrums in Bom Progresso**	**105.000**
16	**Erweiterung eines Ausbildungszentrums in Ijuí**	**105.000**
17	**Erweiterung eines Ausbildungszentrums in Três Passos**	**105.000**
18	**Erweiterung eines Ausbildungszentrums São Martinho**	**105.000**
19	**Ausbildung von Landwirtschaftstechnikern in Augusto Pestana**	**222.940**

Quelle: zusammengestellt aus Tabelle 21 und Jornal da Manhã, Ausgabe vom 23. Juli 1998, S. 5.
Anmerkung zu Tabelle 22: Die **fettgedruckten Projekte** wurden in der Volksabstimmung und im Rahmen der verfügbaren Ressourcen als *regionale Prioritäten* gewählt.

---

[30] Genaue Angaben über die Abstimmungsbeteiligung in den einzelnen Munizipien der Region Noroeste Colonial und über die Wahlergebnisse insgesamt wurden in der Ausgabe des Jornal da Manhã vom 23.07.98 (Jahr XXV, Nr. 84, Seite 5 und 12) publiziert.

Neben den gesetzlich verankerten Pflichtzuweisungen (mindestens 25% der Ressourcen für den Bildungsbereich und weitere 10% für den Gesundheitsbereich) haben für die Bevölkerung der Region Noroeste Colonial Umwelt- und Landwirtschaftsaspekte eine sehr große Bedeutung und werden als konkretes Entwicklungsproblem wahrgenommen. Bemerkenswert ist auch, dass die Ausrüstung eines Naturparks (Parque do Turvo) für touristische Zwecke genügend Stimmen bekommen hat, um als regionale Priorität eingestuft zu werden.

Wenn man abschließend einen Vergleich zwischen der gegenwärtigen Lage und Situationen der jüngsten Vergangenheit in Hinblick auf die regionale Entwicklungspolitik anzustellen versucht, so fehlen einerseits wichtige Daten und Informationen, um daraus fundierte Erkenntnisse ableiten und feststellen zu können, welche Strategie den regionalen Bedürfnissen eher entgegenkam bzw. entgegenkommt. Andererseits kann man feststellen, dass vor der Aufnahme der gegenwärtigen Entwicklungspolitik in Rio Grande do Sul sich Angelegenheiten regionalen Charakters zum Teil aus der Summe lokaler Interessen herausbildeten. Diese Rolle wurde bis in die 90er Jahre zum Teil von den *Associações de Municípios* (Gemeindeverbände), ausschließlich politischen Gremien, übernommen (siehe Kapitel 6.1). Zum Teil stützte sich die Regionalentwicklungspolitik aber auch auf die festgestellten Defizite und Ziele der einzelnen Landesämter und Autarkien.

Damit wird deutlich, dass in Rio Grande do Sul früher (d. h. vor 1990) politische und zentralgesteuerte Interessen bei der Festlegung der regionalen Prioritäten vorherrschten. Die gegenwärtige Regionalentwicklungspolitik der Landesregierung relativiert die Rolle von Gemeindeverbänden, Landesämtern und Autarkien, zumindest in Bezug auf die strategische Regionalplanung. Mit dem gegenwärtigen Entwicklungsansatz sind sowohl Vorteile als auch Nachteile verbunden: Vorteile in dem Sinne, dass jetzt eher die konkreten Bedürfnisse aus der Sicht der betroffenen Bevölkerung diskutiert werden, und Nachteile in dem Sinne, dass sich die Handlung der Landesregierung auf Kosten eines integrativen Planungsansatzes gewissermaßen zersplittert.

8. DER MERCOSUL UND SEINE AUSWIRKUNGEN AUF DIE REGIONALENTWICKLUNG

8.1. Vorläufer, Entwicklung und Perspektiven des MERCOSUL

Der MERCOSUL, so wie er sich an der Schwelle zum 21. Jahrhundert präsentiert, ist das Ergebnis von verschiedenen Integrationsbemühungen, die in den letzten 40 Jahren von lateinamerikanischen Ländern unternommen worden sind[1]. Im Folgendem werden diese Ansätze kurz umrissen. Bevor aber die wichtigsten Integrationsansätze, die im Zusammenhang mit der Entstehung des MERCOSUL stehen, und andere charakteristische Aspekte der lateinamerikanischen Integration dargestellt werden, ist eine kurze Erläuterung der unterschiedlichen Integrationsformen erforderlich.

Auf dem Gebiet der internationalen Wirtschaftsbeziehungen versteht man unter *Integration* den Abbau von zwischenstaatlichen Beschränkungen des Waren-, Dienstleistungs- und Kapitalverkehrs. Wirtschaftliche Integration kann sich in verschiedenen Integrationsformen zeigen, die man nach der Stärke des Integrationsgrades ordnen kann. Jede Integrationsform setzt den Abbau von bestimmten zwischenstaatlichen Beschränkungen voraus, die nach der Reichweite der Abkommen geordnet werden (siehe Abbildung 28).

Abb. 28: Theoretisches Modell der wirtschaftlichen Integration

Reichweite der Abkommen / Integrationsform	Gewährung innerstaatlicher Zollpräferenzen	Abschaffung innerstaatlicher Zölle	einheitliche Außenzolltarife gegenüber Drittländern	freie Faktormobilität (insbesondere Arbeitskräfte)	einheitliche Geld- und Währungspolitik
Präferenztarifzone	☑	-	-	-	-
Freihandelszone	☑	☑	-	-	-
Zollunion	☑	☑	☑	-	-
Gemeinsamer Markt	☑	☑	☑	☑	-
Wirtschaftsunion	☑	☑	☑	☑	☑

Quelle: BAUMANN 1987

In der Regel beginnt ein wirtschaftlicher Integrationsprozess, wenn sich zwei oder mehrere Länder bereit erklären, zwischenstaatliche Handelsbeschränkungen abzubauen. Vereinbarungen, die zum Beispiel die Bildung einer Zollunion vorsehen, schließen theoretisch die kennzeichnenden Merkmale der zwei niedrigeren Integrationsformen ein.

---

[1] Einzelne interamerikanische Abkommen, wie zum Beispiel der TIAR (*Tratado Interamericano de Assistência Recíproca*), wurden bereits in den 40er Jahren vereinbart. Da es sich in diesen Fällen nicht direkt um wirtschaftliche Integrationsprozesse handelt, werden sie hier nicht berücksichtigt.

Wirtschaftliche Integration ist in der Regel ein langwieriger Prozess, weil die Steuer-, Wirtschafts- und Sozialpolitik der betroffenen Länder beeinträchtigt wird und jeweils neu aufeinander abgestimmt werden muss. Im Allgemeinen ruft ein Integrationsprozess zwei gegensätzliche Wirkungen hervor: Einerseits entstehen Aufschließungseffekte innerhalb des Integrationsgebietes, durch zunehmende Spezialisierung der Produktion und durch neue Vernetzungen der Produktionsstruktur; andererseits entstehen auch Abschließungseffekte zwischen dem Integrationsgebiet und der übrigen Welt (vgl. BALASSA 1961).

Im Fall des MERCOSUL war es so, dass Argentinien, Brasilien, Paraguay und Uruguay sich 1991 dazu entschlossen, einen gemeinsamen Markt oder *mercado comum* im sogenannten *cone sul* (Südkegel) einzurichten. Einen kurzen Rückblick auf die drei wichtigsten Vorläufer des MERCOSUL scheint deswegen angebracht zu sein, weil die Integrationsprozesse in Lateinamerika nicht nur durch Fortschritte bzw. Rückschläge, sondern auch durch totale Fehlschläge auf sich aufmerksam gemacht haben[2].

Der erste wirtschaftliche Integrationsansatz in Lateinamerika ist direkt auf die Arbeit und den Einfluss der CEPAL (UN-Wirtschaftskommission für Lateinamerika und die Karibik) zurückzuführen. Die ALALC – *Associação Latinoamericana de Livre Comércio* wurde 1960 in Montevideo von Argentinien, Brasilien, Chile, Mexiko, Paraguay, Peru und Uruguay gegründet (später traten Kolumbien, Ecuador, Venezuela und Bolivien bei) und hatte die Bildung einer lateinamerikanischen Freihandelszone zum Ziel.

Die lateinamerikanischen Länder hatten Anfang der 60 Jahre mehr oder weniger mit den Auswirkungen einer tiefgreifenden Rezession zu kämpfen und mit der Gründung der ALALC war gewissermaßen die Hoffnung verbunden, die jeweiligen internen Handelspositionen stärken und ausbauen zu können. Diese Politik, die im Wesentlichen nicht die regionale Integration, sondern lediglich die Erhöhung des Warenaustausches anstrebte, bei welchem besonders die stärkeren Länder profitieren würden, erwies sich schließlich als verhängnisvoll für den Länderverband. Im Jahr 1969 teilte sich die ALALC in zwei Organisationen (La-Plata-Gruppe und Andenpakt) auf und wurde 1980 endgültig aufgelöst, weil sie ihre grundlegenden Ziele längst verfehlt hatte.

Der zweite wirtschaftliche Integrationsansatz entstand praktisch aus den Trümmern der ALALC und orientierte sich an den Lehren, die man aus dem Fehlschlag gezogen hatte. Noch im Jahr der Auflösung der ALALC (1980) wurde von den 11 ehemaligen Mitgliedern der ALALC die ALADI (*Associação Latinoamericana de Integração*) ins Leben gerufen. Als direkte Nachfolgeorganisation der ALALC ist die ALADI nicht mehr als eine regionale Präferenztarifzone konzipiert worden, sondern als ein Verband, dessen primäres Ziel es ist, bilaterale Abkommen zum Abbau von Zolltarifen bei Außenhandelstransaktionen unter den Mitgliedsstaaten zu fördern.

---

[2] Über das Thema der wirtschaftlichen Integration in Lateinamerika (ALALC, ALADI, MERCOSUL usw.) gibt es eine ganze Reihe von Veröffentlichungen (vgl. beispielsweise BOECKH 1994; FERRER 1996; NOHLEN / BAEZA / BAREIRO 1986; SANGMEISTER 1994; ZIMMERLING / WISNIWSKI 1994), so dass hier nur jene Charakteristika der Integrationsansätze angesprochen werden, die wichtig genug und dazu geeignet sind, den folgenden Abschnitten dieses Kapitels als Rahmen zu dienen.

Eine gewisse Vertiefung der wirtschaftlichen Integration wurde im Rahmen der ALADI durch die sogenannten *Acordos de Alcance Parcial* (Zollabkommen partieller Reichweite) erreicht. Trotzdem gelang es dem Verband nur teilweise, seine Ziele konsequent und nachhaltig durchzusetzen. Gründe unterschiedlicher Natur haben zum allmählichen Bedeutungsverlust der ALADI beigetragen, so beispielsweise die stark ausgeprägte Orientierung 'nach innen' (besonders während der 80er Jahre) und der ausgebreitete Handelsprotektionismus einzelner Länder, die enorme sozioökonomische und politische Heterogenität der Mitgliedsstaaten, das geringe politische Interesse an einem teilweise zwangsläufigen Verlust der nationalen Souveränität, ferner politische Krisen und letztendlich auch die Tatsache, dass sich einzelne Staaten im Zuge der (Schulden-)Krise der 80er Jahre völlig auf die Lösung ihrer eigenen Probleme konzentrierten.

Mittlerweile ist die ALADI das für alle bi- und multilateralen, regionalen und subregionalen Integrationsbemühungen in Lateinamerika und für die Beziehungen des Verbands mit anderen Handelsblöcken (darunter die EU, die NAFTA und die ALCA) zuständige Forum.

Mitte der 80er Jahre wurden die ersten Grundlagen für die Errichtung des MERCOSUL geschaffen. Es handelt sich bei diesem (dritten) Versuch um einen neuen bilateralen Integrationsansatz, der 1985 im Rahmen der ALADI-Strategie zwischen Argentinien und Brasilien mit der Unterzeichnung einer Integrationsakte gestartet wurde[3].

Bis zu dieser Zeit war das Verhältnis zwischen Argentinien und Brasilien von einer gewissen Rivalität und von gegenseitigem Misstrauen geprägt (NOHLEN / THIBAUT 1995). Es war sicherlich kein spontan auftretendes Gefühl von gegenseitiger Sympathie, sondern eher die desolate wirtschaftliche Situation beider Länder, die deren Regierungen allmählich zu der Erkenntnis brachte, dass die Wettbewerbsfähigkeit der heimischen Unternehmen gemeinsame Strategien und die gegenseitige Öffnung der nationalen Märkte erforderlich machte. Die Militärregimes in Argentinien und Brasilien waren gerade von zivile Regierungen abgelöst worden (s. ROUQUIÉ 1987) und beide Länder mussten mit vergleichbaren Belastungen und Problemen fertig werden, etwa mit hohen Schuldenlasten, horrenden Inflationsraten, mit dem Aufbau von Stabilisierungsstrategien und nicht zuletzt mit den Konsequenzen einer nicht kontrollierbaren Urbanisierung (JAGUARIBE 1987).

Bis März 1991 wurden von Argentinien und Brasilien insgesamt 24 Dokumente (*protocolos 1-24*) über unterschiedliche Regelungen und Richtlinien der bilateralen Integration erarbeitet (siehe SEITENFUS 1993; VAN DER SAND 1993). Der Übergang vom argentinisch-brasilianischen Integrationsprogramm zum MERCOSUL geschah unter Einbeziehung von Paraguay und Uruguay, wobei die beiden letztgenannten Staaten die Ergebnisse der abgeschlossenen Verhandlungen akzeptieren mussten.

---

[3] Die argentinisch-brasilianische Integration begann praktisch mit der Unterzeichnung der sogenannten *Declaração do Iguaçu* durch die Präsidenten Alfonsín und Sarney im Jahr 1985. Ein Jahr später wurden im *Programa de Integração e Cooperação Econômica* Einzelheiten über die Vertiefung der Wirtschaftsbeziehungen in bestimmten Sektoren beschlossen.

Am 26. März 1991 unterzeichneten schließlich Argentinien, Brasilien, Paraguay und Uruguay den Vertrag von Asunción, der gewissermaßen die Geburtsurkunde des MERCOSUL darstellt: Ziele, Prinzipien und Instrumente des MERCOSUL, die Struktur der Organe, Fragen der Rechtsgültigkeit, ferner Beitrittsregelungen und Austrittsvorkehrungen und generelle Vorschriften sind in den 24 Artikeln des Vertrags festgelegt.

Eine Auswahl von wichtigen Eckdaten der Länder, die inzwischen den MERCOSUL bilden, ist in Tabelle 23 aufgeführt[4]. Weil Argentinien und Brasilien zum Teil komplementäre Wirtschaftsstrukturen aufweisen und eine überproportionale Bedeutung haben (beide Länder zusammen machen 95% der Fläche, 96% der Bevölkerung und 97% des BIP der Region aus), werden Paraguay und Uruguay oft lediglich als 'Trittbrettfahrer' bezeichnet (BIRLE / WAGNER 1993).

Tab. 23: Ausgewählte Eckdaten der Mitgliedsstaaten des MERCOSUL

MERKMALE		Argentinien	Brasilien	Paraguay	Uruguay	MERCOSUL insgesamt
Fläche in km²		2.780.092	8.547.403	406.752	176.215	11.910.462
Bevölkerung in Mio. (1997)		36.000	164.000	5.000	3.000	208.000
Anteil der städtischen Bevölkerung in % (1997)		89	80	54	91	81,1
Human Development Index (1993)		0,885	0,796	0.704	0,883	-
BIP in Mio. US-$ (1997)		322.730	786.466	10.180	18.180	1.137.556
BIP nach Sektoren (in %)	primärer Sektor	6	14	23	9	11,73
	sekundärer Sektor	31	36	22	26	34,29
	tertiärer Sektor	63	50	55	65	53,97
Pro-Kopf-Einkommen in US-$ (1997)		8.570,00	4.720,00	2.010,00	6.020,00	5.469,00
Exporte in Mio. US-$ (1996)		27.031	52.641	3.936	3.799	87.407
Importe in Mio. US-$ (1996)		27.910	63.293	4.951	3.962	100.116
Auslandsverschuldung in Mio. US-$ (1996)		93.841	179.047	2.141	5.899	280.928

Quelle: eigene Zusammenstellung aus Daten von PNUD 1996 und WELTBANK 1999.

Der institutionelle Rahmen des MERCOSUL wurde am 17. Dezember 1994 durch den sogenannten *Protocolo de Ouro Preto* festgelegt. Demgemäß verfügt der MERCOSUL über drei Organe zwischenstaatlicher Natur mit abgestufter Entscheidungskapazität (vgl. SCHONEBOHM 1997 und SEDAS 1997:149ff):

a) den Rat (*CMC – Conselho do Mercado Comum*)

---

[4] Weitere Daten (ökonomische Eckdaten, soziale Asymmetrien, arbeits- und steuerrechtliche Vergleiche) sind bei MACHADO 1996, QUADROS 1996 und RODRIGUES 1996 zu finden.

Er ist das entscheidende Organ des gemeinsamen Marktes; in seine Zuständigkeit fallen die politische Leitung des MERCOSUL und die notwendigen Entscheidungen für die Einhaltung der für die endgültige Schaffung des gemeinsamen Marktes festgelegten Ziele und Fristen. Mitglieder sind die vier Außen- und Wirtschaftsminister der Länder. Dem Rat steht eine gemeinsame parlamentarische Kommission mit beratendem Charakter bei (*CPC – Comissão Parlamentar Conjunta*), die Empfehlungen aussprechen kann und deren Hauptaufgabe die Beschleunigung der Verhandlungen und die Verabschiedung der für die Harmonisierung der Gesetzgebung notwendigen Vorlagen ist.

b) die Gruppe (*GMC – Grupo Mercado Comum*)
Sie wird als Exekutivorgan des gemeinsamen Marktes bezeichnet; ihre Koordination obliegt den Außenministern der Länder. Die Gruppe setzt sich aus vier Voll- und vier Ersatzmitgliedern pro Land zusammen, wobei zu diesen jeweils Vertreter der Außen- und Wirtschaftsministerien und der jeweiligen Zentralbanken gehören. Zu den grundsätzlichen Aufgaben des GMC gehört es, über die Einhaltung des Vertrages zu wachen, die notwendigen Schritte zur Umsetzung der Entscheidungen des Rats einzuleiten, konkrete Maßnahmen zur Anwendung des wirtschaftlichen Liberalisierungsprogramms, zur Abstimmung der Wirtschaftspolitik und für Verhandlungen mit Drittländern vorzuschlagen und Arbeitsprogramme zur Fortentwicklung des MERCOSUL vorzulegen. Der GMC äußert sich also über Beschlüsse des Rates (die für die Mitgliedsstaaten verpflichtend sind!) und hat das Recht dem Rat eigene Vorschläge zu unterbreiten. Dem GMC sind mittlerweile 11 Arbeitsgruppen (*SGT - Sub-Grupos de Trabalho*) untergeordnet, die sich mit konkreten Problemen in 11 unterschiedlichen Bereichen befassen[5]. Dem GMC steht ein Forum mit beratendem Charakter bei (*FCES – Foro Consultivo Econômico e Social*), das als repräsentatives Organ der wirtschaftlichen und gesellschaftlichen Sektoren agiert und paritätisch von Vertretern der Mitgliedsstaaten besetzt ist. Der Gruppe wird außerdem noch ein Verwaltungssekretariat zugeordnet (*SAM – Secretaria Administrativa do MERCOSUL*), das für die operative Unterstützung der übrigen Institutionen und für die Archivierung der gesamten Dokumentation und für die Veröffentlichung des amtlichen Mitteilungsblattes des MERCOSUL zuständig ist.

c) die Handelskommission (CCM – *Comissão de Comércio do MERCOSUL*)
Die CCM ist der Gruppe nachgeordnet und hat die Befugnis, für die Mitgliedsstaaten verbindliche Richtlinien zu beschließen. Außerdem fungiert die Handelskommission als Kontroll- und Konfliktschlichtungsorgan.

---

[5] Die 11 Arbeitsgruppen umfassen folgende Bereiche: Handelsfragen, Zollangelegenheiten, technische Normen, handelsbezogene Steuer- und Geldpolitik, Transport auf dem Landweg, Transport auf dem Seeweg, Industrie- und Technologiepolitik, Landwirtschaftspolitik, Energiepolitik, Koordinierung der makroökonomischen Wirtschaftspolitik und Arbeitsfragen.

Nach den Vereinbarungen, die im Protokoll von Ouro Preto vorgesehen sind, müssen die Entscheidungen dieser drei Organe einstimmig und in Anwesenheit aller Mitglieder getroffen werden. Außerdem haben die verabschiedeten Verordnungen in den Mitgliedsländern ohne weitere Bestätigung Gültigkeit.

Laut Artikel 1 des Vertrags von Asunción ist das Ziel des Integrationsprozesses die Bildung eines gemeinsamen Marktes, aber vorläufig befindet sich der MERCOSUL noch auf der Stufe einer unvollständigen *Freihandelszone*: für ca. 85% der in der Region produzierten Güter werden keine Intra-Zölle mehr erhoben. Um eine möglichst schonende Anpassung von Sektoren mit geringer Wettbewerbsfähigkeit an die neuen Marktbedingungen zu gewährleisten, haben die Mitgliedsstaaten durch Sonderregelungen (Anhang I des Vertrags von Asunción) zahlreiche Ausnahmen bei der Zollsenkung vereinbart, die jedoch langsam abgebaut werden sollen. Außerdem existiert seit dem 1. Januar 1995 auch eine unvollständige *Zollunion*[6]. Sie ist unvollständig, weil in Bezug auf die Einführung eines gemeinsamen Außenzolls ebenfalls Ausnahmelisten aufgestellt wurden[7].

Obwohl der Integrationsprozess einen gemeinsamen Markt, der durch einen ungehinderten Verkehr von Gütern, Dienstleistungen und Produktionsfaktoren zwischen den Ländern charakterisiert ist (siehe Abbildung 28), zum Ziel hat, ist das *"strategische und zentrale Ziel des MERCOSUL bis zum Jahr 2000 die Vertiefung der Integration durch Konsolidierung und Perfektionierung der **Zollunion** im Umfeld eines offenen Regionalismus"* (MERCOSUL / CMC 1995 – Hervorhebung und Übersetzung des Autors).

In rechtlich-institutioneller Hinsicht sind im MERCOSUL keine weiteren Institutionen, wie zum Beispiel ein grenzübergreifender Gerichtshof oder eine gemeinsame gesetzgebende Körperschaft, vorgesehen. Insgesamt beruht die lateinamerikanische Integration letztendlich nicht auf bestimmten Institutionen, wie es beispielsweise in der EU (Europäischen Union) der Fall ist, sondern eher auf den Vertretern (Unterhändlern) der Mitgliedsstaaten (vgl. MARTINEZ 1995 und GAMIO 1995).

Mittlerweile hat der MERCOSUL unterschiedliche Abkommen zur Erweiterung der regionalen Wirtschaftsentwicklung unterzeichnet:

a) im Dezember 1995 ein Rahmenabkommen mit der EU über eine interregionale *Freihandelszone*, die im Jahr 2.006 in Kraft treten soll,

b) im Juni 1996 ein Ergänzungsabkommen über progressive Handelsliberalisierung mit Chile,

---

[6] PEREIRA 1996:18 skizziert kurz, warum nur eine unvollständige Zollunion geschaffen wurde.

[7] Die Produkte oder Sektoren, die in die sogenannten Ausnahmelisten der Länder einbezogen wurden, sind u. a. bei KLEIN 1996 und FIGUEIRAS 1996 aufgelistet.

c) im Dezember 1996 eine vergleichbare Vereinbarung mit Bolivien[8].

Im Juni 1997 begann eine Verhandlungsrunde mit Peru und im Laufe des Jahres 1998 wurden spezifische Verhandlungen mit anderen Ländern der Andengemeinschaft aufgenommen. In diesen beiden Fällen ist es noch nicht zu einem unterzeichnungsreifen Abkommen gekommen.

Hinzu kommt eine Vereinbarung, die am 19. April 1998 in Santiago/Chile von Vertretern aller amerikanischen Nationen (mit Ausnahme von Kuba) unterzeichnet wurde. Sie sieht die Gründung der ALCA (*Associação de Livre Comércio das Américas*), einer kontinentalen *Freihandelszone*, für das Jahr 2005 vor. Und Ende Juni 1999 wurden in Rio de Janeiro auch Verhandlungen mit den Staatschefs von 48 Nationen (Ländern der europäischen Union, Lateinamerikas und der Karibik) eingeleitet mit dem Ziel, die gemeinsame Freihandelszone zwischen den lateinamerikanischen Ländern und den Ländern der Europäischen Union auf das Jahr 2003 vorzuziehen.

Nach geltenden Abmachungen der vier Mitgliedsländer ist eine vollständige *Zollunion* im MERCOSUL erst zum 1. Januar 2006 vorgesehen. Welche konkreten Vorteile eine *Zollunion* von vier Ländern innerhalb einer interkontinentalen *Freihandelszone* von 48 Ländern haben wird, ist unklar. Sicher ist, dass in wenigen Jahren die Bedeutung des MERCOSUL als regionaler Handelsblock relativiert wird, falls diese Vereinbarungen in die Tat umgesetzt werden.

Es ist nicht zu bestreiten, dass der MERCOSUL konkrete Auswirkungen auf die wirtschaftliche Integration hatte. Diese Auswirkungen können anhand der dynamischen Entwicklung der Handelsbeziehungen evaluiert und zusammengefasst werden. Das gesamte Handelsvolumen zwischen den vier MERCOSUL-Ländern ist innerhalb von sechs Jahren (1990-1996) von knapp 4 Mrd. US-$ auf 17,1 Mrd. US-$ gestiegen, was im Durchschnitt eine jährliche Wachstumsrate von über 26% bedeutet.

Es wird mit der vorliegenden Arbeit nicht die Absicht verfolgt, eine ausführliche Untersuchung über die einzelnen Aspekte und Entwicklung des Außenhandels der vier MERCOSUL-Länder zu präsentieren[9]. Trotzdem kann die Bedeutung ausgewählter Märkte für die MERCOSUL-Länder anhand der Tabellen 24 und 25 festgestellt und kurz umrissen werden. Die Durchschnittswerte in den genannten Tabellen beziehen sich ausschließlich auf den interamerikanischen Handel; bei Berücksichtigung der gesamten Außenhandels-

---

[8] Chile und Bolivien wurden nicht als neue MERCOSUL-Mitglieder aufgenommen, sondern wurden dem Handelsblock über Freihandelsverträge *assoziiert* und verbleiben also außerhalb des gemeinsamen Außenzollsystems.

[9] Eine ausführliche Untersuchung über Volumen, Entwicklung, Verteilung und Struktur der Importe und Exporte der einzelnen Länder in den letzten Jahren würde trotz der erforderlichen Menge an statistischen Daten keinen wesentlichen Beitrag zur vorliegenden Thematik leisten. Die wichtigsten Daten über Außenhandelstransaktionen der vier MERCOSUL-Länder sind in UNITED NATIONS 1996 zusammengefasst.

transaktionen würde sich die relative Bedeutung einzelner Märkte für die vier MERCOSUL-Länder geringfügig ändern.

Tab. 24: Interamerikanische Exporttransaktionen der MERCOSUL-Länder zwischen 1992 und 1996 (Durchschnitt in %):

Ziel des Exports \ Exportierendes Land	Argentinien	Brasilien	Paraguay	Uruguay
Argentinien	-	21,11	13,76	25,64
Brasilien	41,99	-	58,38	43,69
Paraguay	5,44	5,38	-	1,73
Uruguay	6,56	3,84	2,40	-
Chile	10,93	5,93	9,65	4,13
andere lateinamerik. Länder	13,02	12,4	6,21	7,21
NAFTA	22,07	51,33	9,59	17,90
(darunter) USA	18,64	44,13	8,84	13,63
insgesamt	100,00	100,00	100,00	100,00

Quelle: zusammengestellt aus Daten von BOUCINHAS / CAMPOS 1999

In Tabelle 24 wird eindeutig gezeigt, dass Brasilien mit Abstand der wichtigste Absatzmarkt für die anderen MERCOSUL-Länder bildet: 41,99% der argentinischen, 58,38% der paraguayischen und 43,69% der uruguayischen Exporte waren zwischen 1992 und 1996 im Durchschnitt für den brasilianischen Markt bestimmt, während für Brasilien in erster Linie der Markt der Vereinigten Staaten von großer Bedeutung war (44,13%) und Argentinien im Durchschnitt etwa ein Fünftel oder 21,11% der brasilianischen Exporte abgenommen hat.

Betrachtet man die interamerikanischen Importe, so ergibt sich ein etwas anderes Bild:

Tab.25: Interamerikanische Importtransaktionen der MERCOSUL-Länder zwischen 1992 und 1996 (Durchschnitt in %):

Herkunft des Imports \ Importierendes Land	Argentinien	Brasilien	Paraguay*	Uruguay**
Argentinien	-	24,34	23,97	32,65
Brasilien	39,92	-	41,02	40,03
Paraguay	0,85	2,32	-	0,63
Uruguay	4,12	3,88	1,70	-
Chile	6,07	5,00	4,59	2,58
andere lateinamerik. Länder	4,52	6,90	3,35	3,52
NAFTA	44,51	57,51	25,37	20,51
(darunter) USA	40,47	48,50	23,51	16,54
insgesamt	100,00	100,00	100,00	100,00

Quelle: zusammengestellt aus Daten von BOUCINHAS / CAMPOS 1999

Anmerkungen: * - mit Ausnahme des Jahres 1995
        ** - Durchschnitt der Jahre 1993 bis 1996

Aus Tabelle 25 geht hervor, dass neben Brasilien und Argentinien auch die Vereinigten Staaten von Amerika eine wichtige Rolle als interamerikanische Lieferanten, besonders für Brasilien und Argentinien, spielen. Hinter der Tatsache, dass ein Großteil der Importe, die von Argentinien, Paraguay und Uruguay getätigt werden, entweder aus Brasilien oder aus den USA stammen, werden zwei gegensätzliche Interessen sichtbar: zum einen das Interesse der Vereinigten Staaten, die sich durch die Beschleunigung und Konsolidierung der interamerikanischen Freihandelszone (ALCA) wichtige neue Marktanteile im *cone sul* versprechen und zum anderen das Interesse Brasiliens, die Entstehung der ALCA zu verzögern (um der Konkurrenz der amerikanischen Produkte vorerst nicht direkt ausgesetzt zu sein) und durch die wirtschaftliche Integration im MERCOSUL eine strategische Marktposition für die brasilianischen Produkte zu sichern.

Die Tabellen über den interamerikanischen Export und Import zeigen auch, dass mit Ausnahme von Chile die anderen amerikanischen Länder als Lieferanten wie auch als Absatzmärkte eine sehr geringe Bedeutung für die vier MERCOSUL-Länder haben.

8.2 Ausgewählte Aspekte der räumlichen (Des-)Integration im südlichen argentinisch-brasilianischen Grenzgebiet

Die Grenze zwischen Argentinien und Brasilien ist insgesamt 1.263 km lang. Der überwiegende Teil des Grenzverlaufes wird durch natürliche Delimitation (Flüsse) gebildet; nur 22 km werden durch eine festgelegte Demarkationslinie (Trockengrenze) in der Nähe der Städte Bernardo de Irygoyen (Argentinien) und Barracão (Brasilien) gekennzeichnet. Im Süden bildet der Rio Uruguay eine klar definierte Grenze von über 724 km Länge, und zwar zwischen Rio Grande do Sul und den argentinischen Provinzen Corrientes und Misiones.

Im Laufe der Geschichte ist das argentinisch-brasilianische Grenzgebiet als ein Landstrich bekannt geworden, in dem die räumliche Erschließung, die Kolonisation und selbst öffentliche Infrastrukturmaßnahmen vorwiegend im Zusammenhang mit militärischen Aktivitäten und Einrichtungen standen, d. h., die nationalen Entwicklungsstrategien für diesen Raum orientierten sich hauptsächlich an Konflikthypothesen in Bezug auf die beiden Nachbarländer. Das gegenseitige Misstrauen hat zum Teil historische Gründe, auf die hier nicht näher eingegangen wird.

Im Jahr 1955 wurde in Brasilien ein Gesetz erlassen[10], das einen auf brasilianischer Seite parallel zur Grenze verlaufenden Streifen von 150 km Breite zu einem für die nationale Sicherheit unabdingbaren Gebiet erklärte. In diesem Landstreifen wurden der Bau von Brücken, Straßen und Flugplätzen, die Inbetriebnahme von Radio- und Fernsehsendern, die Gründung von Unternehmen zum Abbau und zur Bearbeitung mineralischer Rohstoffe sowie Kolonisationsprojekte, Landtransaktionen und Niederlassung allgemeiner Unternehmen mit

---

[10] Gesetz Nr. 2.597, vom 12. September 1955; geändert durch Gesetz Nr. 6.634, vom 2. Mai 1979; in Kraft gesetzt durch das Dekret Nr. 85.064, vom 26. August 1980 (vgl. PRESIDÊNCIA DA REPÚBLICA 1981).

Auslandskapitalbeteiligung beschränkt und nur mit besonderer Genehmigung des *Conselho de Segurança Nacional* (nationaler Sicherheitsrat) zugelassen. In der Praxis nahm diese 'Sonderzone' fast die Hälfte der Fläche des Bundeslandes Rio Grande do Sul ein (siehe COSTA / MOREIRA 1982:12).

Die argentinisch-brasilianische Rivalität kam besonders zwischen den 60er und 80er Jahren zum Vorschein[11], als in beiden Ländern Militärregimes an der Macht waren. Im Jahr 1968 wurden 21 Munizipien im Bundesland Rio Grande do Sul aufgrund ihrer Grenzlage per Gesetz zu nationalen Sicherheitszonen (*áreas de segurança nacional*) erklärt. Infolgedessen waren die Gemeindeverwaltungen direkt der brasilianischen Zentralregierung untergeordnet und selbst der jeweilige Bürgermeister wurde vom Präsidenten nominiert. An manchen Orten wurden mehrere Militäreinheiten stationiert.

Auf argentinischer Seite war die Besorgnis um die Garantie der territorialen Integrität aus militärischer Sicht gleich doppelt gerechtfertigt, zum einen aufgrund der geographischen Lage und der strategischen Position des argentinischen Nordostens (die Provinz Misiones ist ein relativ schmaler und eingekeilter Landstreifen zwischen Brasilien und Paraguay mit einer durchschnittlichen Breite von ungefähr 80 km; in diesem Dreiländereck wurden im vorigen Jahrhundert noch heftige Grenzkonflikte ausgetragen) und zum anderen, weil der argentinische Nordosten für Argentinien ein großes logistisches Problem darstellte. So hat sich die räumliche Erschließung des Grenzgebietes im argentinischen Nordosten gewissermaßen auch an militärischen Einrichtungen und nationalen Sicherheits- und Entwicklungsstrategien orientiert.

Bis Mitte der 80er Jahre standen die zwei größten Wirtschaftsmächte Lateinamerikas an der Grenze praktisch Rücken an Rücken. Die Brücke im südlichsten Grenzabschnitt, zwischen Uruguaiana und Paso de los Libres, stammt aus den 40er Jahren. Dieser Übergang war über Jahrzehnte ein Knotenpunkt, auf den sich ein Großteil der überregionalen grenzüberschreitenden Verflechtungen konzentrierten[12]. An den anderen Grenzübergängen waren, mit Ausnahme einer regulären Buslinie, die seit den 80er Jahren die regionalen Hauptstädte Porto Alegre (Brasilien) mit Posadas (Argentinien) verbindet, alle weiteren grenzüberschreitenden Verflechtungen über den Rio Uruguay[13] höchstens von lokaler oder regionaler Bedeutung.

---

[11] Siehe hierzu u. a. GRABENDORF 1978 und MELO 1991.

[12] Hier ist etwa eine reguläre Buslinie zwischen Rio de Janeiro und Buenos Aires zu nennen. Außerdem sind im Jahr 1997 über die Brücke Uruguaiana - Paso de los Libres 32% aller brasilianischen Exporte nach den MERCOSUL-Ländern gegangen (JORNAL PORTOS & COMÉRCIO EXTERIOR, Jahrgang VII, Nr. 147, S. 14). Bis zur Einweihung der neuen Brücke zwischen São Borja und Santo Thomé ist 80% des gesamten Verkehrs zwischen Argentinien und Brasilien über die Brücke zwischen Uruguaiana und Paso de los Libres abgewickelt worden (JORNAL ZERO HORA, Jahrgang 34, Nr. 11.802, S. 6).

[13] Außer dem Übergang zwischen Uruguaiana und Paso de los Libres waren bis Mitte der 90er Jahre nur sechs weitere offizielle Grenzübergänge zugelassen und wurden zeitweise von regulären Fähren bedient: Itaqui - Alvear, São Borja - Santo Thomé, Porto Xavier - San Javier, Vera Cruz - Panambi, Porto Mauá - Alba Posse und Porto Soberbo - El Soberbio.

Abb. 29: Das argentinisch-brasilianische Grenzgebiet: Infrastruktur und Grenzübergänge Anfang der 80er Jahre

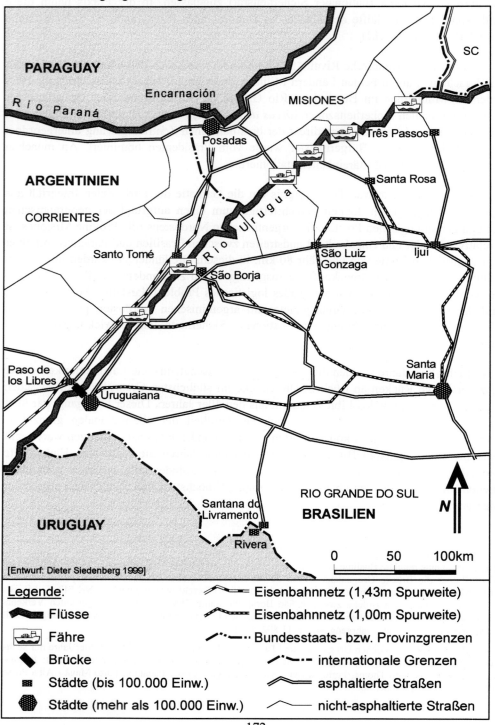

Wenn man die Ausstattung der regionalen Verkehrseinrichtungen, die bis um 1985 im südlichen Grenzgebiet vorhanden waren, genauer betrachtet (siehe Abbildung 29), dann wird die räumliche Desintegration um einiges klarer. Die einzige Brücke über den Rio Uruguai an der argentinisch-brasilianischen Grenze verbindet etwa im äußersten Süden zwei relativ dünnbesiedelte Räume[14]: die *Campanha Gaúcha* in Rio Grande do Sul und die argentinische Provinz Corrientes. Beide Räume weisen gewisse Parallelen auf, was zum Beispiel die naturräumlichen Gegebenheiten, die geographische Randlage auf nationaler Ebene und, nicht zuletzt, die wirtschaftliche Orientierung zum internen Markt anbetrifft.

Aber auch der nördliche Grenzabschnitt (Provinz Misiones in Argentinien und Kolonie-Region in Rio Grande do Sul/Brasilien) weist, was den Naturraum und die mitteleuropäische Besiedelung angeht, vergleichbare Merkmale auf: so haben etwa in der Provinz Misiones sich u.a. Deutsche, Schweizer und Russlanddeutsche, zum Teil durch grenzüberschreitende Migration (aus Südbrasilien), in Kolonien niedergelassen (vgl. EIDT 1971; FRÖSCHLE 1978; WILHELMY 1954). Grenzüberschreitende Verflechtungen sind jedoch wegen mangelnder Infrastruktur nie richtig aufgebaut worden. Mit Ausnahme des lokalen Grenzhandels hat selbst die einzige physische Verbindung, eine Brücke über den Rio Uruguay, keine nennenswerten und dauerhaften Austauschimpulse in den besagten Regionen bewirkt.

Die Fähren, welche die benachbarten Grenzstädte bzw. Agglomerationen verbinden (siehe Fußnote 13 in diesem Kapitel), haben für die Aufrechterhaltung einer Integrationsform gesorgt, die überwiegend der lokalen Bevölkerung diente. Sie waren mancherorts nur zu bestimmten Uhrzeiten und an manchen Wochentagen in Betrieb und die Überfahrten waren außerdem durch klimatische Veränderungen, Überschwemmungen, technische Mängel und Personalfaktoren[15] beeinträchtigt. Die Entwicklung des Grenzhandels wurde und wird immer noch durch zollamtliche Bestimmungen, durch häufige Änderung derselben und durch die doppelte zollamtliche Grenzkontrolle erschwert.

Ein weiteres Charakteristikum der räumlichen Desintegration besteht darin, dass mit wenigen Ausnahmen die überregionalen Asphaltstraßen auf der jeweils anderen Seite nicht fortgesetzt, sondern versetzt angelegt wurden. Dies lässt sich so erklären: Trotz physischer Trennung durch den Rio Uruguay und trotz lästiger Zollbestimmungen entwickelten sich die Nachbarstädte diesseits und jenseits der Grenze im Wesentlichen als Wirtschaftseinheit. Auf einer Seite bereits vorhandene Wirtschaftsstrukturen (Läden, Dienstleistungen etc.) wurden von den Bewohnern der anderen Seite mitbenutzt, deren eigene Strukturen dann allerdings sich kaum entwickelt haben. Die Folge dieser Situation war oft, dass ein Partner der Städtepaare größer und bedeutender als der andere und Zielpunkt einer Asphaltstraße wurde, während der kleinere Partner zugunsten einer größeren Stadt am gleichen Flussufer auf eine Asphaltstraße verzichten musste.

---

[14] In den 70er Jahren lag die durchschnittliche Bevölkerungsdichte in beiden Regionen knapp über 5 Einw./km²

[15] Um einen Grenzübergang in Betrieb zu halten, sind außer dem Fähren-Personal immerhin auf jeder Grenzseite Vertreter von mindestens zwei Regierungsbehörden nötig (*Polícia Federal* und *Ministério da Fazenda*).

Eine Integration des Eisenbahnverkehrs ist nicht nur deswegen ausgeschlossen, weil es keine physische Verbindungsmöglichkeit gibt, sondern auch, weil in Brasilien eine Schmalspur (1,00m) und im nordöstlichen Argentinien eine mittlere Spurweite (1,435m) benutzt wird (siehe BÜNSTORF 1992).

Mit der Unterzeichnung des Abkommens von Asunción im März 1991 konsolidierte sich eine neue Phase der argentinisch-brasilianischen Beziehungen. Im Grunde genommen stellt dieses Abkommen die Endphase in einem langwierigen Prozess der bilateralen Beziehungen[16], die in drei sukzessive Etappen (Konkurrenz, Entspannung und Integration) zerfallen, dar.

Die Jahre 1973, 1979 und 1986 signalisieren drei Ereignisse, die rückblickend als bedeutende Wendepunkte in den politisch-diplomatischen Beziehungen gesehen werden müssen (vgl. ARROYO 1997). Erstens, das Abkommen von Itaipú (1973), das den Bau eines gigantischen Wasserkraftwerkes an der Grenze zwischen Brasilien und Paraguay und nur wenige Kilometer von der argentinischen Grenze entfernt vorsah[17]. Das Abkommen wurde von Argentinien als eine konkrete Beeinträchtigung der geopolitischen Machtbalance im La-Plata-Becken wahrgenommen. Zweitens, das sogenannte trilaterale Abkommen zwischen Brasilien, Argentinien und Paraguay (1979), in dem technische Vereinbarungen für die Wasserkraftwerke Itaipú und Corpus (beide am Rio Paraná) getroffen wurden. Mit diesem Abkommen konnten bestimmte Interessenkonflikte zwischen Argentinien und Brasilien wieder abgebaut werden. Und drittens, das Programm zur Integration und wirtschaftlichen Kooperation zwischen Argentinien und Brasilien (1986), das offiziell die Annäherung beider Länder einleitete.

Die Frage, welche Auswirkungen diese Integration im Grenzgebiet hervorgerufen hat, muss schrittweise beantwortet werden.

Rückblickend lässt sich feststellen, dass der Integrationsprozess keinen produktiven Umbruch (durch Transfer bzw. Nutzung von Technologie, Wissen oder Kapital) in den Grenzgebieten bewirkt hat und dass die Veränderungen der Rolle, welche Grenzen und Grenzgebiete spielen (d. h. ihre abnehmende Funktion als äußerstes Limit des nationalen Souveränitätsterritoriums und ihre zunehmende ökonomische Durchlässigkeit), vorwiegend von den dynamischen Wirtschaftszentren aus gesteuert und bestimmt wird.

Auf lokaler Ebene hat der Integrationsprozess sowohl die Bevölkerung als auch die lokalen Wirtschaftsstrukturen, die über Jahre hinweg den dualistischen Charakter der Grenze akzeptiert hatten und mehr oder weniger damit zurechtkamen, ziemlich überrumpelt. Mit der zunehmenden makroökonomischen Harmonisierung verliert der Grenzhandel an Bedeutung und informelle Lebensgrundlagen werden zerstört.

---

[16] Zur Chronologie der Entstehung des MERCOSUL siehe auch OLIVEIRA 1997 und TAMCHINA 1997.

[17] Siehe zum Thema *Itaipú* den ausführlichen Beitrag von KOHLHEPP / KARP 1987.

Auf regionaler Ebene hat der Integrationsprozess besonders in den argentinischen Provinzen Corrientes, Chaco, Entre-Rios, Formosa, Misiones und Santa Fé, die sich in einer *Comisión Regional de Comércio Exterior del Nordeste Argentino* (CRECENEA) zusammengeschlossen hatten, und in den brasilianischen Bundesländern Paraná, Rio Grande do Sul und Santa Catarina, die im sogenanten *Conselho de Desenvolvimento do Sul* (CODESUL) verbündet waren, zu gemeinsamen Überlegungen über die Entwicklung des Grenzgebietes geführt. In einem nächsten Schritt wurde eine Liste von Vorschlägen über konkrete Integrationsmaßnahmen erstellt und die Regierungen in Brasília und Buenos Aires wurden aufgefordert, die Mitwirkung der Regionen bei den politischen Diskussionen und Entscheidungen darüber zu gewährleisten (siehe SEITENFUS 1994).

Am 29. November 1988 unterzeichneten schließlich Vertreter der argentinischen und brasilianischen Außenministerien das *Protokoll Nr. 23* (über regionale Grenzangelegenheiten), dessen Entwurf im Rahmen der Zusammenarbeit zwischen der CRECENEA und dem CODESUL entstanden war. Zum ersten Mal in der Geschichte der argentinischen und brasilianischen Außenpolitik gewährten - unter bestimmten Voraussetzungen - die Zentralregierungen in Buenos Aires und Brasília den Provinzen bzw. Bundesländern eine gewisse Autonomie im Hinblick auf Entscheidungen und Maßnahmen in grenzüberschreitenden Angelegenheiten[18].

Eine andere konkrete Auswirkung der Integrationsbemühungen war der Bau einer zweiten Brücke über den Rio Uruguay. Der Brückenbau war zwar schon länger ein Anliegen des Munizips São Borja gewesen (schon in den 30er Jahren wurde es dem aus São Borja stammenden Präsidenten Getúlio Vargas vorgetragen). Auch haben die Grenzstädte São Borja und Santo Thomé das Projekt im Laufe der Jahre mehrmals bei ihren jeweiligen Regierungen beantragt, aber konkrete Maßnahmen zum Bau der Brücke wurden erst im Rahmen der Erweiterung der bilateralen Beziehungen und nach der Unterzeichnung des sogenannten *binationalen Abkommens von 1989* ergriffen (siehe BRUNELLI 1997).

Nachdem zwei öffentliche Ausschreibungen (1991 und 1993) aus unterschiedlichen Gründen fehlgeschlagen waren, wurde im Februar 1995 mit den Bauarbeiten begonnen. Die Brücke wurde im Dezember 1997 dem Verkehr freigegeben; sie ist 1,4 km lang und die Kosten von ca. 35 Mio. US-$ wurden von beiden Regierungen mit jeweils 8 Mio. US-$ und einem Konsortium von 8 Unternehmen (genannt MERCOVIA S/A) getragen. Es wurde vereinbart, dass aufgrund der Beteiligung an den Kosten das Konsortium über 25 Jahre Nutzungsgebühren erheben darf.

---

[18] In *Protokoll Nr. 23* ist eine ausbalancierte und integrierte Entwicklung der Grenzregion und ihrer Einflusszone zu einem der wichtigsten Ziele im argentinisch-brasilianischen Integrations- und Kooperationsprogramm erklärt worden. Mit der Unterzeichnung des Protokolls wurde eine ständige Arbeitsgruppe aus Vertretern der jeweiligen Außenministerien gegründet, deren zentrale Aufgabe die Festlegung von Maßnahmen zur Regionalentwicklung ist. Im Protokoll ist auch die Einrichtung von Grenzkomitees in den benachbarten Städten diesseits und jenseits der Grenze vorgesehen. Grundsätzliche Funktion der Grenzkomitees ist es, Maßnahmen, die die Zirkulation von Menschen und Gütern erleichtern und die ökonomische, kommerzielle, kulturelle, pädagogische, touristische, wissenschaftliche und sportliche Entwicklung im Grenzgebiet fördern, vorzuschlagen (MINISTÉRIO DAS RELAÇÕES EXTERIORES 1988).

Abb. 30: Das argentinisch-brasilianische Grenzgebiet: Infrastruktur und Grenzübergänge (1998)

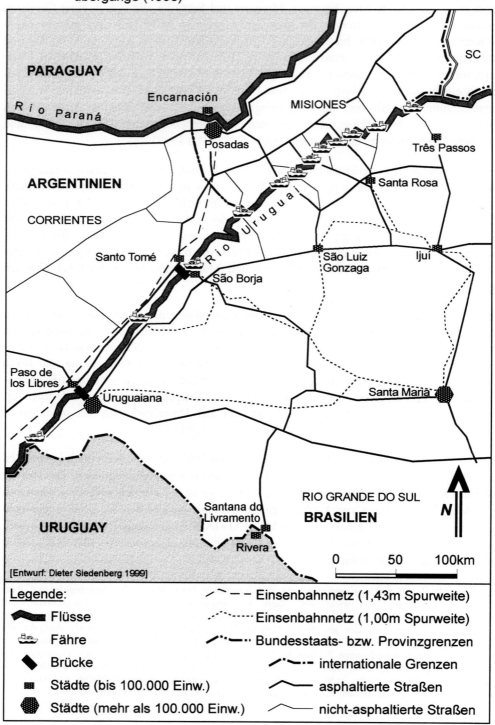

Obwohl São Borja und Santo Thomé an das brasilianische bzw. argentinische Schienennetz angeschlossen sind, wurde die Brücke nur für den Straßenverkehr gebaut. Im Zusammenhang mit dem Bau der Brücke ist auch ein integriertes Zollzentrum auf argentinischer Seite gebaut worden: Dadurch werden die zollamtlichen Maßnahmen gleichzeitig von argentinischen und brasilianischen Zollbeamten durchgeführt, wodurch der gesamte Kontrollprozess vereinfacht und beschleunigt wird.

Als noch nicht endgültig entschieden war, wo die zweite Brücke über den Rio Uruguay gebaut werden sollte, bemühten sich auch andere Regionen bzw. Grenzstädte um diese grenzüberschreitende Infrastrukturinvestition. Ermutigt durch das Beispiel des erfolgreichen Baus der Brücke zwischen São Borja und Santo Thomé und in dem Bewusstsein, dass die Brücke erst durch die massive Beteiligung von privatem Kapital errichtet wurde, haben einzelne Gemeinden diverse Aktionen zum Bau einer weiteren Brücke gestartet. Hier wäre zum Beispiel die Aktion der *Fundação Pró-Construção da Ponte Internacional Alba Posse – Porto Mauá*[19] in den Munizipien Alba Posse und Porto Mauá zu nennen.

Aber die argentinisch-brasilianische Grenze ist im Laufe des Integrationsprozesses auch ohne den Bau von Brücken immer durchlässiger geworden: Im April 1997 wurden die offiziellen Übergänge über den Rio Uruguay von sieben auf 14 erweitert[20]. Im Zuge der Demokratisierung sowohl in Brasilien als auch in Argentinien haben schließlich die Interessen der lokalen Bevölkerung und Wirtschaft ein deutliches Übergewicht gegenüber militärisch-strategischen Überlegungen bekommen, und dies führte unter anderem dazu, dass das Straßennetz vielerorts verbessert wurde (s. Abbildung 30; vgl. mit Abbildung 29).

8.3. Bedeutung und Perspektiven der grenzüberschreitenden Verflechtungen

Allgemein gesehen wird die ökonomische Entwicklung einer Region von der Quantität und Qualität der in der Region vorhandenen Produktionsfaktoren Arbeit, Kapital und Boden sowie durch private und öffentliche Nachfrage nach Konsumgütern und Investitionen und von einer Reihe weiterer Einflussgrößen geprägt. Darunter sind zum Beispiel der Grad des technischen Fortschritts der Region, die Raumstruktur, die Struktur der Wirtschaftssektoren, das Infrastruktursystem, das politische System, das soziale System und die Veränderung dieser Faktoren im Laufe der Zeit von besonderer Bedeutung.

---

[19] Diese Aktion wurde in April 1997 mit Unterstützung des BANRISUL (*Banco do Estado do Rio Grande do Sul*) gestartet: Ein Rundbrief der sogenannten *Stiftung zum Bau der internationalen Brücke* forderte Bürger und Unternehmen dazu auf, sich durch die Anschaffung von Anteilen (*quotas de participação*) an dem zukünftigen Brückenbau zu beteiligen. Die Investition sollte durch entsprechende Aufteilung der Nutzungsgebühren vergütet werden. Der Wert eines Anteils wurde auf 720,00 US-$ festgesetzt und es war die Möglichkeit gegeben, Anteile per Einzugsermächtigung in 24 Monatsraten zu je 30,00 US-$ zu erwerben.

[20] Zusätzlich zu den bestehenden Übergangsmöglichkeiten (siehe Fußnote 13) wurden an folgenden Grenzorten weitere Fährverbindungen zugelassen bzw. in Betrieb genommen: Porto Lucena – Paso Parobé, Vila Prados – Colônia Aurora, São Borja – Paso Hormiguero, Santo Izidro – San Izidro, Barra do Quaraí – Monte Caseros, Biguá – Barra Bonita und Garruchos – El Garruchos.

Der Einfluss dieser Faktoren auf die Regionalentwicklung wird zusätzlich durch externe Wachstumsdeterminanten, insbesondere durch interregionale Interaktionen (mobile Produktionsfaktoren und Austausch von Gütern und Dienstleistungen) bestimmt. Die Richtung und die Intensität dieser grenzüberschreitenden Verflechtungen wird von der Quantität und Qualität der in den einzelnen Regionen verfügbaren internen Wachstumsdeterminanten beeinflusst (SCHÄTZL 1993).

Im Folgenden werden ausschließlich die wichtigsten interregionalen Interaktionen der Region Noroeste Colonial - im Sinne von internationalen grenzüberschreitenden Verflechtungen unterschiedlicher Art - am Beispiel von empirischem Datenmaterial dargestellt und untersucht. Es handelt sich hierbei zum einen um die offiziellen direkten Außenhandelstransaktionen der Unternehmen der Region (Teilkapitel 8.3.1.) und zum anderen um verschiedene Aspekte der informellen grenzüberschreitenden Verflechtungen (Teilkapitel 8.3.2.).

Ziel dieser Untersuchungen ist es zum einen, festzustellen, welche Rolle interregionale Transaktionen im Allgemeinen und der MERCOSUL im Besonderen für die Untersuchungsregion Noroeste Colonial spielen, und zum anderen, die direkten grenzüberschreitenden Verflechtungen der Untersuchungsregion zu charakterisieren.

8.3.1. Untersuchung der offiziellen Außenhandelstransaktionen der Region Noroeste Colonial

Die Produktionsstruktur der Region Noroeste Colonial wurde seit den 50er Jahren sehr stark von der nationalen Agrarpolitik beeinflusst (siehe Kapitel 5). So haben unterschiedliche Maßnahmen zur Förderung der Weizenproduktion auch den mit der Weizenproduktion gekoppelten Sojaanbau entscheidend beeinflusst und Soja zu einem der wichtigsten Exportgüter der Untersuchungsregion gemacht. Ein Großteil der Soja-Außenhandelstransaktionen zwischen den 60er und 80er Jahren sind über die COTRIJUÍ, eine regionale Weizengenossenschaft, die in dieser Periode zu einer der größten und bedeutendsten Genossenschaften Brasiliens herangewachsen war, gelaufen[21].

Die regionale Wirtschaftsstruktur orientierte sich in der genannten Periode stark an der Produktion von Soja und Weizen und es entwickelte sich eine gegenseitige Abhängigkeit zwischen dem primären und dem sekundären Sektor in der Region. Diese enge Beziehung kann

---

[21] Mittlerweile haben die regionalen Genossenschaften (*cooperativas triticolas*) beim Ankauf von Soja und bei der Lagerung der Produktion Konkurrenz von privaten Zwischenhändlern bekommen. Die Verarbeitung und internationale Vermarktung von Soja und ihren Nebenprodukten hingegen wird von wenigen Unternehmen außerhalb des Untersuchungsgebietes durchgeführt.

(stellvertretend für die Region Noroeste Colonial) anhand der industriellen Produktion des Munizips Ijuí dargestellt werden (siehe Tabelle 26).

Tab. 26: Anteil ausgewählter Branchen an der industriellen Produktion im Munizip Ijuí in 1970 und 1980, in %:

Industriebranche	1970	1980
Metallverarbeitung und Maschinenbau	16,4	16,7
Chemie	19,5	18,5
Nahrungsmittel	43,6	51,2
andere	20,5	13,6
insgesamt	100,0	100,0

Quelle: zusammengestellt aus Daten der PREFEITURA MUNICIPAL DE IJUÍ 1991:34

Tabelle 26 zeigt, dass in den Jahren 1970 und 1980 drei Branchen zusammen für ca. 80% der industriellen Produktion im Munizip Ijuí verantwortlich zeichnen. Es handelt sich hierbei um Branchen, die eng mit der landwirtschaftlichen Produktion verbunden waren. In der metallverarbeitenden Branche sind hier vor allem die an die Landwirtschaft rückwärtsgekoppelten kleinen bis mittleren Betriebe zu nennen, die Landwirtschaftsmaschinen mit geringer 'Technologiedichte' herstellen. In der Chemiebranche sind hauptsächlich die Sojaöl- und Düngemittelfabriken hervorzuheben und die Nahrungsmittelbranche bestand zum größten Teil aus Futtermittel- und Milchverarbeitungsbetrieben.

Als im Laufe der 80er Jahre unterschiedliche Faktoren die Weiterentwicklung der Landwirtschaft im Nordwesten von Rio Grande do Sul langsam, aber entscheidend beeinträchtigten (siehe Kapitel 5), machten sich die Auswirkungen auf den Agrarsektor und andere Branchen der regionalen Produktionsstruktur bemerkbar. Mit dem Abklingen des Sojabooms in Rio Grande do Sul und mit der allmählichen Öffnung des brasilianischen Marktes in den 80er Jahren verlor der bis dahin ohnehin unbedeutende sekundäre Sektor in der Wirtschaftsstruktur der meisten Munizipien der Region Noroeste Colonial immer noch mehr an Gewicht. Statistisch gesehen ist das nordwestliche Rio Grande do Sul praktisch von einer Agrargesellschaft zu einer Dienstleistungsgesellschaft geworden, ohne eine Phase zu durchlaufen, in der industrielle Aktivitäten eine gewisse Bedeutung hatten[22].

Außerdem ist die Wirtschaftsstruktur von Rio Grande do Sul in mancherlei Hinsicht mit der Wirtschaftsstruktur der Nachbarländer Argentinien und Uruguay vergleichbar und weist zusätzlich bestimmte Nachteile hinsichtlich der Wettbewerbsfähigkeit der landwirtschaftlichen Produktion (besonders Weizen, Mais und Milch) auf[23], so dass die Chancen eines grenzüberschreitenden Exports der wichtigsten landwirtschaftlichen Massenproduktionen aus dem nordwestlichen Rio Grande do Sul (Soja, Mais, Weizen und Milch) also äußerst beschränkt sind.

---

[22] Die unbedeutende Rolle des sekundären Sektors in der Wirtschaftsstruktur der meisten Munizipien des nordwestlichen Rio Grande do Sul zwischen den 60er und 80er Jahren wird durch eine umfangreiche Untersuchung der *Fundação de Economia e Estatística* bestätigt (siehe FEE 1986).

[23] Siehe ADAMS 1990, ORTMANN / STÜLP / RASK 1986 und STÜLP 1992.

Aufgrund der Tatsache, dass die Bedeutung des sekundären Sektors der Region Noroeste Colonial relativ gering und sehr stark am primären Sektor orientiert war, haben sich in der Region praktisch keine positiven grenzüberschreitenden Interaktionseffekte gebildet; selbst die brasilianische Handelsliberalisierung und die Konsolidierung des MERCOSUL haben wenig zur wirtschaftlichen Verflechtung beigetragen.

Im Rahmen der empirischen Untersuchung über die offiziellen Außenhandelstransaktionen der Region Noroeste Colonial im Allgemeinen wurden alle zum Zeitpunkt der Datenerhebung (Dezember 1997) bestehenden Unternehmen der Region aufgesucht, die zwischen 1986 und 1997 mindestens eine direkte Außenhandelstransaktion (Export oder Import) durchgeführt haben[24], und über die Einzelheiten der Transaktion(en) selbst und über Aspekte im Zusammenhang mit den Transaktionen befragt[25].

Es stellte sich heraus, dass nur 29 Unternehmen die gestellten Bedingungen (Firmensitz in der Region Noroeste Colonial, aktiver Firmenbetrieb im Dezember 1997 und mindestens eine direkte Außenhandelstransaktion zwischen 1986 und 1997) erfüllten. Von diesen insgesamt 29 Unternehmen haben 23 genaue Daten, zwei ungenaue Daten und vier Unternehmen keine Daten über die durchgeführten Außenhandelstransaktionen geliefert, sodass man davon ausgehen kann, dass die Ergebnisse der Untersuchung in einem relativ hohen Maße repräsentativ sind.

Einige der in Tabelle 27 zusammengestellten Informationen über die Unternehmen der Region Noroeste Colonial, die direkte Außenhandelsaktivitäten betreiben, fallen auf. So ist zum Beispiel im Raum Ijuí – Panambi eine räumliche Konzentration der Betriebe zu beobachten: 21 von insgesamt 29 Unternehmen, die Außenhandelstransaktionen durchführen, befinden sich in diesen Munizipien. Oder: Abgesehen von drei Institutionen, die zu anderen Branchen gehören (Gesundheit, Bildung und Genossenschaft), werden Außenhandelsaktivitäten sowohl durch Industriebetriebe als auch durch Handelsbetriebe gleichermaßen unternommen. Aber zwischen den zwei zuletzt genannten Branchen sind wesentliche Unterschiede festzustellen: Im Allgemeinen sind Handelsbetriebe überwiegend kleine (siehe Anzahl der Beschäftigten) und junge (siehe Gründungsjahr) Unternehmen, die sich hauptsächlich auf Importe von Nahrungsmitteln und Rohstoffen verlegt haben, während die Industriebetriebe in der Regel etwas größere und ältere Unternehmen sind, die vorwiegend Konsum- und Kapitalgüter exportieren.

---

[24] Die Liste der in Frage kommenden Unternehmen wurde mit Hilfe einer im Voraus durchgeführten Ermittlung erstellt. Indirekte Außenhandelstransaktionen, wie zum Beispiel Importe, die ursprünglich über Großhändler (*atacados*) gelaufen sind, oder Exporte, die über Zwischenhändler ins Ausland gelangen, und nachweisbare Transaktionen von Unternehmen, die aus unterschiedlichen Gründen ihre Aktivitäten in der Region inzwischen aufgegeben haben, wurden nicht berücksichtigt.

[25] Ein Muster des verwendeten Fragebogens befindet sich im Anhang.

Tab. 27: Unternehmen der Region Noroeste Colonial, die zwischen 1986 und 1997 Außenhandelstransaktionen durchgeführt haben

NAME DES UNTERNEHMENS	SITZ	GRÜNDUNG	BRANCHE	BG*	HANDELSWARE	AUSFUHR	EINFUHR
01 **Agro-Produtos do Sul Ltda.**	Ijuí	1994	Handel	Gewerbe	Primärgüter	-	X
02 Assoc. Hospital de Caridade de Ijuí	Ijuí	...	Gesundheit	groß	Kapitalgüter	-	X
03 **Bruning Tecnometal Ltda.**	Panambi	1947	Industrie	groß	Konsum- und Kapitalgüter	X	X
04 Campo & Lavoura Ltda.	Ajuricaba	1986	Handel	klein	Primärgüter	-	X
05 Canarito Coml. Imp. Cereais Ltda.	Ijuí	1987	Handel	Gewerbe	Konsumgüter	-	X
06 Coml. de Tecidos Três Passos Ltda.	Três Passos	1964	Industrie	mittel	Primärgüter	-	X
07 Coop. Triticola Campo Novo Ltda.	Campo Novo	...	Genossenschaft	groß	Konsumgüter	-	X
08 **Dreher & Filhos Ltda.**	Três Passos	1994	Handel	Gewerbe	Primärgüter	X	-
09 Empresa Mineradora Ijuí Ltda.	Ijuí	1966	Industrie	mittel	Primärgüter	X	-
10 Ervateira Foletto Ltda.	Ijuí	...	Industrie	klein	Primärgüter	-	X
11 Farinhas Integrais Cisbra Ltda.	Ijuí	1992	Handel	Gewerbe	Konsum- und Kapitalgüter	X	X
12 Fockinck Indústrias Elétricas Ltda.	Panambi	1947	Industrie	groß	Konsumgüter	X	X
13 Franco Comércio e Rep. Ltda.	Ijuí	1981	Handel	Gewerbe	Kapitalgüter	X	X
14 Imasa – Ind. Máq. Agric. Fuchs S/A	Ijuí	1915	Industrie	klein	Primärgüter	X	X
15 Ind. de Óleos Veg. Pindorama Ltda.	Panambi	1930	Industrie	klein	Primärgüter	-	X
16 Intersul Coml Import. Export. Ltda	Ijuí	1996	Handel	Gewerbe	Kapitalgüter	X	X
17 Kepler Weber Industrial S/A	Panambi	1925	Industrie	groß	Konsumgüter	X	-
18 Metalúrgica Faulhaber Ltda.	Panambi	...	Industrie	groß	Kapitalgüter	X	-
19 Metalúrgica Modelar Ltda.	Ijuí	1977	Industrie	klein	Kapitalgüter	X	-
20 Metalúrgica Saur Ltda.	Panambi	...	Industrie	groß	Primärgüter	-	X
21 Moinhos Locatelli Ltda.	Vista Gaúcha	1992	Industrie	klein	Konsumgüter	X	-
22 Móveis Carpan Ltda.	Panambi	1980	Handel	mittel	Primärgüter	X	-
23 Nedel, Dalla Corte & Cia. Ltda.	Catuípe	1963	Handel	Gewerbe	Primärgüter	-	X
24 **NORS Com., Imp. e Exportação**	Panambi	1991	Industrie	klein	Konsumgüter	X	-
25 Siedenberg & Filhos Ltda.	Ijuí	1977	Handel	Gewerbe	Primärgüter	-	X
26 SWF Dinâmica Empresarial Ltda.	Três Passos	1992	Handel	Gewerbe	Konsumgüter	-	X
27 Torra AOH	Três Passos	1995	Bildung	groß	Konsumgüter	-	X
28 Unijuí – Univ. Reg. Noroeste do RS	Ijuí	1957	Industrie	klein	Konsum- und Kapitalgüter	-	X
29 Usinas Stollmayer Ltda.	Panambi	1977	Industrie	klein	Kapitalgüter	X	-

Quelle: eigene Erhebungen
Anmerkungen: BG* = Betriebsgröße (Anzahl der Beschäftigten): Gewerbebetrieb: bis 10; Kleinbetrieb: von 11-50; mittlerer Betrieb: von 51-200; Großbetrieb: mehr als 201 Beschäftigte.

Die **fettgedruckten** Unternehmen haben Daten über ihre Außenhandelstransaktionen geliefert

Im Folgenden werden die direkten Import- und Exporttransaktionen der Unternehmen der Region Noroeste Colonial zwischen 1986 und 1997 einer näheren Betrachtung unterzogen, und zwar unter den Aspekten Menge, Struktur und Herkunfts- bzw. Bestimmungsländer. Es geht dabei aber nicht darum, die spezifischen Zusammenhänge zwischen Unternehmen, Produkt, Markt und Warenwerten aufzuzeigen, sondern vielmehr darum, anhand von empirischem Datenmaterial ein Profil der regionalen Außenwirtschaft zu erstellen und allgemeine Schlussfolgerungen über die wirtschaftliche Integration der Region im MERCOSUL und über Perspektiven der Regionalentwicklung abzuleiten.

Abb. 31: Entwicklung der Außenhandelstransaktionen, abgewickelt durch die Unternehmen der Region Noroeste Colonial zwischen 1986 und 1997 (gemessen am Wert der Transaktionen) in 1.000,00 US-$

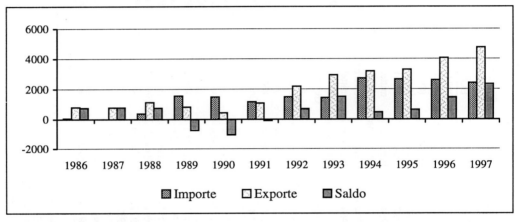

Quelle: eigene Erhebungen

Die obige Grafik (Abbildung 31) verdeutlicht die geringe Bedeutung des offiziellen Außenhandels der Untersuchungsregion bis Ende der 80er Jahre. Bis dahin nahmen nur wenige Unternehmen der Region die Chancen des externen Marktes wahr. Die allmähliche Öffnung des brasilianischen Marktes machte sich Ende der 80er Jahre zunächst besonders durch das Einsetzen von Importen in der Untersuchungsregion bemerkbar; dann in der Handelsbilanz der Jahre 1989, 1990 und 1991 durch Saldodefizite (es wurde mehr importiert als exportiert). Mit dem *Plano Real* (1994) ist eine sprunghafte Zunahme der Importe zustande gekommen, die allmählich abklingen.

Ab 1990 wuchsen die Exporte der Region ständig an, und zwar mit einer durchschnittlichen Wachstumsrate von über 20% im Jahr. Um die Frage zu beantworten, ob dieses Wachstum in direktem Zusammenhang mit der Entstehung und Konsolidierung des MERCOSUL steht (und um zu erklären, welche Rolle der MERCOSUL überhaupt für die Region Noroeste Colonial hat), müssen zusätzliche Informationen herangezogen werden.

Die Aufteilung der Außenhandelstransaktionen nach Herkunftsländern (Importe) und Bestimmungsländern (Exporte) wird in zwei Diagrammen dargestellt (Abbildungen 32 und 33). Die Herkunfts- und Bestimmungsländer wurden der Einfachheit halber in vier Gruppen eingeteilt: MERCOSUL-Länder, NAFTA-Länder, EU-Länder und andere Länder. In der schematischen Darstellung werden die Importe der Region unabhängig von dem dynamischen Volumen gleich 100% gesetzt; so ist es möglich, die relative Bedeutung der einzelnen Handelsblöcke und Länder für die Region Noroeste Colonial in jedem Jahr festzustellen.

Abb. 32: Importe der Region Noroeste Colonial, nach Ländergruppen, 1986-97 (in %)

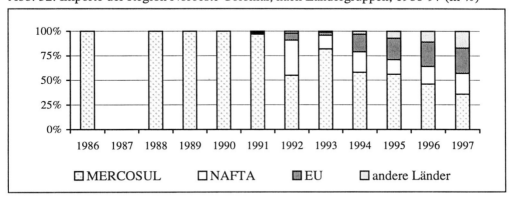

Quelle: eigene Erhebungen

Abbildung 32 verdeutlicht eine kuriose Situation: Von 1986 bis zur Entstehung des MERCOSUL (1991) waren gerade Argentinien, Paraguay und Uruguay, die späteren MERCOSUL-Länder, die weithin wichtigsten Handelspartner (bzw. Lieferanten ausländischer Güter) der Region Noroeste Colonial. Aber gleich, nachdem der Vertrag von Asunción unterschrieben war, haben Lieferanten aus anderen Handelsblöcken einen deutlichen Marktanteil in der Region erobert und kontinuierlich erweitert. Wie lässt sich dies erklären?

Es gibt dafür verschiedene Erklärungsansätze. Zum einen darf man nicht vergessen, dass die brasilianischen Handelsliberalisierungsmaßnahmen sozusagen Vorläufer des MERCOSUL sind. Nachdem sich sowohl die Liberalisierungsmaßnahmen als auch der MERCOSUL bis zu einem gewissen Grad etabliert haben, ist ein deutliches Wachstum der Importe in die Region hinein (siehe Abbildung 31) zustande gekommen. Zum anderen wird, in Abbildung 32, die dynamische Entwicklung der Importe, die insgesamt von ca. 60.000,00 US-$ im Jahr 1986 auf 2,42 Mio. US-$ im Jahr 1997 gewachsen sind, nicht berücksichtigt. Und schließlich sind durch die allgemeinen Handelsliberalisierungen auf internationaler Ebene und durch den Abbau der Schranken innerhalb des MERCOSUL die Importe von Maschinenteilen, die in der Untersuchungsregion zu Maschinen zusammengesetzt und dann exportiert werden, enorm angewachsen.

Was außerdem in Abbildung 32 deutlich wird, ist die allmähliche Etablierung einer breiteren Gruppe von Lieferanten: die Unternehmen der Untersuchungsregion sind nicht mehr exklusiv auf die MERCOSUL-Länder fixiert; es kommen immer mehr grenzüberschreitende Verflechtungen mit NAFTA-, EU- und anderen Ländern zustande.

Betrachtet man die Exporte der Untersuchungsregion, aufgegliedert nach Bestimmungsländern, so ergibt sich im Vergleich zu den Importen ein gewissermaßen umgekehrtes Bild (siehe Abbildung 33).

Abb. 33: Exporte der Region Noroeste Colonial, nach Ländergruppen, 1986-1997

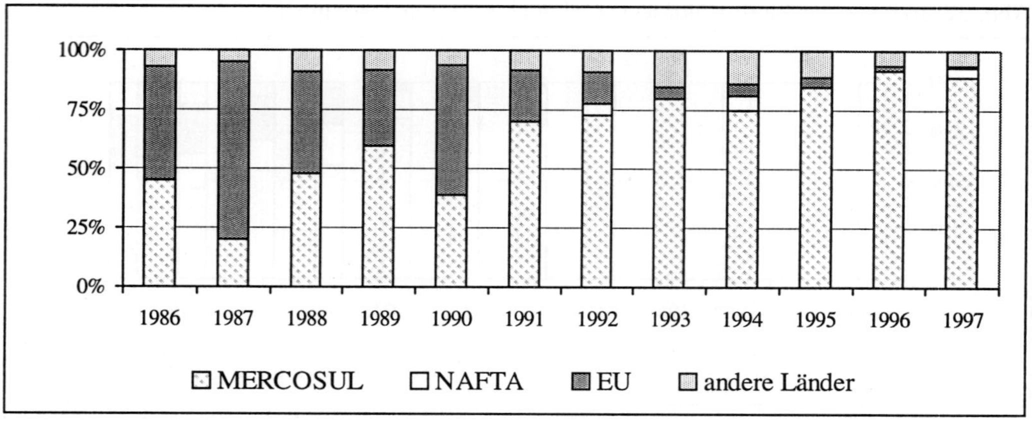

Quelle: eigene Erhebungen

Die Darstellung der regionalen Exporte zeigt, dass zu Beginn der Untersuchungsperiode die Absatzmärkte in Europa und innerhalb des MERCOSUL sich in ihrer Bedeutung für das Untersuchungsgebiet abwechselten. Die Länder der NAFTA sowie andere Länder insgesamt haben als direkte Absatzmärkte für die Exporte der Region Noroeste Colonial in der gesamten Periode eine sehr geringe Bedeutung. Markant ist aber der rapide Bedeutungsverlust der EU-Länder (ab 1991) als Handelspartner und gleichzeitig die eindeutige Etablierung des MERCOSUL als überragender Absatzmarkt für die regionale Produktion.

Aus beiden Abbildungen (32 und 33) wird deutlich, dass das MERCOSUL-Abkommen vorwiegend die Exporte beeinflusst hat, während die allgemeinen brasilianischen Handelsliberalisierungsmaßnahmen sich vorwiegend auf die Importe der Region Noroeste Colonial ausgewirkt haben.

Wenn man bedenkt, dass in den 90er Jahren besonders die regionalen Exporte ein kontinuierliches Wachstum aufweisen (siehe Abbildung 31), dann wird ziemlich deutlich, was für eine wichtige Rolle der MERCOSUL für die Untersuchungsregion spielt und es wird zum Teil die allgemeine Befürchtung widerlegt, dass gerade die von der Landwirtschaft geprägten Regionen in Südbrasilien ausschließlich Nachteile von der ökonomischen Integration haben würden. Die Frage, in welchem Maße die Nachteile, die der primäre

Sektor durch die Auswirkungen der wirtschaftlichen Integration hat, über die Vorteile des sekundären Sektors ausgeglichen werden, kann hier nicht beantwortet werden.

Die Befürchtung, dass im ländlichen Rio Grande do Sul Nachteile der wirtschaftlichen Integration spürbar würden, bestätigt sich nicht, obwohl die Nachbarländer überwiegend Produkte des primären Sektors liefern und hauptsächlich Konsum- und Kapitalgüter abnehmen, wie Abbildung 34 zeigt, in der die Entwicklung des grenzüberschreitenden Warenaustausches der Region Noroeste Colonial (aufgegliedert nach Warengruppen[26] und unter Berücksichtigung der Entwicklung der Exporte und Importe[27]) verdeutlicht wird.

Abb. 34: Importe der Region Noroeste Colonial, nach Warengruppen, 1986-1997
(1994 = 100% bzw. 2,72 Mio. US-$)

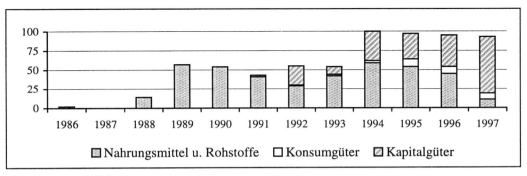

Quelle: eigene Erhebungen

Die Einfuhr von Primärgütern (wie zum Beispiel Weizen, Mais oder Jungvieh), die eine direkte Konkurrenz zur regionalen Produktionsstruktur bedeuten würde, ist eine Ausnahme. Nach Angaben der befragten Unternehmen der Region Noroeste Colonial besteht der Import von Nahrungsmitteln und Rohstoffen zum größten Teil aus alternativen Kulturen, wie zum Beispiel Leinsamen, Zwiebeln, Linsen, Hafer, Vogelfutter, Hirse, Bohnen, Sonnenblumen und Kartoffeln. Einige wenige Unternehmen der Region Noroeste Colonial haben zwar versuchsweise Weizen aus Argentinien und Jungvieh aus Uruguay importiert, aber nach Angaben der jeweiligen Geschäftsführer war die Enttäuschung über die Import-Bürokratie und über die damit zusammenhängenden Komplikationen so groß, dass kein zweites Geschäft zustande kam.

Obwohl über den größten Zeitraum der gesamten Periode gesehen die Einfuhr von Nahrungsmitteln und Rohstoffen den bedeutendsten Anteil der Importe ausmacht, zeichnet sich

---

[26] Der Einfachheit halber werden hier die Waren in drei Kategorien zusammengefasst: Nahrungsmittel und Rohstoffe, Konsumgüter oder Fertigwaren und Kapitalgüter.

[27] Die Jahre, in denen die höchsten Handelsvolumen verzeichnet wurden, werden als Vergleichsmaßstab (100%) genommen: das Jahr 1994 für die Importe und das Jahr 1997 für die Exporte (siehe Abbildung 31). Dadurch ist es möglich, die Entwicklung des Austausches der wichtigsten Warengruppen im Vergleich zu diesem Maximalwert schematisch darzustellen.

besonders ab Mitte der 90er Jahre eine Änderung in der regionalen Importstruktur ab: Es werden zunehmend Kapitalgüter und in geringerem Maße auch Konsumgüter in der Region eingeführt.

Schließlich lässt sich eine weitere Beobachtung zur Entwicklung der Importe machen: Es sind weder die allgemeinen Maßnahmen zur Handelsliberalisierung noch irgendwelche Integrationsabkommen im Rahmen des MERCOSUL, die 1994 plötzlich zu einem größeren Handelsvolumen geführt, sondern eher die Auswirkungen des Plano Real[28], die das größere Handelsvolumen bewirkt haben.

Wenn man die Struktur der regionalen Exporte und ihre Entwicklung betrachtet, wird deutlich, dass die Ausfuhr unter anderen Rahmenbedingungen und Einflüssen abläuft als der Import (siehe Abbildung 35). Verglichen mit dem gesamten Handelsvolumen von 1997 ist die Ausfuhr von Primär- und Konsumgütern über die ganze Periode unbedeutend. Außerdem ist der Anteil von Nahrungsmitteln und Rohstoffen am gesamten Exportvolumen rückläufig und der Anteil der Konsumgüter, die erst ab 1991 in den Handel kamen, schwankt zwischen 3% und 7%, ohne eine bestimmte Tendenz zu zeigen.

Abb. 35: Exporte der Region Noroeste Colonial, nach Warengruppen, 1986-1997 (1997 = 100% bzw. 4,76 Mio. US-$)

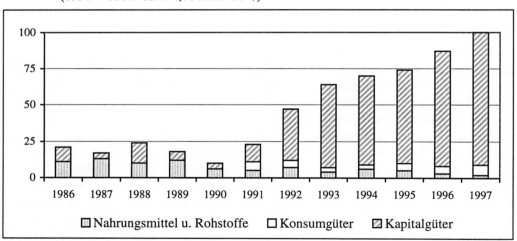

Quelle: eigene Erhebungen

Seit 1990 verzeichnet die Region Noroeste Colonial ein kontinuierliches Exportwachstum und ganz ohne Zweifel beruht dieses Wachstum auf dem Export von Kapitalgütern in die

---

[28] Kurz nach der Einführung des Plano Real im Juli 1994 stand der Dollarkurs bei 0,85 R$. Dieser Wechselkurs (von 0,85) war besonders für Importe sehr attraktiv. Mittlerweile (Juli 1999) liegt das Verhältnis zwischen R$ und US-$ bei ca. 1:1,70.

MERCOSUL-Länder[29], was durch die Analysen und graphischen Darstellungen verdeutlicht wird.

Verglichen mit dem Exportwert von 1997 können zwei unterschiedliche Phasen in der Entwicklung der Exporttransaktionen herausgestellt werden: In der ersten Phase, die bis Ende der 80er Jahre geht, stagnieren die Exporte auf geringem Niveau und bestehen aus Primär- und Kapitalgütern; in der zweiten Phase, die Anfang der 90er Jahre beginnt, spielen Primärgüter weiterhin eine unbedeutende Rolle, ein spärlicher Export von Konsumgütern kommt zustande, aber die Ausfuhr von Kapitalgütern wächst zwischen 1990 und 1997 um über 40% im Jahr.

Wenn man die wesentlichen Aspekte (Entwicklung, Märkte und Struktur) der Außenhandelsbeziehungen der Region Noroeste Colonial einander gegenüberstellt, werden unterschiedliche Zusammenhänge deutlich. In der Regel scheinen Importe viel eher und effektiver auf marktwirtschaftliche Gegebenheiten, wie zum Beispiel Währungsschwankungen, zu reagieren. Sie werden durch kleinere Betriebsstrukturen durchgeführt und konzentrieren sich vorwiegend auf Primär- und Konsumgüter. Dagegen beruhen die regionalen Exporte eher auf einer langfristigen Wirtschaftspolitik, werden im Allgemeinen von größeren Betrieben durchgeführt und konzentrieren sich hauptsächlich auf Kapitalgüter.

Die Analyse über die Außenhandelsbeziehungen der Untersuchungsregion soll mit einem sehr aufschlussreichen Vergleich zwischen den Außenhandelsquoten von Brasilien, Rio Grande do Sul und der Untersuchungsregion Noroeste Colonial abgeschlossen werden: Im Jahr 1997 exportierte Brasilien insgesamt ca. 6,5% seines BIP. In Rio Grande do Sul war die Exportorientierung im selben Jahr ausgeprägter. Ungefähr 11,5% des Landes-BIP wurden exportiert, die Region Noroeste Colonial dagegen wies eine sehr niedrige Exportquote auf: nur 0,35% des regionalen BIP wurden exportiert[30]. Diese Außenhandelsquoten deuten darauf hin bzw. bestätigen, dass die Untersuchungsregion eine sehr geringe Marktintegration aufweist.

---

[29] Aus den erhobenen Daten ergibt sich, dass von den 29 Firmen, die Außenhandel betreiben, 15 Exporte (und eventuell auch Importe) durchführen. Davon sind sieben im Produktionsbereich von Kapitalgütern tätig; zwei davon haben bisher nur eine einzige Exporttransaktion durchgeführt und zwei weitere (und von der Betriebsgröße her bedeutende) Unternehmen haben keine Daten über ihre Außenhandelstransaktionen geliefert (siehe Tabelle 26). Das bedeutet einerseits, dass sich die Daten über den Export von Kapitalgütern zum größten Teil auf nur drei Unternehmen beziehen und andererseits, dass mit der Einbeziehung der Außenhandelstransaktionen der zwei weiteren Unternehmen (von denen keine Daten vorliegen) ein noch größerer Exportanteil von Kapitalgütern zum Ausdruck kommen würde.

[30] Zur Erinnerung: Im Fall von Brasilien und Rio Grande do Sul handelt es sich bei diesen Angaben um zusammengerechnete Gesamtexporte; im Fall der Untersuchungsregion lediglich um direkte Exporte der befragten Unternehmen. Unter Einbeziehung der nicht befragten Betriebe würde die regionale Exportquote etwas größer ausfallen, aber vermutlich noch wesentlich unter den genannten Bundes- und Landesquoten liegen.

8.3.2. Informelle grenzüberschreitende Verflechtungen

Abgesehen von den offiziellen Handelsverflechtungen, die am Beispiel von empirischem Datenmaterial über Außenhandelstransaktionen der Unternehmen der Region Noroeste Colonial untersucht und dargestellt worden sind, gibt es im Rahmen des MERCOSUL nur noch wenige grenzüberschreitende Verflechtungen, die im Untersuchungsgebiet beobachtet werden können.

Vereinzelte kulturelle, soziale oder institutionelle Integrationsansätze sind hier und da anzutreffen, aber dauerhafte und effektive Strukturen und Verflechtungen entstehen nur allmählich. Hier sind etwa die ersten Bemühungen zum Aufbau einer akademischen Zusammenarbeit zwischen den Universitäten von Ijuí (Brasilien), Posadas (Argentinien) und Encarnación (Paraguay) zu nennen. Im Allgemeinen befinden sich solche Integrationsansätze in der Anfangsphase und werden in der vorliegenden Arbeit nicht berücksichtigt.

Neben den offiziellen Handelsverflechtungen und jüngeren Integrationsansätzen kann in der Untersuchungsregion jedoch eine stark ausgeprägte informelle grenzüberschreitende Verflechtung beobachtet werden, welche durch Straßenhändler, die *camelôs*, die auf den Straßen in den Städten der Region allerlei (meistenteils billige) Konsumgüter und Plunder aus Paraguay und teilweise auch aus São Paulo verkaufen, zustandekommt.

Es handelt sich im Fall der *camelôs* also nicht um Grenzüberschreitungen, wie sie zum Beispiel an der Grenze zwischen dem Untersuchungsgebiet und Argentinien (etwa zwischen Porto Soberbo und El Soberbio) vorkommen, die ja ausschließlich Verflechtungen von lokaler Bedeutung darstellen.

Weiterhin ist zu berücksichtigen, dass die Bezeichnung *Straßenhändler* eine ganze Menge von Aktivitäten mit einschließt, die kaum etwas mit grenzüberschreitenden Verflechtungen zu tun haben, wie zum Beispiel den ambulanten Verkauf von Eis, Lotterielosen, Nahrungsmitteln, Getränken und anderem. Aus diesem Grund wird hier der brasilianische Begriff *camelô* verwendet, der eher ausdrückt, dass es sich um spezifische Straßenhändler handelt und zwar um solche, die hauptsächlich mit ausländischer Ware handeln.

Einerseits hat das Auftauchen von *camelôs* im Untersuchungsgebiet nichts mit den offiziellen wirtschaftlichen Integrationsbemühungen im MERCOSUL zu tun; es ist eher in engem Zusammenhang mit schlichten Überlebensstrategien von breiten Bevölkerungsschichten, die aus dem offiziellen Arbeitsmarkt ausgeschieden sind oder dort überhaupt keine Chance bekommen haben, zu sehen. Andererseits sind gerade die *camelôs* ein ganz konkretes Beispiel für jene Art von wirtschaftlicher Integration, die angesichts der zunehmenden Bedeutung des MERCOSUL immer mehr Schwierigkeiten ausgesetzt sind.

Das grundsätzliche Ziel der empirischen Untersuchung war, ein Profil der *camelôs* in der Region Noroeste Colonial zu erstellen und die dazu nötigen Daten über die informellen und grenzüberschreitenden Tätigkeit der *camelôs* in der Untersuchungsregion zu erfassen. Die relative Bedeutung der Aktivitäten im Vergleich zur regionalen Gesamtwirtschaft kann nur annähernd ermittelt werden, da es sich bei den Tätigkeiten der *camelôs* um Tätigkeiten des informellen Sektors handelt[31].

Im Rahmen der Datenerhebung wurden insgesamt 123 *camelôs* in allen 31 Gemeinden der Untersuchungsregion aufgesucht und befragt[32] (siehe Muster des Fragebogens im Anhang). Aus ihren Antworten konnten einige charakteristische Merkmale der *camelôs*, ihrer Lebensverhältnisse und verschiedener Aspekte ihrer Aktivitäten ermittelt werden, aus denen, fasst man sie zusammen, sich ein deutliches Profil ergibt.

Die *camelôs* der Untersuchungsregion Noroeste Colonial sind nach den Befragungsergebnissen im Durchschnitt 36,3 Jahre alt. Der überwiegende Teil der *camelôs* (63,5%) befindet sich in der Altersgruppe zwischen 30 und 50 Jahren. Weitere charakteristische Merkmale sind in Tabelle 28 dargestellt:

Tab. 28: Übersicht über charakteristsche Merkmale der *camelôs* im Untersuchungsgebiet

Merkmale	Einteilung / Gruppierung	Anteil (in %)
Alter	jünger als 30 Jahre	27,6 %
	zwischen 30 und 50 Jahre alt	63,5 %
	älter als 50 Jahre	8,9 %
Geschlecht	männlich	42,3 %
	weiblich	57,7 %
Familienstand	verheiratet	56,2 %
	ledig	21,5 %
	andere Verhältnisse	22,3 %
Bildungsniveau	Grundschule (unvollständig)	31,6 %
	Grundschulabschluss (1.-8. Klasse)	18,4 %
	Sekundarschule (unvollständig)	18,4 %
	Sekundarschulabschluss (9.-11. Klasse)	23,7 %
	Hochschulabschluss (unvollständig)	7,9 %

Quelle: eigene Erhebungen

---

[31] Die Befragung der *camelôs* wurde mit größter Sorgfalt durchgeführt. Da es sich um eine informelle Tätigkeit handelt, sind quantitative Aussagen über Größe und Ausmaß der Aktivitäten aus zwei Gründen mit Vorbehalt zu sehen: erstens, weil vielerorts ein gewisses Misstrauen der Befragten nicht restlos zu beseitigen war und zweitens, weil die Befragten selbst angeblich keine genauen und systematischen Aufzeichnungen von Geschäftsvorgängen durchführen.

[32] Es wurde grundsätzlich versucht, die maximale Anzahl von *camelôs* zu befragen. In der Regel wurden in den kleineren Gemeinden keine *camelôs* gefunden; in den größeren Städten kann die Zahl der Personen, die durch solche Tätigkeit ihren Lebensunterhalt sichern, nur annähernd geschätzt werden. Rechnet man zu den 123 Befragten auch noch die *camelôs*, die eine Befragung verweigert haben (ca. 30) und diejenigen, die zur Befragungszeit nicht anwesend waren (ca. 50), aber nachweislich einen *ponto* (Arbeitsstandplatz) haben, so kommt man zu dem Ergebnis, dass im Untersuchungsgebiet 1997 mindestens 200 *camelôs* tätig waren. Die Untersuchung dürfte 50-60% der camelôs im Untersuchungsgebiet umfasst haben und ist deshalb, obwohl sie eine Zufallsstichprobe darstellt, in hohen Maße repräsentativ.

In der Regel ist das *Camelô*-Dasein ein harter und mit gewissen Risiken behafteter Job (siehe weiter unten). Trotzdem ist der Anteil von Frauen (57,7%), die mit dieser Aktivität ihren eigenen bzw. familiären Lebensunterhalt sichern, größer als der Anteil von Männern (42,3%). Eine Erklärung dafür liegt in der Tatsache, dass die *Camelô*-Aktivität meistenteils zur Aufstockung des familiären Lebensunterhaltes dient (mehr als die Hälfte der *camelôs* sind verheiratet) und dass Männer in der Regel größere Verdienstmöglichkeiten in geregelten Arbeitsverhältnissen haben.

Die Untersuchungsergebnisse zeigen auch, dass für die Tätigkeit eines *camelô* gewisse Voraussetzungen erforderlich sind, etwa die Bereitschaft zu Auslandsreisen. Auch erfordert der Job Fähigkeiten und Kenntnisse, zum Beispiel beim Umgang mit Zollbestimmungen, beim Umrechnen unterschiedlicher Währungen, bei Einkaufsverhandlungen, bei der Festlegung der Verkaufspreise, eben eine allgemeine 'Handelsgeschicklichkeit'. Diese Erfordernisse erklären zum Teil den relativ großen Anteil von *camelôs*, die einen vollständigen Sekundarschulabschluss (23,7%) oder sogar ein Hochschulstudium (7,9%) nachweisen können. Auf jeden Fall wird hier bestätigt, dass die *Camelô*-Aktivität überwiegend von ausgebildeten Menschen ausgeübt wird: Nur ein Drittel (31,6%) der *camelôs* haben die obligatorische Grundschulausbildung nicht vollständig abgeschlossen.

Die Untersuchung zeigt ferner, dass ein Fünftel (20,3%) der Befragten den direkten Einstieg in die informelle Arbeitswelt als *camelô* begonnen haben: Es sind vor allem Hausfrauen und Schüler mit abgeschlossener Schulausbildung, die keine geregelten Arbeitsplätze gefunden haben und mit der Beschäftigung einen Beitrag zum familiären Einkommen zu leisten versuchen.

Die Mehrheit der Befragten (79,7%) gab an, vorher eine andere Tätigkeit ausgeübt zu haben. Auf die Frage, welche Gründe ausgebildete Menschen, die in einem geregelten Arbeitsverhältnis standen, dazu geführt haben, die *Camelô*-Aktivität aufzunehmen, wurde an erster Stelle (30,4% der Befragten) die Arbeitslosigkeit genannt wird. Andere Gründe sind: mögliche Rentabilität 18,5%, fehlende Optionen (17,9%), Pensionierung (14,6%), Abneigung gegen konventionelle Arbeitsverhältnisse (6,2%) und 'verschiedene Beweggründe' (12,4%).

Zwei weitere Fragen über die Dauer der *Camelô*-Tätigkeit und vorherige Beschäftigungsbranche wurden gestellt, deren Antworten in Tabelle 29 ausgewertet werden. Die Auswertung der ersten Frage (Tabelle 29) demonstriert, dass im Allgemeinen die *Camelô*-Aktivität keine Übergangslösung zur Vermeidung von Arbeitslosigkeit, sondern eine Dauerbeschäftigung ist: Mehr als die Hälfte der Befragten sind schon mehr als vier Jahre als *camelô* beschäftigt (siehe Tabelle 29). Außerdem sind in den Jahren 1994 und 1995 weniger Menschen in diese Form von informeller Tätigkeit eingestiegen (5,9% bzw. 9,1%) als in den anderen Jahren. Die vorliegende Untersuchung kann dafür keine ausreichende Erklärung liefern, aber vermutlich spielte die konjunkturelle Entwicklung (Einführung des Plano Real) eine wichtige Rolle bei der zeitweiligen Erhöhung von Arbeitsplätzen bzw. Minderung der Arbeitslosigkeit.

Tab. 29: Dauer der Beschäftigung und vorherige Beschäftigungsbranche (n = 123)

Frage	Antwortmöglichkeiten	prozentuale Verteilung
Wie lange sind Sie schon als *camelô* beschäftigt?	weniger als 1 Jahr	14,4
	weniger als 2 Jahre	19,3
	weniger als 3 Jahre	9,1
	weniger als 4 Jahre	5,9
	weniger als 5 Jahre	16,0
	mehr als 5 Jahre	35,3
In welcher Branche waren Sie vorher beschäftigt?	Landwirtschaft	4,7
	Haushalt	15,7
	Handel	24,5
	Schule	4,7
	Dienstleistung	37,1
	Industrie	3,9
	Bauindustrie	3,9
	öffentlicher Dienst	5,5

Quelle: eigene Erhebungen

Ferner wird in Tabelle 29 deutlich, dass der überwiegende Teil der *camelôs* vor der Aufnahme dieser Tätigkeit im tertiären Sektor beschäftigt war: 24,5% im Handelsbereich und 37,1% im Dienstleistungsbereich. Der primäre, der sekundäre und der öffentliche Sektor sind in der Untersuchungsregion anscheinend keine wichtigen Sektoren im Hinblick auf Abbau von Arbeitsplätzen bzw. das Entstehen von Arbeitslosigkeit: die beiden ersten aufgrund ihrer geringen Bedeutung in der regionalen Wirtschaftsstruktur und der letzte aufgrund der Arbeitsplatzstabilität der Beamtenschaft.

So wundert es kaum, dass unter den *camelôs* hauptsächlich aus dem tertiären Sektor ausgeschiedene Personen (61,6%), Schüler mit abgeschlossener Schulbildung (4,7%) und Personen, die vorher ausschließlich mit Haushaltstätigkeiten beschäftigt waren (15,7%), zu verzeichnen sind.

Die Befragung ergab auch, dass der Anteil von alleinstehenden Personen, die als *camelô* ihre Lebensgrundlage sichern, bei 11,7% liegt (siehe Tabelle 30). Es sind überwiegend drei- und vierköpfige Haushalte bzw. Familien, für die sich mit der *Camelô*-Tätigkeit eine zusätzliche Einkommensquelle erschlossen hat. Genaue Angaben über das gesamtfamiliäre Einkommen der Haushalte konnten verständlicherweise nicht ermittelt werden, aber 22,5% der befragten *camelôs* in der Untersuchungsregion schätzten, dass das gesamte Einkommen ihres Haushaltes unter R$ 250,00 im Monat liegt, was etwa zwei Mindestlöhnen (*salários mínimos*) entspricht. Die anderen 77,5% gaben ein höheres Haushaltseinkommen an (siehe Tabelle 30).

Außerdem geht aus der Umfrage hervor, dass mit der *Camelô*-Aktivität nicht nur das familiäre Haushaltseinkommen entscheidend aufgestockt wird, sondern auch, dass für den größten Teil der Haushalte (45,5%) diese Beschäftigung die einzige Einkommensquelle ist (siehe Tabelle 30).

Tab. 30: Einkommensverhältnisse der camelôs (n = 123)

Frage	Antwortmöglichkeiten	prozentuale Verteilung
Wie viele Personen gehören insgesamt zu Ihrem Haushalt?	alleinstehende Person	11,7
	2 Personen	10,8
	3 Personen	31,7
	4 Personen	32,5
	5 oder mehr Personen	13,3
Wie hoch ist das gesamte familiäre Einkommen?	Unter R$ 250,00 / Monat	22,5
	Bis R$ 500,00 / Monat	37,6
	Mehr als R$ 500,00 Monat	39,9
Welchen Anteil hat die camelô-Aktivität am familiären Einkommen?	total (100%)	45,5
	zwischen 50-100%	24,4
	weniger als 50%	21,1
	keine Ahnung	9,0

Quelle: eigene Erhebungen
Anmerkung: zum Zeitpunkt der Befragung entsprach 1,00 US-$ etwa 1,15 R$.

Nach ihren eigenen Angaben arbeiten die *camelôs* im Durchschnitt über neun Stunden am Tag und 6,3 Tage pro Woche, was im Vergleich zu geregelten Arbeitsverhältnissen in Brasilien (40 Stunden pro Woche) auf einen harten Job schließen lässt. Aufgrund ihrer irregulären Situation, besonders gegenüber dem Fiskus, riskieren *camelôs* bei allgemeinen Zollkontrollen ein Großteil ihrer Investitionen bzw. Einkäufe. Außerdem üben 16,8% der befragten *camelôs* zusätzlich noch eine weitere Beschäftigung zur Erzielung von Einkommen aus. Aber auf einer Bewertungsskala wurde die ausgeübte *Camelô*-Tätigkeit größtenteils als zufriedenstellend eingestuft:

Tab. 31: Bewertung der Beschäftigung als *camelô* nach vorgegebener Zufriedenheitsskala
10 Punkte = mag die Tätigkeit sehr...1 Punkt = mag die Tätigkeit überhaupt nicht

Punkte	Anteil der Antworten	Punkte	Anteil der Antworten
10	9,8 %	7	20,3 %
9	16,3 %	6	14,9 %
8	26,8 %	5 und weniger	11,9 %

Quelle: eigene Erhebungen

Diese positive Einschätzung erklärt sich dadurch, dass 71,3% der Befragten die Aktivität als sehr lukrativ bezeichnen. Nach Angaben der Befragten wurde ein durchschnittlicher Preisaufschlag auf die eingekaufte Ware von 76,9% ermittelt. Dabei muss aber berücksichtigt werden, dass dieser Durchschnittswert sehr große Extremwerte einschließen kann. Außerdem schwanken die Preise je nach Marktlage und hängen genauso stark davon ab, wie geschickt der Käufer bzw. der Verkäufer in der Kunst des Handelns ist.

Die von den *camelôs* im Straßenhandel angebotenen Produkte werden zum größten Teil in Ciudad del Este (Paraguay) und zum Teil auch in São Paulo eingekauft, was bei 46 von den 123 befragten *camelôs* (oder 37,4% der Befragten) der Fall war. Die Reisekosten nach Paraguay (Ciudad del Este) betragen rund 40,00 R$ pro Person und weitere 15,00 bis 20,00 R$

kommen für die Verpflegung hinzu. Nach São Paulo verdoppeln sich praktisch die Reisekosten, was dazu führt, dass Reisen nach São Paulo in der Regel seltener stattfinden, dafür die eingekauften Mengen im Durchschnitt aber größer sind als bei Einkaufsreisen nach Paraguay (siehe Tabelle 32).

Tab. 32: Angaben über Mobilität und Wert der Einkäufe der *camelôs*

Einkaufsziel: Paraguay (n = 123)			Einkaufsziel: São Paulo (n = 46)		
Anzahl der Reisen / Monat	Anteil der Befragten in %	Einkäufe pro Reise in R$	Anzahl der Reisen / Monat	Anteil der Befragten in %	Einkäufe pro Reise in R$
1	42,3	231,11	1	76,1	757,31
2	35,0		2	23,9	
3	16,3				
4	6,5				

Quelle: eigene Erhebungen

Weil die Einkäufe in Paraguay normalerweise in US-Dollar bezahlt werden (und bei der Befragung die Umrechnung nur grob geschah) und weil es zollamtliche Bestimmungen über Werte und Mengen gibt (welche unter Umständen nicht beachtet werden, was natürlich verheimlicht wurde), müssen die vorgegebenen Angaben mit Vorbehalt betrachtet werden.

Alle *camelôs* sind sich darin einig, dass der Warenumschlag während des Jahres sehr unterschiedlich ausfällt: Der Umsatz steigt besonders vor Weihnachten und vor Ostern bis auf 1.564,86 R$ (im Durchschnitt) aber in flauen Monaten wird höchstens ein Mittelwert von 480,48 R$ erwirtschaftet. Von diesen Durchschnittswerten müssen natürlich noch die Betriebs- und Anschaffungskosten abgezogen werden, was im Endeffekt auf einen relativ niedrigen monatlichen Nettoerlös schließen lässt.

Trotzdem haben 39% der Befragten spontan mit "nein" geantwortet, als die Frage gestellt wurde, ob sie einen geregelten Arbeitsvertrag annehmen würden; 24,4% der Befragten würden sofort einen geregelten Arbeitsverhältnis annehmen und die restlichen 36,6% erklärten sich nur unter Umständen dazu bereit. Was diese letzte Gruppe an geregelten Arbeitsverhältnissen abschreckt, sind ohne Zweifel die niedrigen Löhne. Die endgültige Aufgabe der *Camelô*-Tätigkeit würde bei ihnen nur ab einem Gehaltsangebot von mindestens 525,00 R$ im Monat (Durchschnitt) in Frage kommen. Dass dabei unterschiedliche und zum Teil auch subjektive Vor- und Nachteile von geregelten Arbeitsverhältnissen und informellen Tätigkeiten gegeneinander abgewogen werden, ist offensichtlich.

SCHLUSSBETRACHTUNG UND PERSPEKTIVEN

Die der Arbeit zugrunde liegende prinzipielle Annahme, dass Regionalentwicklung in Rio Grande do Sul ein wirtschaftspolitisches Thema von lang anhaltender Lebensdauer sei, dürfte sich nach den vorgelegten Daten und Ausführungen zweifellos bestätigt haben. Wer immer der Thematik auch nur ein wenig Aufmerksamkeit schenkt, wird feststellen, dass die Entwicklungsbestrebungen der einzelnen Regionen des Bundeslandes unterschiedliche Dimensionen und Formen annehmen, auf unterschiedliche sozialräumliche Differenzierungen zurückzuführen und kaum zu übersehen sind.

Es wundert auch nicht, dass eine Entwicklungspolitik, die auf Dezentralisierung der Entscheidungen, auf Regionalisierung von öffentlichen Ressourcen und auf einer größeren Partizipation der Bevölkerung basiert, fast überall Anklang findet. Da trifft sozusagen ein allgemein verbreiteter Wille auf ausgesprochen günstige Realisierungsverhältnisse. Was steht da der Verwirklichung von Regionalentwicklung eigentlich noch im Wege?

Wer sich mit den Thema Regionalentwicklung in Rio Grande do Sul beschäftigt, wird feststellen, dass Entwicklungsbestrebungen, Dezentralisierung, Regionalisierung und Partizipation zwar wesentliche Komponenten eines sozioökonomischen Entwicklungsprozesses sein können, dass aber das Vorhandensein dieser Komponenten alleine in der Regel nicht ausreicht, um einen positiven sozioökonomischen regionalen Wandlungsprozess in Gang zu setzen, was auch immer man darunter verstehen mag.

Natürlich kann ein Regionalentwicklungsprozess in hohem Maße von der Qualität und von der Dynamik seiner endogenen Komponenten abhängen, aber es gibt weltweit auch zahlreiche Beispiele für Entwicklungsprozesse in Ländern und Regionen, die mit ganz anderen Komponenten oder auch zum Teil unter entgegengesetzten Bedingungen zustande gekommen sind als die, die mittlerweile in Rio Grande do Sul zu beobachten sind. Was bei einem Regionalentwicklungsprozess letztendlich ausschlaggebend ist, ist das günstige Zusammenwirken von exogenen und endogenen Faktoren auf einem bestimmten Raum über eine bestimmte Zeit hinweg.

Exogene Entwicklungsfaktoren sind unter anderem dadurch gekennzeichnet, dass sie sich nur in sehr begrenztem Umfang steuern und sich nur bedingt beeinflussen lassen; am allerwenigsten von untergeordneten Regierungsebenen. Kein Wunder also, dass bei Regionalentwicklungsstrategien die unterschiedlichsten Überlegungen, Ansätze, Merkmale und Trends vorwiegend bei den endogenen Faktoren zum Ausdruck kommen.

Wenn man die Grundzüge der Regionalentwicklungspolitik in Brasilien über einen längeren Zeitraum verfolgt, so stellt sich heraus, dass die drei grundlegenden Komponenten der gegenwärtigen Entwicklungspolitik der Landesregierung von Rio Grande do Sul (Dezentralisierung, Regionalisierung und Partizipation) Merkmale aufweisen, die in totalem Gegensatz zu der Politik stehen, die in den letzten 50 Jahren in Brasilien verfolgt wurde und die vorwiegend auf Zentralisierung der Ressourcen, Polarisierung der Investitionen und exklusiven Bestimmungsrechten basierte.

Diese grundsätzliche Wandlung spiegelt die Unzufriedenheit der Bevölkerung von Rio Grande do Sul mit einer Entwicklungsstrategie wider, die aufgrund ihrer Eigenschaften und trotz erfolgter Realisierung sich nicht länger behaupten konnte; man war weder mit ihrer Form noch mit ihren Ergebnissen zufrieden. Die Strukturen und Mechanismen des neuen entwicklungspolitischen Ansatzes der Landesregierung wurden nacheinander in den letzten zehn Jahren aufgebaut. Dies ist eine relativ kurze Zeit, um sozioökonomische Wandlungen zu evaluieren. Es ist auch schwierig konkrete Voraussagen darüber zu machen, ob sich die allgemeinen Entwicklungsvorstellungen der *gaúchos* mit einer Strategie erreichen lassen (werden), die in einem neuen Ansatz Elemente einsetzt, die den vorhergehenden total widersprechen.

Eines ist jedoch sicher: Solange die Ziele einer Regionalentwicklungsstrategie nicht eindeutig formuliert sind und an meßbare Konzepte gekoppelt werden, kann praktisch jedes Ergebnis von politischen Bemühungen als Regionalentwicklung 'aufgetischt' werden ohne große Einwände hervorzurufen. Außerdem kann Regionalentwicklung nicht ausschließlich auf Dezentralisierung der Macht, Regionalisierung öffentlicher Ressourcen und Partizipation der Bevölkerung bei Entscheidungen über öffentliche Investitionen reduziert werden. Regionalentwicklung ist letztendlich ein sozioökonomischer Wandlungsprozess, der mittels Indikatoren festgestellt werden kann und diese Indikatoren geben Aufschluss über das Ausmaß und die Dynamik der sozioökonomischen Eigenschaften einer Region in einer bestimmten Zeit.

Im Fall der Region Noroeste Colonial wurde anhand der durchgeführten Untersuchungen festgestellt, dass die größten sozioökonomischen Disparitäten der Region gegenüber anderen Regionen oder Durchschnittswerten im nicht-öffentlichen Sektor liegen, während soziale Indikatoren, die normalerweise stärker vom öffentlichen Sektor beeinflusst werden, eher auf ein relativ hohes Entwicklungsniveau hinweisen. Nun scheint für die Region Noroeste Colonial die wichtigste politische Aufgabe kein Sonderfall zu sein: Wirtschaftsförderungsmaßnahmen zu ergreifen, welche die Schaffung von Arbeitsplätzen, die Förderung der Produktion und die Erhöhung des Einkommens zum Ziel haben. Es sind hauptsächlich Ziele, die den privaten Sektor der Wirtschaft betreffen.

Wie können aber Akteure, die vorwiegend im öffentlichen Sektor auftreten und den privaten Sektor nur geringfügig regulieren, wie zum Beispiel lokale Planer und Entscheidungsträger oder selbst die Landesregierung, die regionale Wirtschaftsstruktur und –dynamik in Bezug auf die genannten Ziele beeinflussen? Wenn überhaupt, dann hat die Bundesregierung bessere Möglichkeiten, die regionale Wirtschaft über Steuer-, Außenhandels-, Agrar- oder über Regionalentwicklungspolitik zu beeinflussen. Dies bestätigt sich zum Beispiel beim Prozess der Modernisierung der Landwirtschaft: Aufgrund einer in den 60er Jahren von der brasilianischen Bundesregierung eingeschlagenen Agrar- und Außenhandelspolitik wurde die Wirtschaftsentwicklung der Region umbruchartig beeinflusst und vorangetrieben.

Aber was kann das nordwestliche Rio Grande do Sul von der brasilianischen Bundesregierung im Hinblick auf spezifische politische Maßnahmen für die Regionalentwicklung erwarten? Wenn man den gegenwärtigen nationalen Entwicklungsplan der Regierung Cardoso als Grundlage nimmt, fällt die Antwort ziemlich leicht: herzlich wenig.

Nur mit viel Mühe haben die regionalen Führungskräfte gerade noch erreicht, dass das nordwestliche Rio Grande do Sul und das südwestliche Santa Catarina im nationalen Entwicklungsplan unter der Rubrik 'benachteiligtes oder gesondertes Gebiet' (*área deprimida ou diferenciada*) einbezogen wurde, ohne dass dabei allerdings festgelegt worden wäre, welche entwicklungspolitischen Maßnahmen geplant und wann und wie diese durchgeführt werden sollen. Alles deutet darauf hin, dass sich die Zentralregierung zur Zeit mit ganz anderen Problembereichen beschäftigt und den regionalen Disparitäten im 'entwickelten Rio Grande do Sul' sehr wenig Aufmerksamkeit widmet.

Die Region ist im Hinblick auf eine Entwicklungspolitik also weitgehend auf sich selbst gestellt und auf die geringen Einflussmöglichkeiten der Landesregierung angewiesen. Sie befindet sich in einer Situation, die man als Mittelstandskrise bezeichnen könnte: Ihre sozialen Indikatoren sind nicht so dramatisch, dass sie besondere Aufmerksamkeit seitens der Regierung erregen, und ihre wirtschaftlichen Strukturen sind nicht so dynamisch, dass sie von sich aus besondere marktwirtschaftliche Prozesse in Gang setzen könnten.

Angesichts dieser Tatsachen stellt sich die Frage: Welche Möglichkeiten bleiben den Entscheidungsträgern im Hinblick auf regionale Wirtschaftsförderung noch übrig? Einige Alternativen können von vornherein außer Betracht bleiben: Es scheint bei der gegebenen Finanzsituation der Gemeindeverwaltungen und Landesregierung utopisch zu sein daran zu glauben, dass im öffentlichen Sektor so viele neue Arbeitsplätze geschaffen und solch drastische Einkommenssteigerungen erreicht werden können, dass die regionale Wirtschaft dadurch neue Impulse bekäme.

Ein anderer Hoffnungsträger ist der Mercosul. Es ist zweifellos so, dass mit der Ausweitung von Außenhandelsbeziehungen sowohl Arbeitsplätze als auch Produktion und Einkommen beeinflusst werden, aber man darf nicht vergessen, dass die Markt- und Handelsliberalisierung bei nicht-konkurrenzfähigen Produktionsstrukturen auch das Risiko von Arbeitsplatzabbau, Senkung der Produktion und des Einkommens hervorrufen kann. Sollen sich also öffentliche Maßnahmen und Investitionen darauf konzentrieren, ein Gebiet, das in wirtschaftlicher und ökonomischer Hinsicht sich selbst als 'benachteiligt' (*região deprimida*) bezeichnet, dem offenen Konkurrenzkampf des Weltmarktes auszusetzen? Auch diese Lösung scheint politisch nicht vertretbar zu sein.

Mittlerweile wird im nordwestlichen Rio Grande do Sul auch viel darüber diskutiert, dass der Tourismus zu einem wichtigen Wirtschaftsfaktor heranwachsen könnte und dass man seine Möglichkeiten besser ausschöpfen sollte. Aber bis auf wenige Ausnahmen, wie zum Beispiel die Ruínas de São Miguel (ehemalige Jesuiten-Anlage) und der Yucumã-Wasserfall (am Uruguayfluss) sind im gesamten Nordwesten von Rio Grande do Sul keine physisch-geographischen oder historischen Besonderheiten vorzufinden, die einen wesentlichen Anreiz für den überregionalen Tourismus darstellen. So halten sich die Möglichkeiten, den Tourismus für die Regionalentwicklung zu nutzen, in einem von der Landwirtschaft geprägten Gebiet ohne besondere Konzentration von Sehenswürdigkeiten in Grenzen und das Potential des Tourismus und seine Auswirkungen auf die regionale Wirtschaft sind daher als sehr bescheiden einzustufen.

Als Fazit bleibt festzustellen: Es sind den lokalen und regionalen Entscheidungsträgern, d. h. den Munizipien und der Landesregierung, kaum konkrete Chancen gegeben, auf marktwirtschaftliche Aspekte einer Region direkten Einfluss auszuüben, um Arbeitsplätze zu schaffen, die Produktion zu fördern oder das Einkommen zu erhöhen. Es gibt jedoch eine Reihe von Möglichkeiten die regionale Wirtschaft indirekt zu fördern. In der Regel liegt eine solche indirekte Förderung vor, wenn lokale und oder regionale politische Akteure mit anderen Organisationen der Gesellschaft (Hochschulen, Ausbildungsinstitutionen, Nicht-Regierungs-Organisationen, Firmen und Industrie- und Handelskammern) bei einem bestimmten Vorhaben zusammenarbeiten, wie zum Beispiel beim Ausbau der informationellen Infrastruktur, bei managementbezogener Fortbildung und Beratung, bei der Förderung von Technologietransfer, bei Forschungs- und Entwicklungstätigkeiten, bei einer selektiven Ansiedlungsstrategie und bei der Hilfe zur Unternehmensgründung.

In der Regel führen aber Maßnahmen zur Dynamisierung der regionalen Wirtschaftsstruktur auch zu einer größeren Umweltbelastung. Zwar können wirtschaftlich starke Regionen mehr Umweltschutz leisten als schwache, aber sobald Umwelterhaltung und Beschäftigungsmöglichkeiten in Konkurrenz zueinander treten, entscheidet man sich in weniger entwickelten Regionen für das Letztere, auf Kosten der Umwelt; ansonsten wären ja die regionalen Wandlungschancen noch geringer. In diesem Kontext gewinnt das Konzept einer nachhaltigen Entwicklung, so widersprüchlich dieses auch erscheinen mag, an Bedeutung,: Die Regionen müssen begreifen, dass sie in solchen Fällen womöglich drauf und dran sind, in einen Teufelskreis hineinzugeraten.

Außerdem muss berücksichtigt werden, dass das Konzept der Regionalentwicklung seit längerem nicht ausschließlich im Zusammenhang mit Wirtschafts- und Umweltaspekten gesehen wird; auch soziale Aspekte spielen eine bedeutende Rolle bei der Feststellung der Entwicklungssituation eines Raumes. Anhand der sozialen Indikatoren der Untersuchungsregion wird bestätigt, dass besonders der öffentliche Sektor einen wesentlichen Beitrag zur sozialen Entwicklung der Region Noroeste Colonial leistet, was man am Beispiel der Bildungs- und Gesundheitsindikatoren ablesen kann.

Regionale Entwicklung umfasst aber nicht nur das Ablesen und Zusammenrechnen von Wirtschafts-, Umwelt- und Sozialindikatoren einzelner Munizipien, die aufgrund bestimmter Kriterien als Region bezeichnet werden. Als Regionalentwicklung kann auch ein gesteuerter, dynamischer, langfristiger sozioökonomischer Wandlungsprozess mehrerer Munizipien, die gemeinsam unterschiedliche Ziele zu kombinieren versuchen, verstanden werden. In diesem Fall muss die Aufgabe von einer regionalen Planungsstruktur übernommen werden, denn dafür reichen lokale Machtstrukturen nicht aus. Es ist letztendlich egal, ob solche Planungsinstitutionen von oben eingesetzt werden oder ob sie sich als endogener Ansatz aus den Munizipien heraus entwickeln. Entscheidend für die Verwirklichung der Ziele ist eine präzise Definition der regionalen Defizite und die Aufstellung von durchführbaren und angemessenen Strategien.

In der Untersuchungsregion wird diese Rolle von dem Conselho Regional de Desenvolvimento do Noroeste Colonial (CRD-NORC), der für die Aufstellung von regionalen Entwicklungsprojekten konzipiert wurde, übernommen. Betrachtet man die Entwicklungsprojekte, die im Rahmen des CRD-NORC und des *Orçamento Participativo* aufgestellt worden sind, so müssen zwei Sachverhalte hervorgehoben werden, an denen noch viel gearbeitet werden muss. Einerseits stellen die meisten Projekte gemeinhin einen Wunschkatalog der Munizipien dar, nicht jedoch eine durchdachte Entwicklungs*strategie*, die de facto regionalen Charakter hat. Andererseits konzentrieren sich die Aktivitäten des regionalen Entwicklungsrates (CRD-NORC) ausschließlich auf Projekte, die mit der Regionalisierung öffentlicher Ressourcen zu tun haben, während die Erarbeitung und die Diskussion von Alternativen, die über den öffentlichen Haushaltsplan hinausgehen, auf sich warten lassen.

Solange sich regionale Entwicklungsstrategien ausschließlich auf die Verteilung der limitierten Ressourcen der Landesregierung konzentrieren, wird in Rio Grande do Sul im Allgemeinen und in der Untersuchungsregion im Besonderem kein sozioökonomischer Umbruch stattfinden, denn der Staat kann nach wie vor nur geringe Investitionsmittel zur Verfügung stellen. Es gibt zwar zahlreiche Beispiele für lokale Defizite und Belange, die durch staatliche Investitionen ausgeglichen bzw. erfüllt wurden, aber es gibt kaum Indizien dafür, dass die eingeschlagene Regionalentwicklungspolitik in irgendeiner Region des Bundeslandes besondere Entwicklungsimpulse ausgelöst hätte. Und solange keine nennenswerten Erfolge zu verzeichnen sind, wird das Modell kein besonderes Interesse wecken.

Schließlich ist noch hervorzuheben, dass die Regionalentwicklungspolitik des Bundeslandes Rio Grande do Sul ein Modell ist, das auf spezifische brasilianische Verhältnisse zugeschnitten wurde. Im Prinzip könnte man es in jedem anderen brasilianischen Bundesland einführen. Eines scheint dabei allerdings wichtig zu sein: Das Modell hat bei einem Machtwechsel vermutlich geringe Überlebenschancen, wenn es als parteipolitisches Programm eingeführt wird. In Rio Grande do Sul wurde es nur deshalb nicht zugunsten eines anderen Ansatzes aufgegeben, weil es in der Verfassung offiziell verankert ist. Es muss aber hinzugefügt werden, dass das Aufgeben bzw. die Neugestaltung einer Regionalentwicklungspolitik eher deshalb geschieht, weil dies eben eine gewisse politische Tradition in Brasilien hat, als deshalb, weil man davon überzeugt ist, dass zum Beispiel ein Modell einfach ausgedient hat.

Immerhin hat zum ersten Mal in der jungen Geschichte von Rio Grande do Sul eine regionale Entwicklungspolitik einen dauerhaften Charakter und wird je nach politischer Auffassung der jeweiligen Regierungen und der Bevölkerung in ihren Grundsätzen allmählich verbessert.

LITERATURVERZEICHNIS

ADAMS, R. (1990): Agricultura e agroindústria do Cone Sul. In: Seitenfus, V. M. P. / Boni, L. A. de (Hrsg.): Temas de integração latinoamericana. S. 197-217. Porto Alegre.

AFFONSO, R. (1990): A ruptura do padrão de financiamento do setor público e a crise do planejamento no Brasil nos anos 80. In: IPEA (Hrsg.): Planejamento e Políticas Públicas N° 4. S. 37-66. Rio de Janeiro.

AFFONSO, R. / AFONSO, J. R. (1995): O financiamento público das políticas sociais no Brasil. In: Velloso, J. P. dos R. / Albuquerque, R. C. de / Knoop, J. (Hrsg.): Políticas Sociais no Brasil: descentralização, eficiência e eqüidade. S. 59-87. Rio de Janeiro. [INAE / ILDES – Seminário Especial sobre Descentralização e Financiamento de Políticas Sociais]

AFONSO, J. R. (1994): Descentralização: um estudo de caso sobre o Brasil. Rio de Janeiro. [CEPP - Texto para discussão N° 20]

AFONSO, J. R. (1993): Descentralização fiscal e financiamento da Saúde: algumas idéias ou provocações. Rio de Janeiro. [CEPP – Texto para discussão N° 16]

AFONSO, J. R. / SENRA, N. DE C. (1994): Despesa pública – competências, serviços públicos locais, descentralização: o papel dos municípios. Rio de Janeiro. [CEPP - Texto para discussão N° 23]

AFONSO, J. R. et alii (1989): A tributação e o orçamento na nova constituição. In: IPEA / INPES (Hrsg.): Perspectivas da economia brasileira: 1989. S. 585-600. Rio de Janeiro.

ALBUQUERQUE, R. C. DE / KNOOP, J. / VELLOSO, J. P. DOS R. (Hrsg.) (1995): Políticas sociais no Brasil: descentralização, eficiência e eqüidade. Rio de Janeiro.

ARRIGHI, G. (1997): A ilusão do desenvolvimento. Petrópolis.

ARROYO, M. (1997): A internalização do externo no ambiente dos negócios: novos elementos na dinâmica territorial. In: Castello, I. R. et alii (Hrsg.): Fronteiras na América Latina. Espaços em transformação. S. 27-43. Porto Alegre.

AZEVEDO, A. DE et alii (1996): Estagnação econômica, descontrole dos gastos públicos e deficiência de infra-estrutura: o caso do Rio Grande do Sul. In: FEE (Hrsg.): Estado e políticas públicas no sul. Indicadores Econômicos Vol. 24 (3), S. 97-130. Porto Alegre.

BAILEY, R. (Hrsg.) (1988): The true state of the planet. New York.

BALASSA, B. (1961): The theory of economic integration. London.

BALASSA, B. (1981): The new industrializing countries in the world economy. New York.

BARTELS, D. (1978): Raumwissenschaftliche Aspekte sozialer Disparitäten. In: Arnberger, E. / Fink, J. / Stiglbauer, K. (Hrsg.): Mitteilungen der Österreichischen Geographischen Gesellschaft. Band 120, I. Halbband, S. 227-242. Wien.

BARTELS, D. (1982): Wirtschafts- und Sozialgeographie. In: Albers, W. (Hrsg.): Handwörterbuch der Wirtschaftswissenschaften; zugl. Neuaufl. d. 'Handwörterbuchs der Sozialwissenschaften', S. 44-55. Stuttgart.

BASTER, N. (1972): Measuring Development. The Role and Adequacy of Development Indicators. London.

BAUMANN, R. (Hrsg.) (1987): A integração em debate. Brasília.

BECKER, B. / EGLER, C. A. G. (1994): Brasil: uma nova potência regional na economia-mundo. 2ª ed. Rio de Janeiro.

BELTRÃO, H. (1984): Descentralização e liberdade. Rio de Janeiro.

BENEVIDES, M. V. DE M. (1976): O governo Kubitschek: desenvolvimento econômico e estabilidade política 1956-61. 2ª ed. Rio de Janeiro.

BERGMANN, C. (1997): Eine Region im Aufbruch: Planungs-, Handlungs-, und Qualifizierungskonzepte im Entwicklungsprozeß der Region Noroeste / Rio Grande do Sul, Brasilien. Münster. [Dissertation]

BERNARDES, N. (1962): Bases geográficas do povoamento do Estado do Rio Grande do Sul. Ijuí. [1997: Coleção Ciências Sociais – Unijuí]

BERTRAND, J.-P. / LAURENT, C. / LECLERQ, V. (1987): O mundo da soja. São Paulo.

BETING, J. (1996): Os párias do quatrilhão. In: Veja, Ano 29, N° 52, Edição N° 1.476 de 25 de dezembro de 1996, S. 154-164. São Paulo.

BEURLEN, K. (1969): Geologie von Brasilien. Beiträge zur regionalen Geologie der Erde. Stuttgart.

BIEHL, D. / UNGAR, P. (1995): Regionale Disparitäten. In: Akademie für Raumforschung und Landesplanung. Handwörterbuch der Raumordnung. S. 185-189. Hannover.

BIRLE, P. / WAGNER, C. (1993): Unternehmer und Mercosur: Förderung nach Öffnung und Protektionismus. In: Institut für Iberoamerika-Kunde (Hrsg.): Lateinamerika: Analysen, Daten, Dokumentation. Heft 22: Der Mercosur und seine Akteure: Wem nützt der Gemeinsame Markt im Süden Lateinamerikas? S. 41-54. Hamburg.

BLENCK, J. (1979): Geographische Entwicklungsforschung. In: Hottes, K.-H. (Hrsg.): Geographische Beiträge zur Entwicklungsländer-Forschung. Deutsche Gesellschaft für Friedens- und Entwicklungsforschung, 1979 (12), S. 11-20. Bonn.

BLÜTHGEN, J. (1980): Allgemeine Klimageographie. 3., neu bearb. Aufl. Berlin.

BNDES (1996): Programa de fomento e reconversão produtiva da metade Sul do estado do Rio Grande do Sul. Rio de Janeiro. [FINAME / BNDESPAR]

BOECKH, A. (1993): Entwicklungstheorien: Eine Rückschau. In: Nohlen, D. / Nuscheler, F. (Hrsg.): Handbuch der Dritten Welt. Band 1: Grundprobleme - Theorien - Strategien. 1., durchgesehener Nachdruck der 3. Auflage, S. 110-130. Bonn.

BOECKH, A. (1998): Wie man Unpassendes passend macht. Das Elend des Fortschritts in Lateinamerika. In: E+Z Entwicklung und Zusammenarbeit 39 (2), S. 49-52.

BOECKH, A. (Hrsg.) (1994): Internationale Beziehungen. München.

BOHLE, H.-G. (1988a): Probleme Disparitärer Raumentwicklung in der Bundesrepublik Deutschland – Dargestellt am Beispiel einer Strukturschwachen Ländlichen Region in Zonenrandlage. In: Geographische Zeitschrift 76 (1), S. 1-21.

BOHLE, H.-G. (1988b): 'Endogene Potentiale' für dezentralisierte Entwicklung: Theoretische Begründungen und strategische Schlußfolgerungen, mit Beispielen aus Südindien. In: Zeitschrift für Wirtschaftsgeographie 32 (4), S. 259-268.

BORDIN, L. C. V. / LAGEMANN, E. (1993): Federalismo Fiscal no Mercosul. Porto Alegre. [Governo do Estado do Rio Grande do Sul, Secretaria da Fazenda, Assessoria Técnica do Secretário da Fazenda]

BORTZ, J. (1984): Lehrbuch der empirischen Forschung für Sozialwissenschaftler. Berlin.

BORTZ, J. / DÖRING, N. (1995): Forschungsmethoden und Evaluation. 2., vollst. überarb. und aktualisierte Aufl. Berlin.

BOUCINHAS & CAMPOS (1999): Mercosul. [http://www.boucinhas.com.br/mercosul.htm]

BRASIL (1988): Constituição da República Federativa do Brasil de 5 de outubro de 1988. [Brasília]

BRASIL (1997): Organizações sociais. Cadernos do Ministério da Administração Federal e Reforma do Estado, vol. 2. Brasília. [http://www.mare.gov.br]

BRASILEIRO, A. M. (1973): O Município como sistema político. Rio de Janeiro.

BREWER-CARÍAS, A. R. (1995): Die Probleme der öffentlichen Verwaltung und der Handlungsspielraum des Staates in Lateinamerika. In: Mols, M. / Thesing, J. (Hrsg.): Der Staat in Lateinamerika. S. 161-193. Mainz.

BRIESEMEISTER, D. et alii (1994) (Hrsg.): Brasilien heute: Politik, Wirtschaft, Kultur. Frankfurt am Main.

BRUGGER, E. A. (1984): 'Endogene Entwicklung': Ein Konzept zwischen Utopie und Realität. In: Bundesforschungsanstalt für Landeskunde und Raumordnung (Hrsg.): Informationen zur Raumentwicklung, Heft 1 / 2, S. 1-19. Bonn.

BRUM, A. J. (1984): Por que o Brasil foi ao Fundo? Petrópolis.

BRUM, A. J. (1988a): Democracia e partidos políticos no Brasil. Ijuí. [Coleção Ciências Sociais N° 7 – Unijuí]

BRUM, A. J. (1988b): Modernização da agricultura: trigo e soja. Petrópolis.

BRUM, A. J. (1990): História da Picada Conceição (Barreiro). Ijuí. [Museu Antropológico Diretor Pestana - Coleção Centenário de Ijuí, N° 9]

BRUM, A. J. (1995): Integração do Cone Sul: Mercosul. 2. ed. Ijuí.

BRUM, A. J. (1997): O desenvolvimento econômico brasileiro. 17ª ed. Ijuí.

BRUNELLI, N. (1997): Ponte internacional São Borja – Santo Tomé: primeira concessão binacional. In: Castello, I. R. et alii (Hrsg.): Fronteiras na América Latina. Espaços em transformação. S. 280-285. Porto Alegre.

BRZEZINSKI, I. (Hrsg.) (1997): LDB interpretada: diversos olhares se entrecruzam. São Paulo.

BÜNSTORF, J. (1992): Argentinien (Länderprofile). 1. Aufl. Stuttgart.

BURNS, E. B. (1980): A history of Brazil. Second edition. New York.

CARDOSO, F. H. / FALETTO, E. (1976): Abhängigkeit und Entwicklung in Lateinamerika. Frankfurt.

CARDOSO, F. H. / FALETTO, E. (1985): Repensando dependência e desenvolvimento na América Latina. In: Sorj, B. / Cardoso, F. H. / Font, M. (Hrsg.): Economia e movimentos sociais na América Latina. S. 25-40. São Paulo.

CARRION JR., F. M. (1981): RS: política econômica & alternativas. 2ª ed. Porto Alegre.

CARVALHO, M. DO S. M. V. DE (1992): Desafios contemporâneos da administração pública. In: Anais do 16° Encontro da Associação Nacional dos Cursos de Pós-Graduação em Administração. Vol.: Administração Pública, S. 138-148. Rio de Janeiro.

CHACÓN, V. (1981): História dos partidos brasileiros. Brasília

CHRISTALLER, W. (1933) [1968]: Die zentralen Orte in Süddeutschland. Darmstad.

CINTRA, M. (1997): Proposta de reforma tributária, méritos e defeitos. In: Gazeta Mercantil, 23.12.97, S. A-3. São Paulo.

COHN, A. (1996): Descentralização e políticas sociais: para onde apontam as experiências nas áreas de saúde e educação. Rio de Janeiro. [IPEA - Documentos de apoio ao Relatório sobre o Desenvolvimento Humano no Brasil 1996, 1/26 - Manuskript]

CONCEIÇÃO, O. A. C. (1986): A expansão da soja no Rio Grande do Sul 1950-75. Porto Alegre. [FEE / Fundação de Economia e Estatística – Teses N° 6, 2ª impressão]

CORAG (1997): Guia das Repartições – Municípios do RS. 18ª Edição. Porto Alegre.

COSTA, G. T. D. (1958): Os grandes grupos de solos no Rio Grande do Sul. Porto Alegre. [Secretaria da Agricultura]

COSTA, R. H. DA / MOREIRA, I. A. G. (1982): Espaço e sociedade no Rio Grande do Sul. Porto Alegre.

COY, M. (1988): Regionalentwicklung und regionale Entwicklungsplanung an der Peripherie in Amazonien: Probleme und Interessenkonflikte bei der Erschließung einer jungen Pionierfront am Beispiel des brasilianischen Bundesstaates Rondônia. Tübingen. [Tübinger Geographische Studien, 97 = Tübinger Beiträge zur Geographischen Lateinamerika-Forschung, 5]

Coy, M. (1990): Pionierfront und Stadtentwicklung. Sozial- und wirtschaftsräumliche Differenzierung der Pionierstädte in Nord-Mato Grosso (Brasilien). In: Geographische Zeitschrift 78 (2), S. 115-135.

Coy, M. (1991): Sozio-ökonomischer Wandel und Umweltprobleme in der Pantanal-Region Mato Grossos (Brasilien). In: Geographische Rundschau 43 (3), S. 174-182.

Coy, M. (1999): Aufgaben der Geographie für Entwicklungsländerforschung und Entwicklungspolitik. [Manuskript – Vortrag im Rahmen des 52. deutschen Geographentages in Hamburg 1999]

Coy, M. (2000): Geographische Entwicklungsländerforschung. In: Schenk, W. / Schliephake, K. (Hrsg.): Geographie des Menschen. Gotha. [in Vorbereitung]

Coy, M. / Kohlhepp, G. (1998): Nachhaltige Entwicklung. In: Scholz, F. / Koop, K. (Hrsg.): Rundbrief Geographie, Heft Nr. 149, S. 29-30.

Coy, M. / Lücker, R. (1993): Der brasilianische Mittelwesten – Wirtschafts- und sozialgeographischer Wandel eines peripheren Agrarraumes. Tübingen. [Tübinger Geographische Studien, 108 = Tübinger Beiträge zur Geographischen Lateinamerika-Forschung, 9]

CRD-NORC (1994): Plano estratégico de desenvolvimento regional. Ijuí.

CRD-NORC (1995a): Ata da 1ª assembléia geral regional do CRD-NORC. Ijuí. [Manuskript]

CRD-NORC (1995b): Regimento Interno do CRD-NORC. Ijuí. [Manuskript]

CRD-NORC (1997): Proposta de reestruturação (enxugamento) das comissões setoriais. Ijuí. [Manuskript]

Cuber, A. (1975): Nas margens do Uruguai. Ijuí. [Museu Antropológico Diretor Pestana]

Cunha, R. E. (1996): Da descentralização à autonomização: uma avaliação preliminar das estratégias de gestão municipal em saúde. In: Anais do 20° ENANPAD - Encontro da Associação Nacional dos Programas de Pós-Graduação em Administração, S. 471-485. Rio de Janeiro.

Dacanal, J. H. / Gonzaga, S. (Hrsg.) (1979): RS: economia & política. Porto Alegre.

Davidovich, F. (1991): Poder local e município: algumas considerações. In: Anais do 15° ENANPAD – Encontro da Associação Nacional dos Cursos de Pós-Graduação em Administração, Vol.: Administração Pública, S. 191-199. Rio de Janeiro.

Delegacia Regional de Educação (o. J.) [1998]: EDV-Liste der Munizipien der 36ª DE. Ijuí.

Delhaes-Guenther, D. v. (1973): Industrialisierung in Südbrasilien – Die deutsche Einwanderung und die Anfänge der Industrialisierung in Rio Grande do Sul. Köln. [Neue Wirtschaftsgeschichte, Band 9]

DONOVAN, R. J. (1977): Conflict and crisis. The presidency of Harry S. Truman (1945-1948). New York.

DONOVAN, R. J. (1982): Tumultuous years. The presidency of Harry S. Truman (1949-1953). New York.

DÓRIA, O. (1992): Município: o poder local. São Paulo.

DUQUE, H. (1972): As contradições do desenvolvimento brasileiro. Rio de Janeiro.

DÜRR, H. (1998): Drittweltgeographie als humanökologische Forschung über Glokalisierung. In: Scholz, F. / Koop, K. (Hrsg.): Geographische Entwicklungsforschung III. Rundbrief Geographie 150, S. 16-18.

ECK, H. (1983): Methoden wissenschaftlichen Arbeitens. Eine Einführung für Geographiestudenten. Tübingen. [Werkhefte der Universität Tübingen, Reihe A: Naturwissenschaften, Nr. 7]

EIDT, R. C. (1971): Pioneer Settlement in Northeast Argentina. Madison.

ESSER, E. / HILL, P. B. / SCHNELL, R. (1989): Methoden der empirischen Sozialforschung. 2. überarb. u. erw. Aufl. München.

ESTADO DO RIO GRANDE DO SUL (1990): Como criar um município. Orientações, legislação e modelos. Porto Alegre. [Assembléia Legislativa / Comissão de assuntos municipais]

ESTADO DO RIO GRANDE DO SUL (1994a): Diário Oficial do Estado do Rio Grande do Sul. Ano LII, Edição de 29.12.94. Porto Alegre.

ESTADO DO RIO GRANDE DO SUL (1994b): Projeto de Lei que dispõe sobre a criação, estruturação e funcionamento dos CRDs. Porto Alegre. [Gabinete do Governador, SAJL]

ESTADO DO RIO GRANDE DO SUL (1997): Diário Oficial do Estado do Rio Grande do Sul, Ano LV, Edição de 16.09.97. Porto Alegre.

EUROPÄISCHE KOMMISSION (1994): Wettbewerbsfähigkeit und Kohäsion: Tendenzen in den Regionen. Fünfter periodischer Bericht über die sozioökonomische Lage und Entwicklung der Regionen der Gemeinschaft. Brüssel, Luxemburg.

FAMURS (1990): A nova organização da educação e o município. Porto Alegre. [Seminário]

FAMURS (1994): Contratos de prestação de serviços complementares do SUS. Portaria do Ministério da Saúde N° 1286/93. Porto Alegre.

FAMURS (1997a): SUS Municipal: informações básicas para as administrações municipais. Porto Alegre.

FAMURS (1997b): O município e a educação. Porto Alegre.

FAMURS (1997c): Subsídios para a instituição do sistema municipal de ensino no Rio Grande do Sul. Porto Alegre. [Seminário de Apoio às Secretarias e Conselhos Municipais de Educação]

FAMURS (1998): Registro de reunião de 05.02.98. Porto Alegre. [Manuskript]

FAORO, R. (1957): Os donos do poder. Porto Alegre.

FAUSTO, B. (1995): História do Brasil. 2ª ed. São Paulo.

FEE (1980): Anuário estatístico do Rio Grande do Sul. Porto Alegre

FEE (1981): De Província de São Pedro a Estado do Rio Grande do Sul – Censos de 1803 – 1950. Porto Alegre.

FEE (1984): De Província de São Pedro a Estado do Rio Grande do Sul – Censos de 1960 - 1980. Porto Alegre.

FEE (1986): Renda Interna Municipal. Porto Alegre.

FEE (1990): Anuário estatístico do Rio Grande do Sul. Porto Alegre.

FEE (1997a): Índice de Desenvolvimento Social (IDS) – Uma estimativa para os municípios do RS. Reimpressão. Porto Alegre.

FEE (1997b): Descentralização das políticas sociais no RS – 1986-94. Relatório Síntese. Porto Alegre.

FEE (1997c): Descentralização das políticas sociais no RS – 1986-94. Relatório Fiscal. Porto Alegre.

FEE (1997d): Descentralização das políticas sociais no RS – 1986-94. Habitação. Porto Alegre

FEE (1997e): Descentralização das políticas sociais no RS – 1986-94. Saneamento. Porto Alegre.

FEE (1997f): Descentralização das políticas sociais no RS – 1986-94. Assistência Social. Porto Alegre.

FEE (1997g): Descentralização das políticas sociais no RS – 1986-94. Educação. Porto Alegre.

FEE (1997h): Descentralização das políticas sociais no RS – 1986-94. Saúde. Porto Alegre.

FEE (1997i): Descentralização das políticas sociais no RS – 1986-94. Recomendações. Porto Alegre

FERRER, A. (1996): Mercosur: trajectória, situación actual y perspectivas. In: Revista de Ciências Sociales Iberoamericanas 24, S. 1-10. Madrid.

FIDENE (1974): Estatuto da Fundação de Integração, Desenvolvimento e Educação do Noroeste do Estado do Rio Grande do Sul. Ijuí.

FIGUEIRAS, M. S. (1996): Mercosul no contexto Latino-Americano. São Paulo.

FISCHER, M. (1987): Etnias diferenciadas na formação de Ijuí. Ijuí. [Museu Antropológico Diretor Pestana, Coleção Centenário, 02]

FLEISCHER, D. (1996): Brasiliens Parteiensystem 1945-1996. In: Institut für Brasilienkunde (Hrsg.): Brasilien Dialog 3-4/96, S. 3-20. Mettingen.

FLIEDNER, D. (1993): Sozialgeographie. Berlin [Lehrbuch der allgemeinen Geographie; Bd. 13].

FONSECA, P. C. D. (1983): RS: economia e conflitos políticos na república velha. Porto Alegre.

FORTES, A. B. / WAGNER, J. B. S. (1963): História administrativa, judiciária e eclesiástica do Rio Grande do Sul. Porto Alegre.

FÓRUM DOS PRESIDENTES DOS CRDS (1994): Ofício FP-CRDs n° 12/94. Ijuí.

FRANTZ, W. (1980): Genossenschaftsentwicklung und genossenschaftliche Erziehung – Eine Fallstudie aus Brasilien. In: Schrader, A. / Bahro, H. (Hrsg.): Jahrbuch für Bildung, Gesellschaft und Politik in Lateinamerika, Heft 5/1980. S. 3-275. Bochum.

FREZIER, A. (1718): Reise nach der Südsee, und denen Cüsten von Chili, Peru und Brasilien. Hamburg.

FRIEDMANN, J. (1972): A general theory of polarized development. In: Hansen, N. M. (Hrsg.): Growth centers in regional economic development. S. 82-107. New York.

FRÖSCHLE, H. (1978): Die Deutschen in Argentinien. In: Zapata, J. A. F. (Hrsg.): Argentinien: Natur, Gesellschaft, Geschichte, Kultur, Wirtschaft. S. 251-262. Tübingen.

FURTADO, C. (1959): Formação econômica do Brasil. Rio de Janeiro.

FURTADO, C. (1972): La formation économique du Brésil de l'époque coloniale aux temps moderns. Paris.

FURTADO, C. (1974): O mito do desenvolvimento econômico. Rio de Janeiro.

FURTADO, C. (1975): Die wirtschaftliche Entwicklung Brasiliens. München.

GAMIO, J. M. (1995): Ordenamiento jurídico del Mercosur. In: Revista Urugaya de Derecho Constitucional y Político (Hrsg.): El Mercosur después de Ouro Preto. Serie: Congresos y Conferências, S. 73-91. Montevideo.

GANS, P. (1991): Regionale Disparitäten in Argentinien. Ausmaß, Ursachen, Maßnahmen. In: Geographische Rundschau 43 (3), S. 152-157.

GANS, P. (1992): Regionale Disparitäten in der EG. In: Geographische Rundschau 44 (12), S. 691-698.

GARCIA, R. C. (1995): Descentralização: um processo a ser acompanhado e avaliado (ou do finja que eu finjo ao faça que nós vemos). Rio de Janeiro. [IPEA – Texto para discussão N° 364].

GATZWEILER, H. P. (1982): Regionale Disparitäten im Bundesgebiet – ein Dauerzustand? In: Geographische Rundschau 34 (1), S. 3-12.

GENRO, T. / SOUZA, U. (1997): Orçamento participativo. A experiência de Porto Alegre. 2ª edição. Porto Alegre.

GEORGESCU-ROEGEN, N. (1971): The entropy law and the economic process. Cambridge.

GOBETTI, S. (1999): Contas Públicas: pacote eleva alíquotas em três pontos percentuais. In: Zero Hora Digital / RBS, S. 1, 10.11.99. Porto Alegre. [http://www.zh.com.br]

GOMES, J. M. (1995): O 'Washington Consensus' e as implicações para a administração pública. In: Anais do 19° Encontro da Associação Nacional dos Programas de Pós Graduação em Administração, 1995. Vol.: Administração Pública, S. 188-199. Rio de Janeiro.

GORE, A. (1993): The Gore Report on Reinventing Governement, Creating a Governement Thats Works Better & Costs Less. In: Report of the National Perfomance Review. New York.

GÖRGEN, H. M. (1971): Brasilien: Landschaft, politische Organisation, Geschichte. Nürnberg.

GOVERNO DO ESTADO DO RIO GRANDE DO SUL (1986): Micro-Regiões Homogêneas. Mapas Temáticos. Porto Alegre. [Secretaria da Agricultura, DGC]

GOVERNO DO ESTADO DO RIO GRANDE DO SUL (1997a): Constituição do Estado do Rio Grande do Sul (com Emendas Constitucionais n° 1/91 a n° 13/95). 5ª edição. Porto Alegre.

GOVERNO DO ESTADO DO RIO GRANDE DO SUL (1997b): Programa emergencial de investimentos, dentro do Programa Brasil em Ação, na zona de fronteira entre os estados do Rio Grande do Sul e de Santa Catarina, comumente denominada de Bacia do Rio Uruguai. Um Brasil em Ação horizontal para a Bacia do Rio Uruguai. Documento preliminar. Secretaria da Coordenação e Planejamento. Porto Alegre. [Manuskript]

GOVERNO DO ESTADO DO RIO GRANDE DO SUL / GOVERNO DO ESTADO DE SANTA CATARINA (1997a): Plano de Desenvolvimento Sustentável da Área da Bacia do Rio Uruguai. Documento-base. Porto Alegre und Florianópolis.

GOVERNO DO ESTADO DO RIO GRANDE DO SUL / GOVERNO DO ESTADO DE SANTA CATARINA (1997b): Plano de Desenvolvimento Sustentável da Área da Bacia do Rio Uruguai. Anexo. Porto Alegre und Florianópolis.

GRABENDORF, W. (1978): Die Außenpolitk Argentiniens. In: Zapata, J. A. F. (Hrsg.): Argentinien. Natur – Gesellschaft – Geschichte – Kultur – Wirtschaft. S. 153-160. Tübingen.

HADDAD, P. R. (1989): O que fazer com o planejamento regional no Brasil da próxima década? In: Planejamento e Políticas Públicas, n° 1, S. 67-92. Rio de Janeiro.

HADDAD, P. R. (1993): Regionalismo e desequilíbrios regionais. In: FEE – Indicadores Econômicos, V. 21, N° 2, S. 255-270. Porto Alegre.

HAGGETT, P. (1991): Geographie. Eine moderne Synthese. 2., unveränd. Aufl. Stuttgart.

HAHNE, U. (1985): Regionalentwicklung durch Aktivierung intraregionaler Potentiale: zu den Chancen 'endogener' Entwicklungsstrategien. In: Peschel, K. (Hrsg.): Schriften des Instituts für Regionalforschung der Universität Kiel. Band 8. München.

HAHNE, U. (1987): Endogene Regionalentwicklung. Ansatz zwischen ökonomischen Fallgruben, Historismus und Pragmatismus. In: Bremer Beiträge zur Geographie und Raumplanung 11, S. 401-416.

HAMMERSCHMIDT, A. / STIENS, G. (1976): Regionale Disparitäten in Europa. In: Geographische Rundschau 28 (5), S.169-177.

HANTSCHEL, R. / THARUN, E. (1980): Anthropogeographische Arbeitsweisen. 1. Aufl. Braunschweig.

HARBORTH, H.-J. (1993): Sustainable development - Dauerhafte Entwicklung. In: Nohlen, D. / Nuscheler, F. (Hrsg.): Handbuch der Dritten Welt. Band 1: Grundprobleme - Theorien - Strategien. 1., durchgesehener Nachdruck der 3. Auflage, S. 231-247. Bonn.

HAUFF, V. (Hrsg.) (1987): Unsere Gemeinsame Zukunft. Der Brundtland-Bericht der Weltkommission für Umwelt und Entwicklung. Greven.

HEIDEMANN, C. (1992): Regional planning methodology. The first & only annotated picture primer on regional planning. In: Institut für Regionalwissenschaft der Universität Karlsruhe (Hrsg.): Discussion paper Nr. 16 - 7. Preliminary pre-printed edition 4/92. Karlsruhe.

HEIDEMANN, C. (1993): Die Entwicklungsvokabel - Redeschmuck oder Gedankenstütze? In: Institut für Regionalwissenschaft der Universität Karlsruhe (Hrsg.), Diskussionspapier Nr. 23. Karlsruhe.

HETTNER, A. (1927): Die Geographie. Ihre Geschichte, ihr Wesen und ihre Methoden. Breslau.

HIRSCHMAN, A. O. (1967): Die Strategie der wirtschaftlichen Entwicklung. Stuttgart. [Ökonomische Studien, Band 13]

HIRSCHMAN, A. O. (1986): A economia como ciência moral e política. São Paulo.

HOFFMANN, G. R. (1997): Aspectos geológicos e geomorfológicos do Rio Grande do Sul. In: Bellomo, H. R. (Hrsg.): Rio Grande do Sul – Aspectos da Geografia. 4ª edição. Porto Alegre.

IBAM (1976): Relações Inter-governamentais: a União e o Município. Rio de Janeiro.

IBAM (1996): Diretrizes para a instalação de novos municípios. Rio de Janeiro.

IBAM / IPEA (Hrsg.) (1993): Subsídios para uma política de descentralização dos serviços Públicos. Rio de Janeiro.

IBGE (1960a): Censo agropecuário, Rio Grande do Sul. Rio de Janeiro.

IBGE (1960b): Censo demográfico, Rio Grande do Sul. Rio de Janeiro.

IBGE (1970): Censo demográfico, Rio Grande do Sul. Rio de Janeiro.

IBGE (1980): Censo agropecuário, Rio Grande do Sul. Rio de Janeiro.

IBGE (1985): Censo agropecuário, Rio Grande do Sul. Rio de Janeiro.

IBGE (1990): Divisão do Brasil em mesoregiões e microregiões geográficas. Rio de Janeiro.

IBGE (1996): Censo demográfico 1991. Rio de Janeiro. [CD-Rom].

IBGE (1997): Pesquisa nacional por amostra de domicílios. Síntese dos Indicadores. Rio de Janeiro. [CD-Room]

INSTITUT FÜR LÄNDERKUNDE E. V. (Hrsg.) (1988): Rundbrief Geographie. Hefte 148-150. Leipzig.

IPEA (1996): Relatório sobre o desenvolvimento humano no Brasil 1996. Rio de Janeiro.

IZAM, M. (1997): Evolución, análisis y perspectivas del Mercado Común del Sur. Santiago de Chile. [CEPAL].

JACOB, E. G. (1974): Grundzüge der Geschichte Brasiliens. Darmstadt.

JÄGER, F. (1911): Wesen und Aufgaben der kolonialen Geographie. In: Zeitschrift der Gesellschaft für Erdkunde, S. 400-405. Berlin

JAGUARIBE, H. (1987): Reflexões sobre o Atlântico Sul: América Latina e Brasil ante a desarticulação do sistema interamericano. In: Accurso, C. F. et alii (Hrsg.): Bacia do Prata – Desenvolvimento e relações internacionais. S. 49-70. Porto Alegre.

JAGUARIBE, H. (1992): A nova ordem mundial. In: Política Externa 1 (1), Juni 92, S. 10-25. São Paulo.

JATOBÁ, J. et alii (1980): Expansão capitalista: o papel do Estado e o desenvolvimento regional recente. In: Pesquisa e Planejamento Econômico 10 (1), S. 273-318. Rio de Janeiro.

KAUL, I. (1996): Der Index der menschlichen Entwicklung. Die Initiative des Entwicklungsprogramms der Vereinten Nationen. In: E+Z Entwicklung und Zusammenarbeit 37 (11), S. 298-300.

KERN, A. A. (1982): Missões: uma utopia política. Porto Alegre. [Série Documenta, N° 14]

KEYNES, J. M. (1974): Allgemeine Theorie der Beschäftigung, des Zinses und des Geldes. Berlin.

KIRKENDALL, R. S. (Hrsg.) (1989): The Harry Spencer Truman Encyclopedia. Boston.

KLEIN, W. (1996): Der Mercosur. Wirtschaftliche Integration, Unternehmer und Gewerkschaften. Freiburg.

KLERING, L. R. (1993): Análise do desempenho dos Municípios do RS em 1993. In: PUCRS (Hrsg.): Revista Análise 1994, Vol. 5 (1), S. 149-195. Porto Alegre.

KLERING, L. R. (1996): Análise do Desempenho dos Municípios do RS em 1996. Porto Alegre. [Manuskript].

KLINGEBIEL, S. (1992): Entwicklungsindikatoren in der politischen und wissenschaftlichen Diskussion. In: Institut für Entwicklung und Frieden (Hrsg.): INEF-Report, Heft 2. Duisburg.

KOHLHEPP, G. (1966): Die deutschstämmigen Siedlungsgebiete im südbrasilianischen Staate Santa Catarina. Geographische Grundlagen, Aspekte und Probleme ländlicher und städtischer Kolonisation unter besonderer Berücksichtigung der wirtschaftlichen Entwicklung. In: Graul, H. / Overbeck, H. (Hrsg.): Studien der Kulturgeographie. Festgabe für Gottfried Pfeifer, S. 219-244. Wiesbaden.

KOHLHEPP, G. (1968): Industriegeographie des nordöstlichen Santa Catarina (Südbrasilien). Heidelberg.

KOHLHEPP, G. (1969): Die Anfänge der Industrialisierung in den alten deutschen Kolonisationszentren Santa Catarinas. In: Staden-Jahrbuch 17, S. 23-34. São Paulo.

KOHLHEPP, G. (1971): Standortbedingungen und räumliche Ordnung der Industrie im brasilianischen Santa Catarina. In: Geographische Rundschau 23 (1), S. 10-23. Braunschweig.

KOHLHEPP, G. (1978): Wirtschafts- und sozialgeographische Aspekte des brasilianischen Entwicklungsmodells und dessen Eingliederung in die Weltwirtschaftsordnung. In: Die Erde 109 (3-4), S. 353-375.

KOHLHEPP, G. (1984): Die brasilianische Auswanderung nach Ost-Paraguay. Zur Analyse von Ursachen, Ablauf und Konsequenzen. In: Staden-Jahrbuch 32, S. 21-56. São Paulo.

KOHLHEPP, G. (1987b): Amazonien. Regionalentwicklung im Spannungsfeld ökonomischer Interessen sowie sozialer und ökologischer Notwendigkeiten. Köln.

KOHLHEPP, G. (1987c): Wirtschafts- und sozialräumliche Auswirkungen der Weltmarktintegration Ost-Amazoniens. Zur Bewertung der regionalen Entwicklungsplanung im Grande Carajás Programm in Pará und Maranhão. In: Kohlhepp, G. (Hrsg.): Brasilien. S. 213.254. Tübingen.

KOHLHEPP, G. (1991): Regionalentwicklung und Umweltzerstörung in Lateinamerika. Am Beispiel der Interessenkonflikte um eine ökologisch orientierte Regionalplanung in Amazonien. In: Kohlhepp, G. (Hrsg.): Lateinamerika. Umwelt und Gesellschaft zwischen Krise und Hoffnung, S. 207-222. Tübingen.

KOHLHEPP, G. (1994): Raum und Bevölkerung. In: Briesemeister et alii (Hrsg.): Brasilien heute: Politik, Wirtschaft, Kultur. S. 9-107.

KOHLHEPP, G. (1995): Raumwirksame Staatstätigkeit in Lateinamerika. In: Mols, M. / Thesing, J. (Hrsg.): Der Staat in Lateinamerika, S. 195-210. Mainz.

KOHLHEPP, G. (Hrsg.) (1987a): Brasilien. Beiträge zur regionalen Struktur – und Entwicklungsforschung. Tübingen. [Tübinger Geographische Studien, 93 = Tübinger Beiträge zur Geographischen Lateinamerika-Forschung, 1]

KOHLHEPP, G. / COY, M. (Hrsg.) (1998): Mensch-Umwelt-Beziehungen und nachhaltige Entwicklung in der Dritten Welt. Tübingen. [Tübinger Geographische Studien, 119 = Tübinger Beiträge zur Geographischen Lateinamerika-Forschung, 15].

KOHLHEPP, G. / KARP, B. (1987): Itaipú. Raumwirksame sozioökonomische Probleme hydroelektrischer Inwertsetzung des Rio Paraná im brasilianisch-paraguayanischen Grenzraum. In: Kohlhepp, G. (Hrsg.): Brasilien. S. 71-116. Tübingen.

KOHLHEPP, G. / SAHR, W.-D. / KAISER, W. (1993): Die Mittelstädte Brasiliens und ihre Bedeutung für die Regionalentwicklung. Tübingen. [Forschungsbericht, unveröffentlicht].

KÖßLER, R. (1998): Entwicklung. 1. Aufl. Münster.

KRÜGER, F. / LOHNERT, B. (1996): Der Partizipationsbegriff in der geographischen Entwicklungsforschung: Versuch einer Standortbestimmung. In: Geographische Zeitschrift 84 (1), S. 43-53.

LAMOUNIER, B. / MENEGUELLO, R. (1986): Partidos políticos e consolidação democrática: o caso brasileiro. São Paulo.

LATOUCHE, S. (1994): A ocidentalização do mundo. Petrópolis.

LAUFFS, H.-W. (1972): Regionale Entwicklungsplanung in Südbrasilien am Beispiel des Rio dos Sinos-Gebietes. Paderborn. [Dissertation]

LAVINAS, L. / MAGINA, M. A. (1995): Federalismo e desenvolvimento regional: debates da revisão constitucional. Rio de Janeiro. [IPEA - Texto para discussão N° 390]

LAVINAS, L. et alii (1995): Federalismo e regionalização dos recursos Públicos. Rio de Janeiro. [IPEA - Texto para discussão N° 369]

LAZZAROTTO, D. (1977): História de Ijuí. Ijuí. [FIDENE, Museu Antropológico Diretor Pestana, Caderno N° 6]

LEAL F°., J. G. (1995): Inovação Institucional e Desenvolvimento Municipal Sustentado. In: Anais do 19° Encontro da Associação Nacional dos Programas de Pós-Graduação em Administração, 1995. Vol.: Administração Pública, S. 8-25. Rio de Janeiro

LEIPERT, CH. / SIMONIS, U. E. (1982): Sozialindikatoren und Entwicklungsplanung. In: Nohlen, D. / Nuscheler, F. (Hrsg.): Handbuch der Dritten Welt: Unterentwicklung und Entwicklung: Theorien, Strategien, Indikatoren. Band 1, 2. Aufl. S. 432-450. Hamburg.

LESER, H. (Hrsg.) (1997): Wörterbuch Allgemeine Geographie. München.

LESER, H. / SCHNEIDER-SLIWA, R. (1999): Geographie – eine Einführung. Aufbau, Aufgaben und Ziele eines integrativ-empirischen Faches. Braunschweig.

LINCK, F. (1958): Migração letoniana. In: Enciclopédia Rio-grandense, S. 287-288. Canoas.

LISBOA, A. DE M. [o. J.]: Desenvolvimento - Uma idéia subdesenvolvida. Florianópolis. [Manuskript].

LOBO, T. (1995): Políticas sociais no Brasil: descentralização para mais eficiência e eqüidade. In: Velloso, J. P. dos R. / Albuquerque, R. C. de / Knoop, J. (Hrsg.): Políticas Sociais no Brasil: descentralização, eficiência e eqüidade. S. 31-58. Rio de Janeiro. [INAE / ILDES – Seminário Especial sobre Descentralização e Financiamento de Políticas Sociais]

LOBO, T. / MEDEIROS, A. C. DE (1993): Descentralização: diretrizes básicas e estratégia de implementação. Rio de Janeiro. [CEPP - Texto para discussão N° 19]

LOBO, T. et alii (1993): Descentralização – Cenário brasileiro pós-constituição. Rio de Janeiro. [CEPP - Texto para discussão N° 18]

LÖWENTHAL, R. (1973): Staatsfunktionen und Staatsform in den Entwicklungsländer. In: Löwenthal, R. (Hrsg.): Die Demokratie im Wandel der Gesellschaft. S. 180-195. Berlin.

LÜCKER, R. (1986): Agrarräumliche Entwicklungsprozesse im Alto-Uruguai-Gebiet (Südbrasilien). Analyse eines randtropischen Neusiedlungsgebietes unter Berücksichtigung von Diffusionsprozessen im Rahmen modernisierender Entwicklung. Tübingen. [Tübinger Geographische Studien, 94 = Tübinger Beiträge zur Geographischen Lateinamerika-Forschung, 2]

LÜHRING, J. (1977): Kritik der (sozial-)geographischen Forschung zur Problematik von Unterentwicklung und Entwicklung – Ideologie, Theorie und Gebrauchswert. In: Die Erde 108 (3), S. 217-238.

MACAGNAN, R. (1993): O endividamento externo brasileiro. Ijuí. [UNIJUÍ - Departamento de Economia e Contabilidade - Textos para discussão N° 3]

MACHADO, M. F. (1996): A integração financeira no Mercosul. In: Brandão, A. S. P. / Pereira, L. V. (Hrsg.): Mercosul – perspectivas da integração. S. 227-244. Rio de Janeiro.

MAIER, J. et alii (1977): Sozialgeographie. Das geographische Seminar, 1. Aufl. Braunschweig.

MAINWARING, S. (1995): Parties, Electoral Volatility and Democratization: Brazil since 1982. Washington. [XIX Meeting of the Latin American Studies Association]

MALHEIROS, C. J. (1995): Análise do Processo de Municipalização da Saúde no Município de Panambi. Ijuí. [Relatório de Estágio Supervisionado II – UNIJUÍ / DEAd]

MALTHUS, T. R. (1977): Das Bevölkerungsgesetz. München [Originalfassung 1798: An essay on the principle of population as it affects the future improvement of society. London]

MARTINEZ, A. D. (1995): Estrutura orgânica del Mercosur. In: Revista Urugaya de Derecho Constitucional y Político (Hrsg.): El Mercosur después de Ouro Preto. Serie: Congresos y Conferencias, S. 55-71. Montevideo.

MASLOW, A. H. (1970): Motivation and personality. 2. Aufl. New York.

MCGRANAHAN, D. (1974): Entwicklungsindikatoren und Entwicklungsmodelle. In: Nohlen, D. / Nuscheler, F. (Hrsg.): Handbuch der Dritten Welt 1 – Theorien und Indikatoren der Unterentwicklung und Entwicklung. S. 208-221. Hamburg.

MCGRANAHAN, D. et alii (1982): Methodologische Probleme bei Selektion und Analyse von Indikatoren für sozioökonomische Entwicklung. In: Nohlen, D. / Nuscheler, F. (Hrsg.): Handbuch der Dritten Welt – Unterenticklung und Entwicklung: Theorien, Strategien, Indikatoren. Band 1, 2. Aufl. S. 414-431. Hamburg.

MEADOWS, D. L. et alii (1972): Die Grenzen des Wachstums. Bericht des Club of Rome zur Lage der Menschheit. Stuttgart.

MEDICI, A. C. (1991): Descentralização e informação em saúde. In: IPEA (Hrsg.): Planejamento e políticas públicas, N° 5, S. 5-29. Rio de Janeiro.

MEDICI, A. C. (1995): Saúde: modelos de gestão descentralizada - alternativas para o Brasil. In: Velloso, J. P. dos R. / Albuquerque, R. C. de / Knoop, J. (Hrsg.): Políticas Sociais no Brasil: descentralização, eficiência e eqüidade. S. 91-148. Rio de Janeiro. [INAE / ILDES – Seminário Especial sobre Descentralização e Financiamento de Políticas Sociais]

MELLO, L. I. A. (1991): Brasil, Argentina e a balança de poder regional: equilíbrio, preponderância ou hegemonia? (1969-1986). São Paulo.

MENEZES, A. M. F. / MENEZES, E. V. (1997): O processo de descentralização e a questão municipal. In: Anais do 21° ENANPAD - Encontro da Associação Nacional dos Programas de Pós-Graduação em Administração. Rio de Janeiro. [CD-Rom]

MENZEL, U. (1983): Der Differenzierungsprozeß in der Dritten Welt und seine Konsequenzen für den Nord-Süd-Konflikt und die Entwicklungstheorie. In: Politische Vierteljahresschrift 24 (I), S. 31-59.

MENZEL, U. (1992): Das Ende der Dritten Welt und das Scheitern der großen Theorie. Erste Auflage. Frankfurt am Main.

MENZEL, U. (1993): 40 Jahre Entwicklungsstrategie = 40 Jahre Wachstumsstrategie. In: Nohlen, D. / Nuscheler, F. (Hrsg.): Handbuch der Dritten Welt. Band 1: Grundprobleme - Theorien - Strategien. 1., durchgesehener Nachdruck der 3. Auflage, S. 131-155. Bonn.

MENZEL, U. (1995): Geschichte der Entwicklungstheorie. Einführung und systematische Bibliographie. 3. Nochmals überarb., erw. u. aktual. Auflage. Hamburg.

MENZEL, U. (1998): Das Ende der Einen Welt und die Unzulänglichkeit der kleinen Theorie. In: E+Z Entwicklung und Zusammenarbeit 39 (2), S. 45-48.

MESQUITA, Z. (1984): Divisões regionais do Rio Grande do Sul: uma revisão. Porto Alegre. [FEE - Caderno Ensaios, Ano 5, N° 2, volume 10]

METROPLAN (1998): Compatibilização das jurisdições das Associações de Municípios e dos CRDs. Porto Alegre. [Manuskript]

MILES, I. (1985): Social Indicators for Human Development. London.

MINISTÉRIO DA EDUCAÇÃO E CULTURA (1997): Fundo de manutenção e desenvolvimento do ensino fundamental e de valorização do magistério. Guia para sua operacionalização. 2ªedição. São Paulo. [Fundação Prefeito Faria Lima / CEPAM]

MINISTÉRIO DA EDUCAÇÃO E CULTURA (1998): Promoção, repetência e evasão no ensino fundamental. Brasília. [INEP / SEEC / LNCC]

MINISTÉRIO DA FAZENDA (1995): O que voce precisa saber sobre FPE e FPM. Brasília. [Secretaria do Tesouro Nacional]

MINISTÉRIO DA SAÚDE (1993): Fundo Municipal de Saúde. Guia de Referências para sua criação e organização. [Brasília].

MINISTÉRIO DAS RELAÇÕES EXTERIORES (1988): Protocolo número 23: regional fronteiriço. Brasília.

MINISTÉRIO DO PLANEJAMENTO E ORÇAMENTO (1995): Indicações para uma nova estratégia de desenvolvimento regional. Subsídios para a elaboração do projeto do Plano Plurianual – PPA. Brasília.

MINISTÉRIO DO PLANEJAMENTO E ORÇAMENTO (1996): Plano Brasil em Ação. Investimentos básicos para o desenvolvimento. Brasília.

MINISTÉRIO DO PLANEJAMENTO E ORÇAMENTO (1997): Programa de desenvolvimento da região fronteiriça RS/SC – PRODERF – Versão Preliminar para Discussão. Brasília. [Manuskript]

MOSE, I. (1989): Eigenständige Regionalentwicklung - Chance für den peripheren ländlichen Raum? In: Geographische Zeitschrift 77 (3), S. 154-167.

MÜRLE, H. (1997): Entwicklungstheorie nach dem Scheitern der 'großen Theorie'. In: Institut für Entwicklung und Frieden (Hrsg.) Heft 22/1997. Duisburg.

MYRDAL, G. (1977): Contra a corrente. Rio de Janeiro.

NIMER, E. (1979): Climatologia do Brasil. Rio de Janeiro.

NOGUEIRA, J. C. DE A. (1995): O financiamento público e descentralização fiscal no Brasil. Rio de Janeiro. [CEPP – Texto para discussão N° 34]

NOHLEN, D. (Hrsg.) (1998): Lexikon Dritte Welt. Vollständig überarbeitete Neuausgabe. Reinbeck bei Hamburg.

NOHLEN, D. / BAEZA, M. F. / BAREIRO, O. (Hrsg.) (1986): Kooperation und Konflikt im La-Plata-Becken. Bochum.

NOHLEN, D. / NUSCHELER, F. (1993): Ende der Dritten Welt? In: Nohlen, D. / Nuscheler, F. (Hrsg.): Handbuch der Dritten Welt. Band 1: Grundprobleme - Theorien - Strategien. 1., durchgesehener Nachdruck der 3. Auflage, S. 14-30. Bonn.

NOHLEN, D. / NUSCHELER, F. (Hrsg.) (1993): Handbuch der Dritten Welt. Band 1: Grundprobleme, Theorien, Strategien. 1., durchgesehener Nachdruck der 3. Auflage. Bonn.

NOHLEN, D. / NUSCHELER, F. (Hrsg.) (1995): Handbuch der Dritten Welt. Band 2 – Südamerika. 1., überarbeiteter und aktualisierter Nachdruck der 3. Auflage. Bonn.

NOHLEN, D. / THIBAUT, B. (1995): Struktur und Entwicklungsprobleme Lateinamerikas. In: Nohlen, D. / Nuscheler, F. (Hrsg.): Handbuch der Dritten Welt, Band 2, Südamerika, S. 13-92, 1., überarbeiteter und aktualisierter Nachdruck der 3. Auflage. Bonn.

OLIVEIRA, L. C. DE (1997): Chronologie zur Entstehung des Mercosur. In: Institut für Iberoamerika-Kunde (Hrsg.): Lateinamerika: Analysen, Daten Dokumentation, Heft 34/35: Sechs Jahre Mercosur – Zwischenbilanz und Zukunft. S. 135-139. Hamburg.

OLIVEIRA, M. L. (1984): Federalismo Democrático: tarefa para os anos 80. In: Revista de Administração Municipal, N° 161, out/dez 1984. S. 22-30.

ORTMANN, G. F. / STÜLP, V. J. / RASK, N. (1986): Comparative Costs in Agricultural Commodities Among Major Exporting Countries. Ohio.

PARTZSCH, D. (1970): Daseinsgrundfunktionen. In: Akademie für Raumplanung und Landesplanung (Hrsg.): Handwörterbuch der Raumforschung und Raumordnung, Zweite Auflage, Band I, S. 424-430. Hannover.

PATTON, M. Q. (1990): Qualitative evaluation and research methods. 2nd ed. Newbury Park.

PEIXOTO, J. P. M. (1997): Reforma do Estado no Brasil: ideologia e pragmatismo. In: Anais do 21° Encontro da Associação Nacional dos Programas de Pós-Graduação em Administração, 1997. Rio de Janeiro. [CD-Rom]

PEREIRA, L. C. B. (1970): Desenvolvimento e crise no Brasil – 1930-1967. São Paulo.

PEREIRA, L. C. B. (1988): O Caráter Cíclico da Intervenção Estatal. In: Revista de Economia e Política 9 (3), S. 1-25. São Paulo.

PEREIRA, L. C. B. (1993a): Economic Reforms and the Cycles of the State. In: World Development 21 (8), S. 10-30. Washington D. C.

PEREIRA, L. C. B. (1993b): Economic reforms and economic growth: efficiency and politics in Latin America. In: Pereira, L. C. B. / Maraval J. / Przwevorski, A. (Hrsg.): Economic Reforms in New Democracies. A Social Democratic Approach. Cambridge.

PEREIRA, L. C. B. (1997): A reforma do estado dos anos 90: lógica e mecanismos de controle. Cadernos do Ministério da Administração Federal e Reforma do Estado, Vol. 1. Brasília. [http://www.mare.gov.br]

PEREIRA, L. V. (1996): Tratado de Assunção: resultados e perspectivas. In: Brandão, A. S. P. / Pereira, L. V. (Hrsg.): Mercosul – perspectivas da integração. S. 11-46. Rio de Janeiro.

PETRI, S. / FÚLFARO, V. J. (1983): Geologia do Brasil. São Paulo.

PFEIFER, G. (1955): Leo Waibels Arbeiten zur Kolonisation in Brasilien. In: Colloquium Geographicum, Band 4, S. 7-18. Bonn.

PFEIFER, G. (1967): Kontraste in Rio Grande do Sul: Campanha und Alto Uruguai. In: Geographische Zeitschrift 55, S. 163-206

PFEIFER, G. (1981): Beiträge zur Kulturgeographie der Neuen Welt: ausgewählte Arbeiten von Gottfried Pfeifer. Berlin. [Kleine geographische Schriften, Band 2]

PFEIFER, G. / KOHLHEPP, G. (Hrsg.) (1984): Leo Waibel als Forscher und Planer in Brasilien. Vier Beiträge aus der Forschungstätigkeit 1947-1950 in Übersetzung. Stuttgart. [Erdkundliches Wissen, Heft 71. Geographische Zeitschrift, Beihefte]

PICARELLI, C. (1994): Projeto de Lei n° 170/94 – Poder Executivo: Dispõe sobre a criação, estruturação e funcionamento dos Conselhos Regionais de Desenvolvimento e dá outras povidências. Parecer: contrário. Porto Alegre. [Assembléia Legislativa]

PIMENTA, C. C. (1998): A reforma gerencial do estado brasileiro no contexto das grandes tendências mundiais. Brasília. [http://www.mare.gov.br]

PLURAL COMUNICAÇÃO (Hrsg.) (1992): Disparidades Regionais – Quanto perde a economia gaúcha. Uma via de mão única. In: Amanhã Economia e Negócios, Ano VII (66), S. 17-26. Porto Alegre.

PLURAL COMUNICAÇÃO (Hrsg.) (1994): Quem é quem entre os estados brasileiros. O melhor do Brasil. In: Amanhã Economia e Negócios, Ano VIII (83), S. 24-48. Porto Alegre.

PLURAL COMUNICAÇÃO (Hrsg.) (1998): A arrancada gaúcha. In: Amanhã Economia e Negócios, Ano XII (129), S. 1-30. Encarte especial. Porto Alegre

PNUD (1996): Relatório sobre o desenvolvimento humano 1996. Lisboa.

PREBISCH, R. (1950): The eonomic development of Latin America and its principal problems. New York.

PREBISCH, R. (1951): Economic survey of Latin America 1949. Prepared by the Secretariat of the Economic Comission for Latin America. New York.

PREFEITURA MUNICIPAL DE IJUÍ (1991): Plano diretor de desenvolvimento integrado de Ijuí. Documento I: Diagnóstico. Ijuí.

PREFEITURA MUNICIPAL DE PANAMBI (1995): Sistema Único de Saúde – O SUS que deu certo. Panambi. [Broschüre]

PRESIDÊNCIA DA REPÚBLICA (1981): Faixa de Fronteira. Brasília. [Gabinete Civil. Secretaria de Imprensa e Divulgação, 10]

PROJETO VIVER RS (1997): A qualidade de vida no Rio Grande. In: Zero Hora / RBS, Ano 34 (11.808-11.812), 15-19.12.97. Encartes especiais. Porto Alegre.

QUADROS, S. (1996): Mercosul: sinopse gráfica. In: Brandão, A. S. P., Pereira, L. V. (Hrsg.): Mercosul – perspectivas da integração. S. 271-306. Rio de Janeiro.

RABELO, M. (1996): Considerações acerca do processo de municipalização da saúde no RS: institucionalidade, financiamento e percalços. In: FEE (Hrsg.): Estado e políticas públicas no sul. Indicadores econômicos, Vol. 24 (3), S. 156-173. Porto Alegre.

RAUCH, T. (1996): Nun partizipiert mal schön. Modediskurse in den Niederungen entwicklungspolitischer Praxis. In: Blätter des IZ3W 213, S. 20-22.

RAUCH, T. (1998): Globalisierungstendenzen, Liberalisierungspolitik in Entwicklungsländern und Verarmungsprozesse - Aufgaben für die Entwicklungspolitik und die geographische Entwicklungsländerforschung. In: Scholz, F. / Koop, K. (Hrsg.): Geographische Entwicklungsforschung I. Rundbrief Geographie 148, S. 11-15.

RICHARDSON, H. W. (1980): Polarisation reverse in developing countries. Papers of the R.S.A., 45, S. 67-85.

RINALDI, L. B. / DEGRANDI, M. L. / SPEROTTO, S. D. DE M. / CALLAI, R. L. R. (1997): Qual a autonomia municipal na gestão da saúde? Porto alegre.

RITTER, W. (1998): Ist die deutsche Geographie denn geographisch genug? In: Scholz, F. / Koop, K. (Hrsg.): Rundbrief Geographie, Heft Nr. 148, S. 31.

ROCHE, J. (1959): A colonização alemã e o Rio Grande do Sul. Porto Alegre.

RODRIGUES, M. C. P. (1996): O mercado de trabalho e a integração viável. In: Brandão, A. S. P. / Pereira, L. V. (Hrsg.): Mercosul – perspectivas da integração. S. 245-270. Rio de Janeiro.

ROESCH, S. M. A. (1995): A dissertação de mestrado em administração: proposta de uma tipologia. In: Revista Brasileira de Administração Contemporânea: Anais do 19° ENANPAD - Encontro da Associação Nacional dos Programas de Pós-Graduação em Administração, Vol. I (3), S. 177-191. Rio de Janeiro.

ROSTOW, W. W. (1967): Stadien wirtschaftlichen Wachstums. Eine Alternative zur marxistischen Entwicklungstheorie. Göttingen.

ROUQUIÉ, A. (1987): Especificidades do fenômeno militarista na Bacia do Prata. In: Accurso, C. F. et alii (Hrsg.): Bacia do Prata – Desenvolvimento e relações internacionais. S. 42-47. Porto Alegre.

SACHS, I. (1986a): Ecodesenvolvimento: crescer sem destruir. São Paulo.

SACHS, I. (1986b): Espaços, tempos e estratégias de desenvolvimento. São Paulo.

SAHR, W.-D. (1994): Arbeitsmaterialien: Enführung in die Geographie – Fachschaft des Geographischen Instituts. Tübingen. [Manuskript]

SAINT-HILAIRE, A. D. (1939): Viagem ao Rio Grande do Sul (1820-1821). 2ª edição, traduzida. São Paulo.

SANDNER, G. (1975): Wachstumspole und regionale Polarisierung der Entwicklung im Wirtschaftsraum. Ein Bericht über lateinamerikanische Erfahrungen. In: Der Wirtschaftsraum. Festschrift für E. Otremba. Erdkundliches Wissen (41) Geographische Zeitschrift: Beihefte, S. 78-90. Wiesbaden.

SANDNER, G. (1985): Die Hauptphasen der wirtschaftlichen Entwicklung in Lateinamerika in ihrer Beziehung zur Raumerschließung. In: Scholz, F. (Hrsg.): Entwicklungsländer: Beiträge der Geographie zur Entwicklungsforschung. S. 283-312.

SANGMEISTER, H. (1991): Auslandsverschuldung als strukturelles Entwicklungshemmnis – Argentinien, Brasilien, Chile und Uruguay im Vergleich. In: Nohlen, D. et alii (Hrsg.): Demokratie und Außenpolitik in Lateinamerika. S. 177-210.

SANGMEISTER, H. (1992): Das Verschuldungsproblem. In: Nohlen, D. / Nuscheler, F. (Hrsg.): Handbuch der Dritten Welt, Band 1: Grundprobleme, Theorien, Strategien, 3. Auflage. S. 328-358. Bonn.

SANGMEISTER, H. (1994): Auf den Weg in den Weltmarkt: Regionale Wirtschaftsintegration im Cono Sur. In: Junker, D. et alii (Hrsg.): Lateinamerika am Ende des 20. Jahrhunderts. München.

SANGMEISTER, H. (1995a): Brasilien. In: Nohlen, D. / Nuscheler, F. (Hrsg.): Handbuch der Dritten Welt. Band 2 Südamerika. S. 219-276. Bonn.

SANGMEISTER, H. (1995b): Ist die brasilianische Schuldenkrise gelöst? In: Sevilla, R. / Ribeiro, D. (Hrsg.): Brasilien: Land der Zukunft? S. 144-160. Tübingen.

SANTOS, A. C. DE A. (1995): O processo de descentralização no Brasil – aspectos políticos e institucionais. Rio de Janeiro. [CEPP]

SATO, A. K. (1993a): O interesse pela descentralização. In: Anais do Seminário municipalização das políticas públicas. S. 9-21. Brasília. [IBAM]

SATO, A. K. (1993b): Descentralização: um tema complexo. Rio de Janeiro. [IPEA - Texto para discussão N° 314]

SCHÄTZL, L. (1993): Wirtschaftsgeographie 1. Theorie. 5. Auflage (unveränderter Nachdruck der 4., überarbeiteten und erweiterten Auflage 1992). Paderborn.

SCHÄTZL, L. (1994): Wirtschaftsgeographie 3 - Politik. 3. überarb. Aufl. Paderborn.

SCHMIDT-WULFFEN, W. D. (1987): 10 Jahre entwicklungstheoretischer Diskussion. Ergebnisse und Perspektiven für die Geographie. In: Geographische Rundschau 39 (3), S. 130-135.

SCHNEIDER, A. W. (1964): Contribuição à petrologia dos derrames basálticos na Bacia do Paraná. Porto Alegre. [UFRGS, Escola de Engenharia]

SCHOLZ, F. (1979): Einführung und Anmerkungen zum 'Geographischen Arbeitskreis Entwicklungstheorien'. In: Hottes, K.-H. (Hrsg.): Geographische Beiträge zur Entwicklungsländer-Forschung. Deutsche Gesellschaft für Friedens- und Entwicklungsforschung, Mai 1979, Heft Nr. 12. S. 5-9. Bonn.

SCHOLZ, F. (1985): Die geographische Entwicklungsländer-Forschung. In: Scholz, F. (Hrsg.): Entwicklungsländer: Beiträge der Geographie zur Entwicklungsforschung, S. 1-13. Darmstadt.

SCHOLZ, F. (1988): Position und Perspektiven geographischer Entwicklungsforschung. Zehn Jahre 'Geographischer Arbeitskreis Entwicklungstheorien'. In: Leng, G. / Taubmann, W. (Hrsg.): Geographische Entwicklungsforschung im interdisziplinären Dialog, Bremer Beiträge zur Geographie und Raumplanung, Heft Nr. 14. S. 9-35. Bremen.

SCHOLZ, F. (1998): Geographische Entwicklungsforschung. Zum 'State of the Art', Teil I. In: Scholz, F. / Koop, K. (Hrsg.): Rundbrief Geographie 148, S. 7-11.

SCHOLZ, F. (Hrsg.) (1985): Entwicklungsländer: Beiträge der Geographie zur Entwicklungsforschung. Darmstadt.

SCHONEBOHM, D. (1997): Auf dem Weg zu einem Gemeinsamen Markt? Der Mercosur und seine Institutionen. In: Institut für Iberoamerika-Kunde (Hrsg.): Lateinamerika: Analysen, Daten, Dokumentation. Heft 34/35: Sechs Jahre Mercosur – Zwischenbilanz und Zukunft. S. 11-28. Hamburg.

SCUSSEL. M. C. B. (1996): Emancipações no Rio Grande do Sul: o processo de criação de novos municípios e seu impacto em aspectos de qualificação do espaço urbano. Porto Alegre. [UFRGS – PROPUR]

SECRETARIA DA COORDENAÇÃO E PLANEJAMENTO RS (1996): Quadro de interação entre projetos COREDES e programação do setor público para 1997. Porto Alegre. [EDV-Liste]

SECRETARIA DA COORDENAÇÃO E PLANEJAMENTO RS (1997a): Projeto RS 2010. Núcleo Educação. Texto para discussão. Porto Alegre.

SECRETARIA DA COORDENAÇÃO E PLANEJAMENTO RS (1997b): Região da Bacia do Rio Uruguai – Do esgotamento à sustentabilidade – Proposta de enquadramento da região no Plano Plurianual / PPA como área deprimida ou diferenciada. Porto Alegre. [Manuskript]

SECRETARIA DA EDUCAÇÃO (1995): Gestão democrática do ensino público. Lei N° 10.576, de 14 de novembro de 1995. Decreto N° 36.281, de 20 de novembro de 1995. Porto Alegre.

SECRETARIA DA SAÚDE E DO MEIO AMBIENTE RS (1996a): Resolução N° 3 de 11 de abril de 1996: Dispõe sobre exigências para adesão à municipalização. Porto Alegre.

SECRETARIA DA SAÚDE E DO MEIO AMBIENTE RS (1993): Portaria 03/93 – Dispõe sobre a criação da Comissão Intergestora Bipartite. Porto Alegre.

SECRETARIA DA SAÚDE E DO MEIO AMBIENTE RS (1994a): Resolução N° 7 de 28 de agosto de 1994: Dispõe sobre a organização de consórcios do SUS/RS. Porto Alegre.

SECRETARIA DA SAÚDE E DO MEIO AMBIENTE RS (1994b): Resolução N° 8 de 28 de agosto de 1994: Dispõe sobre enquadramento dos municípios na Gestão Semiplena. Porto Alegre.

SECRETARIA DA SAÚDE E DO MEIO AMBIENTE RS (1994c): Resolução N° 10 de 01 de setembro de 1994: Dispõe sobre a distribuição de AIH para os municípios. Porto Alegre.

SECRETARIA DA SAÚDE E DO MEIO AMBIENTE RS (1996b): Estatísticas de Saúde: estatísticas de nascimento. SINASC 1995. Porto Alegre.

SECRETARIA DA SAÚDE E DO MEIO AMBIENTE RS (1997): Estatísticas da Saúde. Mortalidade 1996. Volume 22. Porto Alegre.

SECRETARIA DE DESENVOLVIMENTO ECONÔMICO E SOCIAL RS (1992): Desenvolvimento – O modelo gaúcho de democracia participativa. Porto Alegre.

SECRETARIA DE DESENVOLVIMENTO ECONÔMICO E SOCIAL RS (1993): Comentário sobre o substitutivo ao Projeto de Lei Complementar n° 258 que cria o Conselho Estadual de Desenvolvimento. Porto Alegre.

SECRETARIA DE DESENVOLVIMENTO REGIONAL E OBRAS PÚBLICAS RS (1974): Regionalização: proposição de organização territorial. Porto Alegre.

SECRETARIA DO DESENVOLVIMENTO ECONÔMICO E INTEGRAÇÃO AO MERCOSUL SC (1997): Estratégia de reconversão com sustentabilidade: um modelo participativo de desenvolvimento regional integrado para a Bacia do Rio Uruguai – Vertentes Catarinenses. [Florianópolis]. [Manuskript]

SEDAS, G. DE A. (1997): Dokumente Mercosur. In: Institut für Iberoamerika-Kunde (Hrsg.): Lateinamerika: Analysen, Daten, Dokumentation. Heft 34/35: Sechs Jahre Mercosur – Zwischenbilanz und Zukunft. S. 149-220. Hamburg.

SEERS, D. (1974): Was wollen wir messen? In: Nohlen, D. / Nuscheler, F. (Hrsg.): Handbuch der Dritten Welt 1 – Theorien und Indikatoren der Unterentwicklung und Entwicklung. S. 222-238. Hamburg.

SEITENFUS, R. A. S. (1993): Nationalregierungen und MERCOSUR: Zwischen Handlungsbedarf und Strategieunfähigkeit. In: Institut für Iberoamerika-Kunde (Hrsg.): Lateinamerika: Analysen, Daten, Dokumentation. Heft 22: Der Mercosur und seine Akteure: Wem nützt der gemeinsame Markt im Süden Lateinamerikas? S. 11-23. Hamburg.

SEITENFUS, R. A. S. (1994): Para uma nova política externa brasileira. Porto Alegre.

SEVILLA, M. A. F. (1994): Municipalização do ensino fundamental no Estado do Rio Grande do Sul. Rio de Janeiro. [IPEA – Relatório Interno]

SHAH, A. (1990): The new fiscal federalism in Brazil. Washington D.C. [World Bank Discussion, Nr. 124]

SIEDENBERG, D. R. (1990): Das argentinisch-brasilianische 'Programm zur Integration und ökonomischen Kooperation' am Beispiel von grenzüberschreitenden Verflechtungen. Karlsruhe. [Lizentiatenarbeit am Institut für Regionalwissenschaft der Universität Karlsruhe]

SILVA, H. G. et alii (1983): Reforma tributária: o conflito entre eqüidade e autonomia no sistema federativo. In: Anais do XI Encontro Nacional de Economia. S. 809-838. São Paulo.

SILVA, J. A. DA (1989): O Município na Constituição de 1988. São Paulo.

SILVA, P. L. B. DA (1995): Descentralização de políticas sociais: marco teórico e experiências internacionais e brasileira. In: Velloso, J. P. dos R. / Albuquerque, R. C. de / Knoop, J. (Hrsg.): Políticas Sociais no Brasil: descentralização, eficiência e eqüidade. S. 15-30. Rio de Janeiro [INAE / ILDES – Seminário Especial sobre Descentralização e Financiamento de Políticas Sociais]

SIMONSEN ASSOCIADOS (1996): Brasil 10 – Quem é quem entre os estados brasileiros. In: Amanha Economia e Negócios, Ano X (111), S. 44-71. Porto Alegre.

SIMONSEN ASSOCIADOS (1997): Brasil 10 – Quem é quem entre os estados brasileiros. In: Amanhã Economia e Negócios, Ano XII (124), S. 68-97. Porto Alegre.

SKIDMORE, T. E. (1969): Brasil: de Getúlio a Castello (1930-1964). Rio de Janeiro.

SMITH, A. (1973): Eine Untersuchung über Natur und Wesen des Volkswohlstandes. 2 Bde. Gießen [Originalfassung: 1776 - Inquiry into the nature and the causes of the wealth of nations. 3 Bde. Dublin]

SOBRINHO, J. A. (1995): Descentralização da educação Básica: lições da experiência. Rio de Janeiro. [IPEA – Texto para discussão N° 362]

SODRÉ, N. W. (1976): História da burguesia brasileira. 3ª ed. Rio de Janeiro.

SODRÉ, N. W. (1988): O que se deve ler para conhecer o Brasil. 6ª ed. Rio de Janeiro.

SOUZA, A. DE M. (1995): Gestão da escola e qualidade da educação. In: Velloso, J. P. dos R. / Albuquerque, R. C. de / Knoop, J. (Hrsg.): Políticas Sociais no Brasil: descentralização, eficiência e eqüidade. S. 149-185. Rio de Janeiro. [INAE / ILDES - Seminário Especial sobre Descentralização e Financiamento de Políticas Sociais]

SOUZA, E. B. DE (1989): O município na Constituição de 1988. Brasília. [IPEA / IPLAN - Acompanhamento de Políticas Públicas, N° 7]

SOUZA, N. de J. de (1993): Desenvolvimento econômico. São Paulo.

STANDOP, E. (1979): Die Form der wissenschaftlichen Arbeit. Heidelberg

STÖHR, W. B. (1980): Alternative Strategien für die integrierte Entwicklung peripherer Gebiete bei abgeschwächtem Wirtschaftswachstum. In: Dokumente und Informationen zur Schweizerischen Orts-, Regional- und Landesplanung (DISP), 17. Jahrgang, 1981, S. 5-8.

STÖHR, W. B. (1981): Development from below: The bottom-up and periphery-inward development paradigm. In: Stöhr, W. B. / Taylor, D. R. F. (Hrsg.): Development from above or below? The dialectics of regional planning in developing countries, S. 39-72. Chichester.

STÖHR, W. B. / TAYLOR, D. R. F. (1981): Development from above or below? The dialectics of regional planning in developing countries. Chichester.

STORTTI, M. (1995): Globalização: Mitos e Verdades. Porto Alegre.

STRASSERT, G. (1984): 'Regionales Entwicklungspotential'. Ein Versuch der Enträtselung eines Schlagwortes. In: Raumforschung und Raumordnung 42 (1), S. 19-26. Hannover.

STRUBELT, W. (1995): Partizipation. In: Akademie für Raumforschung und Landesplanung. Handwörterbuch der Raumordnung, S. 699- 703. Hannover.

STÜLP, V. J. (1992): Tecnologia, custos e competitividade do Mercosul: caso do trigo, soja e arroz. São Paulo.

SUNKEL, O. (1980): El desarollo de la teoria del desarollo. In: Sunkel, O. et. alii (Hrsg.): Transnacionalización y dependencia. S. 1-21. Madrid.

TAMCHINA, D. (1997): Chronologie zur Entwicklung des Mercosur seit April 1994. In: Institut für Iberoamerika-Kunde (Hrsg.): Lateinamerika - Analysen, Daten, Dokumentation. Heft 34/35: Sechs Jahre Mercosur – Zwischenbilanz und Zukunft. S. 140-148. Hamburg.

TESCHAUER, C. (1922): História do Rio Grande do Sul dos dois primeiros séculos. Porto Alegre.

THOSS, R. (1984): Potentialfaktoren als Chance selbstverantworteter Entwicklung der Regionen. In: Informationen zur Raumentwicklung, 1984, Heft 1/2. S. 21-18.

TOBAR, F. (1991): O conceito de descentralização: usos e abusos. In: IPEA (Hrsg.): Planejamento e Políticas Públicas, N° 5, Junho de 1991. S. 31-51.

TRENNEPOHL, D. (1997): O processo de desenvolvimento recente da agropecuária gaúcha. Ijuí. [UNIJUÍ – Depto. de Economia e Contabilidade - Série Dissertações de Mestrado]

TREVISAN, M. J. (1986): 50 anos em 5... A FIESP e o desenvolvimentismo. Petrópolis.

TRIBUNAL DE CONTAS DO ESTADO DO RIO GRANDE DO SUL [o. J.]: Síntese dos balanços municipais 1996. [Diskette]

TURNER, R. K. (1988): Sustainable resource conservation and pollution control: an overview. In: Turner, R. K. (Hrsg.): Sustainable environmental management. Principles and practice, S. 1-25. Boulder.

TURNER, R. K. (Hrsg.) (1988): Sustainable environmental management. Principles and practice. Boulder.

UNIJUÍ (1997): Lei N° 9.394, de 20 de dezembro de 1996 – estabelece as diretrizes e bases da educação nacional. Coleção Cadernos Unijuí, Série Educaçao, N° 38. Ijuí.

UNITED NATIONS (1960): Yearbook of International Trade Statistics 1959. Vol.1. New York.

UNITED NATIONS (1963): Yearbook of International Trade Statistics 1961. New York.

UNITED NATIONS (1968): Yearbook of International Trade Statistics 1966. New York.

UNITED NATIONS (1974): Yearbook of International Trade Statistics 1972-1973. New York.

UNITED NATIONS (1978): Yearbook of International Trade Statistics 1977. Vol.1. New York.

UNITED NATIONS (1982): Yearbook of International Trade Statistics 1981. Vol 1. New York.

UNITED NATIONS (1989): Handbook of Social Indicators. New York.

UNITED NATIONS (1990-1997): Human Development Report. New York.

UNITED NATIONS (1996): International Trade Statistics Yearbook. Department for Economic and Social Information and Policy Analysis. New York.

VALVERDE, O. (1956): The Southern Plateau. Excursion Guide Book. Nr. 9, 18th Internat. Geographic Congress. Rio de Janeiro.

VAN DER SAND, A. (1993): Processos de Integração na América Latina. Ijuí. [UNIJUÍ, Departamento de Economia e Contabilidade - Textos para discussão N° 11]

VIEIRA, E. F. (1984): Rio Grande do Sul: geografia física e vegetação. Porto Alegre.

WAIBEL, L. (1955): Die europäische Kolonisation Südbrasiliens. Colloquium Geographicum, Band 4. Bonn.

WALLER, P. P. (1986): Integration von Entwicklungs- und Regionalpolitik als Strategie der Raumgestaltung in Entwicklungsländern. In: Geographische Zeitschrift 74 (3), S. 130-142.

WELLENREUTHER, M. (1982): Grundkurs: empirische Forschungsmethoden für Pädagogen, Psychologen, Soziologen. Königstein/Ts.

WELTBANK (1997): Weltentwicklungsbericht 1997: Der Staat in einer sich ändernden Welt. Augewählte Kennzahlen der Weltentwicklung. Bonn.

WELTBANK (1999): Weltentwicklungsbericht 1998/99: Entwicklung durch Wissen. Mit ausgewählten Kennzahlen der Weltentwicklung. Frankfurt.

WESSEL, K. (1996): Empirisches Arbeiten in der Wirtschafts- und Sozialgeographie: eine Einführung. Paderborn.

WILHELMY, H. (1954): Die Besiedelung der Staatsländereien im argentinischen Territorium Misiones. In: Petermanns Geographische Mitteilungen, 4. Quartalsheft, S. 312-318. Gotha.

WILHELMY, H. (1980): Geographische Forschungen in Südamerika. Ausgewählte Beiträge. Berlin. [Kleine Geographische Schriften, Band 1]

WILLIAMSON, J. (1990): The Progress of Policy Reform in Latin America. In: Williamson, J. (Hrsg.): Latin American Adjustement: how much has happened. S. 1-10. Wahsington D.C.

WINKLER, C. R. / SANTAGADA, S. (1996): Crise do Estado e descentralização da educação no Rio Grande do Sul – 1986-94. In: FEE (Hrsg.): Estado e políticas públicas no Sul. Indicadores econômicos, Vol. 24 (3), S. 174-205. Porto Alegre.

WÖHLCKE, M. (1974): Das brasilianische Modell unter dem Aspekt struktureller Abhängigkeit. In: Dritte Welt 3, S. 287-309.

WORLD BANK (1987): World Development Report 1987. Barriers to Adjustment and Growth in the World Economy. Industrialization and Foreign Trade. New York.

WORLD BANK (1997): World Development Report 1997. The State in a changing World. New York.

ZIMMERLING, R. / WISNIWSKI, S. (1994): Lateinamerika - Regionale Kooperation und wirtschaftliche Integration. In: Boeckh, A. (Hrsg.): Internationale Beziehungen. München.

ATLANTEN UND KARTEN

ARRUDA, J. J. DE (1997): Atlas histórico básico. 14ª edição. São Paulo.

CENTRO EDITOR DE AMÉRICA LATINA (1991): Atlas Nacional y Provincial de la Republica Argentina. Buenos Aires.

EJÉRCITO ARGENTINO / INSTITUTO GEOGRÁFICO MILITAR (1989): Atlas de la Republica Argentina. Sexta edicion. Buenos Aires.

FERREIRA, G. M. L. (1997): Moderno atlas geográfico. 3ª edição atualizada e ampliada. São Paulo.

GOVERNO DO ESTADO DO RIO GRANDE DO SUL (1983): Mapa da vegetação original, vegetação atual e ação antrópica do Estado do Rio Grande do Sul. 1:1.000.000. Porto Alegre.

GOVERNO DO ESTADO DO RIO GRANDE DO SUL (1985): Solos. 1:1.800.000. Porto Alegre.

GOVERNO DO ESTADO DO RIO GRANDE DO SUL (1986): Micro-regiões homogêneas. 1:1.800.000. Porto Alegre.

GOVERNO DO ESTADO DO RIO GRANDE DO SUL (1989): Mapa morfológico. 1:900.000. Porto Alegre.

GOVERNO DO ESTADO DO RIO GRANDE DO SUL (1997): Divisão Municipal. 1:1.250.000. Porto Alegre.

IBGE (1966): Atlas nacional do Brasil. Rio de Janeiro.

IBGE (1972): Carta do Brasil ao milionésimo. Rio de Janeiro.

MINISTÉRIO DO EXÉRCITO / DIRETORIA DOS SERVIÇOS GEOGRÁFICOS (1980): Carta Topográfica do Brasil. 1:50.000, 1:100.000. Div. Blätter. o.O.

SIMIELLI, M. E. (1997): Atlas geográfico escolar. 28ª edição. São Paulo.

ZUSAMMENFASSUNG

Der räumliche, thematische und zeitliche Kern der vorliegenden Arbeit wird von der Untersuchung über sozioökonomische Disparitäten im nordwestlichen Rio Grande do Sul und von der Analyse der offiziellen Entwicklungsstrategien, die in diesem Bundesland in den 90er Jahre aufgestellt worden sind, gebildet.

In *Kapitel 1* werden Problemstellung und Zielsetzung der Arbeit abgesteckt und das zentrale Thema der Arbeit, regionale Entwicklungspolitik, wird in einen übergeordneten Rahmen eingebettet.

Die Problemstellung kann folgendermaßen umrissen werden: Das Thema Regionalentwicklung ist in einem Land mit ausgeprägten räumlichen Differenzierungen, wie es in Brasilien der Fall ist, kaum aus der Politik der Bundesregierung und der Landes- und Kommunalregierungen wegzudenken. Auch Rio Grande do Sul, ein Bundesland, das durch ein relativ hohes Entwicklungsniveau, aber auch durch tiefgreifende sozioökonomische Disparitäten gekennzeichnet ist, stellt in dieser Hinsicht keine Ausnahme dar. In den 90er Jahren hat sich unter den *gaúchos* die Auffassung durchgesetzt, dass eine Entwicklungspolitik, die komplexe regionale Strukturen berücksichtigt und die dezentralisiert, regionalisiert und partizipativ durchgeführt wird, größere Erfolgschancen hat als andere Entwicklungsstrategien, die bisher angewendet worden sind. Diese Grundsätze wurden in der Landesverfassung von 1989 verankert und dadurch bekam die Entwicklungspolitik in Rio Grande do Sul einen eigenständigen Charakter.

Ziel der vorliegenden Untersuchung ist es, diesen Regionalentwicklungsprozess zu analysieren und ihn in seiner Effektivität zu beurteilen. Außerdem wird beabsichtigt, Schwachstellen und Stärken des Prozesses zu identifizieren sowie grundlegende Erkenntnisse zu gewinnen, die eine fundierte Stellungnahme zu den Perspektiven und der Transferierbarkeit des dahinterstehendes Modells ermöglichen.

Die thematische Einbettung in eine übergeordnete Dimension rechtfertigt sich dadurch, dass Rio Grande do Sul eine periphere Lage im föderativen Brasilien einnimmt und dass die Zentralregierung über mehrere Jahrzehnte alle Entscheidungen über Regionalentwicklungsstrategien selbst in die Hand genommen hatte. So wird zum Ausdruck gebracht, dass Brasilien in vielerlei Hinsicht ein großes 'Mosaik von Gegensätzlichkeiten' darstellt. Die Analyse beginnt mit einem Überblick über die Anfänge der Kolonie und geht bei bestimmten Aspekten der zweiten Hälfte des 20. Jahrhunderts, wie zum Beispiel den neueren Phasen der brasilianischen Wirtschaftsentwicklung, den ökonomischen Stabilisierungsplänen, dem parteipolitischen System und jüngeren Indikatoren der menschlichen Entwicklung zum Teil erheblich mehr in die Tiefe. In Kapitel 1 werden außerdem die Rolle des Staates bei der Regionalentwicklung und die grundlegenden Merkmale der gegenwärtigen nationalen Entwicklungspolitik untersucht.

In *Kapitel 2* werden unterschiedliche theoretische Konzepte der Regionalentwicklung diskutiert, wobei der Umfang der akademischen Diskussionen in diesem Kontext eine thematische Abgrenzung erfordert. So werden hauptsächlich Überlegungen über die Beziehungen zwischen den wichtigsten Theorien der Regionalentwicklung und der brasilianischen Regionalentwicklungspolitik seit den 50er Jahren dargestellt. Es wird einerseits beobachtet, wie in Bezug auf die Regionalentwicklungspolitik in den 80er Jahren grundsätzliche Veränderungen stattgefunden und wie sich dadurch neue Handlungsspielräume und Perspektiven für Bundesländer und Regionen eröffnet haben.

Andererseits lässt sich feststellen, dass die akademische Diskussion um die sogenannten großen Entwicklungstheorien in eine allgemeinen Ratlosigkeit einmündete, als in den 80er Jahren Länder unterschiedlicher politisch-ökonomischer Auffassungen nacheinander in der Krise gerieten. So sind auf theoretischer Ebene die Diskussionen über Regionalentwicklung immer mehr zu regionalspezifischen bzw. räumlich definierten Problemstellungen übergegangen, bei denen soziale und ambientale Aspekte eine größere Rolle spielten. Im Hinblick auf manche komplexe regionalen Problemstellungen war die deutsche geographische Forschungstätigkeit in Brasilien von so großer Bedeutung, dass es gerechtfertigt erscheint, dass an diesem Punkt der Analyse einige Ansätze der anthropogeographischen Entwicklungs(länder)forschung kurz erörtert werden.

Außerdem wird im zweiten Kapitel die Diskussion um den Entwicklungsbegriff um zwei weitere und ergänzende Perspektiven erweitert, und zwar werden die historisch-semantischen Wurzeln des Begriffs kurz erörtert und der Begriffsinhalt epistemisch-systematisch analysiert. Die genaue Kenntnis der Begriffsunterschiede ist vor allem dann wichtig, wenn man die Absicht hat, Entwicklungsprozesse nicht nur zu beschreiben, sondern sie auch zu beeinflussen. Im letzten Teil des Kapitels werden drei Begriffe, die im Rahmen der Arbeit eine wichtige Rolle spielen, näher definiert: regionale Disparitäten, Partizipation und endogene Regionalentwicklung.

Kapitel 3 ist der Methodik der Arbeit gewidmet. Es wird eine kurze Einführung in eine von PATTON vorgeschlagene Forschungstypologie dargestellt, mit der Absicht, die Ziele der Feldforschung konkret zu definieren. Außerdem werden einzelne Forschungsmethoden kommentiert und die wichtigsten Instrumente, die während der Feldforschung Anwendung fanden, kurz umrissen.

In *Kapitel 4* werden die grundlegenden physisch-geographischen Aspekte des Untersuchungsgebietes dargestellt. Die Untersuchungsregion Noroeste Colonial wird von 31 Munizipien gebildet und nimmt eine Fläche von 9.918 km² im Nordwesten von Rio Grande do Sul ein, was etwa 3,5% der Landesfläche entspricht. Andere räumliche Merkmale und Gegebenheiten der Region, die in diesem Kapitel näher beschrieben und veranschaulicht werden, sind Boden, Relief, Klima, Gewässernetze und Vegetationsformen. Es geht dabei weniger um die reine Beschreibung der physisch-geographischen Aspekte als vielmehr um die Charakterisierung von natürlichen Engpassfaktoren oder Entwicklungspotentialen, die in Verbindung mit menschlichem Eingreifen entstehen können.

Die anthropogeographischen Aspekte des Untersuchungsgebietes sind in *Kapitel 5* ausführlich beschrieben. Es werden u. a. unterschiedliche Aspekte über Besiedelung, Bevölkerungsdynamik, regionale Wirtschaftsentwicklung und Infrastrukturausstattung der Region dargestellt. Im Großen und Ganzen lassen sich diese Aspekte folgendermaßen zusammenfassen: Die menschlichen Eingriffe und Handlungen in der Region Noroeste Colonial sind vorwiegend in den letzten hundert Jahren vorgekommen und können in drei Phasen unterteilt werden:

(a) von den Anfängen der Kolonisation (Ende des 19. Jahrhunderts) bis um 1960, wo eine diversifizierte Landwirtschaft (kleine Landbetriebe) vorherrschte;

(b) von 1960 bis Mitte der 80er Jahre, wo die nationale Agrar- und Außenhandelspolitik einen gewaltigen Umbruch in der regionalen Produktionsstruktur ausgelöst hat; und schließlich

(c) von der Mitte der 80er Jahre bis zur Gegenwart, wo die Herausforderung einer wirtschaftlichen Umstrukturierung im Gange ist.

In den letzten drei Kapiteln wird vorwiegend empirisches Datenmaterial über die Region Noroeste Colonial bearbeitet und Forschungsschwerpunkte, die mehr oder weniger mit der regionalen Entwicklung zu tun haben, werden hervorgehoben:

Gegenstand der ausführlichen Untersuchung in *Kapitel 6* ist die regionale Entwicklungspolitik, welche die Landesregierung seit Anfang der 90er Jahre umzusetzen versucht. Diese Politik wird beschrieben und charakterisiert und es wird untersucht, welcher Handlungsspielraum vorhanden ist und was die Auswirkungen dieser Politik sind. Knapp zusammengefasst kann man sagen, dass die regionale Entwicklungspolitik in Rio Grande do Sul von zwei gegensätzlichen politisch-administrativen Vorgängen gekennzeichnet ist, die im Endeffekt ein und dasselbe Ziel haben, nämlich: sozioökonomische Entwicklung zu fördern. Zum einen ist es der Prozess der stetigen Neubildung von Munizipien, der eine wachsende Fragmentierung der Macht und der Ressourcen darstellt, und zum anderen sind es die unterschiedlichen Regionalisierungsansätze, die von der Landesregierung eingeleitet und teilweise gefördert werden.

Zunächst werden im sechsten Kapitel unterschiedliche Aspekte und Zusammenhänge der genannten Vorgänge aus einer historischen Perspektive untersucht. Danach konzentriert sich die Arbeit auf ein Fallbeispiel der Regionalentwicklungspolitik in Rio Grande do Sul: die Bildung und Entfaltung des *Conselho Regional de Desenvolvimento do Noroeste Colonial* oder CRD-NORC (Mittlerweile haben sich in ganz Rio Grande do Sul 22 solcher Regionalentwicklungsräte oder CRDs gebildet und die Landesentwicklungspolitik hat eine feste Struktur angenommen). Anhand dieses Fallbeipiels wird das Riograndenser Modell zur regionalen Entwicklung ausführlich analysiert und die wichtigsten Anhaltspunkte des Prozesses werden festgehalten. Die Untersuchung umfasst eine Periode, die im Vorfeld der offiziellen Einsetzung der *Conselhos Regionais de Desenvolvimento* beginnt (1990) und bis zu den Auseinandersetzungen anlässlich der Einführung des *Orçamento Participativo* in Rio Grande do Sul (1999) reicht.

Schließlich wird in *Kapitel 6* noch ein weiterer Aspekt untersucht: die Bedeutung von öffentlichen Investitionen für die Regionalentwicklung. Es muss in diesem Zusammenhang berücksichtigt werden, dass die brasilianische Bundesregierung die Formulierung einer makro-ökonomischen Regionalentwicklungspolitik schon Mitte der 80er Jahre praktisch ad acta gelegt hat. Dadurch gewinnt die Rolle der Landespolitik im Hinblick auf regionale Disparitäten enorm an Gewicht, nicht zuletzt, weil Kommunen im Durchschnitt knapp 20% ihrer Ausgaben über eigene Steuermittel decken, was anhand von empirischem Datenmaterial über die Munizipien im Untersuchungsgebiet eindeutig und erschöpfend belegt wird.

Die wichtigsten regionalen Disparitäten in Rio Grande do Sul werden in *Kapitel 7* untersucht. Anhand einer Reihe von Entwicklungsindikatoren wurden 22 CRD-Regionen untereinander verglichen und die Ergebnisse wurden in Schaubildern dargestellt. Es wurde damit nicht die Absicht verfolgt, die unterschiedlichen Situationen in den einzelnen Regionen im Detail zu untersuchen, vielmehr wird für bestimmte überregionale Sachverhalte eine allgemeine Erklärung geliefert.

Mit der Festlegung von bestimmten Standards war es möglich, einen relativen Entwicklungsrang der Regionen festzulegen und zu beobachten, auf was für Bereiche sich die größten sozioökonomischen Disparitäten in jeder Region konzentrieren. Im Fall der Region Noroeste Colonial haben sich drei unterschiedliche Situationen herausgestellt: die Gesundheitsindikatoren liegen deutlich über den entsprechenden Landesdurchschnitten; die Bildungsindikatoren der Region und des Landes sind vergleichbar und die ökonomischen Indikatoren der Untersuchungsregion liegen eindeutig unter den durchschnittlichen Wirtschaftsindikatoren des Landes.

In diesem Zusammenhang werden die Entwicklungsprojekte, die von dem CRD-NORC zwischen 1996 und 1998 aufgestellt und an die Landesregierung weitergegeben worden sind, näher betrachtet. Eine detaillierte Bilanz über abgelehnte oder durchgeführte Entwicklungsprojekte im Rahmen der CRD-NORC-Aktivitäten zu machen, ist aus unterschiedlichen Gründen nicht möglich. Aber am Beispiel der regionalen Entwicklungsprojekte, die in den Haushaltsplan der Landesregierung für das Jahr 1999 aufgenommen worden sind, lassen sich - aus der Sicht der Bevölkerung der Untersuchungsregion - die wichtigsten Investitionsprioritäten erkennen.

Schließlich wird in *Kapitel 8* noch ein weiterer Aspekt unter die Lupe genommen, der für die regionale Entwicklung im Allgemeinen und für die sozioökonomische Entwicklung der Region Noroeste Colonial im Besonderen von großer Bedeutung sein kann: die grenzüberschreitenden Verflechtungen. Damit ist vor allem der Einfluss des Mercosul auf den formellen und informellen Sektor der Untersuchungsregion gemeint. Nach einer kurzen Information über theoretische Integrationsmodelle und über Vorläufer, Entwicklung und Perspektiven des Mercosul werden die offiziellen Außenhandelsbeziehungen der Unternehmen der Region und die grenzüberschreitenden Verflechtungen des informellen Sektors eingehend untersucht. Für beide Analysen wurde eine große Menge an empirischem Datenmaterial erhoben.

Im Detail bedeutet dies: Einerseits wurde die Entwicklung der direkten und offiziellen Außenhandelstransaktionen der Unternehmen der Region in den letzten 10 Jahren erforscht und die empirischen Ergebnisse wurden analysiert. Dabei hat sich herausgestellt, dass der Mercosul ganz spezifische Wandlungsvorgänge in der Außenhandelsstruktur der Region hervorgerufen hat, obwohl diese Wandlungsvorgänge nur wenige Unternehmen betreffen. Aber die allgemeine Befürchtung, dass der Mercosul wichtige Wirtschaftsstrukturen des primären Sektors in Rio Grande do Sul beeinträchtigen könnte, hat sich nicht bestätigt.

Andererseits konnten aufgrund einer ausführlichen Befragung der sogenannten *camelôs* charakteristische Merkmale ihrer Lebensverhältnisse und verschiedener Aspekte ihrer Aktivitäten ermittelt werden und ein ausführliches Profil der *camelôs* und der informellen grenzüberschreitenden Verflechtungen der Region Noroeste Colonial erstellt werden. Es zeigte sich unter anderem, dass die Gruppe der *camelôs* vorwiegend aus Menschen besteht, die aus dem formellen tertiären Sektor ausgeschieden sind.

Als Fazit lässt sich feststellen: Die in Rio Grande do Sul eingeschlagene Politik zur Regionalentwicklung hat ohne Zweifel der Bevölkerung ein gewichtiges Maß an Partizipation bei den politischen Entscheidungen über prioritäre Investitionen der Landesregierung gesichert. Ferner hat sich auch bestätigt, dass die politische Dezentralisierung und die Regionalisierung der öffentlichen Ressourcen einen (wenn auch nur geringen) Beitrag zur Entschärfung von regionalen Disparitäten leisten können, vor allem dann, wenn regionale Defizite oder spezifische soziale Ansprüche der Bevölkerung klar definiert und von der Landesregierung ernstgenommen werden. Andererseits hat sich am Beispiel der vorliegenden Untersuchung auch gezeigt, dass eine Regionalentwicklungspolitik nicht ausschließlich auf Partizipation der Bevölkerung, auf politischer Dezentralisierung und auf Regionalisierung der öffentlichen Ressourcen einer untergeordneten Regierungsebene (Landesregierung) basieren kann, ganz besonders dann, wenn es um die konkrete Beseitigung bzw. Entschärfung von vorwiegend ökonomischen Disparitäten geht.

Wenn man sich auf die bedeutendsten regionalen Disparitäten der Untersuchungsregion Noroeste Colonial konzentriert, wird man feststellen, dass sie in Bereichen liegen, in denen die Einflussmöglichkeiten der Lokal- und der Landesregierung äußerst eingeschränkt ist – den Bereichen Produktion, Beschäftigung und Einkommen. In diesem Zusammenhang spielen auch andere Faktoren, wie zum Beispiel die nationale Steuer- und Regionalentwicklungspolitik, die Entwicklung von grenzüberschreitenden Verflechtungen und das günstige Zusammenwirken interner Potentiale eine wesentliche Rolle.

Schlüsselwörter: Entwicklungspolitik, regionale Entwicklung, sozioökonomische Disparitäten, Partizipation, nordwestliches Rio Grande do Sul, Brasilien.

SUMMARY

This dissertation is based on an investigation into socio-economic disparities in the Northwestern part of the state of Rio Grande do Sul / Brazil and on an analysis of official strategies of development implemented there in the 1990s. Both the investigation and the analysis form the core of this dissertation, defining not only the quintessence of its subject but also its geographical range and the period it deals with.

The general hypothesis underlying this study is the presumption that questions of regional development will continually be dealt with by the state government in spite of the relatively high level of development that the state of Rio Grande do Sul has reached.

People in Rio Grande do Sul (the so-called *gaúchos*) are convinced that a policy of development which takes into account regional structures and is carried out according to the principles of decentralization, regionalization and participation is more likely to be successful than any other policy. It is through these principles, which were laid down in the State Constitution of 1989 that the policy of development in the state of Rio Grande do Sul has acquired its unique character.

It is the objective of this dissertation to analyse the process of development in Rio Grande do Sul and to assess its effectiveness. Moreover, it is intended to identify advantages and disadvantages of the process in question and, in doing so, to gain knowledge that makes it possible to properly judge both the perspectives and the transferability of the paradigm that this policy and the ensuing process of development are based on.

In a first step the objective of his dissertation is defined and the nature of the issues to be dealt with are outlined. In a second step the central theme of 'regional development' is unfolded in its larger context. This seems to be necessary and justifiable. After all, Rio Grande do Sul is situated on the periphery of the Federal Republic of Brazil – and over a period of several decades the federal government insisted on the right to take all decisions concerned regional strategies of development itself. Moreover, the dissertation demonstrates that Brazil must be seen as a 'mosaic of contrasts' in many ways.

The theoretical foundation of this dissertation comprises the discussion of different plans of regional development. It is mainly reflections on the relation between the most important theories of regional development and the official policy of development in Brazil from the 1950s onwards that are portrayed here. It is worth noticing that the theoretical discussion of regional development has more and more focused on specific regional issues and on questions of limited (local or regional) importance and that social as well as environmental aspects have been included.

There are some complex regional issues in Brazil that have aroused the interest of German geographers, whose research is of some significance. Full appreciation of the German contribution requires that some anthropogeographical approaches in regional development be outlined here.

The present discussion about the term 'development' is extended in so far as two complementary aspects are added: the semantic roots and epistemic-systematic definition of the term.

The third chapter deals with methodological questions. It contains a short introduction into Patton's typology of research, which is used for the purpose of defining the practical objectives of the field research carried out within the scope of this dissertation. Moreover, the most important methods used in this field research are presented and explained.

It is the purpose of the second part of this dissertation to point out the most important geographical features and anthropogeographical aspects of the area under investigation: Noroeste Colonial. The area under investigation consists of 31 municipalities and covers an area of 9.918 square kilometres in the Northwestern part of Rio Grande do Sul, an area which is equivalent to ca. 3,5% of the total area of the state.

Activities and changes that have visibly affected the area under investigation have mainly occurred during the last 100 years and can divided into 3 phases:

(a) the period from the beginnings of the colonisation (towards the end of the 19th century) up to 1960, when diversified agriculture on small farms prevailed;

(b) the period from 1960 to the middle of the 1980s, during which the national policy of both agriculture and foreign trade brought about a tremendous change in the regional structure of production; and finally

(c) the period from the middle of the 1980s to the present – a period in which economic restructuring is the new challenge.

In order to understand the present policy of state development it is helpful indeed to have a look back to the times when political-administrative structures first emerged: In 1804 Rio Grande do Sul was subdivided for the first time - into 4 municipalities. Up to 1950 another 88 were founded and between 1950 and 1996 the number of municipalities more than quintupled.

The state government has reacted with various attempts aimed at regionalization. However, very few of them have been successful in practice. The latest approach towards regionalization provides that councils of regional development be set up whose job it is to define public investment activities according to the principles of decentralization, regionalization and participation.

This approach towards development has been granted some space in this thesis, with one of the first councils of regional development, the so-called *Conselho Regional de*

Desenvolvimento do Noroeste Colonial, serving as a case in point. Meanwhile several experiences have been made as to distribution of public financial resources and the present discussion about the formulation of strategies of development focuses on the question of how far participation should go and where it should end.

Public investment activities are of great importance to regional development. In spite of its extraordinary system of tax distribution Brazil is bound to end up in certain chaotic circumstances such as constant lack of public services and investment activities, because the responsibilities of federal government, state government and local authorities are not clearly defined.

Only a little less than 20% of the expenses of communities are covered by taxes levied by the communities themselves. This shows that politics play an important part as for as regional infrastructure is concerned. The way public financial resources are distributed on community level shows which sectors claim public financial resources – and to know about this is of some importance for the formulation of strategies of development.

The regions of Rio Grande do Sul are compared with each other by means of various indicators of development. After certain standards have been laid down it is possible to point out the ranking of regions and also their ailing sectors. As far as the region of 'Noroeste Colonial' is concerned three different findings must be mentioned: The health indicators are visibly higher on the scale than the average of the corresponding state indicators, whereas the educational indicators of the region are pretty much the same as those of the state. The economic indicators, however, are on a level that is clearly below the average of economic indicators of the state.

Last but not least the official foreign trade relations of the firms in the region of 'Noroeste Colonial' and the border-crossing interactions of the informal sector are analysed and a large amount of empirical data is sifted through.

There can be no doubt: The most serious problems of the region under investigation are to be found in areas in which the influence of local and regional authorities is limited – in the sectors of production, employment and income. Measures of decentralization, regionalization of financial resources and participation of the population can surely contribute to reducing socio-economic disparities. However, one should not forget that regional development does not depend on these factors only.

Key terms: policy of development, regional development, socio-economic disparities, participation, Northwestern part of Rio Grande do Sul, Rio Grande do Sul, Brazil

RESUMO

O enfoque temático, espacial e temporal do estudo em questão concentra-se nas principais disparidades sócio-econômicas do noroeste gaúcho em relação às demais regiões do estado e nas estratégias e políticas de desenvolvimento experimentadas no Rio Grande do Sul, no decorrer dos anos 90. A primeira parte do trabalho, subdividida nos capítulos 1, 2 e 3, encerra uma discussão sobre a inserção do Rio Grande do Sul na questão do desenvolvimento regional brasileiro, bem como a base teórico-metodológica do estudo.

O estudo parte do pressuposto de que as questões relacionadas ao desenvolvimento regional deverão continuar pautando a ação política dos governos federal e estaduais nas próximas décadas, inclusive no Rio Grande do Sul. Em comparação aos seus congêneres brasileiros, o Rio Grande do Sul é um estado que apresenta altos índices de desenvolvimento humano (de acordo com levantamentos realizados pelo IPEA / PNUD - IDH) mas também é um estado caracterizado por diferenças socioeconômicas regionais marcantes.

Entre os diversos agentes sociopolíticos presentes no cenário riograndense, há o senso comum de que qualquer projeto de desenvolvimento no estado precisa considerar estruturas regionais complexas e muito distintas entre si. Há também um certo consenso em torno de uma concepção estratégica: creditam-se as maiores chances de êxito à políticas de desenvolvimento regional que tenham seus processos implementados de forma descentralizada, regionalizada e participativa.

Estas considerações foram contempladas na Constituição Estadual do Rio Grande do Sul em 1989 e, desde então, vêm sendo discutidas pela população, por segmentos organizados da sociedade civil e pelo governo estadual. A implementação de mecanismos ou estratégias descentralizadas, regionalizadas e participativas de desenvolvimento regional é, portanto, um processo dinâmico oficialmente instituído e que vem sendo continuamente aprimorado na política administrativa gaúcha.

O objetivo principal deste estudo é analisar o modelo de desenvolvimento regional implementado no Rio Grande do Sul, visando avaliá-lo em sua eficácia. Além deste objetivo, o trabalho busca identificar as principais deficiências e os pontos fortes deste processo, bem como obter conhecimentos que possibilitem e fundamentem uma tomada de posição sobre as perspectivas e condições sob as quais este modelo de desenvolvimento regional é transferível para outras regiões, estados ou países.

Após explicitar os objetivos do trabalho, o estudo inicia uma abordagem sobre desenvolvimento regional a partir de uma perspectiva nacional, visando enquadrar a temática proposta numa dimensão sobrejacente. Esta abordagem se justifica basicamente por duas razões: primeiro, o Rio Grande do Sul é um estado federativo de localização periférica e, segundo, por várias décadas o poder central reservou exclusivamente para si as principais decisões sobre estratégias de desenvolvimento regional.

O estudo procura realçar o fato de que, sob diversos aspectos, a República Federativa do Brasil pode ser comparada a um grande 'mosaico de contraditórios'. Esta análise inicia de modo sucinto nos primórdios do Brasil-colônia e vai se aprofundando gradativamente em alguns aspectos relevantes da segunda metade do século XX, como por exemplo: fases do desenvolvimento econômico brasileiro, planos de estabilização econômica, o sistema político-partidário e os indicadores mais recentes do desenvolvimento humano nos estados. O papel do estado e a questão do desenvolvimento regional no Brasil nas últimas décadas são outros temas abordados neste primeiro capítulo, que encerra com uma análise sobre as características básicas da atual política nacional de desenvolvimento.

A discussão sobre o conceito de *desenvolvimento regional* envolve a base teórica deste estudo. A amplitude e a profundidade das discussões científico-acadêmicas difundidas no contexto deste conceito exigem uma focalização temática definida. Assim, o estudo procura concentrar-se na relação entre as principais teorias de desenvolvimento econômico com a política de desenvolvimento regional brasileira a partir dos anos 50.

O questionamento dos meios acadêmicos em relação às chamadas grandes teorias do desenvolvimento econômico acabou desembocando na perplexidade geral que se instalou nos anos 80, quando vários países de diferentes sistemas político-econômicos passaram a enfrentar as mais variadas crises e problemas. Sobretudo nos países latinoamericanos o crescimento desordenado do estado conduziu a uma entropia econômica e ao conseqüente esgotamento da capacidade governamental de investir. A partir da década de 80, o Brasil perdeu a linha norteadora de sua política de desenvolvimento regional, afundou em sucessivas crises políticas, sociais e econômicas e os efeitos da globalização acentuaram o cenário de indefinições.

A nível teórico a discussão sobre desenvolvimento regional passou a enfatizar questões mais específicas e processos espacialmente mais definidos, ao mesmo tempo em que se aprofundaram as discussões sobre a sustentabilidade dos processos de desenvolvimento e as implicações ambientais e sociais intrínsecas.

Neste ponto do estudo são analisadas algumas afinidades e influências recíprocas entre o tema *desenvolvimento regional* e a geografia humana, enfatizando-se o pioneirismo acadêmico alemão nesta área do conhecimento, com diversas pesquisas empíricas pioneiras realizadas em diversas regiões do Brasil.

A seguir, o estudo aborda duas dimensões complementares do conceito-chave deste estudo: são explicitadas as raízes histórico-semânticas do termo *desenvolvimento* e o conteúdo desse conceito é analisado numa perspectiva epistêmico-sistemática. Com base nesta análise é possível compreender com maior clareza o que se entende por desenvolvimento, um conceito emprestado da biologia, onde as suas diferenciações são muito nítidas e elucidativas. A exata compreensão destas diferenças é importante, principalmente quando se objetiva não apenas descrever processos de desenvolvimento, mas também influenciá-los.

O segundo capítulo encerra com a explicitação de três termos que detêm um significado especial, pois perpassam este estudo com maior freqüência: disparidades espaciais, participação e desenvolvimento regional endógeno. Cada um destes termos é analisado separadamente com o objetivo de precisar com maior exatidão possível o sentido de cada conceito no contexto do presente trabalho. Procura-se também verificar em que outros contextos e quais significados estes termos podem assumir na pesquisa acadêmica.

No terceiro capítulo é feita uma abordagem sobre a metodolgia da pesquisa e do trabalho como um todo e são apresentados e comentados os principais instrumentos, restrições e resultados da pesquisa empírica.

Considerando que as pesquisas científicas (ou possibilidades de pesquisa científica normalmente) se realizam em algum ponto indefinido entre a teoria e a prática, o estudo tomou como referência uma classificação de diferentes tipos de pesquisa (proposta por PATTON), para definir com maior exatidão os seus objetivos: não se trata de uma chamada pesquisa básica, onde se objetiva descobrir a 'verdade das coisas' a fim de propiciar uma contribuição teórica relevante, assim como também não se trata de uma chamada pesquisa-ação, onde se pretende resolver determinado problema o mais rápido possível.

Os objetivos básicos da pesquisa empírica realizada no âmbito deste estudo tem por finalidades: i) entender a natureza e as causas dos problemas socioeconômicos da região Noroeste Colonial no Rio Grande do Sul, ii) compreender e avaliar o processo de desenvolvimento regional desencadeado pelo governo estadual nos anos 90 e iii) identificar deficiências e propor medidas que contribuam no aperfeiçoamento deste processo e no melhoramento da qualidade de vida na região. Desta forma, a pesquisa empreendida na consecução deste estudo mescla características de três tipos diferentes de pesquisa científica: pesquisa aplicada, de avaliação de resultados e de avaliação formativa.

Além da coleta de informações em diversas cidades e instituiçoes e da tabulação de dados secundários obtidos em diferentes fontes, a parte empírica propriamente dita também envolveu o levantamento de informações primárias em pesquisa de campo nos municípios da região estudada, através de instrumentos como entrevistas, aplicação de questionários, mapeamento, participação efetiva em reuniões e observação pessoal.

Entre os principais dados primários levantados destacam-se três conjuntnos: a aplicação de um questionário com aproximadamente 70 perguntas a cerca de 120 camelôs da região; a busca de informações sobre operações de importação e exportação junto a todas as empresas da região que operam com comércio exterior e a busca de informações sobre a estrutura administrativa e de pessoal em todas as 31 prefeituras da região pesquisada.

Na segunda parte do trabalho, composta pelos capítulos 4 e 5, são abordadas e analisadas as principais características físico-espaciais e antropogeográficas da chamada região Noroeste Colonial do Rio Grande do Sul.

A região Noroeste Colonial é composta por 31 municípios que abrangem uma área de 9.918 km², correspondente a 3,5% da superfície total do estado do Rio Grande do Sul. Está situada entre os paralelos 27° e 29° de latitude Sul e os meridianos 53° e 54°30' de longitude Oeste. Em relação à estrutura geológica cabe mencionar que a região faz parte do Planalto Riograndense, que por sua vez integra o Planalto Meridional Brasileiro. O relevo da região Noroeste Colonial não apresenta grandes acidentes geográficos; a altitude varia entre 550 m na Serra do Alto-Uruguai e 120 m no Vale do Rio Uurugai. O clima é subtropical com temperatura anual média em torno de 18-19° C, com um regime pluviométrico equilibrado: cerca de 1.500 mm de pluviosidade anual, distribuída em mais de 100 dias de chuva por ano. Originalmente a região Noroeste Colonial apresentava três tipos característicos de vegetação natural: no planalto propriamente dito, fímbrias dos chamados campos limpos (campanha) entrecortavam algumas matas de araucária, enquanto que nas escarpas do Uruguai predominavam as florestas subtropicais multifoliadas. A partir da década de 50 a ação antrópica alterou consideravelmente a fisionomia da cobertura vegetal, que atualmente se caracteriza pela policultura com predomínio da soja.

A análise dos processos antrópicos que ocorreram no noroeste gaúcho é relativamente detalhada: inicia com uma breve explanação sobre as principais questões territoriais fronteiriças e de ocupação do espaço sulbrasileiro, aborda os principais elementos do processo de colonização européia no estado e enfoca mais especificamente o processo de colonização e formação político-administrativa das comunidades na região pesquisada, que se deu a partir do final do século XIX.

O desenvolvimento econômico do noroeste gaúcho e, por extensão, da região Noroeste Colonial, pode ser subdividido em três fases distintas. A primeira fase inicia nos primórdios da colonização (em torno de 1900) e vai até por volta de 1960, quando a policultura e a agropecuária diversificada predominava em pequenas propriedades rurais. Na segunda fase, que vai do início dos anos 60 até meados dos anos 80, a política agrícola e de comércio exterior brasileira desencadeou um processo de modernização da agricultura, que se baseava na produção de soja e trigo, causando profundas transformações no sistema produtivo e nas estruturas sociais da região. E com o deslocamento das fronteiras agrícolas para o Centro-Oeste e Norte do país, inicia a terceira fase do desenvolvimento econômico no noroeste gaúcho, que exige uma reestruturação socioeconômica da região. Esta fase, que se extende até os dias atuais, se caracteriza pela gradativa degradação econômica (sobretudo no setor primário), social (sobretudo nos meios urbanos) e ambientais (nos meios urbanos e rurais) e pela busca de alternativas e reorientação da estrutura produtiva.

Neste contexto, a consolidação do Mercosul surge como uma solução aparente. Mas, em função da localização periférico-fronteiriça e da política de segurança nacional durante o regime militar, praticamente não se desenvolveram na região relações interfronteiriças capazes de desencadear qualquer processo econômico significativo. Além disso, as estruturas produtivas lá e cá (nordeste argentino e noroeste gaúcho) apresentam muitas semelhanças, e, por consequência, são matrizes produtivas concorrentes entre si, embora voltadas principalmente para o mercado interno.

A terceira parte deste estudo (composta pelos capítulos 6, 7 e 8) aborda três aspectos diferentes mas, sob vários aspectos, interdependentes: a política gaúcha de desenvolvimento regional, as disparidades socioeconômicas nas diferentes regiões e as implicações da consolidação do Mercosul no noroeste do estado. É nesta parte que a coleta de dados primários e secundários tem uma maior aplicação. O eixo temático central e norteador da pesquisa empírica e das análises que seguem, foi o desenvolvimento regional.

Para entender as características básicas da atual política de desenvolvimento regional no Rio Grande do Sul é necessário inicialmente tomar como referência o processo da formação político-administrativa dos municípios e das regiões no estado, bem como suas mudanças no decorrer do tempo. Ao contrário das divisas externas, que nos últimos 200 anos permaneceram estáveis, as divisões internas são extremamente dinâmicas: em 1804 o Rio Grande do Sul sofreu sua primeira divisão administrativa, dando origem aos 4 primeiros municípios. Até 1950 foram criados outros 88 municípios e entre 1950 e 1996 este número quintuplicou.

Em sentido contrário aos contínuos processos de emancipação de municípios (ou fracionamento administrativo), o governo do estado e outras instituições desencadearam diversos processos de regionalização do estado, ou seja, a formação de regiões como uma estrutura intermediária entre estado e municípios. Das diversas tentativas de regionalização propostas, algumas foram abandonadas enquanto outras subsistiram e coexistem, assumindo as mais diversas finalidades (administrativas, estatísticas, políticas, etc).

Uma das mais recentes tentativas de regionalização efetuadas no Rio Grande do Sul é decorrente do processo de redemocratização da sociedade brasileira e do espaço concedido pelo governo central aos governos estaduais no que diz respeito ao tratamento das questões regionais. Com base nas determinações da Constituição Estadual de 1989, que incorporou em seu texto a demanda da população gaúcha por uma maior auto-determinação, foram criados os chamados Conselhos Regionais de Desenvolvimento (CRDs), cujo objetivo central era o de propiciar a desconcentração administrativa e a participação popular na determinação de estratégias de investimento de recursos públicos.

O processo de regionalização vinculado à formacão dos CRDs foi implantado com relativa rapidez, ou seja, entre 1991 e 1992 todos os municípios do estado haviam se organizado em torno de 22 conselhos regionais; o processo de descentralização administrativa dos recursos públicos e a definição dos mecanismos da participação popular não acompanhou essa dinâmica e continua sendo amplamente discutido em todo o estado no final dos anos 90.

O presente estudo acompanha de perto a fase de discussão e definição das diretrizes gerais do estado no tocante ao estabelecimento de uma política de desenvolvimento regional própria, tomando como exemplo a constituição e a consolidação de um dos CRDs pioneiros neste processo: o Conselho Regional de Desenvolvimento do Noroeste Colonial (CRD-NORC). Além dos problemas e desafios enfrentados pelo CRD-NORC durante a sua estruturação, são descritos e analisados os projetos de desenvolvimento encaminhados pela região ao governo do estado, bem como os resultados alcançados na fase de implantação.

A introdução de novos mecanismos e instrumentos de desenvolvimento regional exigiu adequações na máquina administrativa do governo estadual e a assimilação dos processos por parte dos CRDs e seus representantes. Por outro lado, as características básicas desta nova política de desenvolvimento regional, ou seja, descentralização e participação, foram e ainda são interpretadas de formas muito diferentes e particulares a cada mudança de governo. A discussão atual gira basicamente em torno da questão até que ponto deve chegar a descentralização administrativa e a participação popular na definição de estratégias regionais e decisões sobre investimentos públicos.

A importância dos investimentos de recursos públicos no desenvolvimento regional é analisada a partir do conjunto de recursos arrecadados e gastos pelas três esferas de governo no Brasil. Apesar de o Brasil possuir um dos sistemas mais avançados de distribuição dos recursos públicos, a sobreposição e indefinição de competências entre governo federal, estadual e municipal, contribui decisivamente para gerar um caos nos serviços públicos.

Considerando que o governo federal praticamente deixou de lado a formulação de uma política macroeconômica de desenvolvimento regional e se concentra na administração de grandes projetos específicos, o papel do governo estadual assume grande importância no tratamento e atendimento de questões regionais. Isto se dá sobretudo em função de que os municípios arrecadam, em média, menos de 20% de seus gastos totais e dependem em grande parte de recursos federais e estaduais.

Esta dependência acentuada de recursos externos se verifica em praticamente todos os 31 municípios da região Noroeste Colonial. Com a análise da distribuição dos recursos públicos municipais é possível descobrir em que setores estes recursos são aplicados e em qual proporção, bem como comparar os municípios entre si. Evidencia-se assim, com relativa clareza, as principais áreas de serviços públicos que são assumidas pelas administrações municipais. Na definição de estratégias de desenvolvimento local e regional este é um dado fundamental.

Finalizando esta parte da análise, o capítulo 6 aborda um aspecto complementar: apesar da escassez de recursos oriundos da arrecadação tributária, os estados e municípios brasileiros se lançaram numa guerra fiscal sem precedentes, visando sanar outro problema crônico: o do desemprego crescente. Com o objetivo de conseguir atrair investimentos, fixar capital produtivo e, sobretudo, gerar novos postos de trabalho, os governos estaduais e municipais abrem mão (temporariamente) da arrecadação de impostos que lhe cabem. Isto equivale, como se diz no jargão popular, a 'desvestir um santo para vestir outro' e, aparentemente, poucos estão medindo conseqüências.

No sétimo capítulo, as regiões relativas aos 22 Conselhos Regionais de Desenvolvimento do Rio Grande do Sul são comparadas entre si tomando por base alguns indicadores socioeconômicos conhecidos, como por exemplo: densidade populacional, produto interno bruto regional, evolução do produto interno bruto, renda per capita, leitos hospitalares, taxas de mortalidade infantil, coeficientes de alfabetização, índices de escolarização e pobreza. Estes indicadores regionais do desenvolvimento são analisados com base em dados estatísticos recentes e representados graficamente.

A partir da determinação de índices-padrão para cada indicador analisado, foi possível estabelecer o grau de desenvolvimento de cada região e constatar em que áreas se concentram as principais disparidades socioeconomicas da região Noroeste Colonial em relação ao Estado. Constatou-se que a região estudada apresenta três conjuntos de desempenho distintos: na área da saúde os indicadores de desenvolvimento regional estão bem acima da média estadual; na área da educação os indicadores são semelhantes à média estadual e na área econômica os indicadores estão muito abaixo das médias estaduais de desenvolvimento.

Em função destes indicadores, o presente estudo se volta para a análise dos projetos de desenvolvimento elaborados e encaminhados pelo Conselho Regional de Desenvolvimento do Noroeste Colonial do Rio Grande do Sul ao governo estadual nos últimos três anos (1997-99). É possível constatar ali a dimensão dos projetos de desenvolvimento e as principais áreas de demanda regional.

A última parte do estudo em questão aborda a influência do Mercosul na região. Inicialmente a análise se concentra em alguns fundamentos teóricos genéricos sobre processos de integração e em aspectos relacionados aos principais precursores do Mercosul, ao seu desenvolvimento e às suas perspectivas como bloco regional. Após estas considerações introdutórias são analisados alguns aspectos selecionados da (des)integração espacial argentino-brasileira, focalizando o desenvolvimento das principais relações fronteiriças entre o estado do Rio Grande do Sul e as províncias de Corrientes e Misiones.

O estudo encerra com a análise de dois aspectos que envolvem uma grande quantidade de dados empíricos primários: a evolução das relações de comércio exterior das empresas da região nos últimos dez anos e o perfil das relações extrafronteiriças do mercado informal da região.

Quanto ao primeiro aspecto, verificou-se que o coeficiente de comércio exterior da região Noroeste Colonial é muito baixo (com base nos dados disponíveis foi estimado um coeficiente de 0,35% do PIB regional, enquanto que no Rio Grande do Sul este coeficiente é superior a 11%). Isto se traduz no fato de que apenas 29 empresas na região realizam ou já realizaram operações de comércio exterior. Por outro lado, o volume de comércio exterior praticado por estas empresas registra uma taxa de crescimento anual superior a 20%. Um fato curioso se dá com as importações regionais: até 1991 os países do Mercosul eram, com margem absoluta, os principais fornecedores de insumos externos da região. Com o consolidação do Mercosul, estes países perdem importância relativa como fornecedores. Na exportação se dá praticamente o contrário: os países do Mercosul se firmam cada vez mais como principais clientes de comércio exterior das empresas da região.

Ao analisar as transações de comércio exterior sob a ótica dos produtos comercializados, constata-se que o receio generalizado de que o Mercosul traria desvantagens ao setor primário gaúcho não se confirma: a importação de produtos primários é insignificante e o volume de bens de capital exportados cresce continuamente no período.

Finalmente, com base num extenso questionário aplicado durante a pesquisa de campo, foi possível traçar um perfil das relações extrafronteiras do mercado informal da região Noroeste Colonial e dos seus agentes. O levantamento de dados foi realizado exclusivamente junto aos chamados camelôs e as informações tabuladas oferecem um conjunto apreciável de informações sobre a estrutura e a dinâmica deste segmento da economia.

O mercado informal pode ser considerado como um reflexo do estágio e do estado de desenvolvimento socioeconômico de uma região; os camelôs são apenas uma pequena amostra do excedente de mão-de-obra visível no processo produtivo. De acordo com os resultados da pesquisa, boa parte dos camelôs detém experiência de trabalho e está em plena capacidade produtiva. Mas esta mão-de-obra não é absorvida pelo mercado de trabalho regional. Em parte justifica-se através deste exemplo a preocupação de governos locais e estaduais na criação de novos postos de trabalho, pois desenvolvimento regional passa, necessariamente, pela incorporação social e econômica de setores e segmentos marginalizados.

Concluindo, pode-se afirmar que os principais problemas da região Noroeste Colonial se concentram numa área onde a capacidade de influência das administrações municipais e do governo estadual é bastante restrita: produção, emprego e renda. De um modo em geral, os efeitos de mudanças na conjuntura político-econômica nacional se refletem com grande rapidez e intensidade na economia regional.

Sem nenhuma dúvida, a descentralização do poder, a regionalização de recursos e investimentos públicos e a participação popular na definição de estratégias e objetivos, são grandes conquistas sociais. Mas é necessário lembrar que desenvolvimento regional não é apenas um resultado exclusivo destes fatores.

Palavras-chave: políticas de desenvolvimento, desenvolvimento regional, disparidades socioeconômicas, participação popular, noroeste gaúcho, Rio Grande do Sul

ANHANG

FRAGEBOGEN 1: STRUKTUREN DES ÖFFENTLICHEN SEKTORS

Pesquisa de Campo: levantamento sobre
ESTRUTURA ADMINISTRATIVA, DE PESSOAL E ORÇAMENTÁRIA DAS PREFEITURAS MUNICIPAIS DA REGIÃO NOROESTE COLONIAL DO RIO GRANDE DO SUL (31 MUNICÍPIOS)

Prefeitura Municipal de: _____
Endereço: _____
CEP: _____ Tel.: _____ Fax: _____
Responsável pelo preenchimento e função: _____

1 - Dados sobre a estrutura administrativa e de pessoal em 31.12.97:

Nome da Secretaria ou Órgão Municipal	Quadro de pessoal
01.	
02.	
03.	
04.	
05.	
06.	
07.	
08.	
09.	
10.	
11.	
12.	
13.	
14.	
Total de funcionários nas Secretarias ou Órgãos Municipais	
+ funcionários alocados em outros setores / órgãos	
= Total de funcionários públicos municipais (31.12.1997)	
Deste total: Estatutários	
Celetistas	
Cargos de confiança	
Inativos	
Pensionistas	
Contratos emergenciais	
Número de vereadores na Câmara Municipal de Vereadores	
Número de funcionários da Câmara de Vereadores	
Percentual do orçamento municipal destinado à Câmara	

2 – Dados sobre a estrutura orçamentária municipal em 31.12.1997

Quadro n° 1 - Receitas executadas no ano de 1997:

Código	Especificação da receita	Valor em R$	%
1000	Receitas Correntes		
1100	Receitas Tributárias		
1110	Impostos		
1120	Taxas		
1130	Contribuições de Melhoria		
1200	Receitas de Contribuições		
1300	Receita Patrimonial		
1400	Receita Agropecuária		
1500	Receita Industrial		
1600	Receita de Serviços		
1700	Transferências Correntes		
1721	Transferências da União (Governo Federal)		
1722	Transferências do Estado (Governo Estadual)		
1790	Outras Transferências		
1900	Outras Receitas Correntes		
2000	Receitas de Capital		
2100	Operações de Crédito		
2200	Alienação de Bens		
2400	Transferências de Capital		
2500	Outras receitas de Capital		
-	TOTAL DAS RECEITAS		100%

Quadro n° 2 – Despesas executadas no ano de 1997:

Código	Especificação da despesa	Valor em R$	%
3000	Despesas Correntes		
3100	Despesas de Custeio		
3110	Despesas com Pessoal		
3120	Despesas com Material de Consumo		
3130	Despesas com Serviços de Terceiros		
3190	Outras Despesas de Custeio		
3200	Transferências Correntes		
4000	Despesas de Capital		
4100	Investimentos		
4110	Obras e Instalações		
4120	Equipamentos e Material Permanente		
4190	Investimentos Diversos		
4200	Inversões Financeiras		
4300	Transferências de Capital		
9000	Reserva de Contingência		
-	TOTAL DAS DESPESAS		100%

FRAGEBOGEN 2: AUßENHANDELSTRANSAKTIONEN DES FORMELLEN SEKTORS

Pesquisa de Campo: levantamento sobre o
PERFIL DO COMÉRCIO EXTERIOR DAS EMPRESAS DA REGIÃO NOROESTE COLONIAL DO ESTADO DO RIO GRANDE DO SUL E A INFLUÊNCIA DO MERCOSUL

Local: _____   Data: ___/___/___

Nome da empresa: _____
Endereço: _____
Ramo de atividade: _____
Data de fundação: _____ Número de funcionários (dez. 1997): _____
Entrevistado: _____ Função: _____ Tel.: _____

Desde quando esta empresa opera com comércio exterior?   Exportação: _____
                                                          Importação: _____

Com qual país esta empresa iniciou suas atividades de comércio exterior?
Exportação: _____   Produto: _____
Importação: _____   Produto: _____

Qual a importância do MERCOSUL para as atividades de comércio exterior da empresa?
Na Export: [ ] nenhuma   [ ] mínima   [ ] razoável   [ ] fundamental   [ ] _____
Na Import: [ ] nenhuma   [ ] mínima   [ ] razoável   [ ] fundamental   [ ] _____

Síntese das atividades de comércio exterior:

Ano	Atividade	Principais produtos comercializados	Valor em US$	Principais países de Destino / Origem
1986	Exportação			
	Importação			
1987	Exportação			
	Importação			
1988	Exportação			
	Importação			
1989	Exportação			
	Importação			
1990	Exportação			
	Importação			
1991	Exportação			
	Importação			
1992	Exportação			
	Importação			
1993	Exportação			
	Importação			
1994	Exportação			
	Importação			
1995	Exportação			
	Importação			
1996	Exportação			
	Importação			
1997	Exportação			
	Importação			

Percentual das exportações sobre o faturamento total da empresa em:

1986	1987	1988	1989	1990	1991	1992	1993	1994	1995	1996	1997

Percentual das exportações para o MERCOSUL sobre o faturamento total da empresa em:

1986	1987	1988	1989	1990	1991	1992	1993	1994	1995	1996	1997

Percentual das importações sobre os insumos totais da empresa em:

1986	1987	1988	1989	1990	1991	1992	1993	1994	1995	1996	1997

Percentual das importações do MERCOSUL sobre os insumos totais da empresa em:

1986	1987	1988	1989	1990	1991	1992	1993	1994	1995	1996	1997

Qual o número de empregos criados nesta empresa em função do MERCOSUL? _____

Qual o número de empregos criados nesta empresa em função do comércio exterior? _____

Quais são as principais dificuldades, entraves ou problemas de sua empresa relacionados ao comércio exterior? _____

Quais são as principais dificuldades, entraves ou problemas de sua empresa relacionados ao comércio exterior no âmbito do MERCOSUL? _____

Em que o comércio com os países do MERCOSUL difere do comércio com outros países? _____

Quais os meios que a sua empresa utiliza (ou utilizou) para contactar efetivamente o(s) parceiro(s) comercial(is) (comprador / fornecedor) no exterior? _____

Na sua opinião, a sua empresa detém uma capacidade de comércio exterior maior do que o volume de negócios atualmente praticado? _____

Que fatores estão impedindo o incremento dos negócios? _____

Qual(is) o(s) meio(s) de transporte geralmente utilizados nas operações de comércio exterior?

Export: [ ] rodoviário   [ ] ferroviário   [ ] marítimo   [ ] aéreo   [ ] conjugado: r – f – m – a
Import: [ ] rodoviário   [ ] ferroviário   [ ] marítimo   [ ] aéreo   [ ] conjugado: r – f – m – a
Modalidades: [ ] CIF   [ ] FOB   [ ] C+F   [ ] outro: _____
Embalagem: [ ] granel   [ ] container   [ ] caixas   [ ] outro tipo: _____
Observações: _____

FRAGEBOGEN 3: INFORMELLE GRENZÜBERSCHREITENDE BEZIEHUNGEN

Pesquisa de Campo:
PERFIL DA ECONOMIA INFORMAL NA REGIÃO NOROESTE COLONIAL DO RS (camelôs)

Cidade: _____ Data: ___/___/___ Questionário nº: _____

Nome do entrevistado: _____ Idade: _____ anos Sexo: [ ] masc [ ] fem

Estado civil: [ ] casado Posição na família: [ ] pai / mãe
               [ ] solteiro   [ ] responsável
               [ ] _____   [ ] filho / a [ ] enteado

Incluindo você, quantas pessoas há na sua família ou local de moradia? _____ pessoas.

Destas, quantas estão: [ ] em idade pré-escolar (0-6 anos) [ ] em idade escolar (7-14 anos)
                            [ ] em idade adulta (15-65 anos) [ ] aposentadas (+ de 65 anos)

Quantos membros de sua família têm emprego fixo? _____ pessoas (p. ex. negócio próprio)

E quantos membros da família têm carteira de trabalho assinada? _____ pessoas (p. ex. empregado)

Há quanto tempo mora nesta cidade? _____ anos / meses. Onde morava antes? _____

A habitação onde mora atualmente é: [ ] propriedade da família [ ] alugada [ ] _____

Nível de instrução: SI - P1 P2 P3 P4 P5 P6 P7 P8 - S1 S2 S3 - U1 U2 U3 U4 U5 UC
(SI = Sem Instrução; P = Primário; S = Secundário; U = Universitário; UC = Superior Completo)

Há quanto tempo exerce a atividade? _____ anos / meses. Sempre trabalhou aqui? [ ] sim [ ] não

O que o/a levou a iniciar a atividade? [ ] desemprego [ ] influência dos amigos / parentes
[ ] não gostar de emprego formal [ ] falta de alternativas [ ] por considerar rentável
[ ] necessidade de pouco investimento [ ] porque gosta [ ] não sabe fazer outra coisa
[ ] _____

O que fazia antes? _____ Onde / em que? _____ Cidade: _____

Porque abandonou ocupação anterior? _____

Qual a renda familiar mensal? R$ _____ Contribuição desta atvidade na renda familiar: ____%

De que forma o orçamento familiar é completado? _____

Localização: [ ] via pública [ ] terreno baldio [ ] imóvel próprio
               [ ] praça [ ] local específico [ ] imóvel alugado / cedido

Atividades formais próximas (200m): [ ] bancos [ ] colégios [ ] indústrias [ ] moradias
                                      [ ] lojas [ ] prestação de serviços [ ] _____

Onde adquire os produtos que vende?
Local: _____ Produtos: _____ %: _____
Local: _____ Produtos: _____ %: _____
Local: _____ Produtos: _____ %: _____

A aquisição dos produtos comercializados na banca é feita em:
[ ] lojas [ ] empresas atacadistas [ ] outros comerciantes informais
[ ] fábricas [ ] intermediários formais [ ] _____

Como você paga suas compras?
[ ] em R$ [ ] em US-$ [ ] cheque próprio [ ] cheque de terceiros
[ ] através de cobrança bancária (compra a prazo) [ ] cartão de crédito [ ] _____

Você aceita cheques: [ ] não
                    [ ] sim – o que faz com os cheques? [ ] deposita em conta própria
                                                                            [ ] repassa para conhecidos
Você tem conta bancária? [ ] sim [ ] não [ ] troca no banco

Em média, quantas viagens de compras você realiza por mês? [ ] Não viaja
Arg ___ Par ___ Uru ___ SC ___ PR ___ SP ___ Outro local: _____ ___

Qual o valor médio das compras efetuadas, por viagem?
Local: _____ $ _____ Local: _____ $ _____ Local: _____ $ _____

Qual é o meio de transporte utilizado normalmente nas viagens de compras?
[ ] carro próprio [ ] carona com amigos [ ] ônibus de linha [ ] ônibus de excursão

Quais empresas fretam ônibus de excursão para o local de compras? _____

Qual o custo médio da viagem? Destino: _____ Passagem: R$ _____ Outros: R$ _____
                                      Destino: _____ Passagem: R$ _____ Outros: R$ _____
                                        Destino: _____ Passagem: R$ _____ Outros: R$ _____

Quem cuida da banca quando você viaja? [ ] fica fechada [ ] _____

O que é mais importante quando você faz as compras: [ ] preço
                                                                                    [ ] qualidade
                                                                                    [ ] pedidos existentes
                                                                                    [ ] novidades do mercado
                                                                                    [ ] assistência / garantia / troca
                                                                                    [ ] conhecer vendedor / loja
                                                                                    [ ] _____

Com base em que você fixa o preço de venda? [ ] depende da cara do cliente
                                                                       [ ] compara com o preço dos concorrentes
                                                                       [ ] aplica uma margem fixa – Quanto? _____ %
                                                                       [ ] compara com o preço nas lojas
                                                                       [ ] é fixado pelo mercado
                                                                       [ ] já vem fixado pelo fornecedor
                                                                       [ ] _____

Existem épocas ou meses *bons* ou *ruins* para as vendas?
[ ] sim – quando vende mais? _____
     Qual o faturamento médio nos períodos *bons*? R$ _____ E nos períodos *ruins*? R$ _____
[ ] não – qual o seu faturamento médio mensal? R$ _____

Clientes: [ ] homens ___ %   Finalidade da   [ ] presente
            [ ] mulheres ___ %   aquisição: [ ] consumo próprio / doméstico
            [ ] crianças ___ %   [ ] consumo comercial

Qual o valor médio das compras efetuadas? R$ 1 – 3 – 5 – 10 – 15 – 20 – 25 – 30 – 35 – 40 – ___

Qual o número de clientes que efetivamente compram algo por dia (em média)? _____ clientes

Existe alguma associção ou entidade representativa (de classe) que defenda seus interesses?
[ ] não   [ ] não sei   [ ] sim – qual? _____

Se alguém quisesse iniciar esta atividade (camelô) hoje, o que ele precisaria fazer?
[ ] _____
[ ] comprar mercadorias – o que, quanto e onde? _____
[ ] achar um ponto de vendas – quais são os melhores locais? _____
[ ] tirar licança / fazer registro – qual e onde? _____
[ ] ter um capital inicial – quanto (para iniciar)? R$ _____
[ ] ter experiência – como e onde obter? _____

Você aconselharia um amigo ou parente desempregado iniciar nesta atividade?
[ ] sim   [ ] não   Porque? _____

Quantos concorrentes ou pessoas com a mesma atividade há nesta cidade? _____   [ ] não sei

Quais os principais problemas relacionados com sua atividade? _____
_____

Em média, quantas horas por dia você trabalha nesta atividade? _____ E dias por semana? ____

Você ainda tem alguma outra atividade? [ ] não   [ ] sim – o que? _____
                                                      Porque? _____
                                                      Quanto tempo : ____ horas / _____

Você contribui mensalmente para o INSS?   [ ] não
                                              [ ] contribuía, mas desistiu
                                              [ ] sim – valor de referência mensal: R$ _____

Você gosta do trabalho que faz? Qual nota de ZERO a DEZ você daria para o seu trabalho hoje?
       destesto }   0 – 1 – 2 – 3 – 4 – 5 – 6 – 7 – 8 – 9 – 10   { gosto muito

Você mantém algum tipo de controle ou anotação sobre suas atividades e negócios?
[ ] não   [ ] sim – o que você controla? _____
                       como você controla? _____

Com relação ao futuro, você:
[ ] pretende continuar nesta atividade   ou   [ ] gostaria de encontrar outra atividade
[ ] gostaria de aumentar ainda mais os negócios
[ ] pretende se estabelecer formalmente no comércio (firma registrada)
[ ] _____

Se hoje você recebesse um oferta de emprego fixo, aceitaria?
[ ] depende das condições – quais? _____
[ ] não – porque? _____
[ ] sim – porque? _____

Por qual salário você voltaria a trabalhar como empregado? No mínimo R$ _____

Em qual atividade?   [ ] qualquer uma
                         [ ] agricultura
                         [ ] indústria
                         [ ] comércio
                         [ ] prestação de serviços
                         [ ] serviço público

Você acha que a sua atividade:
- dá lucro?   [ ] sim   [ ] não   [ ] não sabe
- dá para manter a família?   [ ] sim   [ ] não   [ ] não sabe
- dá para manter a família e ainda sobra um pouco?   [ ] sim   [ ] não   [ ] não sabe
- tem futuro?   [ ] sim   [ ] não   [ ] não sabe

Você se sente socialmente discriminado pelo fato de desenvolver esta atividade ou ser conhecido como "camelô"? _____

Comparando a sua situação atual (camelô) em relação a sua situação anterior, a sua vida:
[ ] piorou muito   [ ] piorou   [ ] ficou na mesma   [ ] melhorou   [ ] melhorou muito

Com o resultado do seu trabalho nesta atividade, o que você conseguiu até hoje?
[ ] _____
[ ] aumentar as dívidas
[ ] não conseguiu adquirir nada do que precisa ou deseja
[ ] tem conseguido apenas sobreviver / manter a família
[ ] conseguiu comprar – o que? _____
[ ] conseguiu construir – o que? _____
[ ] conseguiu pagar um curso – qual? _____

A sua família ou alguém que mora na sua casa tem:
[ ] televisão   [ ] fogão a gás   [ ] rádio   [ ] prédio em construção
[ ] antena parabólica [ ] videocassete   [ ]máquina lavar roupa   [ ] carro
[ ] terreno próprio   [ ] filmadora   [ ] chuveiro elétrico   [ ] ar condicionado
[ ] casa própria   [ ] telefone comum   [ ] telefone celular   [ ] computador
[ ] freezer   [ ] empregada   [ ] geladeira   [ ] _____

Tübinger Geographische Studien

Heft 1	M. König:	Die bäuerliche Kulturlandschaft der Hohen Schwabenalb und ihr Gestaltswandel unter dem Einfluß der Industrie. 1958. 83 S. Mit 14 Karten, 1 Abb. u. 5 Tab. **vergriffen**
Heft 2	I. Böwing-Bauer:	Die Berglen. Eine geographische Landschaftsmonographie. 1958. 75 S. Mit 15 Karten **vergriffen**
Heft 3	W. Kienzle:	Der Schurwald. Eine siedlungs- und wirtschaftsgeographische Untersuchung. 1958. Mit 14 Karten u. Abb. **vergriffen**
Heft 4	W. Schmid:	Der Industriebezirk Reutlingen-Tübingen. Eine wirtschaftsgeographische Untersuchung. 1960. 109 S. Mit 15 Karten **vergriffen**
Heft 5	F. Obiditsch:	Die ländliche Kulturlandschaft der Baar und ihr Wandel seit dem 18. Jahrhundert. 1961. 83 S. Mit 14 Karten u. Abb., 4 Skizzen **vergriffen**
Sbd. 1	A. Leidlmair (Hrsg.):	Hermann von Wissmann – Festschrift. 1962. Mit 68 Karten u. Abb., 15 Tab. u. 32 Fotos **DM 29,–**
Heft 6	F. Loser:	Die Pfortenstädte der Schwäbischen Alb. 1963. 169 S. Mit 6 Karten u. 2 Tab. **vergriffen**
Heft 7	H. Faigle:	Die Zunahme des Dauergrünlandes in Württemberg und Hohenzollern. 1963. 79 S. Mit 15 Karten u. 6 Tab. **vergriffen**
Heft 8	I. Djazani:	Wirtschaft und Bevölkerung in Khuzistân und ihr Wandel unter dem Einfluß des Erdöls. 1963. 115 S. Mit 18 Fig. u. Karten, 10 Fotos **vergriffen**
Heft 9	K. Glökler:	Die Molasse-Schichtstufen der mittleren Alb. 1963. 71 S. Mit 5 Abb., 5 Karten im Text u. 1 Karte als Beilage **vergriffen**
Heft 10	E. Blumenthal:	Die altgriechische Siedlungskolonisation im Mittelmeerraum unter besonderer Berücksichtigung der Südküste Kleinasiens. 1963. 182 S. Mit 48 Karten u. Abb. **vergriffen**
Heft 11	J. Härle:	Das Obstbaugebiet am Bodensee, eine agrargeographische Untersuchung. 1964. 117 S. Mit 21 Karten, 3 Abb. im Text u. 1 Karte als Beilage **vergriffen**
Heft 12	G. Abele:	Die Fernpaßtalung und ihre morphologischen Probleme. 1964. 123 S. Mit 7 Abb., 4 Bildern, 2 Tab. im Text u. 1 Karte als Beilage **DM 8,–**
Heft 13	J. Dahlke:	Das Bergbaurevier am Taff (Südwales). 1964. 215 S. Mit 32 Abb., 10 Tab. im Text u. 1 Kartenbeilage **DM 11,–**
Heft 14	A. Köhler:	Die Kulturlandschaft im Bereich der Platten und Terrassen an der Riß. 1964. 153 S. Mit 32 Abb. u. 4 Tab. **vergriffen**
Heft 15	J. Hohnholz:	Der englische Park als landschaftliche Erscheinung. 1964. 91 S. Mit 13 Karten u. 11 Abb. **vergriffen**

Heft 16	A. Engel:	Die Siedlungsformen in Ohrnwald. 1964. 122 S. Mit 1 Karte im Text u. 17 Karten als Beilagen	**DM 11,–**
Heft 17	H. Prechtl:	Geomorphologische Strukturen. 1965. 144 S. Mit 26 Fig. im Text u. 14 Abb. auf Tafeln	**vergriffen**
Heft 18	E. Ehlers:	Das nördliche Peace River Country, Alberta, Kanada. 1965. 246 S. Mit 51 Abb., 10 Fotos u. 31 Tab.	**vergriffen**
Sbd. 2	M. Dongus:	Die Agrarlandschaft der östlichen Poebene. 1966. 308 S. Mit 42 Abb. u. 10 Karten	**DM 40,–**
Heft 19	B. Nehring:	Die Maltesischen Inseln. 1966. 172 S. Mit 39 Abb., 35 Tab. u. 8 Fotos	**vergriffen**
Heft 20	N. N. Al-Kasab:	Die Nomadenansiedlung in der Irakischen Jezira. 1966. 148 S. Mit 13 Fig., 9 Abb. u. 12 Tab.	**vergriffen**
Heft 21	D. Schillig:	Geomorphologische Untersuchungen in der Saualpe (Kärnten). 1966. 81 S. Mit 6 Skizzen, 15 Abb., 2 Tab. im Text und 5 Karten als Beilagen	**DM 13,–**
Heft 22	H. Schlichtmann:	Die Gliederung der Kulturlandschaft im Nordschwarzwald und seinen Randgebieten. 1967. 184 S. Mit 4 Karten, 16 Abb. im Text u. 2 Karten als Beilagen	**vergriffen**
Heft 23	C. Hannss:	Die morphologischen Grundzüge des Ahrntales. 1967. 144 S. Mit 5 Karten, 4 Profilen, 3 graph. Darstellungen. 3 Tab. im Text u. 1 Karte als Beilage	**vergriffen**
Heft 24	S. Kullen:	Der Einfluß der Reichsritterschaft auf die Kulturlandschaft im Mittleren Neckarland. 1967. 205 S. Mit 42 Abb. u. Karten, 24 Fotos u. 15 Tab.	**vergriffen**
Heft 25	K.-G. Krauter:	Die Landwirtschaft im östlichen Hochpustertal. 1968. 186 S. Mit 7 Abb., 15 Tab. im Text u. 3 Karten als Beilagen	**DM 9,–**
Heft 26	W. Gaiser †:	Berbersiedlungen in Südmarokko. 1968. 163 S. Mit 29 Abb. u. Karten	**vergriffen**
Heft 27	M.-U. Kienzle:	Morphogenese des westlichen Luxemburger Gutlandes. 1968. 150 S. Mit 14 Abb. im Text u. 3 Karten als Beilagen	**vergriffen**
Heft 28	W. Brücher:	Die Erschließung des tropischen Regenwaldes am Ostrand der kolumbianischen Anden. – Der Raum zwischen Rio Ariari und Ecuador –. 1968. 218 S. Mit 23 Abb. u. Karten, 10 Fotos u. 23 Tab.	**vergriffen**
Heft 29	J. M. Hamm:	Untersuchungen zum Stadtklima von Stuttgart. 1969. 150 S. Mit 37 Fig., 14 Karten u. 11 Tab. im Text u. 22 Tab. im Anhang	**vergriffen**
Heft 30	U. Neugebauer:	Die Siedlungsformen im nordöstlichen Schwarzwald. 1969. 141 S. Mit 27 Karten, 5 Abb., 6 Fotos u. 7 Tab.	**vergriffen**

Heft 31	A. Maass:	Entwicklung und Perspektiven der wirtschaftlichen Erschließung des tropischen Waldlandes von Peru, unter besonderer Berücksichtigung der verkehrsgeographischen Problematik. 1969. VI u. 262 S. Mit 20 Fig. u. Karten, 35 Tab. u. 28 Fotos	**vergriffen**
Heft 32	E. Weinreuter:	Stadtdörfer in Südwest-Deutschland. Ein Beitrag zur geographischen Siedlungstypisierung. 1969. VIII u. 143 S. Mit 31 Karten u. Abb., 32 Fotos, 14 Tab. im Text u. 1 Karte als Beilage	**vergriffen**
Heft 33	R. Sturm:	Die Großstädte der Tropen. – Ein geographischer Vergleich –. 1969. 236 S. Mit 25 Abb. u. 10 Tab.	**vergriffen**
Heft 34 (Sbd. 3)	H. Blume und K.-H. Schröder (Hrsg.):	Beiträge zur Geographie der Tropen und Subtropen. (Herbert Wilhelmy-Festschrift). 1970. 343 S. Mit 24 Karten, 13 Fig., 48 Fotos u. 32 Tab.	**DM 27,–**
Heft 35	H.-D. Haas:	Junge Industrieansiedlung im nordöstlichen Baden-Württemberg. 1970. 316 S. Mit 24 Karten, 10 Diagr., 62 Tab. u. 12 Fotos	**vergriffen**
Heft 36 (Sbd. 4)	R. Jätzold:	Die wirtschaftsgeographische Struktur von Südtanzania. 1970. 341 S., Mit 56 Karten u. Diagr., 46 Tab. u. 26 Bildern. Summary	**DM 35,–**
Heft 37	E. Dürr:	Kalkalpine Sturzhalden und Sturzschuttbildung in den westlichen Dolomiten. 1970. 120 S. Mit 7 Fig. im Text, 3 Karten u. 4 Tab. im Anhang	**vergriffen**
Heft 38	H.-K. Barth:	Probleme der Schichtstufenlandschaft West-Afrikas am Beispiel der Bandiagara-, Gambaga- und Mampong-Stufenländer. 1970. 215 S. Mit 6 Karten, 57 Fig. u. 40 Bildern	**DM 15,–**
Heft 39	R. Schwarz:	Die Schichtstufenlandschaft der Causses. 1970. 106 S. Mit 2 Karten, 23 Abb. im Text u. 2 Karten als Beilagen	**vergriffen**
Heft 40	N. Güldali:	Karstmorphologische Studien im Gebiet des Poljesystems von Kestel (Westlicher Taurus, Türkei). 1970. 104 S. Mit 14 Abb., 3 Karten, 11 Fotos u. 7 Tab.	**vergriffen**
Heft 41	J. B. Schultis:	Bevölkerungsprobleme in Tropisch-Afrika. 1970. 138 S. Mit 13 Karten, 7 Schaubildern u. 8 Tab.	**vergriffen**
Heft 42	L. Rother:	Die Städte der Çukurova: Adana – Mersin – Tarsus. 1971. 312 S. Mit 51 Karten u. Abb., 34 Tab.	**DM 21,–**
Heft 43	A. Roemer:	The St. Lawrence Seaway, its Ports and its Hinterland. 1971. 235 S. With 19 maps and figures, 15 fotos and 64 tables	**DM 21,–**
Heft 44 (Sbd. 5)	E. Ehlers:	Südkaspisches Tiefland (Nordiran) und Kaspisches Meer. Beiträge zu ihrer Entwicklungsgeschichte im Jung- und Postpleistozän. 1971. 184 S. Mit 54 Karten u. Abb., 29 Fotos. Summary	**DM 24,–**
Heft 45 (Sbd. 6)	H. Blume und H.-K. Barth:	Die pleistozäne Reliefentwicklung im Schichtstufenland der Driftless Area von Wisconsin (USA). 1971. 61 S. Mit 20 Karten, 4 Abb., 3 Tab. u. 6 Fotos. Summary	**DM 18,–**

Heft 46 (*Sbd. 7*)	H. Blume (Hrsg.):	Geomorphologische Untersuchungen im Württembergischen Keuperbergland. Mit Beiträgen von H.-K. Barth, R. Schwarz und R. Zeese. 1971. 97 S. Mit 25 Karten u. Abb. u. 15 Fotos **DM 20,–**
Heft 47	H.-D. Haas:	Wirtschaftsgeographische Faktoren im Gebiet der Stadt Esslingen und deren näherem Umland in ihrer Bedeutung für die Stadtplanung. 1972. 106 S. Mit 15 Karten, 3 Diagr. u. 5 Tab. **vergriffen**
Heft 48	K. Schliebe:	Die jüngere Entwicklung der Kulturlandschaft des Campidano (Sardinien). 1972. 198 S. Mit 40 Karten u. Abb., 10 Tab. im Text u. 3 Kartenbeilagen **DM 18,–**
Heft 49	R. Zeese:	Die Talentwicklung von Kocher und Jagst im Keuperbergland. 1972. 121 S. Mit 20 Karten u. Abb., 1 Tab. u. 4 Fotos **vergriffen**
Heft 50	K. Hüser:	Geomorphologische Untersuchungen im westlichen Hintertaunus. 1972. 184 S. Mit 1 Karte, 14 Profilen, 7 Abb., 31 Diagr., 2 Tab. im Text u. 5 Karten, 4 Tafeln u. 1 Tab. als Beilagen **DM 27,–**
Heft 51	S. Kullen:	Wandlungen der Bevölkerungs- und Wirtschaftsstruktur in den Wölzer Alpen. 1972. 87 S. Mit 12 Karten u. Abb. 7 Fotos u. 17 Tab. **DM 15,–**
Heft 52	E. Bischoff:	Anbau und Weiterverarbeitung von Zuckerrohr in der Wirtschaftslandschaft der Indischen Union, dargestellt anhand regionaler Beispiele. 1973. 166 S. Mit 50 Karten, 22 Abb., 4 Anlagen u. 22 Tab. **DM 24,–**
Heft 53	H.-K. Barth und H. Blume:	Zur Morphodynamik und Morphogenese von Schichtkamm- und Schichtstufenreliefs in den Trockengebieten der Vereinigten Staaten. 1973. 102 S. Mit 20 Karten u. Abb., 28 Fotos. Summary **DM 21,–**
Heft 54	K.-H. Schröder: (Hrsg.):	Geographische Hausforschung im südwestlichen Mitteleuropa. Mit Beiträgen von H. Baum, U. Itzin, L. Kluge, J. Koch, R. Roth, K.-H. Schröder und H.P. Verse. 1974. 110 S. Mit 20 Abb. u. 3 Fotos **DM 19,50**
Heft 55	H. Grees (Hrsg.):	Untersuchungen zu Umweltfragen im mittleren Neckarraum. Mit Beiträgen von H.-D. Haas, C. Hannss und H. Leser. 1974. 101 S. Mit 14 Abb. u. Karten, 18 Tab. u. 3 Fotos **vergriffen**
Heft 56	C. Hanss:	Val d'Isère. Entwicklung und Probleme eines Wintersportplatzes in den französischen Nordalpen. 1974. 173 S. Mit 51 Karten u. Abb., 28 Tab. Résumé **DM 42,–**
Heft 57	A. Hüttermann:	Untersuchungen zur Industriegeographie Neuseelands. 1974. 243 S. Mit 33 Karten, 28 Diagrammen und 51 Tab. Summary **DM 36,–**
Heft 58 (*Sbd. 8*)	H. Grees:	Ländliche Unterschichten und ländliche Siedlung in Ostschwaben. 1975. 320 S. Mit 58 Karten, 32 Tab. und 14 Abb. Summary **vergriffen**

Heft 59	J. Koch:	Rentnerstädte in Kalifornien. Eine bevölkerungs- und sozialgeographische Untersuchung. 1975. 154 S. Mit 51 Karten u. Abb., 15 Tab. und 4 Fotos. Summary	**DM 30,–**
Heft 60 (Sbd. 9)	G. Schweizer:	Untersuchungen zur Physiogeographie von Ostanatolien und Nordwestiran. Geomorphologische, klima- und hydrogeographische Studien im Vansee- und Rezaiyehsee-Gebiet. 1975. 145 S. Mit 21 Karten, 6 Abb., 18 Tab. und 12 Fotos. Summary. Résumé	**DM 39,–**
Heft 61 (Sbd. 10)	W. Brücher:	Probleme der Industrialisierung in Kolumbien unter besonderer Berücksichtigung von Bogotá und Medellín. 1975. 175 S. Mit 26 Tab. und 42 Abb. Resumen	**DM 42,–**
Heft 62	H. Reichel:	Die Natursteinverwitterung an Bauwerken als mikroklimatisches und edaphisches Problem in Mitteleuropa. 1975. 85 S. Mit 4 Diagrammen, 5 Tab. und 36 Abb. Summary. Résumé	**DM 30,–**
Heft 63	H.-R. Schömmel:	Straßendörfer im Neckarland. Ein Beitrag zur geographischen Erforschung der mittelalterlichen regelmäßigen Siedlungsformen in Südwestdeutschland. 1975. 118 S. Mit 19 Karten, 2 Abb., 11 Tab. und 6 Fotos. Summary	**DM 30,–**
Heft 64	G. Olbert:	Talentwicklung und Schichtstufenmorphogenese am Südrand des Odenwaldes. 1975. 121 S. Mit 40 Abb., 4 Karten und 4 Tab. Summary	**vergriffen**
Heft 65	H. M. Blessing:	Karstmorphologische Studien in den Berner Alpen. 1976. 77 S. Mit 3 Karten, 8 Abb. und 15 Fotos. Summary. Résumé	**DM 30,–**
Heft 66	K. Frantzok:	Die multiple Regressionsanalyse, dargestellt am Beispiel einer Untersuchung über die Verteilung der ländlichen Bevölkerung in der Gangesebene. 1976. 137 S. Mit 17 Tab., 4 Abb. und 19 Karten. Summary. Résumé	**DM 36,–**
Heft 67	H. Stadelmaier:	Das Industriegebiet von West Yorkshire. 1976. 155 S. Mit 38 Karten, 8 Diagr. u. 25 Tab. Summary	**DM 39,–**
Heft 68 (Sbd. 11)	H.-D. Haas	Die Industrialisierungsbestrebungen auf den Westindischen Inseln unter besonderer Berücksichtigung von Jamaika und Trinidad. 1976. XII, 171 S. Mit 31 Tab., 63 Abb. u. 7 Fotos. Summary	**vergriffen**
Heft 69	A. Borsdorf:	Valdivia und Osorno. Strukturelle Disparitäten und Entwicklungsprobleme in chilenischen Mittelstädten. Ein geographischer Beitrag zu Urbanisierungserscheinungen in Lateinamerika. 1976. 155 S. Mit 28 Fig. u. 48 Tab. Summary. Resumen	**DM 39,–**
Heft 70	U. Rostock:	West-Malaysia – ein Einwicklungsland im Übergang. Probleme, Tendenzen, Möglichkeiten. 1977. 199 S. Mit 22 Abb. und 28 Tab. Summary	**DM 36,–**
Heft 71 (Sbd. 12)	H.-K. Barth:	Der Geokomplex Sahel. Untersuchungen zur Landschaftsökologie im Sahel Malis als Grundlage agrar- und weidewirtschaftlicher Entwicklungsplanung. 1977. 234 S. Mit 68 Abb. u. 26 Tab. Summary	**DM 42,–**

Heft 72	K.-H. Schröder:	Geographie an der Universität Tübingen 1512-1977. 1977. 100 S. **DM 30,-**
Heft 73	B. Kazmaier:	Das Ermstal zwischen Urach und Metzingen. Untersuchungen zur Kulturlandschaftsentwicklung in der Neuzeit. 1978. 316 S. Mit 28 Karten, 3 Abb. und 83 Tab. Summary **DM 48,-**
Heft 74	H.-R. Lang:	Das Wochenend-Dauercamping in der Region Nordschwarzwald. Geographische Untersuchung einer jungen Freizeitwohnsitzform. 1978. 162 S. Mit 7 Karten, 40 Tab. und 15 Fotos. Summary **DM 36,-**
Heft 75	G. Schanz:	Die Entwicklung der Zwergstädte des Schwarzwaldes seit der Mitte des 19. Jahrhunderts. 1979. 174 S. Mit 2 Abb., 10 Karten und 26 Tab. **DM 36,-**
Heft 76	W. Ubbens:	Industrialisierung und Raumentwicklung in der nordspanischen Provinz Alava. 1979. 194 S. Mit 16 Karten, 20 Abb. und 34 Tab. **DM 40,-**
Heft 77	R. Roth:	Die Stufenrandzone der Schwäbischen Alb zwischen Erms und Fils. Morphogenese in Abhängigkeit von lithologischen und hydrologischen Verhältnissen. 1979. 147 S. Mit 29 Abb. **DM 32,-**
Heft 78	H. Gebhardt:	Die Stadtregion Ulm/Neu-Ulm als Industriestandort. Eine industriegeographische Untersuchung auf betrieblicher Basis. 1979. 305 S. Mit 31 Abb., 4 Fig., 47 Tab. und 2 Karten. Summary **DM 48,-**
Heft 79 (Sbd. 14)	R. Schwarz:	Landschaftstypen in Baden-Württemberg. Eine Untersuchung mit Hilfe multivariater quantitativer Methodik. 1980. 167 S. Mit 31 Karten, 11 Abb. u. 36 Tab. Summary **DM 35,-**
Heft 80 (Sbd. 13)	H.-K. Barth und H. Wilhelmy (Hrsg.):	Trockengebiete. Natur und Mensch im ariden Lebensraum. (Festschrift für H. Blume) 1980. 405 S. Mit 89 Abb., 51 Tab., 38 Fotos **DM 68,-**
Heft 81	P. Steinert:	Góry Stołowe – Heuscheuergebirge. Zur Morphogenese und Morphodynamik des polnischen Tafelgebirges. 1981. 180 S., 23 Abb., 9 Karten. Summary, Streszczenie **DM 24,-**
Heft 82	H. Upmeier:	Der Agrarwirtschaftsraum der Poebene. Eignung, Agrarstruktur und regionale Differenzierung. 1981. 280 S. Mit 26 Abb., 13 Tab., 2 Übersichten und 8 Karten. Summary, Riassunto **DM 27,-**
Heft 83	C.C. Liebmann:	Rohstofforientierte Raumerschließungsplanung in den östlichen Landesteilen der Sowjetunion (1925-1940). 1981. 466 S. Mit 16 Karten, 24 Tab. Summary **DM 54,-**
Heft 84	P. Kirsch:	Arbeiterwohnsiedlungen im Königreich Württemberg in der Zeit vom 19. Jahrhundert bis zum Ende des Ersten Weltkrieges. 1982. 343 S. Mit 39 Kt., 8 Abb., 15 Tab., 9 Fotos. Summary **DM 40,-**
Heft 85	A. Borsdorf u. H. Eck:	Der Weinbau in Unterjesingen. Aufschwung, Niedergang und Wiederbelebung der Rebkultur an der Peripherie des württembergischen Hauptanbaugebietes. 1982. 96 S. Mit 14 Abb., 17 Tab. Summary **DM 15,-**

Heft 86	U. Itzin:	Das ländliche Anwesen in Lothringen. 1983. 183 S. Mit 21 Karten, 36 Abb., 1 Tab. **DM 35,-**
Heft 87	A. Jebens:	Wirtschafts- und sozialgeographische Untersuchungen über das Heimgewerbe in Nordafghanistan unter besonderer Berücksichtigung der Mittelstadt Sar-e-Pul. Ein geographischer Beitrag zur Stadt-Umland-Forschung und zur Wirtschaftsform des Heimgewerbes. 1983. 426 S. Mit 19 Karten, 29 Abb., 81 Tab. Summary u. persische Zusammenfassung **DM 59,-**
Heft 88	G. Remmele:	Massenbewegungen an der Hauptschichtstufe der Benbulben Range. Untersuchungen zur Morphodynamik und Morphogenese eines Schichtstufenreliefs in Nordwestirland. 1984. 233 S. Mit 9 Karten, 22 Abb., 3 Tab. u. 30 Fotos. Summary **DM 44,-**
Heft 89	C. Hannss:	Neue Wege der Fremdenverkehrsentwicklung in den französischen Nordalpen. Die Antiretortenstation Bonneval-sur-Arc im Vergleich mit Bessans (Hoch-Maurienne). 1984. 96 S. Mit 21 Abb. u. 9 Tab. Summary. Resumé **DM 16,-**
Heft 90 *(Sbd. 15)*	S. Kullen (Hrsg.):	Aspekte landeskundlicher Forschung. Beiträge zur Sozialen und Regionalen Geographie unter besonderer Berücksichtigung Südwestdeutschlands. (Festschrift für Hermann Grees) 1985. 483 S. Mit 42 Karten (teils farbig), 38 Abb., 18 Tab., Lit. **DM 59,-**
Heft 91	J.-W. Schindler:	Typisierung der Gemeinden des ländlichen Raumes Baden-Württembergs nach der Wanderungsbewegung der deutschen Bevölkerung. 1985. 274 S. Mit 14 Karten, 24 Abb., 95 Tab. Summary **DM 40,-**
Heft 92	H. Eck:	Image und Bewertung des Schwarzwaldes als Erholungsraum – nach dem Vorstellungsbild der Sommergäste. 1985. 274 S. Mit 31 Abb. und 66 Tab. Summary **DM 40,-**
Heft 93 *(TBGL 1)*	G. Kohlhepp (Hrsg.):	Brasilien. Beiträge zur regionalen Struktur- und Entwicklungsforschung. 1987. 318 S. Mit 78 Abb., 41 Tab. **vergriffen**
Heft 94 *(TBGL 2)*	R. Lücker:	Agrarräumliche Entwicklungsprozesse im Alto-Uruguai-Gebiet (Südbrasilien). Analyse eines randtropischen Neusiedlungsgebietes unter Berücksichtigung von Diffusionsprozessen im Rahmen modernisierender Entwicklung. 1986. 278 S. Mit 20 Karten, 17 Abb., 160 Tab., 17 Fotos. Summary. Resumo **DM 54,-**
Heft 95 *(Sbd. 16)* *(TBGL 3)*	G. Kohlhepp und A. Schrader (Hrsg.):	Homem e Natureza na Amazônia. Hombre y Naturaleza en la Amazonía. Simpósio internacional e interdisciplinar. Simposio internacional e interdisciplinario. Blaubeuren 1986. 1987. 507 S. Mit 51 Abb., 25 Tab. **vergriffen**
Heft 96 *(Sbd. 17)* *(TBGL 4)*	G. Kohlhepp und A. Schrader (Hrsg.):	Ökologische Probleme in Lateinamerika. Wissenschaftliche Tagung Tübingen 1986. 1987. 317 S. Mit Karten, 74 Abb., 13 Tab., 14 Photos **vergriffen**
Heft 97 *(TBGL 5)*	M. Coy:	Regionalentwicklung und regionale Entwicklungsplanung an der Peripherie in Amazonien. Probleme und Interessenkonflikte bei der Erschließung einer jungen Pionierfront am Beispiel des brasilianischen Bundesstaates Rondônia. 1988. 549 S. Mit 31 Karten, 22 Abb., 79 Tab. Summary. Resumo **vergriffen**

Heft 98	K.-H. Pfeffer (Hrsg.):	Geoökologische Studien im Umland der Stadt Kerpen/Rheinland. 1989. 300 S. Mit 30 Karten, 65 Abb., 10 Tab. **vergriffen**
Heft 99	Ch. Ellger:	Informationssektor und räumliche Entwicklung – dargestellt am Beispiel Baden-Württembergs. 1988. 203 S. Mit 25 Karten, 7 Schaubildern, 21 Tab., Summary **DM 29,–**
Heft 100	K.-H. Pfeffer: (Hrsg.)	Studien zur Geoökolgie und zur Umwelt. 1988. 336 S. Mit 11 Karten, 55 Abb., 22 Tab., 4 Farbkarten, 1 Faltkarte **vergriffen**
Heft 101	M. Landmann:	Reliefgenerationen und Formengenese im Gebiet des Lluidas Vale-Poljes/Jamaika. 1989. 212 S. Mit 8 Karten, 41 Abb., 14 Tab., 1 Farbkarte. Summary **DM 63,–**
Heft 102 (Sbd. 18)	H. Grees u. G. Kohlhepp (Hrsg.):	Ostmittel- und Osteuropa. Beiträge zur Landeskunde. (Festschrift für Adolf Karger, Teil 1). 1989. 466 S. Mit 52 Karten, 48 Abb., 39 Tab., 25 Fotos **DM 83,–**
Heft 103 (Sbd. 19)	H. Grees u. G. Kohlhepp (Hrsg.):	Erkenntnisobjekt Geosphäre. Beiträge zur geowissenschaftlichen Regionalforschung, ihrer Methodik und Didaktik. (Festschrift für Adolf Karger, Teil 2). 1989. 224 S. 7 Karten, 36 Abb., 16 Tab. **DM 59,–**
Heft 104 (TBGL 6)	G. W. Achilles:	Strukturwandel und Bewertung sozial hochrangiger Wohnviertel in Rio de Janeiro. Die Entwicklung einer brasilianischen Metropole unter besonderer Berücksichtigung der Stadtteile Ipanema und Leblon. 1989. 367 S. Mit 29 Karten. 17 Abb., 84 Tab., 10 Farbkarten als Dias **DM 57,–**
Heft 105	K.-H. Pfeffer (Hrsg.):	Süddeutsche Karstökosysteme. Beiträge zu Grundlagen und praxiorientierten Fragestellungen. 1990. 382 S. Mit 28 Karten, 114 Abb., 10 Tab., 3 Fotos. Lit. Summaries **DM 60,–**
Heft 106 (TBGL 7)	J. Gutberlet:	Industrieproduktion und Umweltzerstörung im Wirtschaftsraum Cubatão/São Paulo (Brasilien). 1991. 338 S. 5 Karten, 41 Abb., 54 Tab. Summary. Resumo **DM 45,–**
Heft 107 (TBGL 8)	G. Kohlhepp (Hrsg.):	Lateinamerika. Umwelt und Gesellschaft zwischen Krise und Hoffnung. 1991. 238 S. Mit 18 Abb., 6 Tab. Resumo. Resumen **DM 38,–**
Heft 108 (TBGL 9)	M. Coy, R. Lücker:	Der brasilianische Mittelwesten. Wirtschafts- und sozialgeographischer Wandel eines peripheren Agrarraumes. 1993. 305 S. Mit 59 Karten, 14 Abb., 14 Tab. **DM 39,–**
Heft 109	M. Chardon, M. Sweeting K.-H. Pfeffer (Hrsg.):	Proceedings of the Karst-Symposium-Blaubeuren. 2nd International Conference on Geomorphology, 1989, 1992. 130 S., 47 Abb., 14 Tab. **DM 29,–**
Heft 110	A. Megerle	Probleme der Durchsetzung von Vorgaben der Landes- und Regionalplanung bei der kommunalen Bauleitplanung am Bodensee. Ein Beitrag zur Implementations- und Evaluierungsdiskussion in der Raumplanung. 1992. 282 S. Mit 4 Karten, 18 Abb., 6 Tab. **DM 39,–**

Heft 111 (TBGL 10)	M. J. Lopes de Souza:	Armut, sozialräumliche Segregation und sozialer Konflikt in der Metropolitanregion von Rio de Janeiro. Ein Beitrag zur Analyse der »Stadtfrage« in Brasilien. 1993. 445 S. Mit 16 Karten, 6 Abb. u. 36 Tabellen	**DM 45,–**
Heft 112 (TBGL 11)	K. Henkel:	Agrarstrukturwandel und Migration im östlichen Amazonien (Pará, Brasilien). 1994. 474 S. Mit 12 Karten, 8 Abb. u. 91 Tabellen	**DM 45,–**
Heft 113	H. Grees: (Hrsg.):	Wege geographischer Hausforschung. Gesammelte Beiträge von Karl Heinz Schröder zu seinem 80. Geburtstag am 17. Juni 1994. Hrsg. v. H. Grees. 1994. 137 S.	**DM 33,–**
Heft 114 (TBGL 12)	G. Kohlhepp (Hrsg.):	Mensch-Umwelt-Beziehungen in der Pantanal-Region von Mato Grosso/Brasilien. Beiträge zur angewandten geographischen Umweltforschung. 1995. 389 S. Mit 23 Abb., 15 Karten und 13 Tabellen	**DM 39,–**
Heft 115 (TBGL 13)	F. Birk:	Kommunikation, Distanz und Organisation. Dörfliche Organisation indianischer Kleinbauern im westlichen Hochland Guatemalas. 1995. 376 S. Mit 5 Karten, 20 Abb. und 15 Tabellen	**DM 39,–**
Heft 116	H. Förster u. K.-H. Pfeffer (Hrsg.):	Interaktion von Ökologie und Umwelt mit Ökonomie und Raumplanung. 1996. 328 S. Mit 94 Abb. und 28 Tabellen	**DM 30,–**
Heft 117 (TBGL 14)	M. Czerny und G. Kohlhepp (Hrsg.):	Reestructuración económica y consecuencias regionales en América Latina. 1996. 194 S. Mit 18 Abb. und 20 Tabellen	**DM 27,–**
Heft 119 (TBGL 15)	G. Kohlhepp u. M. Coy (Hrsg.):	Mensch-Umwelt-Beziehungen und nachhaltige Entwicklung in der Dritten Welt. 1998. 465 S. Mit 99 Abb. und 30 Tabellen	**DM 38,–**
Heft 120 (TGBL 16)	C. L. Löwen:	Der Zusammenhang von Stadtentwicklung und zentralörtlicher Verflechtung der brasilianischen Stadt Ponta Grossa/Paraná. Eine Untersuchung zur Rolle von Mittelstädten in der Nähe einer Metropolitanregion. 1998. 328 S. Mit 39 Karten, 7 Abb. und 18 Tabellen	**DM 35,–**
Heft 121	R. K. Beck:	Schwermetalle in Waldböden des Schönbuchs. Bestandsaufnahme – ökologische Verhältnisse – Umweltrelevanz. 1998. 150 S. und 24 S. Anhang sowie 72 Abb. und 34 Tabellen	**DM 27,–**
Heft 122 (TBGL 17)	G. Mayer:	Interner Kolonialismus und Ethnozid in der Sierra Tarahumara (Chihuahua, Mexiko). Bedingungen und Folgen der wirtschaftsräumlichen Inkorporation und Modernisierung eines indigenen Siedlungsraumes. 1999. 329 S., 39 Abb., 52 Tabellen	**DM 35,–**
Heft 125	W. Schenk (Hrsg.):	Aufbau und Auswertung „Langer Reihen" zur Erforschung von historischen Waldzuständen und Waldentwicklungen. Ergebnisse eines Symposiums in Blaubeuren vom 26.–28. 2. 1998. 1999. 296 S. Mit 63 Abb. und 21 Tabellen	**DM 35,–**

Heft 126 (TBGL 18)	M. Friedrich:	Stadtentwicklung und Planungsprobleme von Regionalzentren in Brasilien; Cáceres und Rondonópolis / Mato Grosso; ein Vergleich. 1999. 312 S. Mit 14 Abb., 46 Karten, 30 Tabellen **DM 35,–**
Heft 127	A. Kampschulte:	Grenzen und Systeme – Von geschlossenen zu offenen Grenzen? Eine exemplarische Analyse der grenzüberschreitenden Verflechtungen im österreichisch-ungarischen Grenzraum. 1999. 375 S. Mit 8 Karten, 6 Abb. und 99 Tabellen **DM 39,–**
Heft 129 (TGBL 19)	I. M. Theis:	Entwicklung und Energie in Südbrasilien. Eine wirtschaftsgeographische Analyse des Energiesystems des Itajaítals in Santa Catarina. 2000. 373 S. Mit 8 Karten, 35 Abb., 39 Tabellen **DM 39,–**
Heft 131	Stefan Bräker:	Hierarchisierung und Typisierung von Funktionsmechanismen des Landschaftshaushaltes und von Ökosystemen in einem kalkalpinen Karstgebiet. Untersuchungsgebiet Oberjoch, Allgäuer Hochalpen. 2000. 271 S. Mit 34 Abb., 7 Tab., 5 Tafeln, Farbkarte und Anhang **DM 33,–**
Heft 132 (TGBL 20)	D. R. Siedenberg:	Sozioökonomische Disparitäten und regionale Entwicklungspolitik in Rio Grande do Sul. Eine Analyse über Handlungsspielraum, Auswirkungen und Perspektiven endogener Regionalentwicklungsstrategien in Südbrasilien. 2000. 249 S. Mit 2 Karten, 35 Abb., 32 Tabellen **DM 30,–**